为师第一年

新时代新教师新成长（上册）

主　编：谢娟　闫新全

上册副主编：张群智　陈沛

上册话题负责人（按话题顺序）：权福苗　刘继玲　单洪雪　杨红

上册编委（按话题顺序）：马静　姜楠　权福苗　刘继玲
胡聚彩　荆承红　单洪雪　杨红
肖艳丽

中华工商联合出版社

图书在版编目（CIP）数据

为师第一年 ：新时代新教师新成长．上册 / 谢娟，
闫新全主编．-- 北京 ：中华工商联合出版社，2023.6
ISBN 978-7-5158-3682-9

Ⅰ．①为… Ⅱ．①谢… ②闫… Ⅲ．①新教师-师资
培养 Ⅳ．① G451.2

中国国家版本馆 CIP 数据核字（2023）第 087162 号

为师第一年：新时代新教师新成长．上册

作　　者：谢　娟　闫新全	
出 品 人：刘　刚	
责任编辑：关山美	
装帧设计：李　朋	
责任审读：付德华	
责任印制：迈致红	
出版发行：中华工商联合出版社有限责任公司	
印　　刷：北京宝莲鸿图科技有限公司	
版　　次：2023 年 6 月第一版	
印　　次：2023 年 6 月第一次印刷	
开　　本：787mm×1092mm　1/16	
字　　数：490 千字	
印　　张：21.5	
书　　号：ISBN 978-7-5158-3682-9	
定　　价：79.90 元	

服务热线：010-58301130-0（前台）

销售热线：010-58302977（网店部）
　　　　　010-58302166（门店部）
　　　　　010-58302837（馆配部、新媒体部）
　　　　　010-58302813（团购部）

地址邮箱：北京市西城区西环广场 A 座 19-20 层，100044
Http: www.chgslcbs.cn
投稿热线：010-58302907（总编室）
投稿邮箱：1621239583@qq.com

序 言

亲爱的新教师朋友，欢迎大家使用这套新教师培训教材。

我们真诚地希望这套教材能帮您迈好教师职业生涯的第一步，能满足您当下"站上讲台、站稳讲台、站好讲台"的现实需求，成为您初涉岗位应知应会的工具书，立足岗位边实践边学习的指导书，以及深耕实践逐渐走向职业成熟的参考书。

教师是立教之本、兴教之源。当前，正值全面构建高质量教育体系、全面推进中国式教育现代化的新时期。近年来，随着《新时代基础教育强师计划》的出台、高中课程标准的颁布、义务教育课程标准的修订、立德树人根本任务的明确提出、五育融合新要求的深入落实等，为每一位基础教育战线上的教师都带来了新的机遇与挑战。党的二十大报告明确强调"教育、科技、人才是全面建设社会主义现代化国家的基础性战略性支撑"，把教育、科技、人才提高到更加重要的位置。

新教师是教育的新生力量，是教育的未来和希望，是面向未来引领学生为学、为事、为人的新时代的"大先生"。从国家到市区都对新教师的成长和发展给予了高度的关心与关注。北京市更是适时出台了《北京市中小学新教师规范化培训指导意见》，结合新阶段新教师的新特点，进一步提出了新任教师规范化培训的新要求。

基于此，我们在原有教材《帮你迈好教师职业生涯第一步》的基础上，结合八年来实践使用中来自一线教师的新思考新建议，结合当下的时代背景和新教师成长的现实需要，进行了全面的修订，凝结了这套新版本的教材《为师第一年——新时代新教师新成长》。

修订中，基于新时代背景下"五A"式（Anyone，Anytime，Anywhere，Anyway，Anydevice）学习特点，我们着力于自适应、个性化的关注和主动性、内驱力的激发，致力于引导各位新教师自主规划、自主研修、自主管理和自主评价，并力争做到以下几点：

一是突出针对性。依据近几年新教师教育教学现状和发展情况的调研分析，结合以往开展新教师培训的经验，我们将这套教材分为上下两册。上册主要聚焦新教师的基本素养，目的是增强大家对教师职业的认同感，强化角色意识；下册主要聚焦新教师的教学基本功，目的是提高新教师教学设计、教学实施、教学评价等专业发展能力。

二是突出主体性。结合新教师90后年轻人的思维方式及特点，以学习者为中心，基于学习科学及成人学习理论，充分体现多元化的主体关注。以唤醒自觉为起点，以阳光研训为路径，以点燃、激励、陪伴、赋能为目标，尊重生命、尊重成长、尊重规律、尊重个性，用有温度的影响、有深度的带动、有维度的引领，助力新教师的学习与成长。

三是突出实效性。为帮助学习者明确每一个主题学习要达到的目标，我们在每一个主题的前面设置了学习目标栏目，后面加上了总结反思栏目，旨在帮助各位老师回顾梳理本主题学习内容，总结要点指标，明确方法步骤，升华学习收获。比如，问题聚焦栏目，通过题目检测或事例分析，以"你怎么想"引导学习者自我诊断，摸清问题，找准起点；问题分析栏目，通过解读该主题的意义价值、概念内涵，聚焦"是什么""为什么"和"怎么做"，通过对各类型多角度案例的具体分析，强化理解认知；问题改进栏目，通过对各种训练任务的引导性实践操作，强化直观体验，通过专业引领下的拓展阅读，强化思维逻辑的整体建构等。

一代人有一代人的长征，一代人有一代人的使命。这套新修订的新教师培训教材是在北京市朝阳区教师发展学院正式命名之后，由教师发展中心新任教师培训部牵头编写的。从教材主体框架的搭建到教材具体编写内容的确立，从组织编写到邀请专家参与框架论证、审稿和教材论证，都凝聚了编写团队集体的智慧与汗水。在历时一年多的教材编写过程中，老师们数易其稿，一遍遍研究、一次次讨论、一回回增删、一点点锤炼，竭力想让这套教材既能立于理性高端，又能够进入践行深处。但百密一疏，疏漏或不足在所难免，还希望各位老师多多理解和体谅，并诚挚地提出您的想法和建议，随时与我们联系或沟通。

雅思贝尔斯说："教育是一棵树摇动另一棵树，一朵云推动另一朵云，一个灵魂唤醒另一个灵魂。"师者本身就是那个会发光的灵魂，用自己的人格修养、知识与智慧，去带动我们的学生们一起发光发热。愿用晚清学者翁同龢的一句话与各位年轻的老师们互勉："每临大事有静气，不信今时无古贤。"愿与年轻的老师们一起携手，奔赴美好的未来，全心全意去做一名学者，因为学海无涯；做一名师者，因为师爱无疆；做一名行者，因为行者无域；一起去做那一束束行走的光源，点亮自己，照亮他人，也照亮我们这个赖以生存的世界。

北京市朝阳区教师发展学院 谢娟

2023 年 3 月

目 录

话题一

加强师德修养
做立德树人的好老师

主题一　新时代教师职业道德的要求

⚑ **学习目标**

通过本主题的学习，学习者能够：

1. 了解教师职业道德的基本内涵；
2. 了解教师职业道德的养成办法；
3. 了解遵守教师职业道德规范相关内容；
4. 了解新时期教育的时代特点。

教师职业道德简称师德，是指教师在其职业生活中，调节和处理与他人、社会、职业工作关系所应遵守的行为规范或行为准则，以及在这基础上所表现出来的观念和行为品质。

一、教师职业道德的基本内涵

正确认识教师职业道德的重要性与基本构成，了解我国对教师职业道德的要求，以及新时期的社会期望。教师职业道德通常内化为教师个体的道德品质、道德情操和道德观念，直接或间接地决定着教师的道德行为表现。

📚 **资料卡**

我国教师职业道德的历史发展

我国教师职业活动的开展历史悠久，在数千年的教育实践中涌现出了许多"师范端严，学明尊德"的教育家，也留下了丰富的关于教师职业的道德思想。我国最早对教师提出道德要求的是在商周时期，到了春秋时期，随着"私学"的兴起，教师职业正式形成。大教育家孔子不仅首先开私学先河，而且提出了我国历史上最早的比较完整的教师职业道德规范。如要求教师要具有"学而不厌、诲人不倦"的品格，对学生应有"有教无类""一视同仁"，教育学生应以身作则、言行一致①等。孟子继承孔子的教育思想，也强调"教者必以正"②并提出了反省、知耻、改过等提高道德修养的办法。荀子则将教师与天地人君相提并论，在提高教师地位的同时也在道德信仰和专业知识方面对教师提出了严格的要求。

秦汉以后，随着教育职业活动的蓬勃发展，人们对教师职业道德的认识也在教育实践中不断加以丰富、充实和完善。汉武帝时期"罢黜百家，独尊儒术"的文教政策使教师的地位得到大幅度上升，儒家伦理也因此成为教师职业道德的基础。汉代对教师的学问素养与人格品质也提出了明确要求："古之立太学，将以传先王之业，流化于天下也。儒林之官，四海渊源，宜皆明于古今，温故知新，通达国体，故谓之博士。否则学者无述焉，为下所轻，非所以尊道德也。"③唐代韩愈在《师说》中提出教师职业的基本职责是"传道授业解惑"。宋代朱熹在《白鹿洞书院揭示》中首次对教师的职业道德规范进行了比较完整的阐释，提出了忠信、修身、博学、慎思、明辨、笃行等思想主张，强调师生共勉的道德规范。明清之际的教育家王夫之认为，教学者要"正其志"，"善教人者，示以至善以亟正其志，志正，则意虽不立，可因事以裁成之"（《张之正蒙注》卷六）"欲明人者必须先自明"，否则大意不知其纲，微言不知其隐，"实则昏昏也"，是不能担当教师之职的。

古代的思想家对教师职业道德要求深刻影响了现代教师的职业道德规范。中华人民共和国成立以后，尤其是改革开放以来，我国分别于1985年、1991年、1997年、2008年先后四次颁布或修改了《中小学教师职业道德规范》，在具体的制定过程中，充分考虑了教师职业的性质和劳动特点。尤其是2008年修订的《中小学教师职业道德规范》，其内容全面继承我国历史上的优秀师德传统，充分反映了新形势下经济、社会和教育发展对中小学教师应有的道德品质和职业行为的基本要求，对于在新的时代条件下，教师如何处理学生、学校、国家和社会的关系指明了方向，并从依法执教、爱岗敬业、关爱学生、教书育人、为人师表、终身学习等方面对教师职业进行了道德规定。

我们将探讨三个问题：

问题1：教师职业道德的重要意义是什么？

问题2：我国对教师职业道德的要求？

---

① 选自《论语·子路》

② 选自《孟子·离娄上》

③ 王继如.汉书今注［M］.南京：凤凰出版社，2013：183.

问题3：新时期对师德的社会期望？

（一）教师职业道德的重要意义

教师劳动是人类社会非常重要的一种职业劳动，从事这种劳动的教师必须具有高尚的职业道德。教师职业道德是合格教师必备的职业素养之一，也是教师素质的最高表现形式，具有重要意义。

第一，对教师起调节和教育的作用，首先学习和实践教师职业道德有助于教师坚定职业道德信念，提高师德修养的自觉性。能够使广大教师从理论高度深刻认识教师职业道德修养的极端重要性，增强其选择合理教育行为的信心和自觉性。当自己的教育行为符合教师道德的准则要求时，就能够获得道德情感上的满足，进一步坚定自己的职业理想和职业信念。反之，则会产生羞愧和内疚感，进而形成纠正自己行为方向的理性自觉。其次，有助于提供教师德道德判断力，增强其事业心与责任感。还有助于教师形成并确立科学的教育理念。

第二，对学生起榜样和带动作用，教师劳动的示范性以及青少年学生的"向师性"决定了教师是学生最直观的榜样。在学校生活中，儿童和青少年不仅从书本里学习善恶观念，更多的是从教师的言行中表现出来的道德意识和道德行为中汲取是非、善恶的观念。

第三，对社会起影响和促进作用，教师是与社会有着广泛联系和对社会有特殊影响的职业，中国长期以来尊称教师为"先生"，视其为文明的象征。所以，教师在社会交往中所产生的影响也是相当深刻的，其对社会道德风气的促进和改善主要通过培养学生的优良道德品质来广泛影响社会，通过教师亲自参加社会生活而影响社会，还有通过教师个人的道德品质去影响自己的家庭、亲友和邻里。

案例分析

苏步青的感触

著名数学家苏步青教授回忆说："我小时候是个差等生，学习成绩在全班同学中总是倒数第一。各科比较起来，我的语文成绩较好。有一次我写的作文交给语文老师，他认为我是抄袭的，并当场讽刺我，使我的自尊心受到很大伤害。在他上课的时候，我的眼睛总往外瞅，不愿和他对视。后来，换了一个王老师，他衣着简朴，但很有学问，不歧视我，还鼓励我，讲牛顿、爱因斯坦的故事，改变了我的人生道路。当我从日本留学回来，第一个想见的便是王老师。"

从案例中我们可以看出，教师的教育教学过程就是其人格塑造和职业道德素养展示的过程，教师对学生的伤害也会伴随学生成长发展的整个过程。所以教师必须要时时保持一种高度的自觉性，用富有科学精神的自制力来战胜随意性和自我放任。

活动体验

围绕教师职业在未来社会能否被人工智能取代的问题进行详细分析和阐述。

_____

_____

_____

（二）我国对教师职业道德的要求

新中国成立以来，党和国家高度重视教师职业道德建设。改革开放以来，我国于1985年、1991年、1997年、2008年先后四次颁布和修订了《中小学教师职业道德规范》。当前，我国教育事业已经进入一个新的发展阶段。要在新的历史起点上，实现我国从人力资源大国向人力资源强国的根本性转变。在教育事业飞速发展的基础上，人民群众不仅要求"有学上、有书读"，而且进一步要求"上好学、读好书"。提高教育质量，关键在教师。没有高水平的教师队伍，就没有高质量的教育。建设人力资源强国，提高教育质量和水平，对教师队伍师德和业务素质提出了新的、更高的要求。师德是教师最重要的素质，师德水平也是人民群众对教育工作满意不满意的一把重要标尺更是教育改革发展的内在需要。

2008年月3日，国家颁布了新修订的《中小学教师职业道德规范》（以下简称《规范》）共六条，在吸取以往师德规范的基础上，体现了新的时代精神，体现了教师职业的本质要求和时代特征，"爱"与"责任"是贯穿其中的核心和灵魂。《规范》对教师的职业道德起指导作用，是调节教师与学生、教师与学校、教师与国家、教师与社会关系的基本行为准则。

资料卡

中小学教师职业道德规范 ①

一、爱国守法。热爱祖国，热爱人民，拥护中国共产党领导，拥护社会主义。全面贯彻国家教育方针，自觉遵守教育法律法规，依法履行教师职责权利。不得有违背党和国家方针政策的言行。

二、爱岗敬业。忠诚于人民教育事业，志存高远，勤恳敬业，甘为人梯，乐于奉献。对工作高度负责，认真备课上课，认真批改作业，认真辅导学生。不得敷衍塞责。

---

① 教育部.新修订《中小学教师职业道德规范》公布 [J].中小学校长，2008(9)：1.

三、关爱学生。关心爱护全体学生，尊重学生人格，平等公正对待学生。对学生严慈相济，做学生良师益友。保护学生安全，关心学生健康，维护学生权益。不讽刺、挖苦、歧视学生，不体罚或变相体罚学生。

四、教书育人。遵循教育规律，实施素质教育。循循善诱，诲人不倦，因材施教。培养学生良好品行，激发学生创新精神，促进学生全面发展。不以分数作为评价学生的唯一标准。

五、为人师表。坚守高尚情操，知荣明耻，严于律己，以身作则。衣着得体，语言规范，举止文明。关心集体，团结协作，尊重同事，尊重家长。作风正派，廉洁奉公。自觉抵制有偿家教，不利用职务之便谋取私利。

六、终身学习。崇尚科学精神，树立终身学习理念，拓宽知识视野，更新知识结构。潜心钻研业务，勇于探索创新，不断提高专业素养和教育教学水平。

2014 年 1 月 11 日教育部公布《中小学教师违反职业道德行为处理办法》，其列举了教师体罚或骚扰学生、收礼或有偿补课等 10 种行为，视情节轻重分别给予相应处分，第一次正式向教师失德行为亮起了红灯。

讨论交流

通过学习不同时期教师政策法规的相关内容并进行对比，谈一谈不同时期的政策规范对师德要求的不同？

_____

_____

_____

（三）新时期对师德的社会期望

2018 年 1 月《关于全面深化新时代教师队伍建设改革的意见》中突出了师德，提出要把提高教师思想政治素质和职业道德水平摆在首要位置，把社会主义核心价值观贯穿教书育人全过程，突出全员、全方位、全过程师德养成，推动教师成为先进思想文化的传播者、党执政的坚定支持者、学生健康成长的指导者。引导教师坚持教书与育人相统一、言传与身教相统一、潜心问道与关注社会相统一、学术自由与学术规范相统一，争做"四有"好教师，全心全意做学生锤炼品格、学习知识、创新思想、奉献祖国的引路人。

资料卡

新师德宣言①

我们深信，教师应是全民族和全人类优秀道德的继承者、体现者和传播者。

我们深信，教育伦理和教师道德是全部教育教学工作的价值基础。

我们深信，新的社会环境，需要建构与时俱进又面向实践的新师德，重筑时代新师魂。

我们深信，面向实践，皈依真理，才能重建合理的、人人应做、人人能行的师德规范和师德标准。

我们深信，合理的师德规范，应能恪守底线，追求高尚，自他两利，提升自我，促进专业发展。

我们深信，良善的新师德师风形成，需要公正的社会分配和科学的教育管理机制支撑、正确的舆论导向和教师作为道德主体的积极努力。

我们深信，教师应享有道德和法律赋予自己的全部人格尊严和正当利益，通过诚实的教育劳动创造人生的幸福。

我们深信，教师应有责任之心，教书育人、立德树人是教师的天职。

我们深信，教师应有仁爱之心，关爱学生，为学生一辈子的幸福生活着想。

我们深信，教师应有敬业之心，严谨治学，搞好教学是教师的专业责任。

我们深信，教师应有乐群之心，关心集体，尊重同事，自重重人。

我们深信，教师应有爱国之心，家国情怀，在平凡的教育和教学岗位上，为社会的文明进步，民族的伟大复兴，尽智竭力。

中国教育伦理学专业委员会于全国第五届教育伦理学术研讨会上发表（2018年）

讨论交流

1. 学习全国师德标兵王金全的先进事迹，并讨论交流在王金全老师身上哪一点最值得你学习？为什么？

_____

_____

_____

2. 对你接触过的印象最深的教师进行形象描述，说明他（她）的职业素养和专业水

---

① 新师德宣言——我们的师德信条 [J]. 教育伦理研究，2018(00)：1-5.

平表现及其对你的影响。

_____

_____

_____

二、教师职业道德的养成办法

关于道德修养，历史上中外思想家提出过许多具体条目。我国儒家学派提出的"内省自讼""格物致知""正心诚意""躬行践履"等，都是千百年来行之有效的方法。教师的职业道德（高尚的师德）不是自发产生的，它的形成和提高实际上就是教师在教育过程中面对各种复杂的教育现象，道德认识、情感、意志、信念、行为和习惯诸要素从无到有、从低到高、从旧到新的矛盾运动过程，首先要基于实践内省自讼、慎独，与教育实践活动相结合不断进行自我教育和自我完善，其次还要加强学习、坚守道德理想、努力躬行不懈。

📚 **资料卡**

新时代"四有"好教师 ①

每个人心目中都有自己好老师的形象。做好老师，是每一个老师应该认真思考和探索的问题，也是每一个老师的理想和追求。我想，好老师没有统一的模式，可以各有千秋、各显身手，但有一些共同的、必不可少的特质。第一，做好老师，要有理想信念。第二，做好老师，要有道德情操。第三，做好老师，要有扎实学识。第四，做好老师，要有仁爱之心。

——摘自习近平总书记同北京师范大学师生代表座谈时的讲话

四个"引路人"

2016年9月9日，习近平总书记在北京市八一学校考察时强调，广大教师要做"四个引路人"，即：教师要做学生锤炼品格的引路人，做学生学习知识的引路人，做学生创新思维的引路人，做学生奉献祖国的引路人。

我们将探讨三个问题：

问题1：教师职业道德修养的目标及意义？

_____

① 总书记原声: 做"四有"好老师 [EB/OL] http://www.moe.gov.cn/jyb_xwfb/moe_2082/zl_2017n/2017_zl51/2017_zl51_04/201710/t20171017_316543.html

问题 2：教师职业道德修养的内容？

问题 3：教师职业道德修养的方法？

（一）教师职业道德修养目标及意义

教师职业道德修养，是指教师依据社会主义道德原则和教师职业道德原则、规范所进行的自我锻炼、自我教育、自我陶冶所形成的教师道德品质和所达到的精神境界。

1. 教师职业道德修养的意义 ①

加强中小学教师的职业道德修养，是完成中小学教师职业使命的需要，也是适应新时代提高教师素质、改善社会风气、建设社会主义和谐社会的需要。在中小学教师加强职业道德修养的过程中，需要教师自身加强理论学习、虚心向他人学习、注重内省和慎独、勇于实践磨练、增强情感体验。

教师的职业道德修养是教师个体职业道德品质形成和发展的要求，是现代化对教师的要求，也是社会对教师的要求。

2. 教师职业道德目标

教师被誉为"人类灵魂的工程师"，太阳底下最光辉的职业，其身份不仅仅是一位公民。因此，从教师道德修养的角度出发，师德修养的目标不能仅仅停留在公民层面上，应该有更高的道德追求。教师道德目标是指教师在加强道德修养过程中必须与教师职业特点相适应，要反映教师劳动的特殊性。

案例分析

典型违规行为

2014 年 9 月 9 日，习近平总书记在与北京师范大学师生代表座谈时指出，师德需要教育培养，更需要老师自我修养。做一个高尚的人、纯粹的人、脱离了低级趣味的人，应该是每一个老师的不懈追求和行为常态。好老师要有"捧着一颗心来，不带半根草去"的奉献精神，自觉坚守精神家园、坚守人格底线，带头弘扬社会主义道德和中华传统美德，以自己的模范行为影响和带动学生。

但在实际工作中总有少数教师出现各种违规行为，我国教育部网站多次警示，比如：辽宁省沈阳市第一二七中学教师金某有偿补课、指使家属殴打学生家长。在 2020 年 11 月，教师金某怀疑学生家长举报自己组织有偿补课，叫来家属殴打学生家长。金某的行为违反了《新时代中小学教师职业行为十项准则》第十项规定。根据《中国共产党纪律处分条例》《中小学教师违反职业道德行为处理办法（2018 年修订）》等相关规定，给予

---

① 钱焕琦.教师职业道德（第四版）【M】上海：华东师范大学出版社，2020：253.

金某开除处分；给予相关校领导党内严重警告处分，给予校长免职处分；给予参与有偿补课的其他教师降低岗位等级处分。

某省对中小学教师违规收受礼品礼金和有偿补课典型问题进行通报。其中某小学教师那某某违规收受某学生家长 6 次微信转账共计 2200 元。那某某的行为违反了《新时代中小学教师职业行为十项准则》第九项规定。根据《中小学教师违反职业道德行为处理办法（2018 年修订）》，给予那某某记过处分，扣发当年绩效工资和奖金，取消当年评先评优晋级资格，全额退返违纪所得；学校教学负责人被批评教育。

讨论交流

1. 我们为什么强调教师不仅是"经师"，而且是"人师"？

_____

_____

2. 对教师职业道德修养过程中的"内省"和"慎独"你是怎样理解的？

_____

_____

3. 教师职业道德修养不是一蹴而就的，而是需要教师依照职业道德规范，不断地进行学习、体验、对照、检查和反省。新时代加强教师职业道德修养的重要性体现在哪里？

_____

_____

（二）教师职业道德修养的内容

教师道德修养就是培养教师良好道德品质的过程。而构成教师道德品质的基本要素是道德上的认识、情感、意志、信念、行为和习惯。因此，教师道德修养的内容包括提高师德认识、陶冶师德情感、锻炼师德意志、坚定师德信念、培养师德行为和习惯这五个方面。

1. 提高教师职业道德认识，是对教师职业道德知识和理论的理解和掌握，是进行师德修养的起点和前提。主要包括三个方面：一是对教师职业道德价值的认识，师德修养非常重要，它不仅关系到教育教学工作成败，还关系到学生的全面发展，更关系到祖国的发展和民族的未来。二是对教师职业道德规范原理的认识，师德修养不是一个盲目的过程而是一个有目的的自觉的过程。必须引导教师学习和理解教师职业道德的内涵和基本原则，掌握教师基本道德规范，全面掌握学校和社会对一个称职教师的基本师德要求。三是提高教师职业道德的判断力，教师职业道德的判断能力是教师运用师德规范对自己和其他教师的行为进行善恶判断的能力。提高教师职业道德判断能力，有利于教师在复杂多变的环境下做出符合师德规范要求的正确的道德判断和行为选择，有利于增强教师道德自律和自我提高的意识和能力。

2. 陶冶教师职业道德情感，在加强教师职业道德认识的基础上，陶冶高尚的师德情感，是师德修养的重要内容之一。教师道德情感既是把教师的师德认识转变成师德意志和师德行为的持续动力，同时也具有评价行为和调节行为的作用。在师德修养的过程中，教师要努力培育的情感主要有"对教育事业的追求；对学生的热爱；对同事的尊重和友谊、热情；自尊感；责任感。"

3. 锻炼教师职业道德意志，锻炼坚强的师德意志，是师德修养的必然环节。师德意志是人们在实践师德要求过程中战胜困难克服障碍的毅力。教师所从事的培养人的事业是一项极为光荣而艰巨的任务。在这个过程中，教师不仅要付出辛勤的劳动，甚至有时还要做出某些牺牲，还会遇到来自外界的各种阻力和障碍，为了克服困难，排除障碍，教师就需要有顽强的毅力和坚持不懈的精神，不断锻炼履行师德的顽强意志，经过长期努力，师德修养才能达到持之以恒的境界。

4. 坚定教师职业道德信念，这是师德修养的核心问题。教师职业道德信念是教师对职业理想、职业人格、职业原则、职业规范的坚定不移的信仰，是深刻的师德认识、炙热的师德情感和顽强的师德意志的统一，是把师德认识转变为师德行为的中间媒介和内驱力，并使师德行为表现出明确性和一贯性。教师职业道德信念决定着教师行为的方向性、目的性，也影响着师德水平和师德内化的程度。

5. 培养教师职业道德行为和习惯，在明确的师德意识指导下，依靠师德信念，自觉地选择师德行为，养成师德习惯是师德修养的最终目的和归宿。教师在接受职业道德教育、刻苦学习和职业生活实践中形成一定的师德意识，并不意味着师德修养的完成，还需要再回到职业道德生活实践中去，把它变成履行职业道德义务的实际道德行为。如此，教师所形成的道德意识，才能得到巩固和发展，才能在职业道德行为的整体中，表现出一种稳定的特征和一贯的倾向，才能养成良好的行为习惯，形成优良的师德品质。

案例分析

课前点名发现缺勤，赶紧联系学生家长

——老师一个电话，挽救三条性命

"要不是老师及时打电话，可能俺一家三口人的命都没了。我打心眼儿里感激两位老师，感谢学校。" 12月4日，河南安阳市内黄县城关镇赵庄村的王焕巧拿着一封感谢信来到内黄县第一实验小学，感谢救了她家三口人性命的老师曹爱芬和李静芬。

11月21日，王焕巧两个都在内黄县第一实验小学上学的孩子均没有去学校，在外地出差的王焕巧夫妻接到老师的电话后赶紧联系了邻居，及时发现了在家里煤气中毒的姐弟俩和他们的爷爷。两位班主任老师也没有想到，自己的电话挽救了三个人的生命。

11月21日早上，上课铃声响过后，内黄县第一实验小学三年级（4）班班主任曹爱芬像往常一样准备上课，按照学校规定，她首先查看了学生到校情况。她发现全班学生只有小玉（化名）没来上课，就赶紧拿起电话跟小玉妈妈王焕巧联系，询问学生为何没来上课。而电话那头王焕巧却告诉曹爱芬她没在家，和爱人一起在外地出差，两个孩子和爷爷在家里。与此同时，同在一个学校上学的六年级（3）班的姐姐小婷（化名）的班主任李静芬也给王焕巧打来了电话，告知小婷也没有到校上课。

接到两位老师的电话后，王焕巧感到了问题的严重性，意识到家里用的煤球取暖炉可能出问题了。她连续拨打孩子爷爷的电话，却一直无人接听，这让王焕巧慌了神。她想方设法找到邻居家电话，请求邻居去家里看看。邻居接到电话就往他们家跑，打开房门，屋内一股刺鼻的煤气味扑面而来，床上的两个孩子和爷爷已经重度昏迷，不省人事。在众人的帮助下，孩子和老人被送往医院。

"医生说再耽误10分钟，三个人的性命就难保了，幸亏有了老师和邻居的帮助，孩子和爷爷才被抢救了回来。"王焕巧一家人谈起此事仍心有余悸。目前，两个孩子都已康复回到学校上课，孩子爷爷仍然在医院观察治疗。内黄县第一实验小学副校长张红利说："学校的管理制度很严格，尤其是一直保持着课前清点人数这一重要环节，也正是这个制度才挽救了三个人的性命。"

案例中的两位班主任老师曹爱芬和李静芬用她们对每一个学生负责的态度让三条生命化险为夷，看似偶然，实则必然。这一件事反映了两位老师对学生认真负责的道德情感，它是教师道德修养的主要内容。

讨论交流

案例中的曹爱芬和李静芬两位老师最值得我们学习的是什么？为什么？

_____

_____

（三）教师职业道德修养的方法

教师职业修养的提升"是理论问题，更是一个实践问题，它需要我们在创新与固守之间，寻找新的定位和表现形态"[①]。当下，教师既要借鉴传统的道德修养方法，又要结合新的时代特征，做到学习与实践、他律与自律、品质锻炼与仪表修饰三结合，以便更好地履行教书育人的使命。

---

① 朱小曼.教育职场：教师的道德成长 [M].北京：教育科学出版社，2005：1.

1. 学习与实践结合。教师在师德修养过程中，坚持学习与实践相结合，对于提高师德水平有着重要的作用。教师要提高师德水平必须要加强理论学习，以科学理论作为指导。马列主义、毛泽东思想和邓小平理论、道德科学的理论、教育教学的理论，是教师理论学习的重要内容。教师要提高师德水平，必须注意深入实践，投身实践能够使教师加深对教师职业道德修养理论的认识，在长期、持久的道德修养过程中，教师必须积极投身教育教学实践，积极投身生活实践，开展有教育意义的道德实践活动。师德修养是一个复杂而长期的过程，教师只有把学习与实践结合起来，才能更好地履行师德规范要求，实现教育劳动价值，才能更好地衡量自己的师德水平，不断提升、完善自己。

2. 他律与自律结合。他律是指道德主体在接受道德的有关原则、规范和要求的过程中，处于被动、受动的位置，其意志受到外在因素的干扰和驱使，把追求道德之外的目的作为准则。与他律相对的是自律。所谓自律，是指道德主体在道德实践过程中能严于律己，自觉主动地内化道德的有关原则、规范和要求并自觉付诸行动。自律是师德修养最基本的也是最重要的要求，教师师德修养的内容最终要通过教育主体的自身言行体现出来。他律和自律是教师道德修养过程中的两个不同的阶段，但是二者又有相互关联的作用。教师的师德修养必须坚持以他律为基础和前提，以自律为目标和境界，坚持他律与自律的结合。

3. 品质修炼与仪表修饰相结合。教师的仪表可以反映其内在的品质修养和精神内涵，外在风度是内在品质修养的具体表现。教师师德修养要从仪表修饰做起，使外表反映心灵，以品格影响学生，以形象教育学生。需要注意教师的语言、服饰、举止等方面。

案例分析

读书支撑我们的生命

朱小蔓

读书是快乐的，这种快乐是指情绪色调的积极意义上的，但它的表征可能是多种多样的情感，有好奇、如饥似渴，有兴奋、一见如故的感觉，有心领神会的会心的愉悦、亲切可人的温馨，有理智在努力工作着的神情专注的意志（其实读书的时候，也常常需要意志，大脑需要努力地、活跃地工作着），有释疑解惑有如走进愈渐宽广、敞亮的大道，当然有时也相当沉重，甚或是悲凉、无奈……林林总总，但这却都是有助于人的精神成长的积极的情感。我常常想，人若没有这五彩缤纷、波澜起伏的情感体验，生命是那样干枯，生活是那样暗淡，而有着这些情感充盈的生命和生活是那样让人感到满足、享受和向往。

所幸和可以自我告慰的是，我每天还保持着读书的习惯，那是早晨七点半到八点的半个小时以及晚上11点以后，也不过半个小时或许有时有一个小时。我从读书中获得的快慰，尤其是让我可以从心理上满足和平衡。第一，我个人今天的读书状况好在还有习惯，还有兴趣和好奇，它使我还没有像生理年龄那样同时在心理年龄和精神上老下去；第二，大多数有成功之效的读书与生活中的特定事件相关，它往往是与我的专业研究的经历和我对专业持续性探索的方向相关，与一个时期的工作主题相关。上述这些是读出书味读出其意的由头、牵引、动力、学习准备与基础。

人为什么要读书，知识分子为什么渴求读学术精品？究其主要原因，我认为，是因为学术精品中具有强大的文化的力量。什么是文化的力量，文化从器物层面到制度层面再到其深层的内核部分是精神的东西，这是什么东西呢？我认为是发自人性本身的、真诚地追求美好、追求团结在一起，追求人的比原有自然、自在的要更理想的环境的一种冲动（有学者简略地说文化即人化、人文化）。不久前知道一位做科学型研究的美国学者对人这一高级生命为什么与生俱来的有社会本性有新的发现与解释。人是希望过社会生活的，人以沟通信息而生存和发展，这是人的本性。人与人之间的无谓的纷争和相互的争斗，其实不是人的本性，它是坏的制度、习惯和秩序的结果。

我们为什么需要学术中文化的力量，是因为人活着太需要支撑我们生命的东西，太需要为我们每一天的生活得到鼓励和依据的东西，所以我们需要寻找自己为人做事的原则、信念乃至方式。因为一个人太渺小，没有那么聪明；一个人的精力太有限，没有那样的精力充沛。这些东西从哪里去寻找呢？不外两个途径：一是从前人、从他人的经验中来；二是从人类的理性积淀——优秀的著述中来。我以为，真正的会读书在于使两者在不断连接、转化、往返互动和螺旋上升中永恒地保持着对读书的挚爱。所以，我认为读书的方法可以很多，因人而异；读无定法、挚爱为本。保持着每每读书时不断被激起的冲动、想象、思考和希冀，它们慢慢地、渐渐地便会在你的精神和人格上留下越来越深、难以磨灭的印记。

——节选自《中国教育报》

讨论交流

1. 为什么要为教师的职业行为设置底线？

_____

_____

2. 他律和自律作为教师道德修养两个不同阶段，两者之间的关系是怎样的？正确理解这一问题有什么意义？

_____

3. 结合自身实际情况，请你谈谈或设计一份提升自我教师道德修养的计划。

_____

_____

三、遵守教师职业道德规范

教师职业道德规范，是指教师在教育职业活动中必须遵循的行为准则。教师职业道德规范是教师职业道德体系的基本构成要素，是教师职业道德原则的体现、展开和具体化。教师职业道德原则总是通过一系列具体的道德规范对教师的教育教学行为起指导和调节作用。教师只有自觉遵守教师职业道德规范，才能更好地履行教师职责和义务。

2018 年教育部印发《新时代高校教师职业行为十项准则》《新时代中小学教师职业行为十项准则》《新时代幼儿园教师职业行为十项准则》（以下统称《准则》），明确新时代教师职业规范，划定基本底线，深化师德师风建设。

《准则》的具体意义可概括为四个方面：第一个是新精神；第二个是新要求；第三个是新措施；第四个是新机制。教师在实际工作岗位，应以教师职业行为十项准则为行动指南，规范自身的从教行为，加强个人师德的修炼，努力为中国的教育事业做出贡献，在具体的教学实践中，教师应从价值观树立、学习意识提升、实践行为锻炼、内心修养几个层面加强师德的修炼。

📚 **资料卡**

新时代中小学教师职业行为十项准则 ①

教师是人类灵魂的工程师，是人类文明的传承者。长期以来，广大教师贯彻党的教育方针，教书育人，呕心沥血，默默奉献，为国家发展和民族振兴作出了重大贡献。新时代对广大教师落实立德树人根本任务提出新的更高要求，为进一步增强教师的责任感、使命感、荣誉感，规范职业行为，明确师德底线，引导广大教师努力成为有理想信念、有道德情操、有扎实学识、有仁爱之心的好老师，着力培养德智体美劳全面发展的社会主义建设者和接班人，特制定以下准则。

一、坚定政治方向。坚持以习近平新时代中国特色社会主义思想为指导，拥护中国共产党的领导，贯彻党的教育方针；不得在教育教学活动中及其他场合有损害党中央权

---

① 教育部关于印发《新时代高校教师职业行为十项准则》《新时代中小学教师职业行为十项准则》《新时代幼儿园教师职业行为十项准则》的通知 [J]. 中小学德育，2018(12)：4-5.

威、违背党的路线方针政策的言行。

二、自觉爱国守法。忠于祖国，忠于人民，恪守宪法原则，遵守法律法规，依法履行教师职责；不得损害国家利益、社会公共利益，或违背社会公序良俗。

三、传播优秀文化。带头践行社会主义核心价值观，弘扬真善美，传递正能量；不得通过课堂、论坛、讲座、信息网络及其他渠道发表、转发错误观点，或编造散布虚假信息、不良信息。

四、潜心教书育人。落实立德树人根本任务，遵循教育规律和学生成长规律，因材施教，教学相长；不得违反教学纪律，敷衍教学，或擅自从事影响教育教学本职工作的兼职兼薪行为。

五、关心爱护学生。严慈相济，诲人不倦，真心关爱学生，严格要求学生，做学生良师益友；不得歧视、侮辱学生，严禁虐待、伤害学生。

六、加强安全防范。增强安全意识，加强安全教育，保护学生安全，防范事故风险；不得在教育教学活动中遇突发事件、面临危险时，不顾学生安危，擅离职守，自行逃离。

七、坚持言行雅正。为人师表，以身作则，举止文明，作风正派，自重自爱；不得与学生发生任何不正当关系，严禁任何形式的猥亵、性骚扰行为。

八、秉持公平诚信。坚持原则，处事公道，光明磊落，为人正直；不得在招生、考试、推优、保送及绩效考核、岗位聘用、职称评聘、评优评奖等工作中徇私舞弊、弄虚作假。

九、坚守廉洁自律。严于律己，清廉从教；不得索要、收受学生及家长财物或参加由学生及家长付费的宴请、旅游、娱乐休闲等活动，不得向学生推销图书报刊、教辅材料、社会保险或利用家长资源谋取私利。

十、规范从教行为。勤勉敬业，乐于奉献，自觉抵制不良风气；不得组织、参与有偿补课，或为校外培训机构和他人介绍生源、提供相关信息。

《准则》的主要内容

《准则》结合高校、中小学、幼儿园教师队伍的不同特点，分别提出十条针对性的要求，包括坚定政治方向、自觉爱国守法、传播优秀文化、爱岗敬业、关爱学生、诚实守信、廉洁自律等方面，每一条既提出正面倡导，又划定师德底线。其中，坚定政治方向、自觉爱国守法、传播优秀文化等是共性要求，爱岗敬业、关爱学生、诚实守信、廉洁自律等几个方面，结合高校、中小学、幼儿园教师中的不同表现、存在的问题及在不同阶段教师队伍的差异性，提出不同要求，更贴合实际、更具针对性。要特别指出的是，十条准则并不能涵盖教师职业行为的所有方面，只是针对主要问题、突出问题进行规范。

从不同方面全面理解把握《准则》

一是提高政治站位，增强"四个意识"。要站在教师职业承担的重要使命和责任的位置上，从党和国家事业全局的角度理解准则的要求。处理好个人利益和国家、社会利益的关系，处理好个人理想和民族梦想的关系，集聚奋斗力量，做新时代的见证者、开创者、建设者。二是把握基本定位，增强底线意识。《准则》中的禁行性规定是底线，是从事教师职业的最低要求，是大中小幼职特各级各类学校教师必须遵守的，是不可触碰的红线。三是正确理解认识，取得思想一致。《准则》中的禁止性规定，不是体检结果，是预防保健手册，是对广大教师的警示提醒，是严管厚爱。

案例分析

教育部公开曝光8起违反教师职业行为十项准则典型问题

日前，教育部对8起违反教师职业行为十项准则典型问题进行公开曝光。这8起典型问题是：

一、江苏省盱眙市维嘉幼儿园教师陈某某体罚幼儿问题。2019年11月，陈某某在幼儿园午休期间责令4名嬉戏打闹、影响他人休息的幼儿自己打自己嘴巴。陈某某的行为违反了《新时代幼儿园教师职业行为十项准则》第六项规定。根据《幼儿园教师违反职业道德行为处理办法》等相关规定，对陈某某予以解聘处理，同时给予园长问责处分，并对维嘉幼儿园予以通报批评。

二、海南省屯昌县民办尚书源幼儿园教师许某某、潘某某体罚幼儿问题。2019年12月，许某某、潘某某在保教过程中，拉扯幼儿、让幼儿自己打自己嘴巴。许某某、潘某某的行为违反了《新时代幼儿园教师职业行为十项准则》第六项规定。根据《幼儿园教师违反职业道德行为处理办法》等相关规定，对许某某、潘某某以及尚书源幼儿园执行园长予以解聘处理；将许某某（无教师资格）列入教师资格限制库，依法撤销潘某某的教师资格，并收缴其教师资格证书，5年内不得重新取得教师资格。

三、广东省深圳市龙岗区如意小学教师胡某某学术不端问题。2015年以来，胡某某多次抄袭他人作品用于自己出版书籍、发布微信公众号推文以及主编教材等，并获得多项荣誉称号。胡某某的行为违反了《新时代中小学教师职业行为十项准则》第八项规定。根据《事业单位工作人员处分暂行规定》《中小学教师违反职业道德行为处理办法（2018年修订）》等相关规定，撤销胡某某副校长职务、调离教学岗位，撤销其所获荣誉称号。

四、河南省扶沟县民办水泉小学教师江某虐待学生问题。江某（无教师资格）被河南省扶沟县汴岗镇水泉小学聘为政教处主任。2019年9月，江某在学校后勤管理工作中，以学生未打扫卫生为由，逼迫学生吃垃圾，造成恶劣影响，后被当地检察院批捕。江某的行为违反了《新时代中小学教师职业行为十项准则》第五项规定。根据《中小学教师违反职业道德行为处理办法（2018年修订）》等相关规定，对江某予以解聘处理，列入教师资格限制库；对水泉小学校长予以免职处理。

五、广西壮族自治区来宾市兴宾区大湾镇中心小学教师肖某猥亵学生问题。2018年至2019年期间,肖某利用教导主任和教师身份便利,猥亵多名未成年女学生,被当地法院判处有期徒刑7年6个月。肖某的行为违反了《新时代中小学教师职业行为十项准则》第七项规定。根据《中小学教师违反职业道德行为处理办法(2018年修订)》等相关规定,给予肖某开除公职处分,其教师资格依法丧失,注销并收缴其教师资格证书,终身不得重新申请认定教师资格。

六、浙江省安吉县民办天略外国语学校教师许某某性侵学生问题。2020年1月,许某某在辅导学生课业过程中,性侵多名女学生,被当地法院判处无期徒刑。许某某的行为违反了《新时代中小学教师职业行为十项准则》第七项规定。根据《中国共产党纪律处分条例》《中小学教师违反职业道德行为处理办法(2018年修订)》等相关规定,给予许某某开除党籍、开除公职处分,其教师资格依法丧失,注销并收缴其教师资格证书,终身不得重新申请认定教师资格;对学校领导班子进行通报批评、集体约谈;对学校党总支书记进行通报批评,撤销其党内职务,免去其学校董事会董事、校长、法人代表职务;对学校党总支副书记、小学部支部书记进行通报批评,给予其党内警告处分,免去其学校董事会董事、副校长职务,并降低岗位等级。

七、山东铝业职业学院教师刘某与学生发生不正当关系问题。2016年以来,山东铝业职业学院教师刘某利用教师身份,与一女学生交往并发生不正当关系,造成了严重不良社会影响。刘某的行为违反了《新时代高校教师职业行为十项准则》第六项规定。根据《事业单位工作人员处分暂行规定》《教育部关于高校教师师德失范行为处理的指导意见》等相关规定,对刘某予以解聘处理,并撤销教师资格,收缴教师资格证书,5年内不得重新取得教师资格,对事件中可能存在的违法犯罪问题,由当地公安机关进一步调查处理;责令山东铝业职业学院党委做出深刻检查,对山东铝业职业学院领导班子进行集体诫勉谈话和经济处罚;责令山东铝业职业学院党委副书记、纪委书记和涉事教师所在二级单位负责人做出深刻检查;对涉事教师所在二级单位负责人进行诫勉谈话,并扣罚绩效工资。

八、福州大学实验师张某某性骚扰学生、受贿问题。2019年6月,张某某与本校一女学生分手后,仍然不断骚扰该女学生,并通过微博、微信、今日校园APP等不同方式性骚扰另外3名女学生。此外,张某某还利用职务之便,非法收取仪器采购供应商财物。张某某的行为违反了《新时代高校教师职业行为十项准则》第六项和第九项规定。根据《中国共产党纪律处分条例》《事业单位工作人员处分暂行规定》《教育部关于高校教师师德失范行为处理的指导意见》等相关规定,给予张某某开除党籍、开除公职处分,对其所在学院时任党委书记进行诫勉谈话,对其所在学院执行院长进行批评教育,对其所在学院其他相关责任人进行提醒谈话或批评教育。

教育部有关负责人指出,上述问题的发生,既反映出当前仍有极个别教师理想信念缺失、育人意识淡漠、法纪观念淡薄，也反映出部分地方教育部门和学校在师德师风建设上存在短板弱项，思想认识不深刻、教育引导不深入、监督管理不到位、违规惩处不坚决，以致养痈遗患，对学生造成严重伤害，对教师队伍形象造成严重损害。

广大教师要深刻认识自己肩负的职责和使命，锤炼教育报国之志，坚守为党育人、为国育才初心，自觉坚守精神家园、坚守人格底线，率先垂范、以身作则，引导和帮助学生把握好人生方向，培养社会主义建设者和接班人。

各地教育部门和学校要以对党、国家、人民和历史极端负责的态度，深刻认识加强师德师风建设的重要意义，持之以恒巩固拓展师德师风建设成效。要进一步加强师德师风教育，健全覆盖大、中、小、幼的常态化师德师风教育制度，强化法治教育、纪律规范教育，聚焦教师的理想信念、家国情怀、价值引领，进行针对性的引导和浸润。

对违规行为要保持高压态势，坚持力度不减、尺度不松、态度不变，坚决惩处违规行为。

讨论交流

1. 根据教育部公开曝光 8 起违反教师职业行为十项准则典型问题，请大家分析在全国大力推动师德师风建设工作的情况下此类问题还屡次出现的真正原因是什么？

_____

_____

2. 在自己本职工作中如何落实教师职业行为十项准则？

_____

_____

活动体验

请你找一找你身边的优秀教师，交流一下引导学生走向成功的案例，思考他们给你的启发是什么，并与大家分享。

教师姓名：_____

访谈目的：_____

访谈提纲：_____

_____

他（她）的主要经验：_____

_____

我的收获：_____

_____

拓展阅读

《中小学教师违反职业道德行为处理办法（2018 年修订）》。

四、新时代教育的时代特点

党的十八大后，随着习近平新时代中国特色社会主义思想在教育领域的融合，习近平关于教育的重要论述引领着新时代我国教师队伍健康发展的方向，进一步推进了教师职业道德的规范化科学化建设。正所谓师者德行，关系国之未来。教师在教育实践活动中必须遵循一定的道德原则，以保证教育实践有效、正常、顺利地进行。

党的十九大报告指出："建设教育强国是中华民族伟大复兴的基础性工程，必须把教育事业放在优先位置，深化教育改革，加快教育现代化，办好人民满意的教育。""加强师德师风建设，培养高素质教师队伍，倡导全社会尊师重教。"

为了办好人民满意的教育，十九大闭幕后不久，中共中央国务院印发的《关于全面深化新时代教师队伍建设改革的意见》（以下简称《意见》）。《意见》一开头就指出，"百年大计，教育为本；教育大计，教师为本。""教师是教育发展的第一资源。"这是明确告诉我们，要办好人民满意的教育，必须从教师抓起，从加强教师队伍建设抓起。

《意见》的颁布，明确教师队伍建设被摆在重大政治任务和根本性民生工程的重要地位，教师工作被置于教育事业发展的重点支持战略地位。从师德师风建设的加强、教师专业素质能力的提升、教师管理体制机制的理顺、教师待遇的提高、政策的切实落地等方面对新时代教师队伍建设工作提出了明确指导意见。

《意见》的主要内容分析

教师队伍建设改革的主要目标有三点：一是要全面提升教师素质能力；二是要深入推进教师管理体制改革；三是要重视建好建强乡村教师队伍。其中，必须重视教师职业发展的核心动力——专业自觉的唤醒，会把教师职业理想、职业道德教育融入培养、培训和管理的全过程，构建覆盖各级各类学校教育的师德建设制度体系，实施师德师风建设工程，建立教师国家荣誉制度作为重要的制度文化基石。

资料卡

《关于全面深化新时代教师队伍建设改革的意见》相关问题解读

全面深化新时代教师队伍建设改革，目的是要培养党和人民满意的高素质专业化创新型教师队伍。

要坚持五个基本原则：一是确保方向，确保党牢牢掌握教师队伍建设的领导权；二是强化保障，把教师工作置于教育事业发展的重点支持战略领域；三是突出师德，把提高教师思想政治素质和职业道德水平摆在首要位置；四是深化改革，把管理体制改革与机制创新作为突破口；五是分类施策，根据各级各类教师的不同特点和发展实际，考虑区域、城乡、校际差异，采取针对性的政策举措。

1. 加强师德师风建设方面具体举措

主要采取以下几个方面举措：教师发展，师德为要，一是加强教师党支部和党员队伍建设。推进全面从严治党要求落实到每个教师党支部和教师党员，把党的政治建设摆在首位，用习近平新时代中国特色社会主义思想武装头脑。二是提高思想政治素质。加强理想信念教育，深入学习领会习近平新时代中国特色社会主义思想，引导教师树立正确的历史观、民族观、国家观、文化观，坚定"四个自信"。三是弘扬高尚师德。注重加强对教师思想政治素质、师德师风等的监察监督，着力解决师德失范、学术不端等问题。

2. 地提升教师专业素质能力具体举措

主要包括以下几个方面举措：大力振兴教师教育，是提升教师专业素质能力的关键。一是加大对师范院校支持力度。二是支持高水平综合大学开展教师教育。创新教师培养形态，突出教师教育特色，重点培养教育硕士，适度培养教育博士。三是分类提高教师教育质量。创新教师培养课程、模式等，分类培养高素质专业化的中小学教师、高素质善保教的幼儿园教师、高素质"双师型"的职教教师、高素质创新型的高校教师。服务创新型国家和人才强国建设、世界一流大学和一流学科建设，着力打造创新团队、培养引进一批具有国际影响力的学科领军人才和青年学术英才。

案例分析

心中有信仰，脚下有力量

学习西安交通大学部分老教授的"西迁精神"，老一辈知识分子的爱国奋斗精神：国家一声号召，就背上行囊，满腔热血一头扎进去，一扎就是一辈子。

向海归战略科学家、吉林大学黄大年教授学习，学习他心有大我、至诚报国的爱国情怀，学习他教书育人、敢为人先的敬业精神，学习他淡泊名利、甘于奉献的高尚情操，把爱国之情、报国之志融入祖国改革发展的伟大事业之中、融入人民创造历史的伟大奋斗之中，从自己做起，从本职岗位做起，为实现"两个一百年"奋斗目标、实现中华民族伟大复兴的中国梦贡献智慧和力量。

复旦大学生命科学学院教授钟扬，为了一粒种子，他可以无数次奔波，因为"一个基因可以拯救一个国家，一粒种子可以造福万千苍生"，30余年从教、16年援藏、10年引种红树……这个追梦人虽然走了，但他把梦想化作最为实在、最为细微、最为绵长的行动。

华南农业大学教授卢永根院士，因罹患癌症，自觉时日不多，将毕生积蓄880多万元无偿捐献给教育事业。而他家里的摆设，还停留在20世纪80年代，可谓"家徒四壁"。

北京大学教授潘文石，80岁高龄仍然活跃在野生动物保护与研究的第一线。36年来，他以荒野为家，实践着一名生物学家的理想与信仰。

这些教师用可敬可爱的鲜活生命，用打动人的事迹和精神教育引导广大教师，在全社会营造尊师重教的浓厚氛围。他们的名字，在纷繁复杂的多元社会，发出笃定无比的坚定和力量，像是一把无形的尺子，衡量着底色的厚度，标志着境界的高度，激励着广大教师与国家发展同向同行。

讨论交流

1. 通过学习这些教师的感人事迹和精神，请大家讨论"兴国"与"强师"的关系是什么？你是如何理解"心中有信仰，脚下有力量"？

_____

_____

2. 为什么说教师发展，师德为要？

_____

_____

拓展阅读

《中共中央国务院关于全面深化新时代教师队伍建设改革的意见》

总结反思

本主题主要围绕新时代教师职业道德的要求，采用政策法规与实践案例相结合的，教师职业道德的养成办法与典型违规行为相对比的形式，引导新教师在学习过程中及明确教师职业道德规范的标准与要求以及养成办法，通过案例学习以优秀教师为榜样，同时也深入剖析违反教师职业行为十项准则典型问题。增强教师的责任感、使命感、荣誉感，规范职业行为，明确师德底线，引导广大教师努力成为有理想信念、有道德情操、有扎实学识、有仁爱之心的好老师。

主题二　新教师提升职业道德的途径

学习目标

通过本主题的学习，学习者能够：

1. 提高教师职业认同感树立职业责任感；
2. 激发教师职业成就感与幸福；
3. 树立加强理论学习和注重实践的意识；
4. 促进教师职业道德的升华。

一、强化教师职业认同感和责任感

所谓"职业认同感"，是指一个人对所从事的职业在内心里认为它有价值、有意义，并能够从中找到乐趣。[①] 任何一个行业都有其特定的职业认同感及责任感，但由于教师所面对的劳动对象是具有独立思想且千差万别的人，这就决定了教师工作具有其他行业不同时兼备的创造性、示范性、长期性以及复杂性等特点。而高度的职业认同感与责任感是教师爱岗敬业、乐于奉献的前提，是形成良好师德的有机土壤，因而，增强教师的职业认同感与责任感，是提升教师道德素养的重要环节。

我们将探讨两个问题：

问题1：提高教师职业认同感？

问题2：树立教师职业责任感？

---

① 郑桂芳．城乡中小学教师职业认同的比较研究［J］．教育论坛，2011(8)：85.

（一）提高教师的职业认同感

案例分析

"时代楷模"张桂梅——立德树人　倾情投入①

扎根边疆教育一线 40 余年，云南丽江华坪女子高级中学党支部书记、校长张桂梅全身心投入民族地区教育事业和儿童福利事业，创办了全国第一所全免费女子高中，是华坪儿童之家 130 多个孤儿的"妈妈"。她把所有财产和爱给了学生，她和同事们一起帮助 1800 多名女孩走出大山、走进大学，用教育阻断贫困的代际传递。

张桂梅说，民族地区教育有自身的特点，孩子自尊心强，需要老师的"爱心＋耐心"，真心实意与他们交往。作为一名山村教师，赢得全社会的尊重，张桂梅靠的是"立德树人"。20 年前在华坪民族中学教书时，为了毕业班的孩子，她拖着病体坚持上课，不去住院；为了帮助山里的穷困学生，她节衣缩食，舍不得吃好的；为了增加学生对课堂的兴趣，她时常唱歌念诗……直到现在，张桂梅还每天 5 点半就起床，担心女高学生害怕，她要早早地打开灯，赶走路上的野生动物。

"民族地区教育事业发生了翻天覆地的变化。"张桂梅说，尤其是脱贫攻坚以来，民族地区产业发展、基础设施建设加强、人们精神面貌变化，为教育进步打下了坚实基础。她认为，提高民族地区教育质量和水平，一方面民族地区当自强，探索教育规律；另一方面教育要更加均衡发展，希望全社会关心民族地区教育。

习近平主席发表的新年贺词令张桂梅感到温暖又振奋。"'征途漫漫，惟有奋斗'让我印象尤为深刻。今年我 64 岁，有人说我可以休息了。但我觉得自己还能坚持。我还要继续奋斗，勇往直前，把华坪女高做大、做强，让更多山区女孩走出大山！"

张桂梅老师的事迹之所以感人，是因为她即使有好的机会也不离开，为了这些孩子而选择扎根山区 40 余年，通过寻求各种社会资源支持，一点点把学校办起来。她不仅"留下来"，而且还做得这么好，改变了如此多孩子的命运。所有人被张桂梅老师身上这种崇高的师德与教育情怀所震撼、折服。她真正体现了一位教育工作者的责任与担当。"改变一位农村女生，就能改变她们家的三代人！"没有华丽的语言，没有功利的浮夸，一切的付出都源于她对农村学生及他们家人深沉的爱！张桂梅老师舍弃了个人"小我"，专心为边远地区的孩子们作出了自己的贡献，是千千万万教育工作者的楷模和榜样。我们也应该思考如何尽自己所能，做些力所能及的事。

---

① "时代楷模"张桂梅——立德树人 倾情投入）[EB/OL] http://www.moe.gov.cn/jyb_xwfb/s5147/202101/t20210104_508599.html.

讨论交流

1.对于刚刚步入工作岗位的教师，从短期看，初任教师的职业认同直接影响能否"迈好步""开好头"，成为一名合格的新教师，从长远看，会影响初任教师的专业发展质量。提升初任教师职业认同对于教师职业发展具有重要意义是什么？

_____

2.影响初任教师职业认同的内外因素有哪些？

_____

（二）树立教师职业责任感

苏格拉底认为："认识必须由每个人在自己内心中去发现，它不像一件商品一样可以传送给他人，而只能在内心深处予以唤醒。"树立教师对工作负责的态度，帮助教师树立正确的人生观、世界观、价值观是提高责任意识的根本，更是形成教师良好职业道德的前提条件。而"三观"的形成又离不开教师自身的道德素养、知识素养及能力素养的提高，应不断加强其各方面素养的理论学习和实践锻炼，以此来增强教师的责任意识。树立对所有学生负责的意识，对所有学生的全面发展负责，不仅要关注学生的学业成绩，还要关注他们品德和良好习惯的养成。

案例分析

"教育是一项伟大的事业，一头挑着学生的今天，一头挑着国家的未来"

在几十年的教育生涯中，于漪有一种切身的体会：教师的责任大于天。作为一名语文教师，她认为上课不是简单的技术性问题，它关系着每一个孩子的素质培养，因为学校培养的是国家的后代、民族的后代。教育是一项伟大的事业，面对孩子，于漪的心中充满了沉甸甸的责任。

1959年，已当了7年历史教师的于漪在改教语文后，始终率先垂范，用"量自己不足，量别人长处"的两把尺子，撰写"教后记"反思每节课的不足，希望每节课"都没有任何重复"，力求不断精进，于漪坚持以学生为本，用"宗教般的虔诚"教学、实践、积累，进行对语文教学改革的深层思考。从20世纪80年代提出"全面育人"，到90年代初提出"现代人素质"，再到90年代中后期旗帜鲜明地主张"弘扬人文、改革弊端"，提出"工具性与人文性的统一是语文教学的基本特点",推动将"人文性"写入语文课程标准,她的教育思想和教学实践创新始终同步。在这期间,她支持三轮初中语文教改实验,展示公开课多达2000堂,有50多堂被公认为语文教改的标志性课例,为推动语文课改作出了重大贡献。于漪老师踏踏实实地将自己的60年岁月奉献给三尺讲台,她的人生教学,是在用生命唱歌用上课的质量来影响孩子生命的质量,她告诉世人如何"一辈子做老师,一辈子学做老师"的初心。

于漪职业责任感来自于把自己融入党和国家的教育事业中,把学生当作民族的栋梁,当作社会主义事业的接班人和建设者来培养,展示了一代教育大家的风采,演绎了无怨无悔的人生,是教师们的楷模。

案例分析

把生的希望留给学生

在"5·12"汶川地震灾害中,四川龙居中心小学教学楼坍塌,上百位师生被埋于废墟下,在清理废墟、抢救被埋师生过程中,人们见到向倩老师自己身体被砸成了三段,而她双手环抱将三名学生紧紧搂于胸前,用自己的身体将三位学生保护于身体下,用自己的生命和血肉之躯抵抗灾害,保护学生。在场所有参与救助的人员均被向倩老师这种舍生取义、保护学生的英雄之举感动得泪流满面,自发地向向倩老师鞠躬致敬。

向倩老师把生的希望留给学生,用自己的生命诠释了什么是"教师的责任"。教育,就是用生命去护卫生命,用生命去唤醒生命。

讨论交流

请结合自己本职工作及以上案例的学习,对于教师职业责任感你有怎样的理解?

_____

_____

二、激发教师职业成就感与幸福

美国学者奎内思说:"对某一事业的信念和理想是职业倦怠的最好解毒剂。"这就意味着一旦丧失职业信念和职业理想,就会产生职业倦怠[1]。

对教师来说应当努力激发教师的职业成就感与幸福感,因为动摇了职业信念,丧失

---

[1] 曹小旭,宁先达.提升教师职业道德素养的途径与方法初探[J].教育观察 2015(03).

了职业理想，就像丢失了灵魂，游走于教育教学边缘，这将对学生造成很大的伤害。

📚 资料卡

数学教师马芯兰

马芯兰，全国特级教师，从20世纪70年代开始积极进行小学数学教学改革实验，在实践中创造了以"开发学生智力，减轻学生负担，提高教学质量"为主要目标的独具特色的"马芯兰教学法"。她把现行小学数学教材中的重点、难点、共同点和不同点，按照知识内在的联系及规律进行组合，将540多个概念归纳成十几个基本概念及"和、差、倍、分"四个重点基本概念，将11类应用题总结成四个基本类型，组合成教学的基本环节，从纵和横两个方面重新调整，并组合成新的知识结构。马芯兰教学法效果显著，不少学生的数学成绩在三、四年级时就达到了小学毕业的水平。再差的学生，只要到了马芯兰的实验班，最后数学都能考到98分以上，这奇迹般的成绩震惊了教育界。她所有的心思都在教学上面，学生所有的问题，她认为都是自己的问题。遇到学生理解不了的知识点，马芯兰会一宿都睡不好，第二天一大早就往教室奔，接着答疑解惑。

马芯兰说，搞教育就要沉下心来，应该把主要精力放在抓教学上。工作战斗在教育战线上已50多个春秋，在教学改革之路上不断探索、实践、追求，深深感到教学是遗憾的艺术。在教育科研之路上，总会有一连串的问题不断产生，老问题解决了又生成了新问题。就是在不断地积累、总结之中，不断去发现美、探索美，不知不觉间便走进了教育的自由王国之中。

从这个案例看出马芯兰校长她所研究、探索、实施的小学数学改革，今年已是第55个年头。她大胆地突破了传统教学的条条框框，探索效率和质量相结合的方式，她坚信减轻学生负担和提升教学效果并不矛盾，马芯兰的教学理论在实践中逐渐形成。马芯兰校长致力于小学数学教学改革，孜孜不倦执着一生，她的马芯兰数学实验法独具匠心，一个人50多年排除各种困难坚持做一件事，可以算得上志如金坚。

我们将探讨两个问题：

问题1：增强教师职业成就感？

问题2：激发教师职业幸福感？

（一）增强教师职业成就感

"教师职业成就感①"：即指教师在完成其教育教学任务的过程中，发挥了自身的教育工作能力，充分展示了其在教育教学工作方面的潜能，实现了教育教学目的，达到

---

① 邓睿. 我国中学教师职业成就感问题研究 [D]. 华东师范大学，2011.

了自己事前设定的标准，对实现自我价值与社会价值的感受与体验，以及由此而获得的一种内在满足。

青年教师是教师队伍的生力军，主宰着教育的未来。但他们往往由于工作实践经验不足，对教师职业理解不深刻，奋斗目标较为模糊。这就迫切需要帮助他们制定职业发展规划，以此帮助青年教师尽早走向职业发展的成熟期。要引导每位青年教师参照自身条件确定发展目标，找到自己的"最近发展区"，并让其把这些发展目标具体到每学年中，逐步引领青年教师完成自我专业技能及道德素养的提高。同时，教育主管部门要完善《青年教师专业发展考核细则》，对青年教师进行考核，以激发青年教师内心的成长欲望，并使其感受到目标达成后的成就感，为其继续进取增添动力。

1. 三尺讲台带来的职业尊严

三尺讲台是教师传道授业解惑的主阵地。若想要广大教师专心、安心、尽心地站好三尺讲台，就必须让他们在站好三尺讲台中享有职业成就感[①]。

职业成就感来自站好三尺讲台带来的职业尊严。我们要努力建立科学规范的考核评价体系，提高教师的福利待遇和生活保障，切实让高素质、专业化的年轻教师拥有合理的价值回报。

职业成就感来自站好三尺讲台带来的职业评价。我们要努力完善高水平教学成果奖励机制，重点激励那些长期潜心于三尺讲台、教学成果突出、深受学生爱戴、获得广泛认可的一线教师，给予他们公正的职业认同。

职业成就感来自站好三尺讲台带来的职业成长。我们要努力拓展教师的职业成长通道，把教学放在更加突出的位置，为教师的职业成长搭建平台、创造环境，真正让站好三尺讲台的教师拥有更多人生出彩的机会。

职业成就感来自站好三尺讲台带来的职业幸福。我们要努力营造尊师重教、尊贤重才的浓郁氛围，既要让教师成为人人羡慕的职业，更要让广大教师在站好三尺讲台中享受发自内心的喜悦与幸福，自觉成为教育事业发展的追梦人和守望者。

教师是太阳底下最光辉的职业。站好三尺讲台是教师保持职业操守和弘扬职业精神的力量源泉。教师有成就，教育才会成功。全社会应积极行动起来，努力为站好三尺讲台的教师提供成长的沃土、注入足够养分。

2. 教师职业成就感的培养[②]

赫尔伯格的"双因素"理论认为：工作成绩得到承认、工作本身富有挑战性、职务的责任感、个人成长发展的可能性、职位升迁等因素影响职工成就感。

目标激励。为了激发教师工作热情，管理者应结合学校总体目标为每个教师确立个人目标，形成一个上下一心的目标体系，达到群体激励教师的目的，从而为实现预定目

---

① 陈栋. 让站好三尺讲台的教师享有职业成就感 [J]. 湖北教育（政务宣传），2019(01).

② 潘小莉. 对教师职业成就感的理论分析 [J]. 甘肃教育，2009(03).

标不懈努力。

情感激励。情感是一个人根据自己的需要所采取的态度和心理体验。满足人需要的事物就会使人产生轻松、愉快的积极情感，激发人不断努力。学校管理者应该主动和教师交流，了解他们的愿望，帮助他们解决实际问题，加强情感交流，用情感来提高教师职业成就感。

成功激励。美国心理学家阿特金逊认为：一个渴望成功的人比不渴望成功的人，更能接受困难工作，并坚持到底把工作做好。美国心理学家班杜拉也认为，成功会使人对自己的能力有高的评估，会增强人的自信心，会使人将最佳心理状态迁移到其他情景中去，形成良性循环。因此，教师应抓住成功的信息和机遇，以成功案例作为榜样来激励自己。

社会激励。教师肩负着巨大的社会责任，作为教育主管部门，应充分认识到教师的职业工作压力，在他们遭遇挫折和失败时，能客观、公正地评价功过，维护他们的自尊。应该为他们营造一个自由、民主、和谐、宽松的发展空间，用社会力量来激励教师全身心地投入到教育事业中去。

自我激励。心理学研究表明，人在进行自我激励时大脑皮层的优势兴奋中心调动多种积极因素而产生巨大的强烈渴望成功的爆发力，这种威力是任何外部力量都无法替代的神奇力量。因此，每一个教师都应该为自己"加油"，不断鼓励自己坚持到底，以正确认识自我为前提，以自我控制、自我疏导、自我调整为手段，不断完善自我，从而达到"教育是为了人的幸福，教师是幸福的职业"的崇高境界。

📖 **拓展阅读**

1966 年联合国教科文组织《关于提高教师地位的建议书》。

（二）激发教师职业幸福感

幸福是指人们通过实践活动，使自身合理需要得到满足后的一种快乐的心理体验。幸福不等同于快乐，幸福与德行具有一致性。

教师职业幸福是指，教师通过教育活动，自由自觉地实现教书育人的一种快乐的心理体验。教师职业幸福具有精神性、关系性、创造性、无限性的特点。

教师职业幸福实现路径：

1. 需要树立高尚的职业理想；

2. 充分认识其职业意义和提升道德水平；

3. 要形成良好的知识结构；

4. 具有高超的教育能力；

5. 具备审美的素养。

案例分析

冒热气的鸭蛋

今年 3 月 22 日，那是个阴沉昏暗的日子！那一天，我在我家楼梯间不慎摔倒。经医生诊断，为腰骨骨折，需要卧床休息两个月。不得已，我躺在了病床上。

我在医院度日如年地躺了十多天，好不容易回到家里静养。我的学生们奔走相告"王老师回家了！王老师回家了……"每天来探望的学生和家长络绎不绝，鲜花成了家里一道亮丽的风景，水果的芳香弥漫了整间屋子。一双小手灵巧地在我面前展开了一条红毛巾，里面裹着 6 个硕大无比的鸭蛋，仿佛还能感觉到热气。原来是我们班的调皮大王王奇伟，他腼腆地一笑，低声说"老师，趁热吃吧，我妈说鸭蛋最补身子。"……

分析：你认为王老师能体会到幸福吗？王老师的幸福从何而来呢？

讨论交流

1. 我们经常听到有些老师抱怨工作太累了、学生的事情太烦琐、考试压力太大，以至于在教育生活中没有幸福可言。请分析一下，教师的幸福源自哪里？

_____

_____

2. 教师应该如何超越日常工作的烦琐和劳累让自己变得幸福呢？

_____

_____

三、加强学习注重实践

习近平总书记在全国高校思想政治工作会议上强调，教师是人类灵魂的工程师，承担着神圣使命。传道者自己首先要明道、信道。教师要坚持教育者先受教育，努力成为先进思想文化的传播者、党执政的坚定支持者，更好担起学生健康成长指导者和引路人的责任，加强学习，是教师职业道德的前提。对教师来说，参加教育教学实践也是提高自身职业道德修养的根本途径，这是检验师德修养的标准，是推动师德修养水平不断提高的动力，也是教师师德修养的目的和归宿。

（一）加强理论学习

教师的特殊职责，决定了教师要不断学习。不仅学习专业知识，还要学习各种理论。不能仅满足于专业，还要执着于正确，教师的言传身教对于学生成长非常重要。错误的言论和言行，可能影响学生一生。所以教师要不断加强学习，不说过头话，不做过头事，保持敬畏心，保持同理心。要有"止于至善"的思想意识，要有"学为人师、行为世范"的敏感度，明德、亲民，热爱学生。

1. 教师要认真学习理论，树立正确的世界观和人生观。

2. 教师应在理论学习中深刻理解教师道德规范和要求，明辨道德是非，提高遵守师德规范和要求的自觉性。

3. 教师加强学习教育科学理论和科学文化知识，掌握教书育人的本领。

（二）积极投身教育实践

实践是检验真理的唯一标准。教师师德建设的好坏，最终要由实践来决定。教师的道德修养，不仅在于自身学习，更在于不断实践。教师只有通过自己的学习，通过言传身教，通过实践师德师风，才能实现更好的实现"作育人材"的理想。"衣带渐宽终不悔，为伊消得人憔悴。"教师要把"作育人材"作为实践职业道德修养提高的目标，围绕目标扎实奋斗，努力成为本领域的专家和精英，激励、促进学生学习。努力向"我们要继续不断地学，才能继续不断地教"看齐。

实践是教师职业道德修养的根本途径。教育实践不仅是教师进行师德修养的现实基础，也是检验教师师德修养的唯一标准，是教师师德修养的目的和归宿。因此，教师职业道德的自我完善，必须在实践中身体力行，砥砺意志，涵养品性，必须经过实践的反复打磨，道德认识才能日益明确和深刻，道德信念和道德意志才能日益坚定，道德情感才能日益丰富，道德理论才能日臻完善，方能"千淘万漉虽辛苦，吹尽狂沙始到金"。

案例分析

湘潭三位化学教师通过上百次实验推翻教材结论[①]

据报道，湖南省湘潭市第一中学三位化学教师对人教版高中化学必修一第三章第二节"氢氧化铁和氢氧化亚铁的生成"实验提出质疑，并经过上百次实验研究发现，灰绿色沉淀并不是被氧化的结果，而是吸附了亚铁离子引起的。他们设计的实验，很好地制备了白色的氢氧化亚铁，且不会变为灰绿色沉淀。

———————————

① 湘潭三位化学教师通过上百次实验推翻教材结论 [N] 中国教育报，2013.12.11.

氢氧化亚铁的制备是高一学习《铁及其化合物》时一个非常重要的演示实验，一直是化学教材的经典实验，已沿用数十年。不过，湘潭市第一中学化学教师刘炎昭、潘益民、陈鹏老师在教学当中，对于教材提出的"硫酸亚铁溶液中加入氢氧化钠溶液，生成的白色絮状沉淀迅速变成灰绿色"存有疑惑，在实验当中，他们发现很难出现白色沉淀，一般得到的都是灰绿色物质。而中学教材乃至大学教材《无机化学》都回避了灰绿色沉淀形成的原因。

经过研究，他们在一次实验时将氢氧化钠溶液一次性倒入硫酸亚铁溶液中，发现该过程白色沉淀较其他处理方式更明显，因而提出猜想，认为灰绿色沉淀的形成并不是被氧化的结果，而是白色的氢氧化亚铁吸附溶液中浅绿色的亚铁离子引起。根据猜想，他们设计减少亚铁离子浓度、控制亚铁离子加入速度，并完成一系列探究实验，实验上百次，成功制取到白色的氢氧化亚铁，且在该过程中并无灰绿色出现。

在11月14日举行的2013年湖南省中学化学实验创新大赛上，他们的创新实验得到了专家的高度肯定。专家表示，无机化学已经是一门非常成熟的学科，中学教材已使用数十年，很难找到不同的观点。他们质疑的态度和探究的精神正是现在中学教师所缺少的，实验操作简单，效果明显，因此该实验荣获本次大赛一等奖。

案例中的三位化学老师认真学习和钻研专业知识，敢于质疑权威，有反思和批判精神，这是难能可贵的。

活动体验

请设计一份促进本人教师专业发展加强理论学习的计划书，并附一份学习阅读书单。

_____

_____

四、教师职业道德的升华

孔子曾经说过："为仁由己。"[①] 一个教师能否成为一名优秀教师，成为学生得道德楷模，关键在于其是否能够实现教师职业道德的内化。

---

① 选自《论语·颜渊》。

案例分析

小学"差生"被戴绿领巾

"你学习不好，戴绿领巾，我才是真正的红领巾……"西安市未央区第一实验小学门口，两个放学的孩子嬉闹起来，来接佩戴绿领巾孩子的家长表情尴尬。一名一年级学生告诉记者，调皮、学习不好的学生就得戴绿领巾，老师要求上学、放学都不能解开，不然就在班上点名批评。"孩子年龄再小，也有自尊心，嘴上不说什么，也能看得出戴绿领巾不是啥好事情。"家长苏女士认为，此举对孩子心理有极大创伤，学校这种做法有些奇怪。可老师却称这是在为激励其上进！学习好不好，孩子乖不乖，已成为老师喜欢不喜欢的原因之一。孩子被戴绿领巾就如被贴了标签，就是告诉所有的人，你就是差生，这件不光彩的事情，将会印烙在孩子的记忆中，这样的"激励"是不是一种耻辱？这是在教育孩子吗？

我们将探讨两个问题：

问题 1：教师职业道德内化的意义？

问题 2：教师职业道德内化的阶段。

问题 3：教师职业道德品质构成因素？

（一）教师职业道德内化的意义

教师道德在没有转化为个体道德之前，只有作为一种他律性规范存在着，并不能真正实现其规范教师行为、调节教师道德关系的作用，只有实现了教师道德内化，才能完成教师职业道德由他律到自律的升华，实现教师道德的规范作用。

1. 实现教师职业道德由他律到自律的升华

教师职业道德由他律向自律发展，需要将教师职业道德内化为教师个体道德。体现在教师个体的道德行为中，并提高教师个体的道德境界，这才能作为教师个体行为的价值取向，实现教师职业道德的社会功能。

2. 实现教师职业道德的规范化

教师道德在内化为个体道德之前只是作为一种社会职业道德规范存在着。教师道德内化使教师道德由外在的职业道德规范转化为内在的教师道德品质，并由此成为教师道德行为及其选择的内在依据；也正是通过教师道德内化，教师道德原则和规范才成为教师内在道德需求，才得以发挥规范教师行为、调节教师道德关系的作用。

3. 实现对新一代教师的道德培养

新教师成长不仅包含业务能力提高，更需要教师道德的完善，高尚的教师道德是一名合格教师的必备条件。当一名新教师在道德实践基础上认识、了解、认同、内化这些道德规范之后，他才具有一名合格教师应该具备的道德品质。通过教师道德内化，新的教师道德规范为教师所掌握，成为教师道德品质的有机组成部分，由此完成了教师道德品质的更新。

（二）教师道德内化的三个阶段 [①]

教师道德内化的过程与教师道德品质的形成过程相联系，一般经历三个阶段。在教师道德内化过程中，教师道德认识不断提高，教师道德情感日益丰富，教师道德意志和信念更加坚定，并最终形成了具有相对稳定性的教师道德行为和道德习惯。

1. 服从阶段

在这个阶段上，教师对教师道德规范和原则的认识和把握相对较浅，教师道德规范和原则只是外在地存在于职业生活。虽在一定社会道德舆论的监督之下，也能遵守相应的教师道德，但却不能自觉地遵守。在这个阶段上，教师道德内化处于服从阶段，教师道德发展水平处于他律阶段，教师尚没有获得道德自由。

2. 同化阶段

在这个阶段上，教师对其遵守的道德规范已经有较为深入的了解，并产生了认同感。教师对相应教师道德规范的遵守已不再完全依赖于外部舆论的监督而是在许多情况下出于主体的自觉。在这个阶段上，教师道德内化处于同化阶段，教师道德发展水平处于他律与自律相结合的阶段，教师已经部分地获得了道德自由。

3. 内在阶段

在这个阶段，教师对其应遵守的道德规范的必然性已经有了本质性的认识和把握并成为其内在品质的有机组成部分。其对相应教师道德规范的遵守已完全不需要外部的监督而是出于主体的自觉。在这个阶段，教师道德已完成了其内化的过程，达到了自律的水平，教师获得了道德上的自由。

应当注意的是，一方面，教师道德内化是一个永无止境的过程，需要教师不断地在道德上完善自己；另一方面，教师道德内化的程度并不与教龄的长短成正比，而是与个人的道德修养的程度成正比。一个疏于道德修养的教师，其教龄再长，其道德内化也不会达到很高的程度。年轻教师只要持之以恒地不断进行道德修养，其道德内化就会达到较高的境界。

（三）教师职业道德品质构成因素

但丁说：道德常常能填补智慧的缺陷，而智慧却永远也填补不了道德的缺陷。真正影响我们一生的是良好的道德品质。道德品质是指体现一定社会道德原则和规范，并具

---

① 任者春.高校教师职业道德修养[M].山东：山东大学出版社，2011：8.

有稳定性和一贯性倾向的个人道德意识和道德行为总体的根本属性。

教师道德品质，是指教师为职业的道德主体所特有的行为习惯和行为特征，是教师在处理个人与他人、个人与社会利益关系时所表现出来的稳定性倾向和一贯表现。

1. 教师道德品质构成有六个基本要素：教师道德认识、教师道德情感、教师道德意志、教师道德信念、教师道德行为和教师道德习惯

① 教师道德认识

教师道德认识是指教师对于教师道德关系、原则、规范等的认识和掌握。它包括三个基本的方面，一是认识教师道德关系，二是认识教师道德原则和规范三是认识教育教学的规律。

首先，对教师道德关系的认识，是构成教师道德认识的基础。在教师道德关系中，教师与集体的关系、教师与教师的关系、教师与学生的关系是最主要的道德关系。其次，对教师道德原则和规范的认识，是教师道德行为的前提。教师的职业道德原则和规范必然有着比其他行业更高的要求。如在部分行业"穿衣戴帽，个人所好"似乎不涉及什么道德问题。但是，在教师职业生活中，着装却有着严格的规定。教师道德规范反映并规范着教师生活的方方面面，对每一种教师道德关系，都做了最基本的规范要求。教师只有充分认识并掌握这些规范，才能在道德生活中自觉遵守。最后，对教育教学规律的认识。教师以教书育人为天职，但并不是每一个教师都能履行自己的职责，只有那些正确认识了教育教学的内在规律，并能在具体工作实践中正确运用这些规律的教师，才有可能完成自己的职责，实现其道德目的。一个具有高尚职业道德的教师，一定要努力把握教育教学的内在规律，精通相关的专业知识。教师业务水平的高低虽然不能等同于其品质的高下，却也折射出教师不同的工作态度和敬业精神。

② 教师道德情感

教师道德情感是基于一定道德认识基础之上的，教师在道德实践活动中体验并形成的，以爱为基本特征的道德情感。教师道德情感是构成教师道德品质的重要方面。没有道德情感，也就不能形成道德品质，更不能产生高尚的道德行为。教师的职责就是为学生服务，其服务质量直接取决于教师对学生的情感，只有在爱的情感之下，教师才能不断提高其业务能力，增强其责任心。教师道德情感是形成一定道德动机的基础，是教师道德行为的内在动力。

首先，教师道德情感的产生与道德认识相联系。教师道德认识首先是教师对自身工作价值、意义、地位的认识，在认识的基础上，才能产生对职业的热爱从而形成强烈的职业道德情感，激发其工作热情。其次，教师的道德情感根源于教师的职业道德实践。在具体的教育教学过程中，教师亲身感受到职业劳动所带来的幸福，感受到因自己价值实现而获得的自豪和满足。再次，教师道德情感中的爱或憎，直接反映了教师的职业利益。在教师道德实践中，凡是能满足教师生存和发展需要的，能给教师带来直接或间接

利益的，有利于教育事业长远发展的行为或事件，都可能激发教师"爱"的情感。最后，教师道德情感是以"爱"为基本特征的。虽然教师道德情感中也有"恨"，但其"恨"却又往往是源于"爱"。我们常说"恨铁不成钢"，其实质却是一种爱的表达，并非真"恨"。爱是教师最基本的道德情感，它主要是指爱学生、爱学校、爱职业。其中，爱学生是教师道德情感的核心。教师之爱可以激发学生的学习热情，激发学生向善的渴望，可以塑造品学兼优的学生。不仅如此，只有在爱心中成长起来的学生，才会有爱心，才能去爱他人、爱社会。

③教师道德意志

道德品质的形成是一个自觉意志的过程，教师的道德意志是形成品质的中坚环节。所谓教师道德意志，是教师在职业道德活动中表现出来的克服困难、战胜挫折、超越自我的坚强毅力和精神。在教师道德品质结构中，道德意志的作用主要表现为依据某种道德认识和道德情感，果断地进行道德行为的抉择，并为实现道德目的排除一切来自内部的或外部的干扰。

首先，教师道德意志表现为教师在道德实践中克服困难的勇气。教师在其职业生活中，时常要面对各种各样的困难，这些困难构成了教师进一步发展的障碍，干扰着教师的教育教学工作，只有克服这些困难，才能打开通向成功之门。道德意志便是克服这些困难的中坚力量。其次，教师道德意志表现为教师在道德实践中战胜诱惑的能力。最后，教师道德意志表现为教师在道德生活中战胜自己、超越自我。在教师道德实践中，只有那些具有顽强意志的教师，才能经得起挫折与磨难，才能不断使自己的道德品质趋于完美。

④教师道德信念

教师道德信念是教师对自身职业责任和义务的真诚信仰，是教师对于教育事业的深刻认识、强烈情感和顽强意志的统一。教师道德信念更具有稳定性、持久性，在教师道德品质中居于主导地位。教师道德信念是教师道德进步中的灯塔，它内在地规定着教师道德发展的方向。一个教师一旦形成了道德信念，自己的生活就充满了意义而一个没有信念的教师，其生活如一潭死水，没有浪花，没有激情。教师道德信念深化了道德品质，使道德品质呈现出稳定性、一贯性、持久性的特征。

正确的道德信念表现在，其一，不仅懂得道德规范，掌握道德知识，而且相信它的正确性，形成了坚定的道德观点。其二，把道德信念作为自己行动的指南与原则，并作为进行道德评价的内在标准。其三，对与自己信念相近的思想、言行表现出极大的热情并会产生相应的积极的情感体验；而对违反自己的道德信念的事情，则会产生强烈的消极的情感体验。其四，用坚强的意志行动去努力实现自己的道德信念维护自己道德观点的正确性。

⑤教师道德行为

教师道德行为是教师道德品质的外部表现，是道德品质的实践范畴。教师道德行为是教师在一定道德认识、情感、意志支配之下所采取的具有直接现实性的行动，是衡量一个教师品质优劣、道德水平高低的客观标志。

⑥教师道德习惯

道德习惯是构成道德品质的最终环节。道德习惯的形成，标志着道德品质的形成。道德习惯是在道德行为的反复实践中形成的，是道德意识和道德行为的直接高度的统一。教师道德习惯表现为面对具体的道德选择，教师可以率性而择，"自然"选择，而不是要考虑再三，权衡左右。此时，道德原则和规范早已深入内心，千百次的道德选择已经形成了某种特有的固定模式。选择此或选择彼，已经不再是由于受外部舆论的影响，而是完全出于内心的自觉。孔子所说的"从心所欲不逾矩"，指的就是这样一种境界。

教师道德品质结构中的道德认识、道德情感、道德意志、道德信念、道德行为、道德习惯六个要素，不是彼此孤立的，它们之间有着内在的必然的联系。道德认识是整个道德品质发展的前提，道德情感、意志、信念、行为和习惯都是在一定的道德认识的指导下形成的。教师道德品质中的六个要素是密切联系不可分割的，它们相互制约、相互促进、相互作用、互为前提、互为条件，构成了有机统一的教师道德品质。

2.教师应具备的基本道德品质：开拓进取、公道正派、廉洁自律

①开拓进取

开拓与进取是相联系的道德品质。开拓是指在工作、学习和生活中敢于尝试新鲜事物，不因循守旧，有进取特征和拓荒精神的道德品质。具有开拓品质的教师，能不断地拓宽自己的研究领域和工作范围，拓宽自己的知识面，创造性地开展教育和教学工作，积极开展教改活动，敢于走前人没走过的路。教育工作是一项极具开拓性和创造性的事业。进取是指一个人在生活、工作、学习中追求进步、努力向上的道德品质和道德行为。教师的进取品质，要求教师不满足于一般水平和眼前成绩，而是要争取最高水平和最大成绩。进取总是与创造联系在一起，进取就意味着要打破旧的工作方式、生活方式。教育教学规律的探索，人类科学知识的认识都是永无止境的，进取品质作为一种内在力量，激励着教师在通向顶点的崎岖小路上攀登。"欲穷千里目，更上一层楼"。

②公道正派

公正与正义、公道平等是相近的概念，在一定范围内，它们甚至是相通的概念。教师公道正派的道德品质包括两方面的含义，一是平等地对待每一个学生，二是不在教育教学活动中谋取不正当的个人利益。公正的原则要求教师不能以个人的好恶对待学生，而要做到有教无类，一视同仁。

③廉洁自律

教师自古以来就是一个清贫的职业。选择了教师作为自己的终生职业同时也就意味

着一生与清贫相伴。"一箪食，一瓢饮，在陋巷，人不堪其忧，回也不改其乐，贤哉，回也。"这是孔子在《论语·雍也》中对其弟子的赞誉。倡导廉洁自律是当前教师道德建设的重要任务。要求教师在"道"和"利"不可兼得的情况下舍"利"取"道"，做出以自我牺牲为前提的道德选择。此外，廉洁自律要求教师自觉抵制社会不良风气影响，坚持正确的价值取向。

案例分析

"国宝"教师霍懋征

1956 年，霍懋征被评为特级教师，周总理握着她的手，称她为"国宝"。后来，教育部要调她去工作，她答应只能"借调"；人民教育出版社请她当编辑，她不去，只承担了教材的编审工作；全国妇联、北京妇联等单位都邀请她任职，但她最终都没有离开孩子和小学课堂。霍懋征认为，小学教育是启蒙教育，是一个人一生中最重要的教育；基础打好了，才能盖起高楼大厦。当记者问起霍老师做了一辈子小学老师，放弃了那么多"高升"的机会，后悔不后悔时，霍老师坚定地说："不后悔，因为我喜欢小孩子。"组织上希望她能出任北京市实验二小的校长，霍懋征的态度无比坚决："不！我的生命在课堂，我的事业在课堂，我要重新回到课堂中去，而且，我要教语文。"

案例分析

人格是最高的学位 [①]

有一个秋天，北大新学期开始了，一个外地来的年轻学子背着大包小包走进了校园，实在太累了，就把包放在路边。这时正好一位老人走来，年轻学子就拜托老人替自己看一下包，而自己则轻装去办入学手续。老人爽快地答应。近一个小时过去，学子归来，老人还在尽职尽责地看守。谢过老人，两人分别！

几日后是北大的开学典礼，这位年轻的学子惊讶地发现，主席台上就座的北大副校长季羡林先生正是那一天替自己看行李的老人。在那一瞬间，这位年轻人的心里是一种怎样的震撼，在我们听过这个故事之后强烈地感觉到：人格才是最高的学位。

苏步青教授为中国数学教育和教育事业作出了卓越贡献，从教 50 多年，桃李满天下，许多学生也很有成就。早在 20 世纪 30 年代，苏步青在日本荣获理学博士，与同学陈建功相约自愿来到新建的浙江大学数学系任教。当时系里只有 4 个教师，10 多个学生，

① 白岩松.人格是最高的学位 [J].政府法制，2009(33)：25.

图书资料奇缺，实验设备全无，经费无着落。他名为副教授，却连续几个月没有拿到一分钱。但他毫不动摇，他与陈建功每人开四门课，外加辅导、改作业、编教材、搞科研。他利用暑期到日本去找资料，一个假期找回 20 万字。靠这种自觉的事业心和意志力，为社会培养人才。解放后，他更是孜孜不倦，献身社会主义教育事业。

讨论交流

就教师应该具有的道德品质来看，你从苏步青的事迹中得到什么启示？

_____

_____

总结反思

本主题主要围绕新教师提升职业道德的途径的内容，是基于激发新教师自身内动力的视角从提高职业认同感到幸福感再到教师职业道德的升华，通过"时代楷模"张桂梅、用生命护卫生命的向倩老师等感人案例学习，促进新教师的反思与认知提升，教师的职业道德修养直接关系到学生的健康成长，关系到国家的前途命运和民族的未来，教师的素质，师德永远最重要。加强教师提升职业道德修养，使教师的思想觉悟进一步提高，更加热爱教师这个神圣的职业，更多培养出优秀的学生和对社会有用的人。

主题三　新教师塑造专业形象的方法

学习目标

通过本主题的学习，学习者能够：

1. 了解修炼教师语言艺术的内容和方法；

2. 了解教师亲和力包含的内容；

3. 掌握教师外在形象包含的内容及塑造外在形象的方法。

教师专业形象是指社会大众和教师自身对于教师职业的专业性质、专业程度和专业提升途径的认知与看法。教师专业形象的塑造不仅能够提高教师职业的社会地位，获得社会的尊重和认可，更能够促进教师的专业发展和实现学生的全面发展。

一、修炼教师的语言艺术

语言是人和人之间互相传递信息，互相交流思想感情的工具。对于教师来说，教师语言艺术，是教师先进的教育思想，丰厚的知识积累，娴熟的教育技巧和超高的语言运用的完美结合。在教师的教育教学中，需要依靠语言与学生进行情感交流、知识传递、价值观引领。作为新教师在课堂上要做到语言规范、严谨简约，注意生动有趣，能吸引调动学生。

资料卡

两位老师的语言对比

对犯错误的学生

教师1：你这个学生到底怎么回事？明天叫你家长来，听见了吗？

教师2：孩子，和老师说说怎么回事。

对课堂上学生们的异议

教师1：安静，全都听我说！

教师2：同学们，有什么不同意见吗？你说说。

对考试不及格的学生

教师1：你们几个怎么又不及格？你们几个影响了全班的成绩，知道吗？

教师2：跟老师说说是怎么回事？是老师讲课你们听不懂呀，还是试题太难？

一句话，也许会使一个稀松平常的场景变得令学生终身难忘；一句话，也许会让一些棘手的问题轻松地得到解决。语言具有力量，如果教师能够拥有语言的力量，掌握语言艺术，就可以给学生带来勇气，激励学生发挥出他们的能力。

我们将探讨三个问题：

问题1：如何使自己的课堂语言具有艺术性？

问题2：如何与学生进行有效沟通？

问题3：如何与家长进行有效沟通？

（一）如何使自己的课堂语言具有艺术性

课堂教学语言是师生交流的最直接工具，教师语言表达能力的高低直接制约课堂教学的有效性。教师教学语言的组织和设计直接反映教学思维的深刻程度，教师语言的生动、形象、幽默可以激发学生的兴趣，唤起学生的求知欲望；教师有效的提问，能够启发学生思维。

1.课堂语言要准确严谨

准确严谨是指正确地引用科学术语来表达事物的现象和本质，杜绝含糊不清的概念和模棱两可的表述，例如，容易导电的物体叫导体，不能说成能导电的叫导体；要做到"言之有序，条理清楚"，注重语言的逻辑性，弄清要讲的知识的来龙去脉，掌握其确切的含义和规律，精心组织语言解读教学内容，确定怎样开头，怎样过渡，怎样结尾。学生在授课的重点、难点等关键问题上才能够得到透彻的理解，也便于学生清晰地把握知识脉络，形成完整的知识结构。

2.课堂教学语言要简练明白

所谓简练，就是语言简洁，干净利落，恰到好处。只有教师在课堂教学中用最简洁的语言表述，才能让学生很容易地把握住每句话、每节课的重点，更好地领会教师的意图。力争能在最短时间内让绝大部分学生听懂并乐于接受。所谓明白，就是语言通俗易懂，深入浅出，使学生能听懂教师所要表达的内容。教师的基本任务是根据课程标准的要求将教材的知识信息传授给学生，从而使学生学会知识、掌握技能、发展智力。

3.课堂教学语言要生动形象

生动形象的教学语言最能吸引学生的注意力，最能唤起学生求知欲，因此，课堂语言应当讲出色彩，讲出感情，讲出意境来。古人云"感人心者，莫先乎情"，教师应努力挖掘教材中的感情因素，以满含激情的语言渲染出教材中的真实情境。

4.课堂教学语言要有节奏感

"节奏是一切艺术的灵魂"作为教学语言艺术也同样如此。一堂成功的课犹如奏乐，给人以美的享受。教学语言的节奏主要表现在快慢适宜、动静相生、抑扬顿挫、起伏有致。只有这样，学生才能在无意注意中学到更多的知识，懂得注意什么、感受什么、联想什么，以及表达什么。

5.课堂教学语言要有幽默感

喜欢风趣幽默是学生的心理特点之一。教师富有幽默感的语言，自然会使学生喜闻乐道。但是，这种幽默的语言必须把握好一个"度"。教师的主要任务是"传道、授业、解惑"，幽默的语言必须以丰厚的学识和机敏的应变能力为前提，通过一些随机的"点化语"或"插入语"化平淡为神奇，产生教学魅力，使学生在欣赏美中获得知识，受到教育。

（二）如何与学生进行有效沟通

教育活动的好坏取决于教师和学生之间的沟通，教师和学生之间的有效沟通，可以使教育目的达到事半功倍的效果。通过有效的沟通，教师得以走进学生的内心世界，学生也真正理解教师；通过沟通，妨碍师生情感交流的心墙才能被彻底拆除，完善的教育共同体才能构建起来，教育目标才能顺利实现。苏霍姆林斯基说过："如果学生不愿意把自己的欢乐和痛苦告诉老师，不愿意与老师开诚相见，那么谈论任何教育都是可笑的，任何教育都是不可能有的"。由此可见，真正的教育，教师应该与学生建立有效的沟通，使师生情感和谐融洽，学生才能"亲其师、信其道"进而"乐其道、学其道"。

1. 有效提问

提问的目的是为了挖掘学生的心态和见解，理清事实与真相，作为提问的问题，要目标指向性强、清晰、具体。教师在提问的过程中注意保持中立，空杯心态面对学生，不批判、不判断；让学生逐渐去发现自己的价值。在提问中，尽量用非限制性的提问语言以及方式，比如"什么""为什么""能不能""怎样""如何"等句式，可以用黄金圈理论进行提问，从三个维度进行提问，WHY（理由）确定目标，活动的目标是什么？HOW（方法）怎么做，怎样才能实现目标？WHAT（现象）具体做什么，如何执行？这样能让学生自主思考。

2. 建立同理心，促进师生间的理解

人际沟通理论指出，同理心是建立良好人际关系的重要条件。同理心包括三个条件：站在对方的立场上思考问题；了解导致问题出现的原因；让对方了解到你愿意为他着想的意愿。这就要求教师暂时放弃自身的主观参照标准，尝试以学生的参照标准来看待事物，站在学生的立场上体察其思想和行为，了解其独特的心理感受，并有效地将自己的感受传达给学生，使学生感到被理解、被尊重，产生温暖感和满足感，从而建立一种和谐、温馨的师生关系。

3. 运用榜样激励法，平衡师生关系

树立榜样、发挥榜样激励作用，可以增强师生沟通的实效。如果教师与学生追求的目标不一致，呈一高一低状态的时候，可以运用榜样激励法，激起学生"别人行，我也行"的积极尝试成功的欲望，进而使学生产生模仿心理，通过努力达到目标，获得成功的喜悦。经过一段时间，这份喜悦就会变成一种自信，推动着学生不断向更高的目标迈进并持续完善自我。

案例分析

学生不交作业 [①]

某班的小宇情绪不稳，有时闷闷不乐，有时无端发火。一天上课时，王老师问他为什么不交作业，他头也不抬，从书包里取出作业本，当着全班学生的面，把作业本扔在王老师的脚下。学生们都愣住了，预感一场冲突即将爆发。王老师感到很难堪，但又一想：小宇平时成绩优秀，尊敬师长，不可能无端在课堂上对教师无礼，其中必有原因。王老师压住心头的怒火，对小宇微微一笑，然后弯腰拣起作业本，说"我帮你拣起作业

① 刘雨菲.浅谈教师与学生沟通的方法和艺术［J］.天津教育，2009(05).

本，同时也帮你拣起刚才被你扔掉的自尊。"小宇深感愧疚，幡然悔悟。下课后他主动到办公室向王老师道歉。

这个案例中，王老师运用了同理心，促进师生间的理解，比如"其中必有原因"就是站在对方立场上理解对方并期待了解导致这种情形出现的原因；"我帮你拣起作业本，同时也帮你拣起刚才被你扔掉的自尊。"——让学生知道教师是了解学生的。

讨论交流

作为新教师，谈谈你在教学中如何运用激励法或建立同理心，与学生进行有效的沟通？

_____

_____

_____

案例分析

学生对练习运动会舞蹈没有热情时 ①

师：我们从今天开始练习舞蹈，在练习开始前大家先思考一下运动会上跳舞的理由吧。

生：我想是为了让观众看到我们的努力和进步吧。

师：是吗？那什么样的舞蹈才能让学生感受到大家的努力和进步哪？

① 冗长乏味的舞蹈。

② 非常普通的舞蹈。

③ 能让观众感动的优秀舞蹈。

大家觉得哪个好呢？

生：能让观众感动的优秀舞蹈好。

师：现在大家闭上眼睛想象一下自己的舞蹈获得观众称赞的情形？你们有什么期待吗？

生：想让家人感动到流泪。

生：想让低年级的同学崇拜。

师：为了能够实现这些愿望，大家在今后每一天的练习中应该怎样做呢？

生：我觉得不松懈地坚持练习是最重要的。

---

① 三好真史.教师的语言力 [M].北京：北京科学技术出版社，2021：36.

生：每天都努力练习。

师：好，让我们一起来努力跳出优秀的舞蹈吧，如果大家的目标一致，老师会全力支持你们的。

这个案例说明教师通过有效的提问，让学生自己确定行动目标，这个目标并非是教师灌输给学生的，而是学生自己思考出来的，教师起到的作用只是帮助学生找出答案。因此有效的提问能激发学生的潜力，提升学生的独立思考能力。

活动体验

作为新教师的你，遇到学生在教室里受伤，为了教育全班同学在教室里注意安全，您可否尝试用提问的方法，让学生自己思考为什么会受伤，怎么才能避免这样事情的发生？

_____

_____

（三）如何与家长进行有效沟通

老师与家长沟通的效果如何，直接关系着家校合作是否成功，而沟通效果有赖于沟通艺术。以尊重为前提，老师、家长双方相互尊重，沟通才能顺利进行，家长、老师沟通越顺畅，孩子教育越成功。

1. 理性地接打电话

在沟通中接打电话的双方只能通过语言的声调、语速及语气来判断彼此的意愿与情感，因此教师在接打电话时，要遵守两个原则。

第一，礼貌的原则。礼貌地问候和主动地自报家门，比如："您好！我是您孩子的班主任张老师。"在表情上要微笑接打电话，家长虽然看到不到教师，但通过我们微笑的语气可以感受到教师的热情。通话完毕后，我们要请家长先挂电话，体现我们的尊重。电话铃声不要响太久，最好在三声之内接电话，如果耽搁较长，拿起电话时要先道歉："对不起，让您久等了。"

第二，接打电话要从三个方面做到准确无误。要养成准确记录的好习惯，包括时间、地点、人员、事件等；要复述重要内容，将家长电话中谈到的时间、地点、电话号码要复述一遍；通话要把事情讲清楚，简明扼要，突出重点。

2. 迎送家长的时候采用握手的方式（在疫情期间可以采用点头致意的方式）

第一，握手的要领。握手时，要与家长的距离约70厘米左右，双腿立正，上身略向前倾，伸出右手，四指并拢，拇指张开，掌心向内。手的高度与腰部齐平，手部稍用力，握住家长的手掌。握手面对微笑，平视家长的双眼。

第二，握手的先后顺序：一般的规律是尊者先伸手。

在面对家长时，作为主人我们教师要主动伸手表示对家长到来的欢迎；在与家长交流结束时，要家长先伸手。

第三，握手的时间长度要适宜。第一次与对方握手时，握手的时间最好控制在 3 秒钟左右，随着与对方良好关系的建立，再次见面时可以适当延长握手的时间。

第四，握手时力度要适当。在与对方握手时，要将自己的拇指搭在对方的手部上，并用自己的四指握住对方的手指，手部稍用力；软绵绵、没有力量的握手是很容易伤及对方的自尊心，要掌握恰当的握手力度。

3. 为家长选择适宜的落座位置

第一，家长来到学校，教师要将家长安排在比较舒适的座位上，比如，沙发、软椅子等。

第二，根据与家长的关系，选择适宜的位置关系。（如图 1-1 所示）

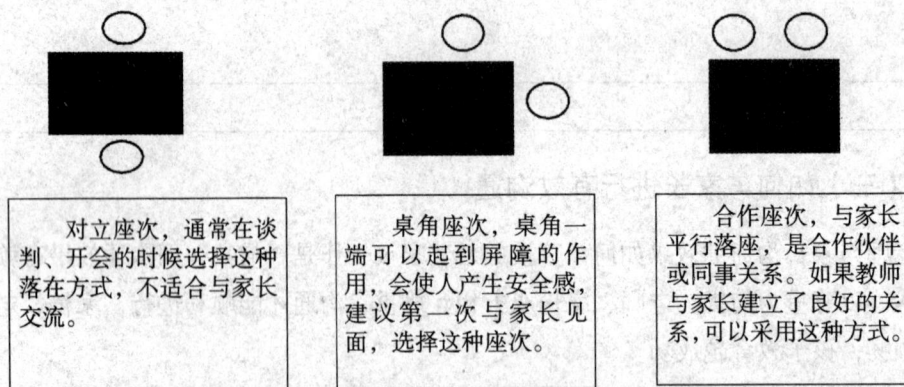

| 对立座次，通常在谈判、开会的时候选择这种落在方式，不适合与家长交流。 | 桌角座次，桌角一端可以起到屏障的作用，会使人产生安全感，建议第一次与家长见面，选择这种座次。 | 合作座次，与家长平行落座，是合作伙伴或同事关系。如果教师与家长建立了良好的关系，可以采用这种方式。 |

图 1-1　落座位置意图

案例分析

一封家长的来信①

一位职业高中西餐面点的专业课教师，期末考试的内容是做蛋糕，在考试结束后，教师让学生将所做的蛋糕带回家，让父母品尝后对蛋糕做出评价。

第二天，教师收到了一名学生家长的来信：

尊敬的老师，您好！

昨天孩子放学到家，将蛋糕捧到我面前说："妈，这是我做的蛋糕，王老师让您尝后做一下评价。"孩子的行为让我很惊讶，从他上小学一年级至今，因为他淘气、不爱学习，班主任和老师都对他没办法，所以老师经常请我到学校去。

————————

① 吕艳芝、冯楠. 教师礼仪的 99 个细节 [M]. 上海：华东师范大学出版社，2020：56.

说实在话，每一次我都是耐着性子、硬着头皮去见班主任，回到家就冲孩子发一顿脾气，从小学到中学，一想起这孩子我就头痛。

可是今天，当接过孩子递过来的蛋糕时，我感到心里很温暖，当吃着孩子自己做的蛋糕时，我感到蛋糕很甜、很香。吃着蛋糕，我不禁流下了眼泪。我为孩子感到高兴，我对孩子的未来充满着希望。我表扬孩子做的蛋糕非常棒，孩子听了我的表扬非常高兴。

任课教师通过采用这种巧妙的教育方法，让教师、学生、家长形成了融洽的关系。后来，学生专业课学习非常努力，并在北京市西点专业比赛中获得一等奖的好成绩。

通过这个案例，我们可以看到，家长是一种教育资源，教师与家长的积极互动，能很好地使这种资源得到开发和利用。及时向家长汇报学生的点滴进步，是开发家长资源、形成家校融洽关系、共同完成教育教学任务的一个好方法。

讨论交流

请分享一个您跟家长进行沟通的成功案例，并分析成功的原因。

_____

_____

二、加强教师的亲和力

教师的亲和力是一种隐性的资源，是教师在教书育人的各个环节中的思想情感、语言行为与学生的融合水准，是教师在身教、言教等育人行为中所体现出来的让学生感受到的亲切感和信赖感，是教师道德素养的基本要求。教师只有尊重学生、关爱学生，才能持续提升自身的亲和力。

我们将探讨两个问题：

问题1：教师如何真诚地鼓励学生？

问题2：教师如何倾听学生的心声？

（一）教师如何真诚地鼓励学生

鼓励是教育必须的、有效的激发学生积极性的重要手段，是激发学习积极性的催化剂，教师的一次恰当的鼓励、同伴的一句适时的肯定、学生一次被欣赏的展示，都有可能使学生从软弱走向坚强，从懒散走向勤奋，从失败走向成功。

1.示范法。教师将自己或他人的与学生类似的失败经历告诉学生，这样从心理上学生得到安慰。学生在了解了其他人的经历后就可以感到"原来还有人和自己一样。"比如："以前教过一个学生和你一样，也经历了这样的失败。""在其他学校也发生过这样一件事""老师的朋友中也有着同样失败经历的人""我曾经有过同意失败的经历""了不起的人也会犯错误"等。

2. 察觉法。就是帮助学生学会关注"目前具备的优势"和"现在能够做到的事"。比如，学生觉得自己计算很慢，不擅长算数，教师可以这样说："但是错误很少，说明你的正确率高。"

3. 劝诱法。就是教师提出具体的行动，让学生认为自己"能够做到"，要注意的是教师提出的具体行动不要超出学生的能力范围，最好提出学生容易做到的事。比如："失败没关系，让我们一起来试试吧。""从小事做起吧。""只要做到努力就可以了。"

4. 肯定法。教师应对学生讲一些简短且富有鼓励性的话，肯定学生能力的语言能让学生拥有自信。比如："你能做到，你要相信自己，一定会顺利的，一定能做到的。"

案例分析

在朗诵大会开始前学生哭了起来[①]

师：现在非常紧张吧？你的家人也会来看，所以你才会担心能不能发挥出最好的水平，我能够理解你的心情。（理解）

生：是的，我感到非常不安。

师：你是因为想要发挥出最好的水平，才会非常紧张的吧？这说明你希望别人看到自己最优秀的一面，也说明你想要进步。（转换）。

生：嗯。

师：你可以回忆回忆，到目前为止你做了多少次练习。现在就让大家看看你这么辛苦练习的成果吧。（行动）

生：（点头）（我确实做了很多练习的）

师：那就大声地朗诵吧，你一定能做好的！（鼓励）！

生：好！

这案例说明鼓励可以发掘学生的潜力，让学生更加自信、超越自我。案例中呈现了鼓励的四个步骤是理解、转换、行动和鼓励，即在表达对学生理解的基础上表现关切、给出方向性指引。

活动体验

请老师们在教育教学中，运用理解、转换、行为和鼓励四个步骤对学生进行鼓励，

---

① 三好真史. 教师的语言力 [M]. 北京：北京科学技术出版社，2021：48.

分享您的收获和体会。

_____

_____

（二）教师如何倾听学生的心声

倾听是沟通的重要环节，是表示关怀的一种方式，懂得倾听，才能看到学生的情感和灵光，才能和学生进行心与心的沟通。

1. 转变观念，转换角色

丘吉尔说："站起来发言需要勇气，而坐下来倾听，需要的也是勇气。"教师要想提升倾听力，就要摒弃所谓师道尊严，树立师生平等观念，把自己当成学生的朋友，真正走进学生的内心世界。我们不仅要在学习上关心学生，帮助学生，还要从思想、生活、心理素质、道德品质等方面关注学生的成长，以德树德、以情动情、以志励志、以行导行，归纳起来就是"思想引导、学业辅导、生活指导、心理疏导"。让学生在其中感受到教师的人格魅力、对教师的认同感和强烈的归属感，理解教师的帮助甚至是教育批评。教师平时也要多反思：自己是否希望成为最好的倾听者？是否愿意把自己训练成为最好的倾听者？是否经常通过操练来培养自己的倾听习惯？是否掌握了倾听的规律、用心倾听还是仅仅用耳听？对倾听到的信息理解是否正确？如何处理倾听到的信息？

2. 克服偏见，理智倾听

不能成为有效倾听者的最大障碍是教师自己。要好好倾听，教师就一定要先学会"放空"自己。如果没有放空自己，就会不自觉地被自己的想法缠住，因而忽略别人在言语、表情或动作中所传递出的信息。如果你一开始就带着偏见，就会不断从对话中设法验证你的观点，结果你所听到的，都会认为是虚假的、欺骗的、无聊的。粗暴的教育会使学生产生敌对情绪和消极情绪，从而培养出毫无耐心的学生；训斥命令的教育往往培养出唯命是从的学生。反过来，鼓励和赏识会给学生创造一种和谐、愉悦的情境，从而使他主动、自觉地接受批评、改正错误。故我们不妨多用这样的语言来倾听和沟通："你怎么这样说呢？""你为什么有这种观点呢？""还有其他的原因（理由）吗？""请继续说下去"。相信这样做的效果一定会很好。

3. 倾注耐心，关注细节

排除干扰，集中精力，以开放的姿态、认真思考，并以积极投入的方式倾听学生的陈述。倾听过程中要尽量避免与其他人聊天、接打电话、批改作业、发电子邮件，或把注意力转移到其他事情上；和学生沟通时，要有耐心，不能催促对方要关注细节，挖掘出更多有效信息。

活动体验

请老师们跟学生或家人交流下面九条原则，让学生或家人从这九条中选择一个你做得最好的，用例子说明；选择一个最希望改变的，用具体实例说明。

1. 不批评、不责备、不抱怨。

2. 给予真诚的赞赏与感谢。

3. 引发他人心中的渴望。

4. 真诚地关心他人。

5. 经常微笑。

6. 姓名对任何人而言，都是最动听的语言。

7. 聆听，鼓励别人多谈自己的事。

8. 谈论他人感兴趣的话题。

9. 衷心让他人觉得他很重要。

您做得最好的：_____

最希望您改变的：_____

三、塑造教师的外在形象

资料卡

若干年前，心理学界做了这样一个实验，请来一位男子，把他带到一个大学的三个班级里，让他进到班级里都做同一件事，宣读自己的科研成果，只不过在三个班级出现的外表形象是不一样的，第一个班是以 A 知识分子外表形象出现，第二个班是以 B 农民兄弟外表形象出现，第三个班是以 C 乞丐的外表形象出现。这位男子在宣读的时候，在三个不同的班级，他经历了不同的待遇，尤其是第三个班，学生们不但不听还把他哄了出去。这是学生面对同一个人包装成不同形象时的待遇，心理学家很高兴，发现这种首因效应是客观存在的。因此教师的外在形象在师生交往中占有举足轻重的地位，尤其在师生交往的初始阶段，教师的发型、穿着、举止在很大程度上决定了学生对老师的第一印象，决定了师生间的心理距离，决定了老师在学生心目中的地位，同时也决定了老师对学生的教育效果。所以，教师要从仪表、举止方面下功夫，塑造教师优雅得体的外在形象。

我们将探讨三个问题：

问题 1：教师在仪容上应注意哪些礼仪？

问题 2：教师在着装上应注意哪些礼仪？

问题 3：教师在仪态上应注意哪些礼仪？

（一）教师在仪容上应注意哪些礼仪？

仪容是一个人的仪表与容貌的统称。当一个人与外界交往时，其个人仪容备受关注，作为教师更应注重。面对学生，教师要让学生知道什么是规范的发型，让学生感受到教师的仪容自然美、修饰美和内在美，给学生起到表率作用。对教师仪容的基本要求是干净整洁、略加修饰。

1. 干净整洁是指教师要注意个人卫生，在仪容上做到无异味、无异物

教师要注意自己指甲的长度，指甲的长度不应超过手指指尖，留较长的指甲是不符合教师身份的，在涂指甲油时要选择无色、透明的。男教师要及时刮胡须。在用餐时不吃刺激性食品，如生蒜、生葱，用餐后要淡茶漱口，以保证口气清新，建议老师养成用镜子照一下的好习惯。

2. 略加修饰是指教师依照常规对个人仪容进行必要的修整、装饰，达到美观而得体

第一，规范的发型。在学校的校规校纪中都规定学生的发型要求，作为教师更要在发型上给学生起到示范作用，要让学生知道什么是规范的发型。因此在正式的教育教学场合中，教师的发型选择要把握庄重、严肃、利索大方的原则。

男教师的发型选择：

在头发的长度上，前发不遮眉，侧不盖耳轮，后不过衣领，不留过长、过厚的鬓角；在头发的风格上，不要过分追求时尚和标新立异。

女教师的发型选择：

在头发的长度上，头帘尽量不遮挡五官，后发不要过肩，过肩的长发在课堂及较正式的教育教学场合下，应将长发束为马尾辫或盘起来；不染怪颜色，不做夸张的发型。

第二，女教师的化妆。作为年轻的女教师我们喜欢素面朝天的自然美，但是在正式场合（比如有外校领导到学校参观、做研究课观摩课、录制课程）中，女教师要求化淡妆，是为了表达对他人的尊重和敬意，在化妆的时候要遵循扬长避短、整体协调、淡雅简洁的原则，使之达到美好、自然、和谐的效果。

（二）教师在着装上应注意哪些礼仪？

穿衣戴帽虽然是我们教师个人的事情，但怎么穿戴，是有普遍适用的规范和礼仪。遵守这些规范和礼仪，服饰就给我们的形象加分，否则就会减分，他会给人留下挥之不去的印象。英国作家莎士比亚曾经说：一个人的穿着打扮就是他教养。我们通过你衣服的款式，可以感觉到你为人处事的风格，通过你衣服的色调，可以了解你的文化素养，通过你衣服的穿法，可以推想你的生活态度。可以说，服饰是一个人最显眼的文化标志，是构成我们形象特点的重要组成部分。

1. 教师的服装要整洁

作为新教师，我们要保持衣服的干净和平整，如果老师平时衣服皱皱巴巴，不常换洗衣服，给人印象是生活态度不严肃，得过且过，也就会影响到学生。

2. 教师的服装要符合身份要求

学生有校服，军人有军装，警察有警服，婚礼有婚礼服，是不能杂越的。教师每天在用自己的言与行影响学生，服装应该朴素大方，不要每天花样翻新，戴新奇的首饰，那样不仅会分散学生听课的注意力，而且会潜移默化地影响学生，不可小觑。

第一，讲究色彩的搭配，一是与自己肤色的配合，二是服装本身色彩的配合，要遵守全身上下不超过三种颜色的原则，否则会令人眼花缭乱。

第二，服装色彩明度比较高时，会使学习的注意力集中在教师身上，但也容易使学生比较浮躁；服装色彩明度比较低，会使学生的情绪比较稳定，有利于课堂教学的进行。建议小学教师的服装色彩明度高些，但不要选择比较刺眼的颜色，中学教师的服装色彩明度低些，但要避免选择过于沉重和使学生的情绪变得比较压抑的演示，比如全身服装都是黑色。

第三，教师禁忌穿过分暴露的服装：超短裙、低胸装、露脐装、吊带；教师上课不宜穿无袖的上衣或连衣裙、网眼长筒袜和破洞牛仔裤，不适宜穿豹纹图案的服装，因为给人不冷静的印象。

3. 教师的服装要符合场合

场合分为公务场合、社交场合和休闲场合，我们要依据不同的场合着装规则进行服饰搭配。作为学校，属于公务场合，公务场合的基本要求是"保守、庄重、规范"，能够较好符合这种要求的服装应该是正式公务装。

第一，正式商务装：给人正式、严谨、权威、专业、重视、负责、稳重、信赖的印象。（如图1-2、表1-1所示）

适合的场合：会见领导、研究课评优课展示课、录制线上课程、媒体上镜、主持会议等。

图1-2 正式商务武器考图

表 1-1 正式商务装

女装形式		男装形式	
裙套装、西裤套装	高级素色长袖衬衫或内搭	整套西装＋领带	整套西装（深蓝、深灰为主）
	西装色彩多为中性色		长袖衬衫（素色或细条纹）
	整套长袖西装配窄裙或西裤		领带为小圆点斜条纹或小型重复图案
			高级深色绅士皮鞋

第二，经典公闲装（如表 1-2 所示），适合场合：参加学术研讨会、研究课评优课、颁奖典礼等。

表 1-2 经典公闲装

女装形式		男装形式	
变化套装、配套装	变化款的西服套装	配套西装＋领带	配套西装（单件深色西装＋金属扣休闲装）
	西装外套＋H 连衣裙		质感佳的单件西裤
	西装色彩变化较多		斜纹或小图案领带
			高级深色绅士皮鞋或休闲鞋

第三，品味公闲装（如表 1-3 所示），适合场合：日常上课、参加培训等。

表 1-3 品味公闲装

女装形式		男装形式	
穿着外套、针织套装	西装加柔性裙	单件西装、衬衫、毛衣	单件西装、衬衫、休闲西装
	针织上衣或外套＋裙或裤		彩色衬衫、立领衬衫
			可以不带领带
			高级卡其布棉麻长裤
			开襟毛衣、套头毛衣、夹克

第四，轻便公闲装（如表 1-4 所示），适合场合：日常工作场合、休闲社交活动等。

表 1-4 轻便公闲装

女装形式		男装形式	
衬衫、针织衫、连衣裙	针织衫，衬衫、连衣裙	至少要穿有领的上衣	针织衫、polo 衫、长短袖衬衫
	长裙或短裙，长裤或 9 分裤		休闲外套
	变化款式的裙或裤		不系领带

活动体验

在下面的场合下，您选择哪类服装？（如表 1-5 所示）

表 1-5　服装选择

场合	正式公务装	经典公闲装	品味商闲装	轻便商闲装
有领导或老师听课				
市区研究课、公开课、展示课				
领导参观				
录制线上课程				
主持学校开学典礼				
接受领导颁奖				
看演出				

（三）教师在仪态上应注意哪些礼仪？

仪态作为一种姿态语言，帮助教师传递不同的信息，教师良好的仪态向学生、家长传递出个人的修养、学识。正如达·芬奇所说："从仪态来了解人的内心世界，把握人的本来面目，往往有相当的准确性与可靠性。"

1. 教师站姿礼仪

站姿是我们教师最基本、最常用的姿态。中国人爱说"站有站相""站如松"，说明大家在心目中对站姿是有要求的，教师的站姿应给人以挺拔笔直、舒展大方、精力充沛、积极向上的印象。同时教师的站姿在稳重之中还要显出活力，不要过于拘谨和呆板，要随时根据授课内容和课堂情景的变化调整站姿，要善于运用恰到好处的动作和站姿来配合自己的语言表达。

第一，基本站姿：两脚跟并拢，两脚尖张开一定角度，身体重心落于两腿正中；挺胸、立腰、收腹；两肩平齐，两臂自然下垂，两眼平视，下颌微收。

第二，男教师标准站姿：站立时，身体要正直，挺胸抬头，下颌微收、双目平视、脚跟靠紧，脚尖分开呈"V"字形，双手置于身体两侧自然下垂或在体前交叉（左手搭在右手上）；或者两腿分开，两脚平行，不能超过肩宽，双手在身后交叉或在身体两侧自然下垂。

第三，女教师标准站姿：两脚并拢或脚后跟并拢，脚尖分开呈 V 字形，呈 30° 左右，双手相叠于腹前（右手搭在左手上）。

第四，教师站姿的注意事项：忌长时间手撑讲台或靠支撑物而立，免得学生认为你疲惫不堪，影响听课情绪；忌侧身或背向学生而站；忌在课堂上站立时，重心移动太快或前后左右不停晃动。

2. 教师坐姿礼仪

坐姿是一种静态造型，端庄优美的坐姿，会给学生以优雅、稳重、自然、大方的美感。第一，正确的坐姿是：在入座时要轻和稳，从座椅的左后侧走到座位前，轻稳坐下，女教师若是穿裙装，入座时要将裙子用手背向前拢一下；面带微笑，微收下颌，双肩放松平正，上体立腰挺胸，双臂自然弯曲放在椅子或沙发扶手上，坐在椅子上，坐满椅子的三分之二，以表示对他人的恭敬。同时在与他人交谈时，身体略向前倾，能体现出积极与主动交流的意愿。

第二，男教师的坐姿：就座时，双脚可平踏于地，双膝微分开，双手可放于左右膝盖上，穿西装时应解开上衣纽扣。正式场合要求男教师两腿之间可有一拳的距离。

第三，女教师的坐姿：就座时，双腿并拢，以斜放一侧为宜，双脚可稍有前后之差，若两腿斜向左方，则右脚放在左脚的后面；若两腿斜向右方，则左脚放在右脚的后面，这样正面看起来双脚交叉一点，可延长腿的长度，也显得更优雅；女教师分腿而坐显得不够雅观。在正式社交场合，要求女教师两腿并拢无空隙，两腿自然弯曲，两脚平放地面，不宜前伸。在日常交往场合，女教师大腿并拢，小腿交叉，但不宜向前伸直。

3. 教师走姿礼仪

教师在课堂上如果能适当走动，变换一下位置，可以改变学生注视教师的角度，减轻视觉疲劳。教师的走姿要从容、自信、落落大方。

第一，正确走姿：起步时以站姿为基础，上身略微前倾，身体重心在前脚掌上，行走时，步幅的大小应该是自己一只脚的长度，行走的速度要适中，保持在每分钟110步左右，女教师的步位要形成一条直线，男教师要形成两条平行线，双脚不要出现"内八字"或"外八字"。行走时脚跟首先落地，膝盖在脚落地时要伸直，双臂以肩为轴，前后自然摆动，摆动幅度以 30 ~ 40cm 为宜。

第二，教师走姿的注意事项：行走时不要低头，弯腰塌背；行走时不要左顾右盼；课堂上走动不要过频过急，行走过急会分散学生的注意力，引起学生的反感。

4. 教师手势礼仪

在课堂教学中，对学生表示肯定，请学生回答问题，经常要使用手势语。手势语还可以用于教学中吸引学生的注意力或夸奖学生。教师常用的手势语有两种：

第一，侧摆式手势：将右手（左手）从体侧或体前抬起，五指自然并拢，掌心向斜上方，手掌和地面呈135度的夹角。手、小臂与大臂呈一条弧线，肘部距离自己的身体30厘米左右，也就是大概两拳的距离。手指指尖指向目标方向，另一只手自然下垂。

第二，赞扬式手势：当我们面带微笑，伸出大拇指夸奖学生时，会激发学生的学习热情，增强学生的自信，使他们良好的行为得到强化。我们还会用鼓掌的方式激励学生，或者欢迎他人的到来。鼓掌的正确击掌方法：用自己的右手手掌击打左手手掌。

第三，教师要杜绝的手势：用食指指向他人或自己，这是一种不尊重他人和自己的表现。手势过多，在课堂教学中，过多的手势容易使学生眼花缭乱，情绪烦躁。

活动体验

1. 站姿的自我训练：选择一面干净的墙壁，将脚后跟、小腿肚、臀部、双肩、后脑靠在墙壁上进行训练；或者两个人背靠背，互相将后跟、小腿肚、臀部、双肩、后脑靠在一起进行训练。目的是规范自己的站姿，纠正不良的站姿习惯。

2. 坐姿的自我训练：教师可以坐在镜子前，按照正确的坐姿要领进行自我训练。

3. 进行一次微格教学，请学校的电教老师给你录像，然后认真看视频，观察自己的体态，填写表格，如表 1-6 所示。

表 1-6　行为判断

姿态	好的行为	不良的行为
站姿		
走姿		
手势		

总结反思

本主题以案例的形式引导新教师，在今后的工作应该如何去做。作为新教师，修炼自己的语言艺术，学会与家长、与学生进行有效沟通，在教育教学过程中体现自身的亲和力，塑造优雅得体的外在形象。

主题四　新教师实现立德树人的举措

学习目标

通过本主题的学习，学习者能够：

1. 了解如何做热爱教育有信念的教师；
2. 了解如何做关爱学生有爱心的教师；
3. 了解如何做因材施教有方法的教师；
4. 了解如何做创新思维有智慧的教师。

党的十八大以来，我国教育事业与祖国共进、与时代同行，创造了举世瞩目的发展成就。习近平总书记从党和国家事业发展全局的高度，围绕回答"培养什么人、怎样培养人、为谁培养人"这一根本性问题，发表了一系列重要论述。习近平总书记明确要求把立德树人作为教育的根本任务，坚持教育为人民服务、为中国共产党治国理政服务、为巩固和发展中国特色社会主义制度服务、为改革开放和社会主义现代化建设服务。作为教师，我们应该明白，选择当教师就是选择了责任，就应该尽到教书育人、立德树人的责任，并把这种责任贯彻到平凡、细微的教育教学管理中。

一、做热爱教育的有信念的教师

陶行知先生说，教师是"千教万教，教人求真"，学生是"千学万学，学做真人"。教师肩负着培养下代的重要责任，正确理想信念是教书育人、播种未来的指路明灯。只有有正确理想信念的人，才能成为好老师。好的老师心中要有家国情怀，要明确意识到肩负的国家使命和社会责任，始终谨记为党育人，为国育才。

📚 资料卡

1.2018 年全国教育大会上，习近平总书记强调"建设社会主义现代化强国，对教师队伍建设提出新的更高要求，也对全党全社会尊师重教提出新的更高要求。人民教师无上光荣，每个教师都要珍惜这份光荣，爱惜这份职业，严格要求自己，不断完善自己。做老师就要执着于教书育人，有热爱教育的定力、淡泊名利的坚守。"

2.《中华人民共和国教师法（修订草案）2021 年（征求意见稿）》中第三条教师承担着为党育人、为国育才，立德树人，培养德智体美劳全面发展的社会主义建设者和接班人、提高民族素质的崇高使命。教师应当为人师表，有理想信念、有道德情操、有扎实学识、有仁爱之心，忠诚于党和人民的教育事业。

请回答下面三个问题：

问题 1：你为什么选择当教师？

问题 2：当你步入教师队伍，你将如何关爱你的学生？

问题 3：你是否认真学习了《中华人民共和国教育法》《中华人民共和国教师法》？

📊 案例分析

心有大我 至诚报国——黄大年

黄大年（1958 年 8 月 28 日—2017 年 1 月 8 日），男，汉族，广西南宁人，国际知名战略科学家、中国著名的地球物理学家。曾任吉林大学新兴交叉学科学部首任部长，地球探测科学与技术学院教授、博士生导师。

在 2017 年教育部关于追授黄大年同志"全国优秀教师"荣誉称号的决定中写到"黄大年同志热爱祖国，品格高尚，始终把祖国富强、民族振兴作为矢志不移的追求目标，2009 年毅然放弃国外优越条件回到祖国，成为东北地区第一批国家'千人计划'专家。他师德高尚，诲人不倦，主动担任本科层次'李四光实验班'班主任，鼓励学生将个人价值与国家前途命运紧密联系在一起，积极提升青年教师和团队成员国际交流互动能力，培养了一批'出得去、回得来'的人才。他刻苦钻研，业绩突出，作为国家'863 计划'首席科学家，突破国外禁运和技术封锁瓶颈，取得一系列重大成果，填补多项国内技术空白。他不求名利，甘于奉献，长年不休，带病工作，把生命最绚丽的部分献给他钟情的教育科研事业。黄大年同志用毕生努力实现了爱国之情、强国之志、报国之行的统一，是新时期归国留学人员和高校教育工作者的杰出代表。为表彰先进，弘扬正气，我部决定追授黄大年同志'全国优秀教师'荣誉称号。"

黄大年在 1982 年硕士毕业时，在留言册写到"振兴中华，乃我辈之责！"

电视剧《黄大年》中有一个片段，当黄大年知道自己团队中的一个青年人要出国留学，他是这样和学生说的"要想长学识，出国是好事，但是将来为谁奉献，这个一定要想清楚。一定要出去，出去了一定要回来，一定要出息，出息了就一定要报国"。

从黄大年的事迹中我们可以看到，一位好老师自身一定要有家国情怀，就像习近平总书记强调的"政治要强，情怀要深"。作为教师更要把这种爱国之情，强国之心，在日常的学习和生活中传递给学生。在 2014 年教育部《关于培育和践行社会主义核心价值观进一步加强中小学德育工作的意见》中写到"用鲜活事例教育广大学生，引导他们逐步树立中国特色社会主义的道路自信、理论自信、制度自信。尊重学生个性发展，帮助学生树立积极向上的个人理想，引导他们自觉将个人理想与祖国发展紧密联系起来，为个人幸福、社会进步、国家富强而不断成长。"

今天你已经走上教师这个岗位，请谨记为党育人，为国育才！加强政治学习、注意政治立场，始终和党和人民站在一起。

活动体验

1. 请到学习强国中观看电视剧《黄大年》，剧中哪些地方让你记忆深刻？

_____

_____

2. 对比黄大年，反观上海震旦职业学院教师的言行，请说说你作为教师今后将如何做好自身的思想建设？

_____

_____

案例分析

全国十佳师德标兵——孙维刚

孙维刚北京市第二十二中学数学教师，一直担任班主任工作。于2002年1月21日因病去世。他是全国人大代表、中国数学会理事，曾获全国劳动模范、全国十佳师德标兵、"人民教师"称号等诸多荣誉。

在1999年教育部组织的优秀师德报告中，孙维刚老师以《己立立人——提高学生全面素质》为题讲述自己的事迹，摘要如下：

我教数学，从初一到高三，当班主任，六年一循环。其中在我患膀胱癌后1991至1992学年度，还同时担任高三（4）和初一（1）两个班的班主任和数学老师，三轮实验完成共17年。

从1986年入学的第二阶段开始，我提出了新的想法，那就是坚持德智体全面发展，强调并发展思想品德素质、身体素质的发展。这里'德'是第一位的，因为我们需要成为大众谋福利的人才，否则考上大学又有什么价值？'智'不单单着眼于知识，要通过知识教学，不断发展孩子的智力素质，造就一个强大的头脑，让不聪明的孩子变得聪明起来，让聪明的更加聪明。我的做法是把德智体融为一体，统一在建设一个优秀集体，为人民炼一炉好钢的实践中。

我当教师的38年，曾教过物理、地理、历史、音乐，兼任过22中排球队、乒乓球队、篮球队教练和手风琴伴奏，但38年来，一直未间断的是教数学和当班主任，即使今天我已经61岁。

我为什么要当班主任呢？我看到，一个孩子的进步与徘徊，常常维系着一个家庭的欢乐与痛苦。我们当班主任虽然苦，但当看到是我们的工作给千百个家庭送去欢乐时，会从心底升起一种难以言状的激动。当班主任更有利于和孩子们息息相通，统一一个共同的追求。

每轮接手新生，我都要和孩子们、家长们反复讨论，确定一个我们大家共同为之奋斗的建班方针。我们的建班方针有三条：一是做诚实、正派、正直的人；二是做有远大理想的人；三是做有丰富感情的人。比如，什么是远大理想，我们的远大理想不是指的考大学，因为考上大学又是为了什么？我们的远大理想是要为人民多做贡献。丰富感情是指因为我来到世界上，而使别人更幸福。

浇菜要浇根，教人要教心，怎样才能教到孩子心上，使建班方针变成现实。我信奉班主任以身作则和对孩子的真诚。

身体素质和美育上，除了学校的体育课之外，我在班里组织小组篮球冠军赛，我吹哨当裁判。我教游泳，先在班里给大家讲仰泳、蛙泳、蝶泳、自由泳的技术、发展历史，然后到游泳池给大家做示范、纠正动作。教排球、篮球、田径也是这样。比如推铅球，先通过数学、物理学的计算，得到它最佳的出手角度，不是人们常说的45度，而是36到38度，然后是身体各部分正确的发力方式，最后是从蹬地、转身、挺胸、推球，一气呵成的要理。每天放学后要求女生跑800米，男生跑1500米。

在美育上，除了乐课之外，我给大家介绍大调式、小调式，大三和弦、小三和弦。我给大家拉手风琴，演奏扬琴，教歌，排练合唱，每年举行一次文艺演出班会。

在德育、智育、体育、美育上，我们做法的效果怎么样呢？时间是检验真理的标准，我带的三个班是东城区'北京市优秀班集体'。以这三个班为例，全班都是共青团员，班长是共产党员。班风正派，考试时老师发了卷就可离开，铃响后，同学们自己收卷送去，绝对无人作弊，因为诚实是我们最珍贵的财富，谁也不肯糟蹋它。每次大扫除各处室都是希望我们班同学去帮忙。向灾区捐献，我们班常常是全校最多的。每年寒暑假都要拿出一两天的时间，把全校2000多师生，数吨重的新课本、练习册，从区仓库搬运回学校。

困难抢担，荣誉相让，利益相让，已蔚然成风。我们不搞应试教育，因为我们的理想不是考大学，我们的理想是要为人民多做贡献。

"亲爱的同志们，我多么欢迎大家到22中来，来看看我可爱的孩子们，帮助我、指导我，使我在有生之年，能和同事们一起再为人民炼一炉好钢；使我在有生之年，能再享受一次作为教师的丰收的喜悦。"

孙维刚老师热爱教育事业，正是因为热爱，他才会有强烈的责任感，才会不顾个人身体，在癌症多次手术后还担任教学工作和班主任工作；正是因为热爱，他才能做到不仅仅关注学生的分数，不做应试教育，更关注学生的全面发展，为学生提高整体素质。他时刻谨记"为人民炼一炉好钢"，正是有了他的引导，他的学生才会"困难抢担，荣誉相让，利益相让"，他真正做到了成为学生成长路上的引路人。

活动体验

请上网观看《孙维刚老师的师德报告视频》。说说视频中哪些地方让你记忆深刻？作为一名教师，你将从哪些方面向孙维刚老师学习？

_____

_____

二、做关爱学生的有爱心的教师

爱是老师的天职，只有充满爱心的老师才是真正意义上的好老师。教师是学生的引路人，老师的爱在教育中起着巨大的作用。只有把爱无私地奉献给学生，才能成为学生心中理想的老师。"爱心"是老师工作中不可缺少的道德情操，也是教师工作的主旋律，教师就是要温暖每一个学生，要关爱每一个学生。

资料卡

1.《中小学班主任工作规定》第八条全面了解班级内每一个学生，深入分析学生思想、心理、学习、生活状况。关心爱护全体学生，平等对待每一个学生，尊重学生人格。采取多种方式与学生沟通，有针对性地进行思想道德教育，促进学生德智体美全面发展。

2.《中小学教师职业道德规范》第三条 关爱学生。关心爱护全体学生，尊重学生人格，平等公正对待学生。对学生严慈相济，做学生良师益友。保护学生安全，关心学生健康，维护学生权益。不讽刺、挖苦、歧视学生，不体罚或变相体罚学生。

3.《新时代中小学教师职业行为十项准则》第五条关心爱护学生。严慈相济，诲人不倦，真心关爱学生，严格要求学生，做学生良师益友；不得歧视、侮辱学生，严禁虐待、伤害学生。

请思考下面的问题：

问题1：教师对学生的关爱应该体现在哪些方面？

问题2：如果班里出现一个比较淘气的学生，您会如何关爱他、帮助他？

问题3：您身边哪位老师关爱学生的做法让您记忆深刻？

案例分析

善待孩子的第一次求助 ①

高一新生进校一周后，我收看孩子交来的随笔本。黄微微同学在她随笔的后面加了一句话："李老师，我想和你聊聊。"

这是我最喜欢听的学生对我说的一句话。还有什么比得到孩子的信任更幸福的呢？

我在批语中写道："吃了晚饭到我办公室来吧！"晚饭后，她来到我的办公室。

本来是她主动提出要找我聊，但进了办公室，她却没有说话。毕竟是第一次和我谈

① 李镇西. 做最好的班主任 [M]. 北京：文化艺术出版社，2010：109-111.

心，也许她有点紧张。

我知道她找我决不会只是随便"聊聊"，肯定有什么在她看来是要紧的事需要对我说。但是，第一次和她谈心，我不能够单刀直入，只能慢慢引导她说出心里话。

我先问她新学期感觉怎样，她说还好。我又问班上的情况，她也说挺好，她挺满意的。我问开学几天来有没有不满意的，她说住宿条件还不太满意，主要是新床还有点味儿，另外感到睡眠时间不够。

我很心疼我的学生，看到他们就像看到我的女儿。我对我女儿的睡眠要求很严，必须保证睡眠时间。因此，我便对她说，我争取给学校领导研究一下，调整一下作息时间。

也许是我的关切让她感动进而觉得我值得信任，她终于开始对我诉说。她对我说她特别恋家，希望我同意她每周星期三回家一次。她说了很多很多，向我说了她的家庭，她的性格，她的生活习惯等，特别给我强调她特别特别想家。

在她的倾诉过程中，我一直静静地倾听，没有打断她的话，直到她说着说着眼泪流下来了，我才赶紧给她找了张纸，叫她把眼泪擦一擦。

看着她擦泪，我想，她这么想家，连一个星期都不能坚持，那以后读大学怎么办？

看来这是一个比较娇气的女孩子。但我显然不能直接批评她娇气，那样她可能就不会和我继续聊下去了。于是我给她开玩笑："那以后你考大学最好考西南交大，西南交大离你家最近（她家住在成都万福桥），这样你回家就最方便，呵呵！"她也破涕为笑了。

一个玩笑，不但委婉地表达了我的批评，同时也轻松了气氛，缓解了她悲戚的情绪。

我看她笑了，感到可以把话说得直一些了，便说："你希望每周三能够回家一次，我完全可以同意你的这个要求。但是，这对你成长不利呀！你早晚得离开爸爸妈妈的呀！因此，你还是不要周三回去，而是和大家一样周末回家，好吗？战胜自己！"

她点点头："好吧！"但眼泪又流下来了。

嘴上同意我的话，但依然流泪，说明她并没有完全想通。这时，我完全可以搬出"学校纪律"来要求她。但是，如果那样，我很可能就堵死了和她交流的心灵通道。既要坚持必要的原则，又不能过于死板。比起坚持学校的纪律，我感到保持和孩子的沟通更为重要。再说，同样是平时不回家，她是迫于外在的纪律呢，还是出自内心的自律？表面结果相同，但背后却是完全不同的教育境界。

于是我说："这样吧，我同意你每周三可以回去一次，但你自己控制好自己，如果能够不回去最好。如果到了星期三你坚持不回家，第二天早晨起来你会非常自豪，因为你战胜了自己。当然，如果你忍不住想周三回去没有什么，你就回去吧！然后第二个星期又开始考验自己。我觉得，如因为我不准你回去而你没有回去，这并不能算你自己战胜了自己；只有当你可以回去却不回去，这才是了不起的。你尽量试试看能否战胜自己，好吗？"

她又点了点头，说："其实，这个星期我就没有回去，已经六天了，我从来没有这么久不回家。"说着，她有些自豪地笑了。

"就是嘛！"我鼓励道，"你完全可以战胜自己的！祝你成功！"

三周后，黄微微对我说："李老师，我已经连续两周都是只在周末回家。我现在终于可以坚持一周都不回家了！"

对她来说，通过这次谈心，收获的是"战胜自己"的忠告；对我来说，和她谈心，收获的是她对我的信任。在以后的日子里，黄微微一直对我很信任，愿意在随笔中给我谈心，每次看她的随笔，我都能得到一种源于信任的幸福。

假设一下，如果她来找我的时候，我不是先给她聊其他的而是急躁地追问"有什么要对我说的，怎么不说话呢？快说呀！"在我的追问下，她吞吞吐吐地说出了自己的困难和要求，然后我语重心长而又严肃地和她谈"学校的规定"，谈"坚强"谈"毅力"，那么，我不但不能解决她的困惑，反而会让她从此不再主动向我谈心倾诉。

孩子不愿意找老师谈心，这是我的教育中一直努力避免的结果。

教育的爱，不是为了达到某种教育目的而做出来的一种姿态；它是一种思想，一种情感，一种氛围，它自然而然地贯穿于教育的每一个环节，也不声不响地体现在教育的每一个细节中，更潜移默化地浸润着每一个学生的心灵[1]。

从李镇西老师的这个案例中，我们可以看出，李镇西老师对学生的关爱体现在对学生的理解，能倾听学生的诉求，能站在学生的角度，理解学生的烦恼。他没有使用条条框框去指责批评学生，而更多的是为学生提出一些建议，鼓励学生尝试性的改变。没有苛责、没有训斥，只有建议和鼓励，这样的教师、班主任才能永远赢得学生的信任。就像苏霍姆林斯基说的："请记住，教育首先是关怀备至地、深思熟虑地、小心翼翼地去触及年轻的心灵。"

讨论交流

1. 回顾从教期间你和学生之间发生的教育事件，记录你最有感触的一次经历。

_____

_____

2. 请说出是什么理念支持你这样做的？

_____

_____

---

[1] 李镇西.做最好的老师 [M].南京：译林出版社，2013.15.

案例分析

时代楷模——张桂梅

张桂梅，1957年出生，中共党员，云南省丽江华坪女子高级中学党支部书记、校长、华坪县儿童福利院院长。曾荣获"时代楷模""全国优秀共产党员""全国先进工作者""全国师德标兵""全国最美乡村教师""全国脱贫攻坚楷模""感动中国2020年度人物"等荣誉称号。

在教育部网站"时代楷模"先进事迹中①，对张桂梅是这样介绍的：

张桂梅同志坚守教育报国初心，牢记立德树人使命，扎根贫困地区40多年，立志用教育扶贫斩断贫困代际传递，倾力建成全国第一所全免费女子高中，让1600余名贫困山区女学生圆梦大学，托举起当地群众决战决胜脱贫攻坚的信心希望。

张桂梅同志坚守初心、对党忠诚，响应党的号召，毅然到云南支援边疆建设，跨越千里、辗转多地，无怨无悔。她创办免费女子高中，帮助数千名山区女孩改变命运，为国家输送了一批又一批莘莘学子。她坚决贯彻党的教育方针，将坚定的理想信念融入办学体系，用红色教育为师生铸魂塑形。2000年，她在领取劳模奖金后，把全部奖金5000元一次性交了党费。她把对党的忠诚和对人民的热爱渗透在血脉里，在她身上充分体现着一名共产党员初心如磐的精神品质和至诚至深的家国情怀。

张桂梅同志爱岗敬业、爱生如子，为了不让一名女孩因贫困失学，坚持家访11年，遍访贫困家庭1300多户，行程十余万公里。她长期拖着病体工作，超量的付出透支了原本羸弱的身体，换来女子高中学生学习的好成绩。她不遗余力践行着"只要我还有一口气，就要站在讲台上"的诺言，用实际行动铺就贫困学子用知识改变命运的圆梦之路。多年来她一直住在学生宿舍，和孩子们吃住在一起，陪伴学生学习生活。她在教书育人岗位上为贫困地区教育事业作出了重要贡献，在她身上充分体现了人民教师潜心育人的敬业精神和立德树人的使命担当。

张桂梅同志执着奋斗、无私奉献，心怀大我，对自己近乎苛刻的节俭，却把工资、奖金和社会各界捐款100多万元全部投入到贫困山区教育中。长期义务兼任华坪福利院院长，多方奔走筹集善款，20年来含辛茹苦养育136名孤儿，被孩子们亲切称呼为"妈妈"。她把全部身心献给了祖国西南贫困山区的教育和福利事业，在她身上充分体现了人民教师以德施教的仁爱之心和至善至美的师者大爱。

---

① 中华人民共和国教育部《"时代楷模"先进事迹 张桂梅》http://www.moe.gov.cn/jyb_xwfb/moe_2082/2021/2021_zl37/shideshiji/202105/t20210511_530873.html

张桂梅老师把对国家的爱、对教育事业的爱，转化到对每一个贫困山区女孩子教育引领中，她用自己的实际行动帮助贫困山区女孩子圆梦大学，改变了很多学生的命运。她不放弃每一个学生，用自己的力量为孩子们撑起一片天，她是学生生命中的贵人，是所有孩子口中的"张妈妈"，是将全部心血倾注在教育事业上的"燃灯校长"。她用爱和知识为贫困山区的女孩插上飞越大山的翅膀。当"秋天的第一杯奶茶"火了后，张桂梅老师也给同学送上468杯奶茶，她希望她的学生，未来走在街上想喝什么喝什么。

在建党100周年的七一表彰中，张桂梅说道"只要还有一口气，我就要站在讲台上，倾尽全力、奉献所有，九死亦无悔！"张桂梅老师用生命践行使命，用情怀书写担当，持之以恒的坚守和奉献，温暖着每一位学子的心灵，桃李不言，下自成蹊。云南省丽江市华坪女子高级中学，一段誓词震撼人心："我生来就是高山而非溪流，我欲于群峰之巅俯视平庸的沟壑。我生来就是人杰而非草芥，我站在伟人之肩藐视卑微的懦夫！"在誓言的感召下，越来越多的孩子不认命、不服输，走出山区，回报社会，把张桂梅身上的精神之光传递下去。

🏃 活动体验

请到学习强国中学习《时代楷模张桂梅》的事迹。

1. 作为刚刚走上教师岗位的老师，我们应该"取法乎上，见贤思齐"向优秀老师学习。请简单谈谈你将从哪些方面向张桂梅老师学习？

_____

_____

2. 记录一次你引以为傲的关爱学生的教育案例，让我们学习优秀、践行优秀，最终成为优秀。

_____

_____

三、做因材施教的有方法的教师

孔子提出育人要"深其深，浅其浅，益其益，尊其尊"。教师要根据学生的个性特征，提供适宜的个性化教育。《学记》中说"教也者，长善而救其失者也"。意思是教育的作用是发扬学生的优点，克服学生身上的缺点。作为教师，只有善于发现学生的优点，才能激发学生的自身价值，才能可能促使学生奋发上进。教育要求以学生为本，要让每个学生能够张扬个性，获得最优的发展，这就要求教师要尊重学生个体差异，能基于学生个体差异，进行有针对性的因材施教。

案例分析

孔子因材施教的故事

有一次，孔子讲完课，回到自己的书房，学生公西华给他端上一杯水。这时，子路匆匆走进来，子路对孔子说："先生所教的仁义之道，真是令人向往！我所听到的这些道理，可以马上去实行吗？"孔子看了子路一眼，慢条斯理地说："总要问一下父亲和兄长吧，怎么能听到就去做呢？"

子路刚出去，另一个学生冉有悄悄走到孔子面前，恭敬地问："先生，我要是听到正确的主张应该立刻去做么？"孔子马上回答："对，应该立刻实行。"冉有走后，公西华奇怪地问："先生，一样的问题你的回答怎么相反呢？"

孔子笑了笑说："冉有性格谦逊，办事犹豫不决，所以我鼓励他临事果断。但子路逞强好胜，办事不周全，所以我就劝他遇事多听取别人意见，三思而行。"

从上述案例里可以看到，孔子在教育学生的时候，是基于对学生的了解，基于学生的自身性格特点，进行有针对性的引导。孔子强调教学要从学生的实际水平和个性特点出发。学生同样问仁、问孝、问政，他的回答难易、详略、繁简各不相同。有时学生问同一个问题，他的答案却截然相反，根据是两人个性特点不同。

在学生的发展过程中，由于受遗传因素、家庭教育及社会环境的影响，必然存在各种差异，这种差异表现在理解能力、认识能力、思维能力及学习动机、兴趣、情感意志等方面。面对个体差异，要提高教育效果，让每个学生都得到充分的发展。

作为刚刚走上工作岗位的教师，我们的爱岗敬业就应该从了解学校办学理念，培育目标；了解学生年龄特点、自身性格特点；了解家长诉求这些点滴小事中做起，只有这样，我们才能做到有针对性地进行教育。

活动体验

1. 请找一位你班里的学生（或者是你任教班的学生），全面分析这个学生的特点，看看和你之前了解的有什么不同？

_____

_____

2. 基于对这个学生的深入了解分析，请思考，在未来你将如何去全面了解你班级的学生和你任教班级的学生？

_____

_____

案例分析

被偏爱的学生 ①

1979年，广东省潮安县浮洋镇六联小学丁有宽老师在京出席全国劳模大会后回到广东，省委领导同志亲切地和他座谈。省委书记笑着问他："丁老师，您有什么要求？"他不假思索，诙谐地回答："我要当'科长'要当'主任'。"在场的同志有点愕然。他说，"这个'科'是小学语文教学科，这个'主任'是班主任。"

丁老师在从事班主任工作的数十年中，积累了许多教育学生的经验。他和许多优秀教师有一个共同点，就是特别"偏爱"差生，花了大量力气去做差生的转化工作，使他们在德、智、体各个方面得到健康成长。转化差生既是教育工作的重要一环，也是教育工作的组成部分，又是最难做好的工作。丁老师总结了差生转化的三大难点：一是学生变"差"的原因各不相同，必须有的放矢地进行针对性的工作，如果不查明原因，性急求快，绝难奏效；二是后进生之所以"差"，多是因为心灵受到了难以平复的创伤，针对不同原因的心灵创伤，丁老师采取了相应的治疗措施，获得了学生的信任；三是学生过于稚嫩，认识能力和分辨能力差，意志力弱，反复性大，教师必须善于引导，把他们的心思吸引到班集体中来，吸引到学习上来，通过学习磨炼意志和性格，使他们健康成长。

经过多年的摸索，丁老师将后进生性格进行分类，并总结出互有关联、各有特点的转化措施。对后进生，要"挖掘闪光点，扶持起步点，抓住反复点，促进飞跃点"，前两点要宽，后两点要严，宽严有度，施教得法。要努力做到"面向全体，培优扶差，以优带差，以差促优，共同进步"。多年来，他通过进行"四全"（全标、全员、全程、全力）教育，系列育才，在教育改革的实践中成效颇丰。

在我们的教育生涯中，总会有些学生让你印象深刻，他们会在某个时间，做出一些令人费解的行为。丁有宽老师就基于他所任教的学生，总结出了自己的工作方法，教育是引导不是改变。

全国模范教师、全国优秀班主任郑丹娜倡导对学生要"全接纳，慢引导"，她通过"悄悄话"和"心情晴雨表"走进学生的心里。她的"全接纳"强调个"全"字，接纳所有的孩子，因为他们都是学生；接纳孩子所有的感受，因为感受无罪。在全接纳的基

---

① 林崇德.师魂——教师大计 师德为本 [M].北京：高等教育出版社，2014：32-133.

础上就有了"慢引导"。因为孩子是成长中的人，所以她允许他们犯错误，再慢慢地，通过耐心地引导，帮助孩子改正错误。她用全接纳的态度，聆听孩子们心灵的声音；用慢引导的方式，帮助孩子们扬起成长的风帆。

活动体验

1. 请做一张班级学生情况表，将每个学生进行详细分析，与家长和任课教师配合，找出他们的优点，再看看有哪些不足，每个学生的分析不少于 500 字，看看这样分析后，你对学生的了解是否有了新的认识。

2. 选班里你教育最困难的学生，请教学校优秀班主任让大家一起帮你想想办法，看看怎样能更好地解决你的困难？

四、做创新思维的有智慧的教师

习近平总书记指出，教师要做好学生成长路上的引路人，其中特别指出"做学生创新思维的引路人"。作为一名教师，不仅需要广博的知识，更需要机敏豁达的智慧，要用智慧的心灵去点燃学生智慧的头脑。作为一名智慧教师，不但要有创新意识，创新精神，而且还要有创新思维，创新能力，更要有引领学生敢于质疑、敢于挑战、勇于创新的能力。

案例分析

让学生成为社会实践活动的主角——在活动中学习选择①

外出旅游时，无论自己的摄影技术如何，人们都会拍摄许多风景照片，而不去网上下载更专业的摄影作品。其中一个重要的原因就是面对网上的摄影作品，我们"身在其外"，面对自己拍摄的照片，我们"身在其中"。因为身在其中、身临其境，看到自己拍摄的照片时就会有许多回忆、想法、计划等。同理，社会实践活动就是让学生身处有情境、有情感、有情趣的活动中，学会合作与交流、比较与辨析、总结与反思、自信与分享，做到有信仰、有思想、有尊严、有担当。

有选择才会有责任，有责任才会有成长；有选择才会有自由，有自由才会有创造。

---

① 案例提供者为北京市陈经纶中学王苹。

通过学科社会实践活动，教师帮助学生学会自主选择，对自己的未来负责。

把握机会，主动地选择。在我们组织的社会实践活动中，由于受到各种条件的制约，有时无法满足所有选择参加活动的学生的需求。我们改变了以往教师单方面选择学生参加社会实践活动的做法，而是将更多的主动权交给了学生，引导学生通过努力获得参与的机会。比如，在以往组织的社会实践活动中，有近200个学生有参观外交部、对话新闻发言人的需求，而名额限定50人；某企业庆典活动，需要20名学生做活动的志愿者，而学生的报名人数达到了近百人；参观某企业，和企业高管面对面对话，企业只能提供50个名额，学生报名超过了百人。面对这种情况，我们引导学生通过网络等渠道查阅相关资料，结合教材的相关内容和自己的关注点，提出实践活动中互动交流的问题，教师以学生提出问题的多少与质量做选择的标准，并在班级中展示入选学生提出的问题；或者组织集体面试，学生通过答辩获取参加活动的资格。从反馈中可以得知，学生认为这样的选择是公平的，是否被选择上关键在自身的态度和能力，教师的活动策略引导学生学会主动选择。

规划未来，理性地选择。思政课在一定议题下的学科实践活动可以引导学生关注社会的变化与发展，思考自己未来的人生规划，进而努力提高自己的学业水平。我们以"走进企业，学经济，如何做好人生规划"为活动议题，组织高一年级学生实践活动。教师将12家不同类型企业的参观名额分配到各个班级，让学生在了解企业相关信息后作出自己的选择。在选择企业的过程中，教师既会看到态度鲜明选择某类企业的学生，或者对12家企业都不感兴趣的学生，同时也会看到面对选择不知所措的学生。无论学生的态度如何，选择的过程在教师的引导下都会一定程度上促使其思考，思考未来职业的选择，思考学业与未来职业的关系，思考社会的变化发展与职业的关系。

教育大计，教师为本，教师是知识与技能的传授者，是人才培养工作体系的第一要素。要想有效地实施创新教育，就需要一批高素质、专业化的创新型教师。作为创新型教师，要有时代感、危机感和紧迫感，及时更新教育理念，注重以生为本，充分尊重学生的主体地位，发挥学生想象力和创造力，为国家培养高素质的创新人才[1]。

王苹老师的案例告诉我们，作为教师，我们应该改变固有的管理模式、管理方法，在教学活动、实践活动中要将选择的权利交给学生，让学生敢于尝试、敢于选择、敢于负责。

---

[1]　陶恒利.试论如何当好创新型教师[J].观察与思考，2021(07).

讨论交流

思考一下，针对现在的学生，你想在教育教学中哪些方面做一些改变？

_____

_____

案例分析

何处是归途 创新路自明 ①

赵家庸老师说，教师的职责不仅仅限于直接地讲述内容，更多是指导学生进行思考，教师可将文本内容进行再创造，巧妙传达给学生，吸引学生的注意力，激发学生学习语文的兴趣，促进探索，鼓舞创新，最后引导学生攀摘到知识的结论果实。他尝试把诗歌融入文言文教学中也取得了很好的效果。

赵老师说要教学生创新，教师首先要学会创新。他在教授宋之问的《度大庾岭》和王禹偁的《村行》时，叫学生合作探究，赏析诗歌，学生兴趣不浓。于是他吟了一首七绝《夜观垂钓》：秋风弄荷月影残，苇岸深处并禽眠。鱼钓满盆无归意，仍抛金线入绿潭。

接着就试探着问："如果这也是一首诗，请问用了什么表现手法？表达了什么样的感情？"赏析老师作的诗，学生感到很亲切。一石激起千层浪，有的讲诗歌体裁，有的分析表现手法，有的评价思想感情，还有的帮着改诗。学生鉴赏古诗的兴趣一下子被激发起来了。

教书要出效果，教师要有渊博的知识，要有灵活的头脑。他总结出了的"三因"：因时而异，因人而变，因材施教。

教师的一言一行，在不经意间，可启动学生创造的火花。他教过一个学生叫刘聘臣，成绩不太好，但偏爱写诗，经常请赵老师改诗，于是师生成为朋友。有一次他还专门写诗赞扬赵老师，说赵老师学比孔孟、德比老庄。

赵老师教育学生，一天做一件新事，一月做一件实事，一年做一件大事，一生做一件利在千秋的大事。

今天的赵老师依然在三尺讲台上忙碌着，他用那平坦朴实的语言告诉人们，人只有献身于自己所钟爱的事业时才会体味到生命的真正意义。只有冲破保守、世俗的栅栏，坚守教育的信念，勇于创新，才能取得真正意义上的成功。

苏霍姆林斯基说"面对勤奋好学、满腔热情的青少年，教师只有每天都有新的东西

---

① 周洪宇．中国好老师 [M]．武汉：湖北科学技术出版社，2015：126-129.

表现出来，才能受到他们的爱戴。如果你想成为学生爱戴的教师，那你就要努力做到使你的学生不断地在你的身上有所发现。如果你过了几年还是依然故我，如果逝去的一天没有给你增加任何新的财富，那你就可能成为一个令人生厌甚至憎恶的人 ①。"赵家庸老师在教学上遵循以学生为主体，不断创新教学方法，让自己的课堂充满新奇，才能激起学生创造的火花。

讨论交流

1. 刚刚走上讲台的你，如何在教学中为学生创造一个充满灵动的课堂，谈谈你的小妙招吧？

_____

_____

2. 如果你现在承担了班主任工作，你在班级管理中有哪些创新的小妙招，也和同伴们一起分享一下吧？

_____

_____

总结反思

本主题以案例的形式引导新教师，在今后的工作应该如何去做。作为教师，我们应该首先热爱自己的工作，敬畏自己的岗位，明确自己的责任和使命，始终铭记为党育人，为国育才。在实际工作中要做到关爱每一位学生，对学生进行因材施教，不断调整改进自身的教育方法策略，做勇于开拓创新的教师。

---

① 王毓珣，王颖. 师德培育与生成 [M]. 北京：教育科学出版社，2013：50.

话题二

学习教育法规
做依法执教的好老师

习近平中国特色社会主义新时代以来，随着对教育事业的规划和引领地不断深化，有关教育的法律法规也不断完善。本话题从传统教师职业的认识到新时代教师的法律上的定位，结合相关教育法规内容，既从"义务"的角度阐释教师的法律责任以及必须坚守的法律底线，也从"权利"的角度阐释教师的自我权利的实现与维护。从本质意义上，"权利意识"在教师身上的落实，体现了现代法律精神的发展，也从更本质意义上引导教师积极的守法、用法、护法，并身心合一地依法执教。

主题一　新时代教师的法律权利与义务

⚑ 学习目标

通过本主题的学习，学习者能够：

1. 了解教师的法律地位及教师专业内涵的发展；
2. 了解教师法律素养的内容及培育路径；
3. 了解教师基本权利和基本义务及权利与义务的关系。

法律素养的养成，知道和了解是第一步。作为一名新时代的教师，既要知道一些法律的基本常识，又要了解自身到底有哪些权利和义务，更好地在法律框架内享受法律带来的自由。本主题将引导教师从法律的角度认识自己。

一、教师的法律地位

📚 资料卡

厉以贤教授在《现代教育原理》中列出了衡量一种职业是否为专业的标准：必须运

用专业的知识和技能；必须经过长期的专门训练；必须具有重服务、轻报酬的观念；必须享有相当的独立自主权；必须有自己的专业团体与明确的职业道德；必须不断地在职进修。

美国《教师专业化标准大纲》中明确教师"专业化"标准：负责教育学生、照料他们的学习；了解学科内容与学科的教学方法；负责管理学生的学习并作出建议；系统地反思自身的实践并从自身的经验中学到知识；教师是学习共同体的成员。

上述资料卡是从教师作为专业的内涵的界定，渗透了法律的元素。那么具体而言，作为教师，在法律上的"形象与人格"是什么样的呢？

我们将探讨两个问题：

问题1：教师的法律地位的确认。

问题2：教师专业内涵的不断扩展。

（一）教师法律地位的确认

新时代下，教师的功能在发生变化，相应教师专业内涵和教师的法律地位也在发生变化。我国最早出现老师的称呼见于《史记·孟子荀卿列传》："齐襄王时，而荀卿最为老师"。对老师内涵的解读广为人知的是韩愈《师说》中的"师者，所以传道授业解惑也。"著名学者孙喜亭认为教师是"向受教育者传授知识、传递人类文明和传播思想的专业人员。"《教育大辞典》中的界定是"教师是学校中传递人类科学文化知识和技能，进行思想品德教育，把受教育者培养成为一定社会需要的人才的专业人员。"

第一次从法律上确立了教师地位的专业性和神圣性的，是1994年1月1日施行的《中华人民共和国教师法》，其第三条规定："教师是履行教育教学职责的专业人员，承担教书育人，培养社会主义事业建设者和接班人、提高民族素质的使命。教师应当忠诚于人民的教育事业。"第十条规定了国家施行教师资格制度，"中国公民凡遵守宪法与法律，热爱教育事业，具有良好的思想品德，具备本法规定的学历或者经国家教师资格考试合格，有教育教学能力，经认定合格的，可以取得教师资格。"第十一条对教师资格在学历上做出了具体的规定。第十七条规定："学校和其他教育机构应当逐步实行教师聘任制。教师的聘任应当遵循双方地位平等的原则，由学校和教师签订聘任合同，明确规定双方的权利、义务和责任。"

作为新教师，我们通过教师资格证考试，进入学校，开始自己的教师生涯，第一件事面临的是和所聘学校签订人事聘用合同。此合同是从法律上对学校和教师双方关系的法律约定与法律保护。新教师要慎重审阅合同，就聘用的岗位、年限等充分了解、沟通，做好从业的准备。

（二）教师专业内涵的扩展

📚 **资料卡**

说到教师的内涵，有很多比喻：

老师、园丁——流行最广泛的尊称；

夫子、先生——历史最悠久的尊称；

慈母——最能体现"爱是教育的基础"教育原则的称谓；

春雨——最能体现"潜移默化熏陶感染"教育原则的称谓；

人梯、蜡烛、春蚕、孺子牛——最能体现教师奉献精神的称谓；

人类灵魂工程师——最富有哲理的称谓。

作为新教师我们应该树立什么样的教师观呢？《教师法》中明确教师肩负教书育人的职责。这又是一个什么样的职责呢？我们立足习近平中国特色社会主义新时代，来寻找答案。

进入习近平中国特色社会主义新时代以来，对于教师的内涵要求，从习总书记的很多表述和相关政策文件中得到不断地明确。

2014年9月9日，习近平总书记与北京师范大学师生代表座谈的讲话提到做"四有"教师，即做有理想信念、有道德情操、有扎实学识、有仁爱之心的教师。

2016年9月9日，习近平总书记在北京市八一学校考察时强调，广大教师要做"四个引路人"，即：教师要做学生锤炼品格的引路人，做学生学习知识的引路人，做学生创新思维的引路人，做学生奉献祖国的引路人。

2016年12月，习近平总书记在全国高校思想政治工作会议提出的"四个统一"，是新时代对加快建设师德师风的四个基本要求。习近平总书记强调，要加强师德师风建设，坚持教书和育人相统一，坚持言传和身教相统一，坚持潜心问道和关注社会相统一，坚持学术自由和学术规范相统一。四个统一的要求，不仅是对高校教师的师德师风要求，也适用于广大的中小幼职的教师。

2018年全国教育大会提到：教师是人类灵魂的工程师，是人类文明的传承者，承载着传播知识、传播思想、传播真理，塑造灵魂、塑造生命、塑造新人的时代重任；培养什么人，是教育的首要问题；教师要在以下六个方面"下功夫"——"要在坚定理想信念上下功夫""要在厚植爱国主义情怀上下功夫""要在加强品德修养上下功夫""要在增长知识见识上下功夫""要在培养奋斗精神上下功夫""要在增强综合素质上下功夫"；人民教师无上光荣，每个教师都要珍惜这份光荣，做老师就要执着于教书育人，有热爱教育的定力、淡泊名利的坚守；克服唯分数、唯升学、唯文凭、唯论文、唯帽子顽瘴痼疾，从根本上解决教育评价指挥棒问题。

2020 年 10 月 13 日，中共中央、国务院印发《深化新时代教育评价改革总体方案》提到，坚持科学有效，改进结果评价，强化过程评价，探索增值评价，健全综合评价，充分利用信息技术，提高教育评价的科学性、专业性、客观性。努力培养担当民族复兴大任的时代新人，培养德智体美劳全面发展的社会主义建设者和接班人。

2021 年 7 月 24 日中共中央办公厅国务院办公厅印发《关于进一步减轻义务教育阶段学生作业负担和校外培训负担的意见》提到：坚持学生为本、回应关切，遵循教育规律，着眼学生身心健康成长，保障学生休息权利，整体提升学校教育教学质量……全面压减作业总量和时长，减轻学生过重作业负担……坚持依法治理、标本兼治，严格执行义务教育法、未成年人保护法等法律规定，加强源头治理、系统治理、综合治理。

2022 年 10 月 16 日，中国共产党第二十次全国代表大会报告中指出，办好人民满意的教育。教育是国之大计、党之大计。培养什么人、怎样培养人、为谁培养人是教育的根本问题。育人的根本在于立德。全面贯彻党的教育方针，落实立德树人根本任务，培养德智体美劳全面发展的社会主义建设者和接班人……加强师德师风建设，培养高素质教师队伍，弘扬尊师重教社会风尚。

以上法律、讲话和文件，从教师内涵角度丰富了我们对教师专业的认识，作为新教师，我们要明确要求，端正教师观，立德树人，为国育人、为党育才，努力培养担当民族复兴大任的时代新人，培养德智体美劳全面发展的社会主义建设者和接班人。

二、新时代教师的法律素养

资料卡

"法"①，在西周金文中写作"灋"（fa）。汉代许慎《说文解字》说："灋，刑也。平之如水，故从水；廌所以触不直者去之，从去。"

"灋"由"氵、廌、去"三部分组成。平之如水，意为"法"应当均平、公正、不偏不倚。廌（zhi），则是指神兽獬豸（xie zhi）。相传，上古有神兽獬豸，长有一角，能辨曲直，有审判助狱之能。遇到疑难案件不能断时，狱官就将之放出。谁隐瞒了自己的罪行，獬豸就会用角顶他。去，"人相违也"，即对违法行为的惩罚，人相违者，当驱逐之。

综上，可知"法"意。法，当公平正义，不偏不倚，有审判是非曲直之能，亦有禁

---

① 陈培永.习近平现时代中国特色社会主义思想学生读本(小学高年级)[M].北京:人民教育出版社，2021：40.

暴止奸、惩戒犯罪之功。以上，便是"法"字的解析。

法治建设要求每位公民都应具备一定的法律素养，教师除需要具备普通公民的法律素养外，还需要具备较高要求的教师职业法律素养。法律素养就是认识和运用法律的能力，包括法律知识、法律观念、法治意识、法律信仰、法律能力等多方面内涵。从具备法律知识到形成法律观念、信仰到在日常生活工作中形成法律能力，是一个法律素养不断积淀丰厚的过程。

我们将探讨两个问题：

问题1：教师应具备什么样的法律观念？

问题2：教师的法律素养的培育路径是什么？

（一）教师应具备的法律观念

案例分析

南山铁案①

唐朝期间，太平公主拥立李洪基为帝，有大功劳，遂罢张跋扈，纵容家奴，霸占了长安城东部一家寺庙的老磨坊。那家寺庙的老和尚气不过，将太平公主告到了县衙，要求县官主持公道。主审此案的是雍州负责地方民政的司户参军李元纮。李元纮为官清正廉洁，不为特权，不徇私情。他查明老磨坊确系寺庙所有，不怕得罪显贵的太平公主，将老磨坊判还寺院。秉性刚直的李元纮在判决书上写下两句话："南山或可改，以此判中无摇动。"后世常以"南山铁案"称已经判定不可改变的案件。案件中李元纮坚持不向特权低头、秉公执法，体现了司法适用中的平等原则，也体现了法律至上的精神。

与现代社会发展相匹配，公民包括教师，应逐渐构建自身的法律观念，即对法律秉承的认识和态度。一般来说，法律观念是基于一定法律知识并随着自身卷入法治社会的实践逐渐感知感悟的，本章先明确我们应具有的法律观念，然后在以下章节再具体阐释相关法律知识和案例分析。

1.法律至上意识

教师依法执教意味着要以法律至上为法治理念，即，一切国家机关和武装力量、各政党和社会团体、各企业、事业单位和个人都不得有超越宪法和法律的特权，一切行为都应在法律的框架下运行。法律至上是践行法治的决定性因素，更是判断是否实行法治，并区别人治与德治的基本标准。

---

① 马长山.法治教育教师读本（义务教育阶段）[M].上海：华东师范大学出版社，2019：82.

2. 义务意识（责任意识）

教师依法执教要具有义务意识。什么是义务？义务是权利的对称，指法律对公民或法人必须作出或禁止作出一定行为的约束。在社会主义社会，义务与权利是一致的，不可分离。公民或法人按法律规定应尽的责任，例如，服兵役。义务具有法律强制性。

3. 权利意识

教师依法执教还需具有权利意识。权利是什么？权利是为社会和法律所承认和支持的自主行为和控制他人行为的能力，表现为权利人可以为一定行为或要求他人作为、不作为，其目的是保障一定的物质利益和精神利益。权利意味着人的自由及其自主性、地位的确定性和不可侵犯性，其他社会主体对它有承认保障的义务。[①]

教师明晰自身权利的同时，也要明晰权利义务不可分的关系，要履行好自身的义务。具体说来尊重学生权利首先要明晰不能把受教育者当作工具和附庸，要改变一言堂、灌输式的教育观念。其次，要从受教育者的思想实际和切身利益出发，因材施教，尽可能掌握学生的成长经历、性格特征、兴趣爱好，让教育变得更有针对性。最后，教育者不能把自己当作非人格化的教育工具，应以身示范，对教育者形成潜移默化的影响。

4. 参与意识

依法执教意味着教师要积极参与到学校治理体系中来，发挥监督、参与的作用。面对教育生活中的涉法事件，每位教师都可以训练自己从法律视角，运用法律的思维来看待和解决问题，不仅自身涵养法律素养，也应对学生的法律素养的发展起到积极的影响，并在与学生一起构筑的守法、用法、护法的氛围中，成为合格的现代公民。

（二）教师的法律素养的培育路径

📚 **资料卡**

高铁发票维权人 [②]

以下为某记者 2009 年在庆祝共和国 60 华诞"为祖国骄傲，为女性喝彩"大会上的发言。"五年前，我采访了一个人，在火车上买了一瓶一块五毛钱的水，然后他问列车员要发票。列车员乐了，说火车上自古就没有发票。然后，这个人把铁道部告上了法院。他说人们在强大的力量面前，总是选择服从，但是，今天如果我们放弃了一块五毛钱的发票，明天我们就有可能被迫放弃我们的土地权、财产权和生命的安全。权利如果不用来争取的话，权利就只是一张纸。他后来赢了一场官司。我以为他会和铁道部结下梁子，

---

① 见百度百科。

② 本案例摘录于 2009 年在庆祝共和国六十华诞"为祖国骄傲，为女性喝彩"大会上的演讲之一。

结果他上了火车之后，在餐车要了一份饭，列车长亲自把这个饭菜端到他面前说，您是现在要发票呢？还是吃完饭我给您送过来？我问他你靠什么赢得尊重？他说，我靠为我的权利所做的斗争。这个人叫郝劲松，34 岁的律师。"

这则案例的主角虽然不是教师，但是我们从争取权利的角度应该很有感触。以"权利意识"为本位的现代法律体系的发展，拓宽了教师法律素养的维度。我们希望在教师队伍中不仅不要出现"害群之马"，而且要涌现更多具备权利意识，为更好的法治校园去独立思考的头脑和灵魂。

教师法律素养的形成不是自然而然产生的，也不是一蹴而就的，需遵循以下的发展路径，并且四者之间交替并行，循环上升，伴随教师职业生涯的始终。

1. 掌握法治知识

教师必须具备一定的法律知识，注重在日常生活与工作当中的不断积累，以期运用法律知识作为理论支撑，解决现实中遇到的问题。教师应当掌握的法治知识内容如下：一是认识法的作用和特征，了解法治体系的构成，理解法治的内涵和精神，形成对我国法治道路的认同；二是了解与日常生活和个人密切相关的婚姻家庭、就业创业、教育、劳动等法律法规；三是了解与日常工作相关的学生权益保护和维护自身合法权益的方式方法，树立权利与义务的观念；四是适当了解国际法的基本原则。

2. 确立法治情感

法治情感是具有一定法治知识的主体对法治所产生的支持、信任、亲近和喜爱情感态度。积极正向的法治情感有助于其形成对法治的认可、信任，自觉做到遵法、守法、用法。法治情感的最终表现是法治信任和法治信仰。法治信任包含三方面的内容：一是对法律本身的信任；二是对法律实施过程的信任；三是对法律执行结果的信任。法治信仰是更高层次的法治情感，具有法治信仰，就是一切行为准则都会严格按照法律法规行事，将法治奉为自我信仰。

3. 树立法治意识

如前文所述，教师法律观念意识的培养主要包括权利意识、义务意识和参与意识。教师依法执教的底线要求更多地是从义务角度，阐释了教师守法的要求。教师的权利意识的培养也同等重要。

4. 养成法治行为

法治行为是法治素养培养的最终落脚点，是依托法治知识，运用法治思维，采用法治方法处理工作、生活中遇到的各种矛盾的能力。对于教师法治行为能力的培养应包括以下内容：一是预见行为的法律后果。具备一定法律知识的教师，能够掌握预先判断自己的行为是否合规矩合法律，以及会带来怎样的后果，从而规范自己行为的合法性。二是维护自身的合法权益。明晰自身应有的合法权利，正当权益受到侵害，能够运用有效的法律途径，保护自身权益免受侵犯。三是表达个人法治主张的行为能力。就是要培养教师自由表达观点、思想的能力，能够在法律实践与工作中，准确、完整地阐明自己的意见和建议，并以此作用于学生身上，涵养学生的法律素养。

遵循知情意行的上述路径，教师的法律素养在实践中逐步形成和发展。

三、教师的基本权利

案例分析

工资福利待遇还会有吗?

2006 年 10 月，某校教师刘某，工作以来，表现突出，为了提高自己的学历层次，屡次申请进修，属地教委和学校批准其到某师范大学进修。刘某进修结束后，发现学校将她进修期间的工资只相当于最低生活保障金，并被告知：教师进修期间，未在学校从事教育教学活动，基本工资发放标准等同于市最低生活保障金。刘某不服，向主管部门提出申诉。

刘老师进修期间的工资待遇到底应该怎么给付呢? 根据《中小学教师继续教育规定》第四条规定：参加继续教育是中小学教师的权利和义务；第十六条规定：经教育行政部门和学校批准参加继续教育的中小学教师，学习期间享有国家规定的工资福利待遇。学费、差旅费按各地有关规定支付；《中华人民共和国教师法》（以下简称《教师法》）第七条规定，教师享有参加进修或者其他方式的培训的权利等规定。刘某参加进修进行继续教育，既是其权利也是其义务，且其进修行为已经得到过属地教委和学校批准，刘某参加进修、学习期间享有国家规定的工资福利待遇，学校不得以"教师进修期间，未在学校从事教育教学活动"为由扣发其工资，而且还应按当地规定向杨某支付一定比例的学费和差旅费。对于学校扣发其工资行为，刘某可向学校、属地教委逐级申诉，以维护自己的合法权益。

以上案例涉及教师的基本权利。

我们将探讨两个问题：

问题 1：与教师相关的法律法规有哪些?

问题 2：教师的基本权利有哪些?

（一）教师应该知悉的法律法规

资料卡

通常所说的教育法律法规包括教育法律、法规、规章、政策等。名称的不同主要是制定的机关和效力不同。法律一般由国家制定认可，是全国人民代表大会依照立法程序制定颁布的。法规包括行政法规和地方性法规，主要是由国务院或省（自治区、直辖市）人大及其常委会制定。规章主要由国务院各部、委等或省、自治区、直辖市以及较大市人民政府制定。政策是国家、政党为实现一定历史时期的路线和任务而规定的行动准则。

教育法律法规是一种行为规范，是用来约束、规定和保障人们在教育活动中或参与教育活动时实施社会公认和许可的行为的规则，表现为约定人们在教育活动中可以做哪些事情（即可以作为）、必须做哪些事情（即必须作为）和禁止人们做哪些事情（即禁止作为）。

教师通过对教育法律法规的学习和应用，能够将静态的"法律条文"活用到日常工作中，为教师、学生权益保护、校园安全事故防范、依法治校、依法执教提供法律依据，增强法律意识，提高法律素养，进而创造良好的学校管理秩序和教育教学秩序，为实现学校的宗旨提供保障，为学校的安全、高效提高保障。

教育相关的法律法规随着法律体系的完备，已经非常丰富。如表 2-1 所示。

表 2-1　与教育相关的法律法规

	法律 / 法规 / 规章制度名称	施行起始日期（修改日期）
1	中华人民共和国教育法	1995 年 9 月 1 日（2021 年 4 月 29 日第三次修正）
2	中华人民共和国义务教育法	1986 年 7 月 1 日（2018 年 12 月 29 日修正）
3	中华人民共和国教师法	1994 年 1 月 1 日（2009 年 8 月 27 日修正）
4	中华人民共和国未成年人保护法	1992 年 1 月 1 日（2020 年 10 月 17 日第二次修订，现行版 2021 年 6 月 1 日施行）
5	中华人民共和国预防未成年人犯罪法	1999 年 11 月 1 日（2020 年 12 月 26 日修订，现行版 2021 年 6 月 1 日施行）
6	未成年人学校保护规定	2021 年 9 月 1 日
7	学生伤害事故处理办法	2002 年 9 月 1 日（2010 年 10 月 13 日修改）
8	中小学幼儿园安全管理办法	2006 年 9 月 1 日
8	教师资格条例	1995 年 12 月 12 日
9	中小学教师继续教育规定	1999 年 9 月 13 日
10	中小学教育惩戒规则（试行）	2021 年 3 月 1 日
11	中小学教师违反职业道德行为处理办法	2014 年 1 月 14 日（2018 年 11 月 8 日修订，现行版 2018 年 11 月 8 日施行）
12	新时代中小学教师职业行为十项准则	2018 年 11 月 8 日
…	…	…

以上所列，既有法律，又有法规，还有办法和规则，从各个不同侧面对教育教学进行了规范，其中有很多条文规定有所交叉，但互不违背，新教师可以根据需求课后进行仔细阅读，了解基本的内容。

（二）教师的基本权利

◢▤ **案例分析**

学校侵犯了教师的教育教学权吗？

教师王某，英语专业毕业，从事英语教学。2007 年，来到学校两年后，学校实施人事改革，王某未竞聘上英语岗位，学校根据岗位实际情况，调其担任语文教学工作。任教后，王某不适应新的岗位，学生意见也很大，强烈要求更换老师。学校调查后发现，他备课极其简单，不符合学校要求，教学效果不佳。领导找其谈话，但他非但不采取积极的态度，反而认为学校故意跟其过不去，依然我行我素。于是学校经研究，认为其不再适宜担任该学科的教学工作，因目前又没有适合的科目让其担任，故将其调离教师岗，负责学校后勤工作。王某不服，认为学校侵犯了他教育教学权。遂向主管部门提出了申诉。

后续处理结果是，王某申诉理由不成立，学校并未侵犯其教育教学权。

本案中，王某虽然具备教师资格，但其因能力、态度等问题，未能尽合格教师之义务，不能履行教师基本职责。因此，学校依法治校、依法治教，实施正当管理行为，未侵犯其教育教学权。

教师的权利是指教师在教育活动中享有的由教育法赋予的权利，是国家对教师在教育活动中可以行为或不为一定行为的许可与保障。当教师的权利受到侵害时，有权诉诸法律，要求确认和保护其权利。

在法律上，教师的权利包括两部分。一部分，是教师作为一般公民所享有的权利，即《中华人民共和国宪法》规定的公民的一般权利；另一部分，是教师作为专业人员在从事教育教学活动中所享有的权利，即《教育法》《教师法》等规定的教师享有的职业权利。

《中华人民共和国宪法》规定的教师的基本权利

在法律面前一律平等；政治权利和自由，包括选举权和被选举权；言论、出版、集会、结社、游行、示威的自由；宗教信仰自由；人身与人格权，包括人身自由不受侵犯，人格尊严不受侵犯，住宅不受侵犯，通信自由和通信秘密受法律保护；监督权，包括对国家机关及其工作人员有批评、建议、申诉、控告、检举并依法取得赔偿的权利；社会经济权利，包括劳动权利，劳动者休息权利，退休人员生活保障权利，因年老、疾病、残疾或丧失劳动能力时，从国家和社会获得社会保障与物质帮助的权利；社会文化权利和自由，包括受教育权利，进行科研、文艺创作和其他文化活动的自由；妇女保护权，包括妇女在政治、经济、文化、社会和家庭生活等各方面享有同男子同等的权利；婚姻、家庭、美琴和儿童受国家保护；华侨、归侨和侨眷的政党的权利和利益受国家保护。

《中华人民共和国教师法》规定的教师的职业权利

教育教学权——教师享有"进行教育教学活动，开展教育改革和实验"的权利。这项权利主要指教师根据其职业特点，可以依据其所在学校的培养目标组织课堂教学；可在不违背课程计划、课程标准要求的前提下，制订自己的教学内容和进度，并不断完善教学内容；可以针对学生的实际情况，在教育教学的形式、方法、内容、过程方面进行设计、试验和改革完善。教师的这一专业自主权应当得到尊重，任何组织和个人不得干涉和剥夺。

科学研究权——教师享有"从事科学研究、学术交流、参加专业的学术团体，在学术活动中发表意见"的权利。作为教师，在完成规定的教育教学任务前提下，有权进行科学研究、技术开发、教育理论研究等创造性的劳动；有权在学术研究中发表自己的学术观点，将研究成果进行发表。有权参与学术交流活动，依法成立或参加学术团体并在其中兼任工作。当然，教师的科学研究必须紧紧围绕着教书育人进行。

管理学生权——教师有权"指导学生的学习和发展，评定学生的品行和学生成绩"的权利。教师有权依据学生身心发展规律、教育发展规律等专业知识与技能，有针对性地对学生的学习、就业、升学等方面给予指导；有权通过平时考查，以及学期、学年、毕业考试等科学的方式，对学生的品德、学习、社会活动、文体活动、同学关系等方面表现做出客观的评价，以促进学生德、智、体、美、劳等方面全面发展。

获取报酬待遇权——教师享有"按时获取工资报酬，享受国家规定的福利待遇以及寒暑假期的带薪休假"的权利。教师作为一名劳动者，有权要求所在学校及主管部门按照法律及教师聘任合同的规定，按时足额地支付工资报酬（基础工资、职务工资、课时报酬）、奖金津贴（教龄津贴、班主任津贴、特殊荣誉津贴）等收入；有权享受国家福利待遇，包括教师的医疗、住房、退休、寒暑假带薪休假等各项待遇和优惠。

民主管理权——教师享有"对学校教育教学、管理工作和教育行政部门的工作提出意见和建议，通过教职工代表大会或者其他形式，参与学校民主管理"的权利。教师享有对学校及其他教育行政部门工作的批评权和建议权；享有通过职工代表大会、工会等组织形式，及其他适当方式，参与学校民主管理，讨论学校发展与改革等方面的重大问题的权利，是《中华人民共和国宪法》第四十一条"中华人民共和国公民对于任何国家机关和国家工作人员，有提出批评和建议的权利"规定的具体体现，有利于调动教师参政议政的自觉性和积极性，发挥教师的主人翁作用，加强对学校和教育行政部门工作的监督。这也契合前文所阐述的积极守法观，教师的权利意识在学校领域体现于此，在社会公共领域体现为行使好作为公民的监督权和参政议政权。

进修培训权——教师享有"参加进修或者其他方式培训"的权利。教师享有接受继续教育、不断获得充实和发展的权利，是教师要求职业提升和进步，要求自身发展和价值升华的体现。教育行政部门、学校和其他教育机构应当采取多种形式、开辟多种渠道、保证教师进修培训权的顺利行使。教师有权参加达到法定学历标准和达到高一级学历的进修，或以拓宽知识为主的继续教育培训。学校和教育行政部门应当为教师参加进修和培训创造条件，提供机会，切实保障教师权利的实现。

四、教师的基本义务

案例分析

赵老师的行为只是侵害了学生的生命健康权吗？

现年 11 岁的田某在学校学习。2020 年 11 月一天，上科学课时，科学教师赵某让学生完成课堂作业，快下课时教师赵某发现学生田某因贪玩没有做完作业，一气之下骂其是懒猪，还把作业撕碎，并对其来回推搡，致使其摔倒，头磕在地上。当时，范感到头晕眼黑，接着出现头疼、头晕、呕吐、不能走路，医院诊断为脑震荡。

上述案例中，教师赵某未尽到教师应尽义务，应承担相应责任。

《中华人民共和国未成年人保护法》第二十七条规定："学校、幼儿园的教职员应当尊重未成年人的人格尊严，不得对未成年学生和儿童实施体罚、变相体罚或者其他侮辱人格尊严的行为。"

《教师法》中教师应尽义务第八条第二款：贯彻国家的教育方针，遵守规章制度，执行学校的教学计划、履行教师聘约、完成教育教学工作任务；第四款：关心、爱护全体学生，尊重学生人格，促进学生在品德、智力、体质等方面全面发展。

本案中，学生贪玩、未按时完成作业，属教师教育职责范围，教师应针对学生实际施以适合的教育，要满腔热情地帮助他，以使其养成良好习惯，提升学习能力。而教师赵某缺乏法律观念，撕毁作业本，其行为既侵犯了学生的财产权，同时又侮辱、体罚学生，侵犯了学生的人格尊严并且造成了身体的损害，侵害了学生的生命健康权。学生及其家长有权付诸法律以解决此事。学校应对教师赵某进行教育并给予相应处理，并积极做好学生及其家长工作，防止事态扩大。

上述案例比较集中地反映了教师不履行教师基本义务的一些做法。

我们将探讨两个问题：

问题1：教师的基本义务有哪些？

问题2：教师权利义务的关系是什么？

（一）教师的基本义务

案例分析

双方同意的补课也违法吗？

2018年3月，A市第四小学五年级（4）班班主任朱某组织本班八名学生在校外补课，共收学生1500元补课费。事情曝光后，学校对朱某进行了处理：记过处分，年度考核被确定为不合格，取消三年内评优、晋级资格，扣发当年绩效工资，被调离原岗位，全额退返违纪所得。

本案例是最近教育部重点整治的中小学有偿补课的事件。当然有人会有疑问，双方都自愿达成的补课，为什么是违法行为呢？首先我们看看学校处理的法律依据是什么？2018年施行的《新时代教师职业行为十项准则》第九条明确规定："坚守廉洁自律。严于律己，清廉从教；不得索要、收受学生及家长财物或参加由学生及家长付费的宴请、旅游、娱乐休闲等活动，不得向学生推销图书报刊、教辅材料、社会保险或利用家长资源谋取私利。"从法条中，我们明显看到教师违反了职业行为准则，也就是没有尽到教师在校园内课堂上的教育教学职责。另据《中小学教师违反职业道德行为处理办法（2018年修订）》，学校的处理是合理合规的。

教师的义务是指依据法律规定，教师从事教育教学工作必须履行的责任，表现为必须做出或禁止做出一定的行为。与教师的权利一样，教师义务也有两方面：一是教师作为公民所应该履行的义务；一是教师作为一种特殊职业所应该履行的义务。其重点在于教师在从事教育教学工作的过程中，为了保障教育对象的权利而必须或禁止做出一系列行为。

1.《中华人民共和国宪法》规定的教师基本义务

《中华人民共和国宪法》的第二章对公民的基本义务做了规定，具体包括：维护国家统一和民族团结义务；遵纪守法和尊重社会公德的义务；维护国家的全安、荣誉和利益的义务；保卫国家和依法服兵役的义务；依法纳税的义务；其他诸如劳动的义务、受教育的义务、夫妻双方实行计划生育的义务、父母抚养未成年子女的义务以及成年子女赡养扶助父母的义务等。"任何公民享有宪法和法律规定的权利，同时必须履行宪法和法律规定的义务。"教师作为普通公民也应该履行《中华人民共和国宪法》规定的公民基本义务。

2.《中华人民共和国教师法》规定的教师职业义务

关于教师的义务，《中华人民共和国义务教育法》第二十八条规定："教师享有法律规定的义务，应当为人师表、忠于人民的教育事业。"第二十九条规定："教师在教育教学中应当平等对待学生，关注学生的个体差异，因材施教，促进学生的充分发展。"依据《中华人民共和国教师法》规定，我国教师应当履行下列义务：

遵守宪法、法律和职业道德，为人师表——教师作为人类灵魂的工程师，承担培养下一代的重要使命，应模范地遵守宪法和法律，真难受职业道德。教师要在教育教学过程中，在传授学科文化知识的同时，应当以高尚的品质和优良的情操，来对学生的心灵产生潜移默化的影响，以敬业勤奋、诚实守信、遵纪守法、精益求精、博学多才、团结奋进等品质，作为学生的榜样。

贯彻国家的教育方针，遵守规章制度，执行学校的教学计划，履行教师聘约，完成教育教学工作任务——教师在教育教学活动中，应当全面贯彻国家关于教育必须为社会主义现代化建设服务，必须与生产劳动相结合，培养德智体美劳等方面全面发展的社会主义事业建设者和接班人的方针；自觉遵守教育行政部门、学校及其他教育机构制定的教育教学管理的各项规章制度；认真执行学校依据国家规定的教学大纲、教学计划或教学基本要求制定的具体教学计划；严格履行教师聘任合同中约定的教育教学职责，完成规定的教育教学任务，保证教育教学质量。

对学生进行宪法所确定的基本原则的教育和爱国主义、民族团结的教育，法制教育以及思想品德、文化、科学技术教育，组织、带领学生开展有益的社会活动——这项规定主要设计教师对教育内容所承担的义务。教师的职责是"教书育人"，其中"育人"尤其重要。叫似乎应当结合自己教育教学业务的特点，把思想品德教育贯穿于整个教育教学活动的始终。人才必须有文化科学素养，因而教师有对受教育者进行文化、科学技术教育的义务。同时，教育形式与方法上应当注意根据学生身心发展的特点，采取灵活多样的有益的活动形式，注重实效，避免形式主义。

关心、爱护全体学生，尊重学生人格，促进学生在品德、智力、体质等方面全面发展——这项规定是教师对学生的教育保护义务。由于学生在教育活动中处于受教育者的地位，其人格尊严往往容易受到侵犯。特别是基础教育活动中的未成年人，其身心发展尚未成熟，需要教师给予各方面的保护，特别是教育保护。在家长将未成年学生托付给教师和学校的时候，一部分保护和管理责任便义不容辞地转移到了教师和学校的身上。教师要尊重学生人格；关心爱护全体学生，对学生一视同仁，不因民族、性别、残疾、学习成绩等因素歧视学生，尤其是对那些有缺点的学生，教师应给予特别关怀；不能体罚或变相体罚学生，不能泄露学生隐私；要与学生建立良性互动的师生关系。

制止有害于学生的行为或者其他侵犯学生合法权益的行为，批评和抵制有害于学生健康成长的现象——这项规定是教师保护学生合法权益的义务。未成年学生在辨别是非、自我保护方面能力不足，因此，保护学生的合法权益，促进其身心健康成长，是教师义不容辞的责任。教师不但应当严格要求自己的言行，还应为学生尽力创造一个健康、安全的成长环境。教师履行此项义务的范围狐妖是在学校工作和教育教学活动中，对侵犯其所负责教育管理的学生合法权益的违法行为进行制止；批评和抵制社会上出现的有害于学生身心健康成长的不良现象。

不断提高思想政治觉悟和教育教学业务水平——这项规定是教师不断促进自身专业成长的义务。教育教学既是专业性很强的工作，又是富有创造性和灵活性的工作，而且学生的发展与教师的专业成长是一种共进的关系，学生的积极发展需要教师不断提高自己的专业水平。这就要求教师必须不断学习，加强自身道德修养，调整知识结构，掌握新知识和新技术，不断提高思想觉悟和业务水平，做到与时俱进。同时，这也是社会进步与科技发展对教师提出的要求。

（二）教师权利义务的关系

案例分析

我不上课并不犯法

2019年，某中学青年教师薛某，因在同年的职称评定中没能晋升中学一级教师，思想上想不通，觉得自己受到排挤，因而对在该校工作失去了信心，于是向学校提出了请调报告，要求立即调走。

当时学校正值学期中间，工作非常紧张，并且薛某担任的课程还未结束，其与学校签订的聘用合同也还未到期。因而学校决定暂不考虑薛某的调动问题，并派人做他的思想工作，劝其认真考虑，最好还是能继续留校任教。

薛某却认为学校这样做是有意拦阻不放其走，因而，拒不上课，致使其所担任的语文课被迫停课。学校领导多次找薛某做工作，但其仍不去上课，并声称："教师有教育权，权利可以放弃，因此，我不上课并不犯法。"

案例中的薛老师似乎懂得一点法律道理，实质上又一知半解：作为一名教师，在享有教育教学权的同时，也应履行教师的各项义务。其在与学校签订的教师聘任合同尚未到期、请调报告尚未批准、所任课程尚未结束的情况下，就拒不为学生上课，致使所担任的语文课被迫停课，这是一种严重的失职行为，违反了《教师法》第八条第二款规定没有履行"完成教育教学工作任务"的义务，侵犯了学生的受教育权利。同理，有些教师为了参加进修或其他学术活动，未经请假，也没有安排好班级调课，认为根据《教师法》，自己拥有科学研究权或者是进修培训权，学校不应该扣发奖金等，这些行为都属于失职，没有认识到权利、义务对等原则。

权利与义务这两个词是以"对称"的形式出现的。没有无权利的义务，也没有无义务的权利。在社会主义社会，权利与义务是一致的，不可分离，在法律上一方有权利，他方必有相应的义务，或者互为权利义务；任何公民不能只享有权利而不承担义务，也不会只承担义务而享受不到权利。

作为新教师理解权利义务关系不仅只限于一种字面上的"滚瓜烂熟"，要理解其中的深刻现实意义。其一，要走出一个误区，即认为权利是无条件的。权利的行使必须基于合法性，即是宪法予以确定的，权利的行使必须不以侵犯他人合法权利为边界。其二，必须明确权利可以放弃（公权利不可以），义务决不能放弃！其三，清晰权利义务的意义在于明确法定权利，更好行使权利，维护利益；认识必须履行义务，增强责任感和自觉性。

主题二　日常教育教学中的法律注意

⚑ 学习目标

通过本主题的学习，学习者能够：

1. 了解并保持课堂教学言行的法律注意；
2. 了解并保持课余活动组织和管理的法律注意；
3. 了解并保持校外实践活动组织和管理的法律注意。

本主题聚焦新教师的日常教育教学活动中，从法律角度应该注意的问题：课堂教学中的授课内容、言行、停课行为、学生纪律管理等的法律注意与规避；学生课余活动中，设施设备、环境条件、活动安排的法律注意与规避；在寒暑假或节假日的校外实践活动中的安全职责、教师职责、沟通合作的法律注意。以法律为基石，助力新教师教育教学工作的顺利开展。

一、课堂教学的专业授课与规范管理

▤ 案例分析

2021年12月14日，上海。国家公祭日第二天，某职业学院教师宋某被学生偷录视频，举报其在《新闻采访》课堂上发表涉及"南京大屠杀"的不当言论。该视频显示，宋老师说："当年的侵华日军到底在南京屠杀了多少人？ 30 万人是没有数据支持的。……死的是谁？有名有姓的是谁？如果没有名，没有姓没有身份证号，你这个 30 万人是一个中国历史小说写作的一个概述。"引发舆论关注，有部分网友表示"教师不该有不当言论"。随后，人民日报点名批评，该校对教师进行了停课停职的处理。①

看到这样的信息，身为新教师的你是什么看法呢？是对教师职业产生了敬畏之心，还是恐惧之心？教师的"不当言论"的边界又在哪里呢？扩展开来，教师的"合理的教育惩戒权"的边界在哪里呢？在阅读下文之前，可以先确认一点的是作为新教师我们必须明确"善为师者，既美其道，又慎其行""欲明人者先自明，欲正人者先正己"。教师的言行的雅正来源于自身品德的高洁、业务的纯熟，也来源于对法律的尊重，我们的"为人师表"先从课堂教学中的一言一行开始做起。

我们将从法律角度聚焦课堂教学探讨两个问题：

问题 1：教师课堂教学中的"言"在法律上注意什么？

问题 2：教师课堂教学中的"行"在法律上注意什么？

（一）教师课堂教学中的"言"的法律注意

课堂是教师的主要活动场所。如前文所述，《教师法》明确了教师在课堂上拥有"教育教学权"和"学生管理权"②，并且随着 2021 年 3 月 1 日《中小学教育惩戒规则（试行）》的施行，对教师学生管理权进行了更具体的细则规定，为新教师的课堂言行提供了良好的法律指引。

案例分析

老师可曾意识到这些都是"不当言论"？

案例 1：一位小学语文教师用"打倒""枪毙"两个词让小学三年级的学生造句，学生不是把同学的父母、同学"打倒、枪毙"了一大片，就是造出了让人看了都"心惊肉跳"的句子。

案例 2：公安机关抓到一敲诈勒索诈骗团伙的头头，想不到竟是个大学生。问："你是从什么时候就产生这种邪念的？"答："在高中的时候就开始了。那时，老师就对我

---

① 本案例由作者查阅 2021 年 12 月人民日报(微信公众号)、浙江教育报(微信公众号)整理编辑。

② 两项权利的具体内容可参见本书话题二，专题一中相关内容。

们说："能赚到钱就是硬道理，就是真本事，不管您通过什么途径，采用什么办法。"①

案例3：某老师对学生说："写文章就是一抄。你能抄到不被发现就是牛人。考试你能抄到，不被发现，考上大学，你就是有本事。"

案例4：某女生总是化妆上课，班主任当着全班同学的面说："长那么难看，还捣饬什么？胖得像个猪。"

上述案例和本章开头的案例中的宋老师的言论无疑是"不当"的，这种不当不是"一时考虑不周""一时气愤"或者是"认识上的局限"造成的，和教师的政治素养、学术素养和品行修养都密切相关。

《新时代中小学教师职业行为十项准则》规定：第一条：坚定政治方向……不得在教育教学活动中及其他场合有损害党中央权威、违背党的路线方针政策的言行；第三条：传播优秀文化。带头践行社会主义核心价值观，弘扬真善美，传递正能量；不得通过课堂、论坛、讲座、信息网络及其他渠道发表、转发错误观点，或编造散布虚假信息、不良信息；第五条：关心爱护学生。严慈相济，诲人不倦，真心关爱学生，严格要求学生，做学生良师益友；不得歧视、侮辱学生，严禁虐待、伤害学生。

案例1教学内容违背了立德树人的宗旨，案例2、3为学生树立了不正确的人生观和诚信观，案例4涉及侵害了学生的名誉权，后续如果造成学生的精神或人身的伤害，教师需要承担相应的法律责任（关于人格权本书有专门的阐释，此处不赘述）。学生多是未成年人，处在成长、成熟的过程中，他们思想活跃、接受能力强，但分析、判断能力尚差，而且学生大多对教师有崇拜心理，容易听信教师的"教导"，一旦教师出现"不当言论"，对他们的危害将是严重的，甚至会对其一生造成致命的伤害。

教师的"师言师语"，不仅是一种传达，也是一门艺术，一门爱的艺术。教师在课堂教学中难免要对一些学生的没有达标的行为进行批评。如何进行批评呢？有技巧、有分寸的批评如和风细雨般涤荡心灵，润物细无声地让学生甘愿敞开心扉，诚心接受。在习总书记提出的"四有""四个引路人"的好老师的标准的背景下，教师更应以教书育人、立德树人为宗旨，保持教师职业具有政策、道德、法律的敏感性，不断锤炼教师的专业能力和政治素养、法律素养、道德素养，严格约束自己的言，规范使用教师的语言，传达内心的真善美。

作为新教师，入职伊始，我们要尽快转换角色意识，用职业的标准来严格要求自己，深入理解和领悟国家的方针政策和师德师风、法律要求；保持自身言行与国家方针政策的高度统一，不违反师德与法律的规定，做一名语言清洁、传播正能量的教师。

---

① 本案例由作者摘编自厦门市语文教育研究院院长、中学高级教师许序修.公众微信号许序修，2020(5).

（二）教师课堂教学中的"行"的法律注意

案例分析

合理的教育惩戒边界在哪里？

案例1：田老师发现本班学生小刚有早恋现象，且屡教不改，让其写检讨迟迟不交，因此不准小刚进教室上课，让他好好反省自己的行为。

案例2：小徐不交作业，且课上回答不出老师提出的问题，教师一怒之下要他到办公室补写作业，导致一天的课未上。

案例3：小刚屡次迟到，这一天又一次迟到，第一节课数学老师未让其进教室，走廊里呆了一节课。

新教师们，如果是你遇到上述案例中学生的这些行为，你会如何处理呢？你认为案例中教师的处置行为合理吗？

1."停课"是适当的教育手段吗

仔细分析案例，会发现这些案例中都发生了教师对学生的不经意的停课行为，涉及侵犯学生的受教育权。《中华人民共和国宪法》第四十六条规定：中华人民共和国公民有受教育的权利和义务……《中华人民共和国教育法》第四十三条规定："受教育者享有下列权利：（一）参加教育教学计划安排的各种活动，使用教育教学设施、设备、图书资料……"

受教育权，是我国宪法赋予公民的一项基本权利，它不是一项抽象的权利，而是一项包括入学、参加课堂学习、参加学校组织的各项活动、使用教学设备、图书和利用教学设施、在学习成绩和品行上获得公平评价，完成规定的学业后获得相应的教育证书的权利等实实在在的具体权利。

学生的受教育权首先表现为有权利在课堂上聆听讲课，因此教师在教育学生过程中应该慎重对待停课的问题。

现实中教师因为学生未完成作业而将其撵回家做作业，或让违反纪律的学生回家"闭门思过"，或禁止"差生"上观摩课等做法，非常不妥。学生犯了错误，教师进行批评、乃至处分都是正常的事情，但停课的做法容易侵犯学生的受教育权。教师要慎将"停课"作为惩戒学生的一种手段。否则很可能因为停课导致学生跟不上教学进度，给学生造成学业影响。

2.有个别学生扰乱课堂教学秩序应该怎么办

有时候，教师迫于无奈，将严重扰乱课堂秩序、不听劝阻的学生暂时逐出课堂。此时教师认为：违纪的学生享有受教育权，但其他的同学也享有受教育权；如果不对严重违纪学生的受教育权进行必要的限制，必然会影响到其他学生的受教育权。所以，将严重扰乱课堂纪律，不服管教的学生逐出课堂，保证其他学生听课权。

在一定情况下，教师对违纪的学生采取必要的措施，实施必要的惩戒，进行必要的管理是恰当的。只要这些措施、惩戒和管理等是在法律的框架中进行的，就是可行的。新教师可以学习《中小学教育惩戒规则（试行）》相关条款，以此为依据掌握教育惩戒的边界。

针对本章所讨论的受教育权，《中小学教育惩戒规则（试行）》第四条规定，实施教育惩戒应当符合教育规律，注重育人效果；遵循法治原则，做到客观公正；选择适当措施，与学生过错程度相适应。第十一条规定，学生扰乱课堂或者教育教学秩序，影响他人或者可能对自己及他人造成伤害的，教师可以采取必要措施，将学生带离教室或者教学现场，并予以教育管理。

教师切记：停课只能针对那些行为严重扰乱了教育教学秩序，致使教师无法进行正常教学的学生。假如学生的违纪情况比较轻微，或者没有影响到同学的听讲和教师的授课，不宜对其实行隔离出教室的惩戒。只要学生没有扰乱课堂秩序，不影响教育教学活动的正常进行，那么，他就有权利听课，教师不能剥夺该生的受教育权。

实践中教师采用将学生隔离出教室的措施的时候，应当考虑以下问题：

第一，教师对学生采取将其隔离出教室的措施前，应当先用一些例如警告之类的措施对其加以制止。

第二，对学生采取隔离出教室的惩戒是一种较为严厉的措施，所以教师在实施时一定要考虑到学生的心理、生理特点，使之符合教育教学的规律，尽量使其能够对学生起到好的教育效果。

第三，对学生隔离出教室的措施实施时，任课教师应当与学校有关部门，如学校的德育处联系，由德育处或班主任等其他人员对其加以监督、训诫，而不能简单地将学生赶出教室了事。这样一方面不利于加强对学生的教育，另一方面学生假如发生一些意外情况的话，学校、教师就会因为失去对学生必要的监管而承担责任。

第四，任课教师下课后，一方面要配合德育处和班主任对学生进行后续的教育，另一方面，当学生情绪稳定，认识到自己的错误时，教师应当及时给他补课，使其不至于落下功课，最终导致破罐子破摔的现象出现。

3. 教育惩戒的边界在哪里

《中小学教育惩戒规则（试行）》的出台，明确了教师的教育惩戒权的边界，对不同的惩戒措施的事项和能采取的惩戒措施（点名批评、责令赔礼道歉、做口头或者书面检讨、公益服务任务、教室内站立；课后教导、告知学生家长）以及教育教学管理、实施教育惩戒过程中，不得有的行为都做了比较详尽的规定，为教师"理直气壮"地开展学生管理提供了法律支持。

作为新教师，必须明确，表扬、批评和惩戒都是学生管理的手段，即使是教育惩戒，都具有育人属性。敢于教育管理是教师负责任的表现，但伤害学生自尊和人格，发泄教师自己情绪，超越法律边界的管教是失德甚至违法的。

教育惩戒的落点不在于"罚"，而在于"纠"，不是造成学生身体或心理的痛苦为目的，而是规范学生，帮助学生改正错误为目的。因此，教师要秉承爱心，运用教育智慧，合理使用教育惩戒权。

📚 资料卡

《中小学教育惩戒规则（试行）》（部分）①

第七条：学生有下列情形之一，学校及其教师应当予以制止并进行批评教育，确有必要的，可以实施教育惩戒：故意不完成教学任务要求或者不服从教育、管理的；（二）扰乱课堂秩序、学校教育教学秩序的；（三）吸烟、饮酒，或者言行失范违反学生守则的；（四）实施有害自己或者他人身心健康的危险行为的；（五）打骂同学、老师，欺凌同学或者侵害他人合法权益的；（六）其他违反校规校纪的行为。

学生实施属于预防未成年人犯罪法规定的不良行为或者严重不良行为的，学校、教师应当予以制止并实施教育惩戒，加强管教；构成违法犯罪的，依法移送公安机关处理。

第八条：教师在课堂教学、日常管理中，对违规违纪情节较为轻微的学生，可以当场实施以下教育惩戒：（一）点名批评；（二）责令赔礼道歉、做口头或者书面检讨；（三）适当增加额外的教学或者班级公益服务任务；（四）一节课堂教学时间内的教室内站立；（五）课后教导；（六）学校校规校纪或者班规、班级公约规定的其他适当措施。教师对学生实施前款措施后，可以以适当方式告知学生家长。

第九条：学生违反校规校纪，情节较重或者经当场教育惩戒拒不改正的，学校可以实施以下教育惩戒，并应当及时告知家长：（一）由学校德育工作负责人予以训导；（二）承担校内公益服务任务；（三）安排接受专门的校规校纪、行为规则教育；（四）暂停或者限制学生参加游览、校外集体活动以及其他外出集体活动；（五）学校校规校纪规定的其他适当措施。

第十条：小学高年级、初中和高中阶段的学生违规违纪情节严重或者影响恶劣的，学校可以实施以下教育惩戒，并应当事先告知家长：（一）给予不超过一周的停课或者停学，要求家长在家进行教育、管教；（二）由法治副校长或者法治辅导员予以训诫；（三）安排专门的课程或者教育场所，由社会工作者或者其他专业人员进行心理辅导、

---

① 中小学教育惩戒规则（试行）[J]. 中华人民共和国国务院公报，2022(03)：21-24.

行为干预。

对违规违纪情节严重，或者经多次教育惩戒仍不改正的学生，学校可以给予警告、严重警告、记过或者留校察看的纪律处分。对高中阶段学生，还可以给予开除学籍的纪律处分。

对有严重不良行为的学生，学校可以按照法定程序，配合家长、有关部门将其转入专门学校教育矫治。

第十一条：学生扰乱课堂或者教育教学秩序，影响他人或者可能对自己及他人造成伤害的，教师可以采取必要措施，将学生带离教室或者教学现场，并予以教育管理。

教师、学校发现学生携带、使用违规物品或者行为具有危险性的，应当采取必要措施予以制；发现学生藏匿违法、危险物品的，应当责令学生交出并可以对可能藏匿物品的课桌、储物柜等进行检查。

教师、学校对学生的违规物品可以予以暂扣并妥善保管，在适当时候交还学生家长；属于违法、危险物品的，应当及时报告公安机关、应急管理部门等有关部门依法处理。

第十二条：教师在教育教学管理、实施教育惩戒过程中，不得有下列行为：以击打、刺扎等方式直接造成身体痛苦的体罚；（二）超过正常限度的罚站、反复抄写，强制做不适的动作或者姿势，以及刻意孤立等间接伤害身体、心理的变相体罚；（三）辱骂或者以歧视性、侮辱性的言行侵犯学生人格尊严；（四）因个人或者少数人违规违纪行为而惩罚全体学生；（五）因学业成绩而教育惩戒学生；（六）因个人情绪、好恶实施或者选择性实施教育惩戒；（七）指派学生对其他学生实施教育惩戒；（八）其他侵害学生权利的。

二、学生活动的合理安排与安全管理

资料卡

据调查①，涉及学校青少年生活和学习方面的安全隐患达 20 多种，包括食物中毒、体育运动损伤、网络交友、交通事故、火灾、溺水等，这些都危害着青少年身心健康。当前（截至 2018 年）学生非正常死亡的特点主要表现为：义务教育阶段学生死亡人数占比近 90%；农村学生死亡人数占比近 80%；溺水、交通事故仍是学生死亡的主要原因；安全事故绝大部分发生在校外，占比近 97%；绝大多数事故发生在放学后、节假日；自杀有明显上升趋势；校园欺凌引全社会关注。

---

①　资料卡信息由作者摘编自 2018 年 8 月 9 日搜狐新闻"教师吧"中的文章，见葛迎庆：中国教育学会安全教育实验区办公室主任讲座中数据。

作为新教师，不管是是否兼任班主任，都不免要组织或参与学校组织的学生活动，在活动中第一要考虑学生安全问题，第二要考虑如何设计符合教学大纲、学生身心发展规律，又促进学生德智体美劳素质发展的活动。如何兼顾安全与质量？有些学校为避免学生安全事故的发生，取消了春秋游、大课间活动、竞技类的活动，甚至有些安全隐患的学科活动如学科实验的时间也能减的就减，把学生关在教室里似乎才安全。学生安全的问题，确实是家长和学校优先考虑的问题（学生伤害事故预防与处理我们将在本书下一主题中专门论述），但学生活动的质量不能打折扣。本主题主要从内容合理安排和安全的预防两个角度进一步阐相关的法律上的注意事项。

我们将探讨两个问题：

问题 1：活动开展的环境条件在法律上注意什么？

问题 2：活动内容安排在法律上注意什么？

（一）学生活动的环境条件的安全预防

案例分析

设施设备惹的祸

案例 1：某小学课间时，几个学生在课室时追逐，其中一学生冲出课室门口，刹不住，翻越栏杆，坠楼身亡，经查，该校栏杆高只有 90 厘米（按国家标准应为 110 厘米。）

案例 2：某中学学生鲁某在上体育课当中，被一同玩耍的同学推倒在学校操场正在施工的管道沟内致伤，导致左臂多发性骨折。法医鉴定为十级伤残。鲁某家长遂将某生和学校起诉到法院，要求学校承担部分赔偿责任。而该校对已挖成的坑道未做充分的防护设施，因此对于鲁某的伤害，学校有过错，应当承担补偿责任。

《中华人民共和国未成年人保护法》第三十五条明确规定："学校、幼儿园不得在危及未成年人人身安全、身心健康的校舍和其他设施、场所中进行教育教学活动。"《学生伤害事故处理办法》第九条规定："因下列情形之一造成的学生伤害事故，学校应当依法承担相应的责任：（一）学校的校舍、场地、其他公共设施，以及学校提供给学生使用的学具、教育教学和生活设施、设备不符合国家规定的标准，或者有明显不安全因素的；（二）学校的安全保卫、消防、设施设备管理等安全管理制度有明显疏漏，或者管理混乱，存在重大安全隐患，而未及时采取措施的……"以上两个案例，学校负有对设施设备的安全责任，设施设备存在安全隐患，应及时更换并提出警示。

作为新教师，如何预防开展活动中的安全事故呢？

1. 保证校园设施设备的安全，消除隐患

保证校园设施设备的安全，不止是校长、总务职工的职责，也是每一位教师的职责。《中华人民共和国未成年人保护法》第三十五条规定学校、幼儿园应当建立安全管理制度，对未成年人进行安全教育，完善安保设施、配备安保人员，保障未成年人在校、在园期间的人身和财产安全……学校、幼儿园安排未成年人参加文化娱乐、社会实践等集体活动，应当保护未成年人的身心健康，防止发生人身伤害事故。

作为活动的参与者，尤其是组织学生活动的教师，在活动设计和活动实施前和过程中，关注相关场地的设施设备、电源电线的安全可靠，发现有老化、松脱和潜在危险的，要及时报告，并监督修缮和处理；若不能及时排除隐患的，要更改活动或向主管领导上报提出建议。

2. 关注天气情况，及时做出活动调整

教师在活动设计和活动实施前和过程中，关注天气情况，如果天气不适合活动开展，要及时做出活动的更改。比如设定的晨跑或者体育活动，遇到雾霾天气，从学生身体健康角度考虑，就要及时取消活动；如果活动过程中天气发生变化，如遇到暴雨、沙尘暴等天气突变等情况，也要提前做预案或者更改活动。

3. 关注平时的安全教育，突发事件有预案

教师组织活动要有突发事件的应对预案或者应对准备。不管是学校大型活动，还是新教师组织的小规模的课余活动，教师要考虑一旦发生意外事件的安全逃生的操作和伤害救济措施（本内容在本话题第三个主题详细展开）。另外新教师要配合学校开展安全教育，不时对学生进行安全警示和纪律要求。

4. 关注课余活动的组织时间，尽量保证"在校学习期间"完成

未成年学生在校学习期间，学校对其负有教育、管理和保护的职责。这里关键是如何理解"在校学习期间"。"在校学习期间"是指学校的工作时间。在学校工作时间之外，学生自行滞留或自行到学校的时间不属于"在校学习期间"。放学后，如果教师个人行为留下学生安排一些与教育教学活动相关的活动，比如辅导、开会、排练节目等，家长有理由相信教师的行为仍代表学校，学生个人仍应当服从教师的安排。鉴于此，在这一期间，学校对教师仍负有教育、管理和保护的职责。因学校管理保护不周而发生伤害事故的，校方应当承担相应的责任。如果教师留下学生办与教育教学无关的事情，比如，买东西、修自行车等，由于保护不周，出现学生伤害事故，学校则完全没有责任，而应该由教师本人单独承担相应的法律后果。

放学后，包括一些休息日，教师有时确实需要留下学生完成相应的教育教学任务，学校和教师应该注意：

第一，放学后，除非学校作出安排，教师个人应当尽量不留学生辅导、开会或从事其他活动；

第二，放学后，学校作出的统一安排或者教师个人确实需要留下学生，最好事先通知学生的家长。注意，这里的通知一定要明确能够让家长或学生的监护人知晓，一般做法是以短信回复、通知回执或电话告知等方式予以确认；

第三，通知的内容要尽量明确：事由、结束时间等要尽量详细标明；

第四，放学后的活动期间加强对学生的管理和约束，以防止意外事故的发生。

📚 资料卡

《学生伤害事故处理办法》第十三条：下列情形下发生的造成学生人身损害后果的事故，学校行为并无不当的，不承担事故责任；事故责任应当按有关法律法规或者其他有关规定认定：（一）在学生自行上学、放学、返校、离校途中发生的……（三）在放学后、节假日或者假期等学校工作时间以外，学生自行滞留学校或者自行到校发生的……"

（二）活动内容安排的法律注意

📊 案例分析

是活动中的"意外吗"？

案例 1：某校体育教师根据教学进度安排，对该校五年级某班学生进行立定跳远和掷实心球测试。教师在指导男女学生一起做好准备动作后，给学生讲了安全注意事项，随后将男女学生分开，安排男同学先练习掷实心球，教师带女学生进行立定跳远测试。当夏某将实心球掷出后，跑出去捡球之时，李某已将实心球掷出，恰好砸在捡好球正欲站起身的夏某左头部。夏某当夜恶心呕吐，送医院治疗后共花去医疗费、CT检查费等共计5800元。经教育行政部门数次协调，最终三方签署协议书。学校一次性赔偿夏某医疗费及其他费用5100元，李某一次性赔偿夏某医疗费及其他费用1000元。

案例 2：某校初中组织拔河比赛。当比赛的一方获胜后，突然同时松开手中的绳子，致使对方的队员陆续倒地，其中多名队员踩压在学生杨某身上，杨某当场死亡。杨某的父母认为自己的孩子平时身体健康，此次意外死亡完全是由于学校的组织不力，没有明确比赛的规则，造成多名学生踩压在杨某身上，致使杨某死亡。学校则认为，杨某的死亡是猝死，纯属意外死亡，学校不应承担责任。法院审理结果：学校负有对危险性的体育运动妥善组织安排的职责，学校作为竞赛活动的组织者和管理者，没有排除危险，致使杨某被踩压而死，学校应当承担民事责任。一审判决杨某所在的学校赔偿杨某家属丧葬费 3000 元，精神损害抚慰金 3 万元。

两则案例都适用《中华人民共和国侵权责任法》的"过错责任原则"，由存在一定过错的学校承担了部分责任。当然学校内部肯定还会追究主要负责教师的责任。老师们也许要问，案例 1 中体育老师已经进行了安全教育啊？案例 2 中谁也无法预见到大家会发生踩踏啊？发生这样的事故难道不是意外吗？那么学校的过错出在哪里呢？

《学生伤害事故处理办法》第九条规定："因下列情形之一造成的学生伤害事故，学校应当依法承担相应的责任：（十）学校教师或者其他工作人员在负有组织、管理未成年学生的职责期间，发现学生行为具有危险性，但未进行必要的管理、告诫或者制止的"。从条款中可以推导，作为一名教师，在法律上是认定为专业人员的，也就是认定教师应该能够预见到活动的潜在危险性并能够采取一定的管理措施。在案例 1 中，体育老师虽然进行了口头的安全警示，但没有采取实质的安全管理行为：让两组同学的练习场地远离，并亲自督促在场更具危险的掷实心球组。案例 2 中学校过错体现为没有能够在比赛之前向学生强调拔河中的纪律和注意事项，没有尽到适当的警示义务。

因此，作为新教师开展课堂或课余学生活动时，不仅要保证活动的质量使学生有所收获，也要将学生安全纳入教学活动方案中，周密考虑安排。

1. 学习相关法规，重视学生安全。《新时代中小学教师职业行为十项准则》规定，加强安全防范。增强安全意识，加强安全教育，保护学生安全，防范事故风险；不得在教育教学活动中遇突发事件、面临危险时，不顾学生安危，擅离职守，自行逃离。

2. 从方案的内容的安排上，要注重细节。在具体的活动内容的选择和流程上，教师要从学科专业上把关，科学安排活动内容，注意环节交接流畅，注重人员的交叉管理，责任到人。

3. 在活动的实施过程中，要安排人员进行监督管理，规范操作，严明纪律和要求。

4. 活动结束后，及时进行总结反思，积累安全经验。

三、校外实践的安全防范与沟通合作

案例分析

案例 1：某校小学四年级教师带学生到采石岭隧道进行现场采风，进入隧道后被从背后驶来的一辆货车撞到，致二人死亡，二人重伤的重大事故，使学校正常的教学秩序受到冲击。

案例 2：某小学根据镇教育办的综合实践活动通知精神，带领学生上山采白蒿。8 岁的李某到山上采白蒿时，不慎被荆棘刺伤左眼，被迫做白内障摘除术并更换人工晶体，花费医疗费 3198 元。李某以响应学校倡议致伤为由，要求学校赔偿损失 3.2 万元。

案例 3：某学校组织学生研学旅行期间，两名学生擅自溜出住宿的酒店，在网吧玩游戏，被当地的无业人员抢走现金，并被殴打致伤。家长要求学校承担损失和医疗费用。

上述案例均发生在学校组织学生校外实践活动的过程中，无疑学校存在过错，应该承担相应的责任。一般来说，学校组织的短期的活动不会聘请相关旅行社合作，但是有集中住宿和就餐的超过 1 天的学生实践活动和研学旅行活动都会和相关的旅行社来合作承办。旅行社作为专业的旅行机构，通常会有比较完备的安全手册和活动要求，那是否随队的教师就不需要承担相应的安全责任，跟着队伍"放松一下"呢？

我们将探讨两个问题：

问题 1：校外实践活动随队教师的职责有哪些？

问题 2：校外实践活动教师怎样进行沟通与合作？

（一）校外实践活动随队教师的职责

《学生伤害事故处理办法》第二条规定："在学校实施的教育教学活动或者学校组织的校外活动中，以及在学校负有管理责任的校舍、场地、其他教育教学设施、生活设施内发生的，造成在校学生人身损害后果的事故的处理，适用本办法。"因此只要符合上述条款所说的校外活动，学校仍然承担对学生的监护和管理职责，也就是说不管旅行社是否安排了专门的工作人员，随队教师仍然要负起教师的监护管理职责。具体来说表现在以下几个方面：①

1. 参与或主持相应的校外实践教学课程的设计。教师根据学校的安排负责或参与制订实践活动计划，对实践活动资源进行选择、设计、规划与学校教学内容相衔接的不同学段、不同主题的活动课程。

2. 其他工作人员的配合下，负责或参与学生的实践前中后的组织管理和学习活动。教师根据学校的安排，负责或参与本班或本小组学生的实践活动整个过程的组织管理和学习活动。包括活动前知识学习、成立学习小组、确认学生分工；活动中的学生学习活动组织、旅行管理、乘车管理、就餐管理、住宿管理。必要时要进行个别学生的特别关注与辅导；活动后指导学生总结工作，转化成果，内化所得。

3. 负责或参与向家长和学生进行宣传和宣讲。包括活动意义、活动安排与要求等，必要时，要沟通协调学校、社会、家庭共同完成校外实践活动。

4. 负责或参与校外实践活动重点安全问题的应急处理。包括，按照安全预案，讲解安全注意事项，教育、监督学生遵纪守法、注意安全，注重活动推进过程中的细节设计与管理要求，严格按照问责清单执行，及时化解和处理突发事件。

---

① 李永生.走向生活世界——中小学研学旅行管理学 [M].北京：北京航空航天大学出版社，2021(05).

5. 负责、公正、客观、科学评阅学生校外实践活动作业，撰写学业评语。

（二）校外实践活动教师沟通与合作

案例分析

中学车祸事件的公关管理[①]

2004年3月28日晚，江苏某中学的校车在春游回程途中发生了重大交通事故，造成了2名老师和6名学生死亡，22名学生严重受伤。事故原因经查明是春游大巴司机因超速行驶和采取措施不当造成的，负有主要事故责任，依法追究其刑事责任。该中学的校长引咎辞职，负责此次春游的副校长也被停职。

事故发生后，当地政府领导、教育局领导、学校领导高度重视，主要领导在第一时间赶赴事故现场，全力以赴组织指挥抢救。同时，迅速成立了由公安、教育、卫生、安监、民政及学校主要负责人组成的工作小组，全力以赴展开事故善后事宜处理。

事件中各方表现如下：

学校："面对突如其来的灾难，我们团结一心，共渡难关"，这是在正对学校校门的大楼入口处的电子显示牌上的两行字，该中学在处理此事件的态度上始终保持冷静、低调，以维护学校正常的教学秩序为重。由于学校所有校领导、办公室行政人员全部外出处理善后工作，因此学校临时调派了一位老师负责学校的一些日常事务，同时接待记者的采访。

该负责老师表示，学生多少受到了此次事故的影响，但并没有出现普遍的情绪波动。因为学校迅速采取了稳定学生情绪的措施，学校安排有关领导与老师和事故中目睹血腥和凄惨镜头的学生谈心，并邀请来多位心理学专家对这些学生进行心理辅导和疏通，为在校学生开设专题辅导讲座，将发生车祸班级的学生分插入其他各个班级，以保证他们的情绪不会相互影响。同时，也让他们感受到来自更多同学的温暖，恢复到安心正常的学习和生活状态中去。

此外，负责老师还表示，学校在组织此次春游活动前，所有的环节都有详细的计划，而且是根据前不久当地教育局专门出台的关于组织春游的细则严密制定的，该学校所有的措施都符合该细则。因此，此次交通事故属于意外，但是他们还是会认真严肃反省，从这次惨痛的事故中吸取教训。只要组织严密规范，并不惧怕再次组织学生春游。

学生与家长：对于该事故的发生，许多家长表示这纯属意外，并对发生不幸的家庭

---

① 本案例改编自鞠玉翠主编．王佳佳副主编：中学危及管理实务 [M]．北京：中国轻工业出版社，2009—197．

表示同情。

学生们对于事故的反响更为直接和强烈些。在事故发生后的 3 小时内，大部分的受伤学生都在当地的两所市级医院内接受抢救和治疗。在事故发生后的恢复过渡期，该中学的一名男生写了一封公开信，贴在教室后墙的黑板上，鼓励大家振作起来，"对未来充满信心，为自己骄傲，也为某某班骄傲，我永远爱你们。"在该中学的学校门前则贴着另一封公开信，鼓励学生和老师们坚强地昂起头，"从现在起珍惜生命，活出我们的精彩。"

政府部门：高度重视，作出明确指示，要求全力做好抢救和事故处理工作。同时，江苏省教育厅也颁布了紧急通知，要求各地各学校要强化学校安全责任制，各学校原则上不组织师生集体一地春游、秋游活动，对于自行组织的，普遍开展安全教育，强化安全防卫意识，尽量不参加有可能危及人身安全的活动……

媒体：媒体在对此次重大学校春游交通事故的报道上，多次转引了学校的官方正面信息。该中学在事件处理的中后期冷静、低调地接受了媒体的采访，并随着突发事态的处理进程撰写新闻稿，发布在自己学校的官方网站，或直接提供给权威媒体予以发表。因此，从事故发生到善后处理的整个过程，媒体报道对于学校的突发事件处理持肯定的态度。

公众：鉴于学校前期的良好形象，及在处理此次车祸事故的过程中，反应速度很快，并且和政府及社会相关部门配合协作，基本做好了学校师生安抚的善后工作，因此，并没有引起不满情绪和争议。

本案例属于校外实践活动学生伤害事故的公关处置比较成功的案例。我们所要分析的不是学生伤害事故如何处置（专门在下一话题展开），而是从沟通和协作方面为新教师提供建议，当发生类似事件的时候，要做些什么？不做什么？

1. 不能做的

不要擅自随意发表与事件相关的言论。发生学生伤害事故，不管伤害程度和伤害数量大小，必定要引起家长、学生甚至媒体的扰动。作为新教师，要冷静对待，遵从学校的安排，不要擅自在学生面前、家长群或者媒体面前随意发表言论，避免事态复杂化。一般来说学校会委派发言人来统一对各个群体进行宣讲和解释；

不要对家长轻易承诺。如果受伤学生发生在本班，或者是自己负责的学生集体中，不要惊慌，要等待事件澄清之后，再来承担相应的责任，但可以明确如果是学校责任一定承担责任的态度。

2. 要做的

协助其他教师或工作人员及时参与救治受伤学生，安抚其他学生，关注个别学生。

配合学校发言人，统一共识，回答家长、学生和媒体的问询。事件发生后，家长甚至媒体会焦急地询问原因和过程，教师要与学校发言人说法保持一致，安抚家长，做好家长的心理情绪抚慰，并传达学校正面的措施和承担责任的态度。

回校后，要请专门的心理医生，或者召开班会进行总结反思或者悼念。以此作为安全教育、生命教育、法律教育的契机。

回校后，要到受伤学生的家里进行随访和慰问。

主题三　新教师师生关系中的法律谨慎

学习目标

通过本主题的学习，学习者能够：

1. 了解学生生命健康权内涵，知道学生伤害事故的预防和处置方法；

2. 了解学生人格权内涵和保护的意义，知道如何不侵犯学生的人格权；

3. 了解学生犯罪原因，知道如何预防学生犯罪；

4. 了解校园欺凌的内涵，知道如何预防和处理校园欺凌事件。

本主题聚焦新教师在师生关系中应该保持的法律谨慎义务。法律谨慎义务是法律注意义务的一种，要求教师保持必要的谨慎，具备预防意识，避免发生侵害学生合法权益的事件，即使发生也学会如何从法律上合情合法处置，旨在培养教师的法制意识及法治思维能力，做到依法执教、依法行事。本主题主要包括学生生命健康权保护、学生人格权保护、学生犯罪预防及校园欺凌问题四部分内容。

一、学生伤害事故预防与处理

案例分析

这些伤亡本可以避免或减小

案例 1：致命的篮球架：2016 年 1 月 9 日下午，成都 49 中初三学生杨某与另两名同学未经学校许可，私自进入学校职工篮球场打篮球。打球过程中意外发生，篮球架倒塌并将杨某砸中身亡。[1]

案例 2：集体踩踏事件：2013 年 2 月 27 日，湖北省老河口市秦集小学发生一起因

---

[1] 刁明康,李智.成都初三男生被篮球架砸死,官方称其做危险动作[N].成都.华西都市报.2016.1.

拥挤引起的踩踏事件，导致 11 名学生受伤，4 名学生因抢救无效死亡。[①]

生命健康权是学生最基本、最重要的人格权，也是每个公民最高的人格利益。所谓生命健康权是指公民对自己的生命安全、身体组织完整和生理机能及心理状态的健康所享有的权利，包括生命权、身体权和健康权。因此，生命一旦丧失，任何权利对他来说都失去了意义。由于种种原因，学生的生命健康权不断受到侵害，多种情形的学生伤害事故频繁发生，这不仅极大伤害了学生的身心健康，摧毁了千千万万个幸福家庭，而且也引发了一系列家校法律纠纷等问题，严重影响了学校正常的教学秩序。因此，做好学生伤害事故的预防及事后处理工作尤为重要。

我们将探讨两个问题：

问题 1：学生伤害事故如何预防？

问题 2：学生伤害事故怎样处理？

（一）学生伤害事故的预防

案例分析

教室挂衣钩伤人案

某小学为了方便学生悬挂衣物，在教室后墙 103 厘米的高度安装了 50 个铁钩。该校 8 岁的一年级学生吴某在与同学在教室玩耍追逐时，不慎撞到教室的后墙上，一只铁钩扎入他的左眼，造成左眼球破裂，老师立即将其送往医院，但因伤势过重，最终摘除左眼球，后经有关部门鉴定为"职工工伤 5 级伤残"。

吴某及其父母遂将学校告上法庭，他们认为学校作为专业的教育机构，其相关的设施应当符合安全标准，而吴某就读的学校在教室后墙 103 厘米的高度安装 50 个铁钩，位置正好与小学生眼睛部位等高，明显属于安全隐患，所以学校应当承担法律责任。

学校则认为，在学生进校时学校进行过安全教育，且吴某是与同学嬉闹时才产生的事故，其本身有过错，学校不应承担法律责任。

公民的生命健康权受法律保护，学生在学校受到伤害依法应得到赔偿，在这个案例中，吴某的伤害到底由谁来赔偿？学校有没有过错？学校需要承担法律责任吗？为什么？

上述案例是学生伤害事故的经典型代表案例。根据 2021 年实施的《中华人民共和国民法典》第十九条、第一千二百条规定，八周岁以上的未成年人为限制民事行为能力

---

① 袁志国，徐海波. 新湖北小学踩踏事故 4 死 7 伤 校方称学生因开学兴奋 .[N] 新民晚报（数字报纸）.2013.2.

人；限制民事行为能力人在学校或者其他教育机构学习、生活期间受到人身损害，学校或者其他教育机构未尽到教育、管理职责的，应当承担侵权责任。本案中，教师为了方便学生在教室后墙103厘米高度安装了50个挂衣钩，其出发点是好的，但由于教师没有关注小学生的年龄特点和身高体征，忽视了活泼好动是小学生的天性，使教室存在安全隐患，同时，由于教师缺乏相应的法律知识，对学生没有尽到警示提醒义务，存在过错，因此，依据相关法律规定，学校对吴某的伤害应当承担侵权赔偿责任。

本案给我们的启示：墙上一个挂衣钩的高低居然都能引发学生的伤害，隐藏着安全风险。教师需以此案为戒，提高并加强教学管理中的法律谨慎义务，避免类似事件再发生。

资料卡

《学生伤害事故处理办法》第二条明确：学生伤害事故是指在学校实施的教育教学活动或者学校组织的校外活动中，以及在学校负有管理责任的校舍、场地、其他教育教学设施、生活设施内发生的，造成在校学生人身损害后果的事故。本文所指学生为中小学生及幼儿园幼儿。学生伤害事故认定的条件，如表2-2所示。

表2-2　学生伤害事故认定条件

	时间范围	中小学生接受学校教育期间
学生伤害事故认定条件	空间场所	学校实施的教育教学活动或者学校组织的校外活动
		学校负责有管理责任的校舍、场地、其他教育教学设施、生活设施内
	受害对象	未成年受教育者（在校中小学生及幼儿）
	伤害结果	要有伤害结果的发生，如受伤、致残、死亡
	责任关联	与学校活动有关（与学校活动无关的个人行为不在此列）

由此可见，学生伤害事故，发生原因众多，情形复杂。教师要时刻具备安全意识，了解并掌握相关法律知识，提高职业敏感度，尽早判定校园伤害可能发生的风险，做到心中有数。

讨论交流

请对照《学生伤害事故处理办法》有关规定，交流并查找校园内易发生学生伤害事故的地方（即风险点）并提出预防建议。（如表2-3所示）

表 2-3　校园内易发生伤害事故的风险点及预防

因下列情形之一造成的学生伤害事故，学校应当依法承担相应的责任	风险点	建议	相应案例
（一）学校的校舍、场地、其他公共设施，以及学校提供给学生使用的学习用具，教育教学和生活设施、设备不符合国家规定的标准，或者有明显不安全因素的			
（二）学校的安全保卫、消防、设施设备管理等安全管理制度有明显疏漏，或者管理混乱，存在重大安全隐患，而未及时采取措施的			
（三）学校向学生提供的药品、食品、饮用水等不符合国家或者行业的有关标准、要求的			
（四）学校组织学生参加教育教学活动或者校外活动，未对学生进行相应的安全教育，并未在可预见的范围内采取必要的安全措施的			
（五）学校知道教师或者其他工作人员患有不适宜担任教育教学工作的疾病，但未采取必要措施的			
（六）学校违反有关规定，组织或者安排未成年学生从事不宜未成年人参加的劳动、体育运动或者其他活动的			
（七）学生有特异体质或者特定疾病，不宜参加某种教育教学活动，学校知道或者应当知道，但未予以必要的注意的			
（八）学生在校期间突发疾病或者受到伤害，学校发现，但未根据实际情况及时采取相应措施，导致不良后果加重的			
（九）学校教师或者其他工作人员体罚或者变相体罚学生，或者在履行职责过程中违反工作要求、操作规程、职业道德或者其他有关规定的			
（十）学校教师或者其他工作人员在负有组织、管理未成年学生的职责期间，发现学生行为具有危险性，但未进行必要的管理、告诫或者制止的			
（十一）对未成年学生擅自离校等与学生人身安全直接相关的信息，学校发现或者知道，但未及时告知未成年学生的监护人，导致未成年学生因脱离监护人的保护而发生伤害的			

综上所述，学校（包括教师）预防学生伤害事故的法律谨慎义务如下：

第一，要重视并不断开展师生的安全教育。比如自我安全保护教育、实验室安全防护教育、交通安全及消防安全防护教育、电子产品使用的安全教育等。

第二，要坚决执行学校的安全管理制度。组织学生参加的集体劳动、教学实习或者社会实践活动，应当符合学生的心理、生理特点和身体健康状况；教师在教育教学活动中应合理安排和组织学生，加强学生行为的管理、引导和监督，遵循教学要求和安全规范，及时发现并制止可能影响学生安全的危险行为，采取必要的保护和帮助措施。

第三，学校要定期对教学场所、设备和设施等进行检查和维护，发现问题及时维修或更换，尽快消除可能出现的风险点。

（二）学生伤害事故的处理

案例分析

特异体质引发的伤亡

2021 年 7 月 14 日，某县一中学学生王某参加学校体育活动时突然感到身体不适，随即晕倒在地。现场几名老师分别到其倒地处查看情况，并及时联系王某家长。等待家长期间，现场老师多次采取"掐人中"等简单措施但未见效。约一个多小时后，王某家长到校，与学校共同将王某送往医院救治。但遗憾的是，王某经医院抢救无效死亡。经医院查询王某此前病历并结合诊断表明，王某患有先天性心脏病，属于医学上典型的运动猝死，但王某家长未曾向学校告知王某疾病情况。[①]

法院经审理认为：王某死亡的首要原因是其自身疾病所致，但该中学在履行教育、管理职责过程中具有一定的过失，判决该中学承担抢救及死亡产生的死亡赔偿金等合理损失的 30%。判决生效后，学校承担的赔偿由其投保的平安普通教育校方责任保险进行了支付。

本案给我们的启示：本案是由于学生王某患有先天性心脏病引发的运动猝死。尽管家长负有主要法律责任，但我们清楚：人的生命只有一次。当我们面对一个活生生的年幼生命在眼前痛苦的消失时，所有人的心是很痛、很不平静的。为了减少甚至避免类似事件的发生，教师们要做到：第一，教师一定要掌握学生的身心健康状况，深入了解和关注学生；第二，教师要学习并掌握常见的急救方法和突发事件应对措施，避免不良后果加重；第三，教师一定要把学生安全放在第一位，课堂上、活动中要增强责任心，加强警戒，要细心观察学生的表现，具有一定的敏感度和预见性。

---

① 于春林.特异体质学生在校死亡案件的启示 [N]. 中国教育报，2021-07-14(005).

在教育教学中，当教师突然遇到学生安全突发事故时应怎么处理呢？怎样处理才能把伤害程度降到最低呢？

1. 学生伤害事故处理的一般程序

📚 **资料卡**

《学生伤害事故处理办法》①

第三章 事故处理程序

第十五条 发生学生伤害事故，学校应当及时救助受伤害学生，并应当及时告知未成年学生的监护人；有条件的，应当采取紧急救援等方式救助。

第十六条 发生学生伤害事故，情形严重的，学校应当及时向主管教育行政部门及有关部门报告；属于重大伤亡事故的，教育行政部门应当按照有关规定及时向同级人民政府和上一级教育行政部门报告。

第十七条 学校的主管教育行政部门应学校要求或者认为必要，可以指导、协助学校进行事故的处理工作，尽快恢复学校正常的教育教学秩序。

第十八条 发生学生伤害事故，学校与受伤害学生或者学生家长可以通过协商方式解决；双方自愿，可以书面请求主管教育行政部门进行调解。成年学生或者未成年学生的监护人也可以依法直接提起诉讼。

第十九条 教育行政部门收到调解申请，认为必要的，可以指定专门人员进行调解，并应当在受理申请之日起 60 日内完成调解。

第二十条 经教育行政部门调解，双方就事故处理达成一致意见的，应当在调解人员的见证下签订调解协议，结束调解；在调解期限内，双方不能达成一致意见，或者调解过程中一方提起诉讼，人民法院已经受理的，应当终止调解。调解结束或者终止，教育行政部门应当书面通知当事人。

第二十一条 对经调解达成的协议，一方当事人不履行或者反悔的，双方可以依法提起诉讼。

第二十二条 事故处理结束，学校应当将事故处理结果书面报告主管的教育行政部门；重大伤亡事故的处理结果，学校主管的教育行政部门应当向同级人民政府和上一级教育行政部门报告。

---

① 北京市教育委员会 北京市高级人民法院 北京市人民检察院 北京市公安局 北京市司法局 北京市卫生健康委员会 中国银行保险监督管理委员会北京监管局关于印发《北京市中小学校幼儿园学生伤害事故处理办法》的通知 [J]. 北京市人民政府公报，2020(34)：8-21.

依据以上规定，教师面对学生突发安全事件，不要惊慌失措，要沉着冷静按照有关程序进行处理，具体可参考如下几个关键环节：

第一，及时实施救治。人的生命只有一次，救治是否及时，直接关系抢救效果和事件后期处理。有的教师缺乏这方面常识，没把救治当回事，有的教师害怕抢救费用后期无人承担非要确定谁付医药费才去筹款救治，结果延误了最佳的抢救时机。

第二，尽快告知家长（监护人）。教师要尽快告知受伤学生监护人，并要注意方式方法及措辞，要事先考虑家长心理承受能力，尽量不把学生受伤害情况全部直接通报家长，让家长有个逐渐接受适应的过程。通报及时、方法合理、措辞得当，容易获得家长理解。

第三，主动报告上级。学生伤亡事故须在 24 小时内向上级主管部门报告。有些教师缺乏相关知识，事故发生了，总以为自己能够处理，没有及时报告领导，当问题严重自己无法处理时才向领导汇报。学校也应及时主动向上级教育主管部门或有关部门报告，获得必要的协助和支持。

第四，重视保护现场。在确保施救的前提下尽可能对现场加以完整保护，必要时请公安部门或其他有关部门到场取证，方便后续有关问题的处理。切记一定不能为了推卸责任，人为的破坏现场、伪造现场。

2. 学生伤害事故处理中应注意的问题

讨论交流

某班，一学生因为意外伤害事故死亡，全班同学都很震惊，沉浸在悲痛中。由于教师没有做好后续的心理疏导，导致几名学生相继自杀。[①]

发生学生伤害事故，教师除了按照事故一般程序处理外还应注意哪些问题？

教师还应注意对学生的心理疏导。未成年学生心智还不完全成熟，其心理、身体正处于发展时期，承受能力较弱。面对突发的学生伤害事故，尤其是死亡事故，不管是什么原因，在一定程度上容易造成心理上的创伤，因此学校要重视并开展对学生的心理疏导及关爱活动，使学生能够尽快从沉痛或创伤中走出来，回归到正常的学习和生活。

---

① 白雪峰. 帮你迈好教师职业生涯第一步 [M]. 北京：北京理工大学出版社，2014：69.

二、学生人格权保护

📚 **资料卡**

十八阶台阶

"记得在一个下雪天的早上，我在上学路上不小心摔了跤，于是我回家换了衣服，当然也免不了迟到。那时我们五年级在二楼，当我走到楼梯口的时候就与班主任那凶神恶煞的眼神有了交流。他气呼呼地说：'要上课，今天就跪着上来。'我当时就在泪水的洗礼下，膝盖摩擦着石梯，几乎是连跪带爬地进了教室。那时，我也不知道我跪了多少阶楼梯。去年在路过学校的时候我去数了下，一共18阶。"①

人生而平等，其人格没有高低贵贱之分，教师与学生也是如此。故事中的这位学生多少年后又去数曾经跪过的台阶，这足以说明那位教师的行为已经给这位学生造成了严重的伤害。海卡尔说过：人的尊严可以用一句话来概括，即他的信念……它比金钱地位权势，甚至比生命都更有价值。这是对人格权地位的经典描述。教师了解并掌握学生人格权保护方面的法律知识有助于合理规范自己的教学行为，为创造一个和谐、相互尊重的教学环境奠定基础。

我们将探讨两个问题：

问题1：学生人格权保护的意义是什么？

问题2：学生人格权如何保护？

（一）学生人格权保护的意义

1. 何谓学生人格权

📚 **资料卡**

《中华人民共和国民法典》有关规定

第一百一十条　自然人享有生命权、身体权、健康权、姓名权、肖像权、名誉权、荣誉权、隐私权、婚姻自主权等权利。法人、非法人组织享有名称权、名誉权和荣誉权。

第九百九十条　人格权是民事主体享有的生命权、身体权、健康权、姓名权、名称权、

---

① 陈大伟. 师生关系. 教师职业道德. 北京. 高等教育出版社. 2015：166.

肖像权、名誉权、荣誉权、隐私权等权利。除前款规定的人格权外，自然人享有基于人身自由、人格尊严产生的其他人格权益。

第九百九十一条　民事主体的人格权受法律保护，任何组织或者个人不得侵害。

第九百九十二条　人格权不得放弃、转让或者继承。

人格权是民事主体享有的生命权、身体权、健康权、姓名权、名称权、肖像权、名誉权、荣誉权、隐私权等权利。除此之外，还包括自然人享有基于人身自由、人格尊严产生的其他人格权益。人格权不得放弃、转让或者继承。民事主体的人格权受法律保护，任何组织或者个人不得侵害。

学生人格权是学生享有的生命权、身体权、健康权、姓名权、名称权、肖像权、名誉权、荣誉权、隐私权等权利，除此之外，还包括基于学生人身自由、人格独立、人格尊严产生的其他人格权益。学生的人格权受法律保护，任何组织或个人不得侵害。

2.学生人格权保护的意义

人格权是每个公民最基本、最重要的权利，中小学生作为未成年的公民，自我保护意识与能力较差，其人格权更应得到重视和保护。但有些学校和教师由于缺乏学生人格权保护意识，学生人格权侵害事件频繁发生，极大地影响了学生的身心健康。因此，加强学生人格权保护，自觉维护学生人格权利，具有极其重要的意义。

第一，有助于促进未成年学生健康成长。加强未成年学生人格权保护，便于形成和谐融洽的教学环境，师生彼此尊重、平等对话，学生即使遇到困难或挫折也敢于面对，敢于交流，有助于培养其成为乐观、自信、宽容、友善、有担当全面发展的人。

第二，有助于未成年学生人格权价值的实现。人格权是人作为"人"的最基本、最重要的权利，是任何人都不得侵犯的权利。由于未成年学生年龄小，自我认识和自我保护能力比较薄弱，现实生活中其精神利益常常不被重视，加强学生人格权保护，有助于其人格权价值的实现。

（二）学生人格权的保护

案例分析

我同样拥有名誉权

某小学三一班上音乐课，音乐老师丁某弹钢琴时，王同学一直在说话，丁老师开始警告，王同学在课堂上不要讲话了，如果再讲话，就用胶带把嘴巴封起来。但9岁的王同学没有听老师的话，又开始自言自语。丁老师火了，立刻站起来走到王同学跟前，掏出一段儿封箱胶带贴在了他的嘴上。在场所有的学生一下子哄堂大笑，王同学立刻大哭起来。但丁老师见状没有理会，继续上课。就这样，王同学被封住嘴巴，上完了音乐课，在同学们的笑声中一路哭着回了教室。①

上述案例中的丁老师侵犯了王同学的名誉权。《中华人民共和国民法典》第一千零二十四条规定，民事主体享有名誉权。任何组织或者个人不得以侮辱、诽谤等方式侵害他人的名誉权。名誉是人们对于公民或法人的品德、声望、才能、信用、形象等的社会评价。名誉权是人格权的一种，是人们依法享有的对自己所获得的客观社会评价、排除他人侵害的权利。我们有权维护自己的名誉免遭不正当的贬低，有权维护自己的名誉权在被侵害时追究侵权人的法律责任。

本案中，王同学虽然只有 9 岁，但同样拥有名誉权。9 岁孩子虽然不知道名誉权是什么，但他的哭表明了他感受到了侮辱，精神受到了一定的影响，其名誉权受到了伤害。《中华人民共和国民法典》第九百九十一条规定，民事主体的人格权受法律保护，任何组织或者个人不得侵害。公民的名誉权若受到侵害，依据《中华人民共和国民法典》第九百九十五条、第一千条规定，受害者有权要求对方停止侵害，消除影响、排除妨碍、消除危险、恢复名誉、赔礼道歉。对受害人造成严重后果的，可能还要承担其他的法律责任。因此，本案中的丁老师对待一个 9 岁的顽皮孩子，本可以有更多的教育行为的选择，本可以有更多的爱心和体恤，本可以即使单纯从法律的角度不迈出这一步，但法律意识的淡漠和教师职业道德爱和责任的缺失，使她做出愧对教师形象的违法行为。

案例分析

请不要忽视我的隐私权

2020 年线上教学期间，为解决孩子玩网络游戏及聊天上瘾的问题，某中学班主任召开网络家长会，家长们委托班主任老师代为在网课期间监管孩子们的学习情况。老师在管理过程中，采取远程指挥的方式检查了个别学生手机中下载的 APP，甚至还要求学生打开聊天记录及电脑文件夹，查看里面的内容。事件在网络上曝光后引发热议，学校认识到此种管理方式有失妥当，对该老师进行了批评教育，明确今后进一步规范老师的教育教学行为。家长也回应，该事件得到妥善处理，老师的行为得到学生谅解。②

此事件是发生在互联网时代下的教师侵害学生隐私权的事件。事件中，教师为了有效管理学生采用网络远程手段共享学生电脑、远程查看学生聊天记录和学生电脑文件夹内容等形式获取学生的个人信息，这如同以往教师私拆学生信件、私看学生日记行为一样侵害了学生的隐私权，在互联网普遍使用的今天，此事件具有一定的代表性。

---

① 陈大伟.教师职业道德 [M].北京.高等教育出版社.2015: 115.

② 杨程.互联网时代该怎样保护学生隐私权 [N].校长周刊.中国教育报.2021-9-16(05).

作为新时代下的教师，面对互联网的迅速发展，面对数字化信息对教育影响的不断深入，教师该如何处理好自己的教育教学权与学生隐私权之间的关系？怎样做才能使学生的隐私权不受侵害？值得我们重视和探讨。

第一，教师要清楚学生隐私权的含义，熟悉学生隐私权的法律规定。

隐私权是与生俱来的，是自然人（学生）的一项最基本的人格权利，是任何人都不容侵害的权利。《中华人民共和国民法典》第一千零三十二条规定，自然人享有隐私权。任何组织或者个人不得以刺探、侵扰、泄露、公开等方式侵害他人的隐私权。隐私是自然人的私人生活安宁和不愿为他人知晓的私密空间、私密活动、私密信息。第一千零三十三条规定，任何组织或者个人不得以电话、短信、即时通讯工具、电子邮件、传单等方式侵扰他人的私人生活安宁；不得私自进入、拍摄、窥视、侵扰他人的私密空间；不得拍摄、窥视、窃听、公开他人的私密活动；不得私自处理他人的个人信件、日记等私密信息。依据上述法律规定，本事件中，教师采用网络远程手段监控学生的教育行为明显具有刺探、侵扰、公开学生私密信息、私密空间及私密活动的性质，显然侵犯了学生的隐私权。

第二，学校要完善学生隐私权的保护制度，增强学生隐私权保护的意识。

在日常的教育教学中，学校及教师应履行保护学生隐私权的法定职责，要清楚什么能做，什么不能做，这既是对学生的保护，也是对学校及教师的保护。学校、教师为了教学管理要收集学生家庭的信息，了解学生的档案信息，包括学生的分数、社会关系等，但收集此类信息应合规合法，应坚持最小够用原则。《中华人民共和国民法典》第一千零三十五条规定，处理个人信息的，应当遵循合法、正当、必要原则，不得过度处理。《中华人民共和国个人信息保护法》第六条规定，处理个人信息应当具有明确、合理的目的，并应当与处理目的直接相关，采取对个人权益影响最小的方式……不得过度收集个人信息。2021年施行的《未成年人学校保护规定》第十条第二款明确，……学校除因法定事由，不得查阅学生的信件、日记、电子邮件或者其他网络通讯内容。基于上述有关规定，本案中，教师的教学行为明显属于过度收集个人信息，超出了法律的规定，属于违法行为。

第三，学校要积极处理并主动承担学生隐私权的侵害责任。

学生隐私权是受宪法和法律保护的，一旦学生隐私权在学校受到侵害，学校应积极处理并主动承担有关侵权责任。《中华人民共和国民法典》第一百七十九条规定了承担民事责任的方式，当学生隐私权受到侵害时，可以要求侵权人停止侵害、消除危险、赔偿损失、消除影响、赔礼道歉等。同时，对于一些特殊情形也制定了相应的免责条款，《中华人民共和国民法典》第一千零三十六条规定，处理个人信息，有下列情形之一的，行为人不承担民事责任：在该自然人或者其监护人同意的范围内合理实施的行为；合理处理该自然人自行公开的或者其他已经合法公开的信息，但是该自然人明确拒绝或者处理该信息侵害其重大利益的除外；为维护公共利益或者该自然人合法权益，合理实施的其他行为。可见，学生或家长也不能任意滥用法律对隐私权保护的条款，排斥甚至拒绝学校对学生的必要合理管理。本案中，尽管教师的行为是受家长委托，侵权后也得到了学生的谅解，但教师的行为明显超出了合理适度范围，不符合免责条款规定的情形，学校及教师应主动承担侵权法律责任，积极采取补救措施以防止事态的进一步扩大。①

第四，要重视家校合作，提高家长、学生对学生隐私权的保护意识。

随着互联网影响的深入，个人隐私信息的内涵在不断扩大，除了信件、日记等传统的个人隐私信息外，还出现了生物识别、即时通讯等形式的隐私信息，这就为保护学生隐私权提出了诸多挑战，因此，加强学生隐私权保护，需各方发力，共同实施。一方面，要教育学生提高对自己隐私权的保护意识，加强这方面的法律学习，敢于大胆地维护自己的隐私权，当自己的隐私权受到不法侵害时，敢于拿起法律武器捍卫自己的合法权益。另一方面，要重塑家校合作，赋予家校合作以新的内容，改变以往家校合作中更多关注的是学生学习、行为习惯等方面的内容，开展家庭法律教育，培养家长对学生人格权，如隐私权、名誉权及个人信息保护等方面的权利保护意识，使家长懂得在家庭教育中要以平等、和谐的心态对待孩子，不随意刺探、侵扰、公开、处理孩子的隐私，知道尊重并保护孩子的隐私权。②

总之，加强学生人格权保护是学校、教师、家长都不能忽视的重要问题，任何时候、任何情况都不能侵害学生的人格权。

三、学生犯罪预防

资料卡

犯罪数量增加，恶性犯罪凸显，低龄犯罪上升

2019年6月1日最高检发布《未成年人检察工作白皮书（2014—2019）》披露，2014年至2019年，全国检察机关共受理审查逮捕未成年犯罪嫌疑人284569人，经审查，不批准逮捕88953人，受理审查起诉383414人，其中不起诉58739人（含附条件不起诉考验期满后不起诉），不捕率、不诉率分别为31.43%和16.70%，均高于普通刑事犯罪。此外，附条件不起诉32023人，自2015年以来人数逐年增加，附条件不起诉率为8.78%，被重新提起公诉人数保持在3%左右。未成年人犯罪数量在连续多年下降趋于平稳后有

---

① 杨程.互联网时代该怎样保护学生隐私权[N].校长周刊.中国教育报.2021-9-16(05).
② 杨程.互联网时代该怎样保护学生隐私权[N].校长周刊.中国教育报.2021-9-16(05).

所回升，未成年人聚众斗殴、寻衅滋事、强奸犯罪人数上升。①（如图 2-1 所示）

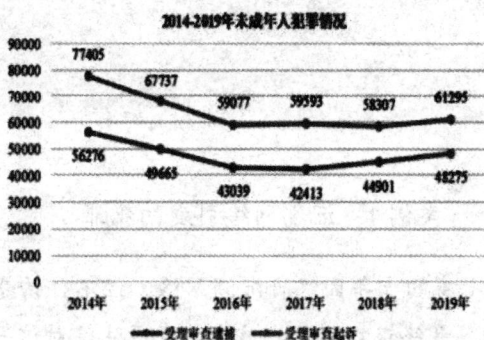

图 2-1　2014-2019 年未成年人犯罪情况

2016 年至 2020 年受理审查起诉 14 至 16 周岁未成年人犯罪分别为 5890 人、5189 人、4695 人、5445 人、5259 人，占受理审查起诉全部未成年人的比例分别为 9.97%、8.71%、8.05%、8.88% 和 9.57%，近两年呈上升态势。②（如图 2-2 所示）

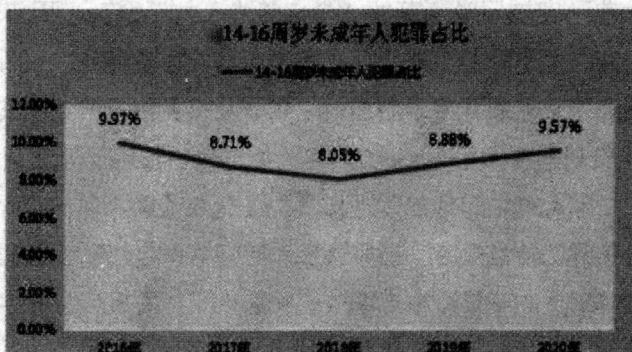

图 2-2　14-16 周岁未成年人犯罪占比

未成年人是社会机体中庞大的群体，未成年人犯罪一直是全社会关注的问题。《未成年人保护法》第二条规定，未成年人是指未满 18 周岁的公民，其中未成年学生占有相当大的比重。据最高检《未成年人检察工作白皮书（2020）》显示，近年来，未成年人犯罪数量平稳后有所回升，聚众斗殴、寻衅滋事等恶性犯罪凸显，低龄化现象突出且呈现逐渐扩大的趋势。未成年人犯罪预防工作依然很重。作为新时代的教育者，如何在学生犯罪的预防中发挥作用？

我们将探讨两个问题：

问题 1：学生犯罪的原因有哪些？

问题 2：学生犯罪如何预防？

---

① 参见最高人民检察院：《未成年人检察工作白皮书 (2014-2019)》，2020 年.

② 参见最高人民检察院：《未成年人检察工作白皮书 (2014-2019)》，2020 年.

（一）学生犯罪的原因

案例分析

案例1：沉溺网络引发的犯罪

9名案发时只有十六七岁的少年因终日沉溺网络，经不住诱惑，先后在南京市珠江路、老虎桥等处多次抢劫，最终锒铛入狱。该市玄武区法院对这一少年犯罪团伙作出宣判，其中5人被判处6个月~4年不等的有期徒刑，4人被判处缓刑。9人中最让人惋惜的是自幼在南京长大、被同学称为"少年美术天才"的张某，其作品还在省少儿卡通漫画比赛中获奖。但张某迷上上网后，整天沉溺其中。他还认识了一些不良人员，经常和这些人混在一起打架斗殴，追求享乐，最终走上了犯罪的道路。①

千里之堤毁于蚁穴，学生犯罪一般是从不良行为开始的。本案中的9名少年，尤其是自幼在南京长大曾一度被同学羡慕的"少年美术天才"张某，因年幼自控能力差、好奇心强，在使用网络的过程中不能很好地管控自己，沉溺网络，又因年少辨别能力差结识了不良人员参与打架斗殴引发了犯罪。《中华人民共和国预防未成年人犯罪法》第三十一条规定，学校对有不良行为的未成年学生，应当加强管理教育，不得歧视。第二十九条规定，未成年人的父母或者其他监护人发现未成年人有不良行为的，应当及时制止并加强管教。依据法律的规定，教师及家长均应承担起教育、管理、监督未成年学生的义务，这是法律赋予的职责。在本案中，9名少年，尤其是在校学生张某的犯罪更加令人痛惜，警醒教师、家长应加强引导、规范学生正确使用网络，发现沉迷不良行为应及时采取教育管理措施。

案例2：冲动引发的校园伤害案

王某和杨某均为某校初三住校学生，2005年12月5日第一节晚自习下课时，王、杨二人因琐事发生纠纷，杨某叫了几名同学打了王某，并说"大不了下了课再来"。王某遂将从同学陈某处借来的匕首藏在身上。当晚第二节晚自习下课后，王某与杨某再次发生争执，王某用匕首刺伤杨某的胸部、左臂部等处。经县公安局刑事科学技术鉴定，杨某的损伤程度为重伤。

法院审理认为：王、杨二人均为在校学生，发生争执后，王某不是寻求正当程序解决矛盾，而是以非对非，冲动行事，持匕首将杨某刺成重伤，其行为已构成了故意伤害

① 周琴.教师职业道德与教育法律法规[M].合肥.安徽大学出版社.2019.7：215.

罪。最后法院依法判处王某有期徒刑 2 年，缓刑 2 年。①

同学间因琐事发生的纠纷，这本是同学交往过程中司空见惯的事情，但由于青春期的孩子情绪容易冲动，自控能力差，重视友谊，为了所谓的"朋友"甚至两肋插刀在所不惜，本案件就是典型的青春期孩子易冲动引起的犯罪。因此，对处于青春期的孩子，教师在教育中要给予更多的关注和关爱。发现问题，要及时引导、及时解决，必要时还应与家长及时沟通，形成家校合力，共同承担起教育学生的责任。

讨论交流

引起学生犯罪的原因有很多，除了上述案例涉及的沉溺网络、情绪冲动等原因外，想一想，还有没有其他原因导致学生犯罪？

未成年学生犯罪原因涉及社会、家庭、学校等多方面因素，作为教师应尽可能全面了解，积极预防。

第一，社会环境问题。社会环境的负面影响是引发未成年学生犯罪的重要原因。由于监管不力，社会上的营业性娱乐场所、酒吧、互联网上网服务营业场所等不适宜未成年人活动的场所却放任未成年人进入，腐蚀未成年学生的心灵，诱发其堕落，再加上未成年学生年幼无知，自控能力差、好奇心强、辨别是非能力弱，稍有不慎就会被不怀好意的人所利用而陷入犯罪的泥潭。

第二，家庭教育问题。不健康的家庭教育是引发未成年学生犯罪的关键原因。有的父母常年忙于工作而疏于对未成年学生的陪伴管教；有的家庭过于溺爱，孩子要什么给什么，使未成年学生产生唯我独尊的不良性格；有的父母教育孩子的方式偏激，不是打就是骂，造成未成年学生心理扭曲；单亲家庭或父母感情不和家庭使未成年学生缺少父爱或母爱，得不到家庭温暖，容易导致孩子形成不健康的心理及不良习惯等等，所有这些都容易诱发未成年学生走上犯罪道路。

第三，学校教育问题。不当的学校教育影响了未成年学生健康成长。在传统应试教育长期影响下，学校的管理模式很难有新的突破，片面追求升学率的现象依然存在，一味强调学生成绩的提升，而学生的道德教育、心理教育、法律教育常常不被重视，忽视了对学生人生观、价值观的培养；在班级管理中，教师更多的注重对优等生的培养，对中等学生，尤其对成绩较差学生疏于管理，导致其不良行为、不良习惯苗头显现时不能及时发现、及时引导、及时制止等，这就为未成年学生犯罪埋下了隐患。

---

① 未成年人犯罪案 [OB/OL]. http://www.doczj.com/doc/1bbfef2b2f60ddccda38a0f2-3.html.

（二）学生犯罪的预防

资料卡

《中华人民共和国未成年人保护法》相关规定

第二十三条 未成年人的父母或者其他监护人应当及时将委托照护情况书面告知未成年人所在学校、幼儿园和实际居住地的居民委员会、村民委员会，加强和未成年人所在学校、幼儿园的沟通；了解未成年人的生活、学习、心理等情况，并给予未成年人亲情关爱。

第二十九条 学校应当关心、爱护未成年学生，不得因家庭、身体、心理、学习能力等情况歧视学生。对家庭困难、身心有障碍的学生，应当提供关爱；对行为异常、学习有困难的学生，应当耐心帮助。

第三十条 学校应当根据未成年学生身心发展特点，进行社会生活指导、心理健康辅导、青春期教育和生命教育。

第三十三条 学校应当与未成年学生的父母或者其他监护人互相配合，合理安排未成年学生的学习时间，保障其休息、娱乐和体育锻炼的时间。

第五十八条 学校、幼儿园周边不得设置营业性娱乐场所、酒吧、互联网上网服务营业场所等不适宜未成年人活动的场所。营业性歌舞娱乐场所、酒吧、互联网上网服务营业场所等不适宜未成年人活动场所的经营者，不得允许未成年人进入；经营者应当在显著位置设置未成年人禁入、限入标志；对难以判明是否是未成年人的，应当要求其出示身份证件。

第五十九条 学校、幼儿园周边不得设置烟、酒、彩票销售网点。禁止向未成年人销售烟、酒、彩票或者兑付彩票奖金。烟、酒和彩票经营者应当在显著位置设置不向未成年人销售烟、酒或者彩票的标志；对难以判明是否是未成年人的，应当要求其出示身份证件。

第七十条 学校应当合理使用网络开展教学活动。未经学校允许，未成年学生不得将手机等智能终端产品带入课堂，带入学校的应当统一管理。学校发现未成年学生沉迷网络的，应当及时告知其父母或者其他监护人，共同对未成年学生进行教育和引导，帮助其恢复正常的学习生活。

讨论交流

请对照《中华人民共和国预防未成年人犯罪法》有关规定，参照上述《未成年人保护法》相关法条及学生犯罪案例分析，讨论并查找学生不良行为中存在的犯罪风险点，并提出预防犯罪的建议。（如表 2-4 所示）

表 2-4　学生不良行为存在的犯罪风险及预防建议

影响学生健康成长的不良行为 （《预防未成年人犯罪法》）	犯罪风险点	预防建议	相应案例
（一）吸烟、饮酒			
（二）多次旷课、逃学			
（三）无故夜不归宿、离家出走			
（四）沉迷网络；			
（五）与社会上具有不良习性的人交往，组织或者参加实施不良行为的团伙			
（六）进入法律法规规定未成年人不宜进入的场所			
（七）参与赌博、变相赌博，或者参加封建迷信、邪教等活动			
（八）阅览、观看或者收听宣扬淫秽、色情、暴力、恐怖、极端等内容的读物、音像制品或者网络信息等			
（九）其他不利于未成年人身心健康成长的不良行为。			

综上所述，作为学校（包括教师）应从哪些方面做好学生犯罪的预防工作？

第一，学校方面。（1）要贯彻落实办学宗旨，端正办学指导思想。全面贯彻落实国家的教育方针，坚持立德树人，坚持面向全体学生，全面落实素质教育。学校要真正实现从"应试教育"向"素质教育"的转变。（2）要重视并抓好学校的德育工作。重视学生的品德教育、身心健康教育以及价值观和人生观的教育，培养学生成为一个品德优良、人格健全、积极向上对社会有用的人。（3）充分发挥校内、校外各方作用，加强校内及周边不利于学生健康成长的社会环境的治理。

第二，教师方面。（1）要提升教师的师德素养。师德素养的核心是爱与责任，只要教师心中充满了爱与责任，就会全身心地投入到培养教育学生的工作上来，就会关爱学生、公平公正对待学生、尊重理解学生，不歧视家庭困难、身心有障碍、行为异常、学习有困难的学生，每个学生都得到了教师的爱与关注，学生的不良习惯就难以形成。（2）要加强教师的法治教育。要让学生懂法，教师必须知法，只有教师知法，才能将法律知识融于教育教学中，潜移默化地普法学生、教育学生、影响学生，真正地做到依法执教。（3）要提升教师的家校合作能力。教师在教育培养学生的过程中要学会与家长的合作，充分发挥双方合力，一旦发现学生有不良习气、不良行为时应尽快与家长联系，及时采取措施加以制止、加以引导。

第三，学生方面。加强学生的品德教育，培养学生树立正确的价值观和人生观，提高他们辨别是非、美丑、荣辱的能力；重视学生的法制教育，使学生知法、守法，不违法，许多未成年人犯罪，重要的原因就是不知法、不懂法、法制观念淡薄引起的。做好学生的心理健康教育，未成年学生身心发展还不成熟，当遇到难以克服的困难时，容易出现情绪上不稳定，甚至有的出现各种心理问题，比如不愿上学、离家出走等情况，诱发了违法犯罪的可能性。

四、校园欺凌预防与处理

资料卡

校园欺凌之现状

一项在北京、上海、广东和江苏四省市进行的调研结果显示，2015 年我国四省市青少年校园欺凌发生率为 22.5%，比经合组织国家平均水平高出 3.85 个百分点。其中频繁遭受欺凌的学生比例占 10.5%，略高于经合组织国家平均水平 1.64 个百分点。在经合组织国家，最普遍、最常见的欺凌行为是嘲笑讥讽的言语欺凌，而在我国北京、上海、广东和江苏四省市，校园欺凌发生率最高的是故意损毁私人财物的欺凌，发生率为 12.5%，比经合组织国家平均水平明显高出 8.2 个百分点。位居其次的是嘲笑讥讽的言语欺凌，再者是故意孤立排斥的关系欺凌。发生率最低的也是威胁形式的言语欺凌，平均为 3.46%，略低于经合组织国家平均水平。[①]

2016 年在上海市金山区开展的一项调查研究显示，42.6% 的学生在过去 30 天内遭受过不同类型的欺凌，其中遭受言语欺凌的发生率为 30.4%，情感欺凌的发生率为 24.3%，躯体欺凌的发生率为 15.5%。[②]

21 世纪教育研究院于 2017 年在北京进行的一项调查显示，6.2% 的北京中小学生有被故意冲撞的经历，有 6.1% 的学生几乎每天都遭受身体欺凌；40.7% 的北京中小学生有被叫难听绰号的经历，有 11.6% 的学生几乎每天都遭受语言欺凌；18.6% 的学生有被

---

① 陈纯槿，郅庭瑾.校园欺凌的影响因素及其长效防治机制构建——基于 2015 青少年校园欺凌行为测量数据的分析 [J].教育发展研究，2017，37(20)：31-41.

② 吴芃，夏娟，唐富荣.上海市金山区青少年受欺凌状况及与心理行为问题的关联 [J].中国学校卫生.2019(4).

同学联合起来孤立的经历，有2.7%的学生几乎每天都在经历这种关系欺凌。[①]

从上述资料可以看出，近些年来，校园欺凌依然严重，欺凌事件频繁发生，欺凌形式多种多样，严重影响了学生的身心健康和学业发展，干扰了校园的正常教学秩序和安全和谐氛围。

我们将探讨两个问题：

问题1：校园欺凌如何预防？

问题2：校园欺凌事件发生后如何处理？

（一）校园欺凌的预防

1.什么是校园欺凌

资料卡

2020年，我国新修订的《中华人民共和国未成年人保护法》第一百三十条规定，学生欺凌是指发生在学生之间，一方蓄意或者恶意通过肢体、语言及网络等手段实施欺压、侮辱，造成另一方人身伤害、财产损失或者精神损害的行为[②]。

联合国教科文组织认为，校园欺凌是一种在学龄儿童中发生的、违背他人意愿的攻击行为，这种行为往往伴随着实际或认知到的权力不平衡，会在一段时间内反复发生或有反复发生的可能性。[③]

校园欺凌是发生在校园内外、以学生为参与主体的违背他人意愿的一种攻击性行为，造成他人身体伤害、财产损失或精神损害等事件，它包括直接欺凌和间接欺凌。校园欺凌有不同的表现形式，其中身体欺凌、言语欺凌、关系欺凌是学生中最普遍的欺凌形式。校园欺凌不等于校园暴力，而是校园暴力的一种，校园欺凌是最常见的校园暴力形式。校园欺凌具有持续性和反复性及恃强凌弱的特点，会给受欺凌者造成严重的心理或身体上的伤害，属于违法行为。

2.校园欺凌的预防

资料卡

让校园欺凌远离我

① 校园欺凌.百度百科.https：//baike.baidu.com/item/.

② 全国人民代表大会.中华人民共和国未成年人保护法(2020修正)[S].北京：中国法制出版社，2020.

③ 联合国教科文组织.校园暴力与欺凌：全球现状报告[M].巴黎：联合国教科文组织，2017：9-48.

案件1：2005年，小学毕业生秀秀永远离开了人世。她在遗书中写道："班里的同学在和我闹矛盾时会不屑地说：'考六七十分的差生！'"，从她的遗书中可以看出，这种事情并不是发生一两次，在这种一而再再而三的嘲笑下，秀秀最终选择了结束自己的生命。

案件2：2016年，网络平台上流传着一个视频，视频内容为数名女生掌掴一名女生，在短短100秒的视频里，该女生被掌掴32次，期间一直没有反抗。

校园欺凌大多具有隐蔽性，发生的环境几乎没有外力控制，比如楼道及其角落、厕所、操场、宿舍、校门口等，这些地方要么人多混杂、要么偏僻寂静，难以被学校教师发现。但校园欺凌事件一旦发生，其危害程度是非常严重的。对于被欺凌者，最明显的是身体伤害，鼻青脸肿、骨折、脑震荡等。长期受欺凌也会对儿童和青少年的心理造成巨大伤害，自尊心下降，自卑感增强，在人际交往中缺乏安全感，甚至可能患上抑郁，产生自杀倾向。对于欺凌者，长期的暴力行为以及情绪化和冲动性可能会使他们形成反社会人格和攻击型人格。不良的个性特点也是他们难以融入到班级和同辈群体中，之后犯罪的几率也会大大增加。

校园欺凌不仅严重影响学生的身心健康，"污染"学校的学习、生活环境，导致学生缺乏基本的安全感，而且还会破坏学校的和谐氛围，使整个学校的管理受到影响，严重的还会影响正常的教学活动。因此，做好校园欺凌预防工作很重要。那么，教师该如何做好校园欺凌的预防工作？

第一，学校（教师）要重视教育的爱与责任。校园欺凌的根源大多源于原生家庭，教师要及时洞察学生的情绪和行为变化，多关注、多了解学生，及时关爱和疏导学生。

第二，学校（教师）要加强学生的校园欺凌教育。教师可在教学过程中向学生普及校园欺凌的概念及相关知识，让学生明白自己行为的界限。教师教育学生远离校园欺凌的方式多种多样，比如头脑风暴法，围绕欺凌现象"说现象，想办法"、引导学生参与班规、班训的制定、播放有关校园欺凌的视频素材等形式开展教育，特别是校园欺凌视频素材的播放，其视频的冲击感能使学生迅速明白自己的行为界限，什么行为是可以做的、什么行为是不可以做的、什么行为是禁止做的等等；同时对学生进行适当的教育引导，并告知他们在遭受欺凌时可以向老师、家长和警察求助。

第三，学校（教师）要强化校园欺凌方面的法律教育。可以邀请律师或社会中的相关人士向学生普及《未成年人保护法》中有关校园欺凌的内容，增强学生的法律意识，不去触碰法律，即使在遭受欺凌时也可以拿起法律的武器保护自己。

第四，学校要借各方力量形成合力，构筑校园欺凌预防机制。学校要联合家长和社会各机构的力量，邀请他们共同参加到校园暴力的防御机制中，共同筑起学生健康成长的环境。

另外，还可以利用班会或业余时间将学生生活中常见的矛盾以情景剧（比如，小品、音乐剧、戏剧等）的艺术形式表演出来，通过艺术表演的亲身体验让学生展开讨论，设计好合适的解决对策后进行重新演绎，从而减少因解决方式不当而产生的矛盾激化现象。

（二）校园欺凌发生后的处理

案例分析

校园欺凌伤害了我

高一（5）班的小红是一个成绩优异、文静又漂亮的女生，各科老师都对她赞赏有加，但班主任最近发现小红情绪总是持续低落，成绩迅速下滑，与家长沟通后也得到了同样的想法，后来小红家长带小红到医院进行诊断后发现小红已经患有轻度抑郁。后来经过询问和调查发现班上有许多同学对小红并不喜欢，认为她太优秀了，平时下课也不和大家一起玩耍，太高冷，不合群，大家就渐渐地都远离她。

案例中小红的同学没有对她实施暴力，也没有对她进行语言攻击，这种是否属于校园欺凌？本案属于校园欺凌，它是关系欺凌，是间接欺凌，是校园欺凌的一种。所谓关系欺凌（relational bullying）是指欺凌者一方借助第三方而对受欺凌者实施的欺凌，主要包括背后说人坏话、散布谣言、社会排斥等。行为主体为一名或多名处于强势状态的学生对被欺凌学生在肉体或精神上的侵害，我们都可以看作是校园欺凌。

对于案例中的小红，她遭受了校园欺凌，心理已经受到了伤害，教师应采取相应的教育措施，之后要持续关注小红的情绪和日常行为，配合家长一起努力帮助小红修复内心的创伤。同时对班上其他同学进行教育，让他们明白自己行为对他人造成的伤害，同时教育学生要明确自己行为的界限。教师可以在班级内开展有关团结互助的团体心理辅导，增加同学间的交流，增强班级凝聚力。

一般来说，欺凌事件行为发生后，教师应当采取措施立即制止，要积极调查该事件的起因和经过，并判断该由谁来承担过错；教师也要判断自己在这个事件中是否有过错，是否履行了自身的职责，是否及时合适做出了相应的安全保护措施；对于被欺凌者，教师要懂得共情，即理解被欺凌者的感受，切忌产生"一个巴掌拍不响"的想法；可以尝试寻找欺凌者产生欺凌背后的原因，例如原生家庭，心理创伤等对症帮助。同时，对实施欺凌的未成年学生，学校应当根据欺凌行为的性质和程度，依法加强管教。对严重的欺凌行为，学校应当及时向公安机关、教育行政部门报告，并配合相关部门依法处理。

主题四 新教师合法权益的法律维护

🏳 学习目标

通过本主题的学习，学习者能够：

1. 了解教师维权途径；

2. 知道如何在教师和学校、教师和学生关系中维护自身的合法权益；

3. 了解家长和教师矛盾爆发原因，知道如何化解矛盾危机。

本主题从教师"权利意识"角度简要阐释教师合法权益的维护。新教师要有权利意识，不仅指合法权利受到侵犯后的法律救济，也包括对自身合法权利的追求和实现路径的合理选择。主要探讨比较常见的教师进修学习、考核晋级等事项中教师如何通过教代会等途径发出自己的诉求；教师与学生冲突中教师如何预防和维护自身的隐私权；家校关系中微信群中的危机处理。

一、教师学校关系中的法律维权

案例分析

河南焦作姚老师的维权之路①

姚老师是河南省焦作市第十七中学教师。2020 年 10 月姚老师在个人综合评分第二名的前提下，经投票以总分第 7 名落选，而个人总分第 16 名的老师加上各种投票成功晋级。姚老师认为学校评职称有黑幕。事后，山阳区教育局成立专项调查组，调查结果显示"未发现评审过程中有违纪违规行为"。姚老师在调查结果发布后，向教育局提交教师申诉书，等待 30 天后依然无果。在个人申诉被拒后姚老师将山阳区教育局以行政不作为作为起诉理由告上法庭，当地法院于 2021 年 1 月 18 日受理此案，准备于 3 月 31 日对该案件进行庭审。3 月 29 日，就在法院即将庭审前两天，涉事学校发布通报，鉴于姚老师因职称推荐一事，在网上先后发布多条不实视频，校方决定将免去涉事教师班主任职务，责令其做出检查，并建议当地教育局给予处分。后，法院以涉事双方纠纷

---

① 案例过程经笔者集合人民日报、人民网等新闻整理而成。

属于内部人事管理范畴驳回起诉。2021年6月10日姚老师向焦作市中级人民法院上诉。6月25日受理，二审结果是维持原判。后，姚老师向河南省高级法院提起申诉，8月18日河南省高院驳回姚老师的再审申诉。与此同时，山阳区教育局于3月29日下午做出了免去了山阳区教育局长职务，17中学校长病退的处理。

这个案例我们并不想去复原案件的诸多细节和真相，也不想去探讨谁对谁错，也不去探究法律界限之外的职称评定的科学性、合理性问题。我们聚焦的是在老师和学校的法律关系中，教师的维权的勇气和以及如何才能朝着最有利于双方利益方向发展的维权路径。

我们将探讨两个问题：

问题1：教师的合法维权路径有哪些？

问题2：如何通过教代会维护自身权利？

（一）教师合法权益维护的路径

活动体验

请参照《中华人民共和国教师法》相关法条，填写缺失内容。（如表2-5所示）

表2-5　几种救济途径比较

救济途径		法律客体	救济部门	受理时间
教师申诉		学校或其他教育机构	教育行政部门、同级人民政府或上一级人民政府	接到申诉的（ ）日内
行政复议		教育行政机关	上一级教育行政机关	接到复议申请的（ ）日内
诉讼	行政诉讼	教育行政机关	法院	接到诉讼申请的（ ）日之内
	民事诉讼	任何个人与社会组织	法院	接到诉讼申请的（ ）日之内
	刑事诉讼	任何个人与社会组织	法院	接到诉讼申请的（ ）日之内

权利的存在以救济为前提，一种无法实现法律救济的权利根本称不上真正的法律权利。

当教师的合法权益遭遇他人、学校或者其他教育机构侵犯时，维权的外部主要途径有（1）行政反映；（2）信访；（3）教师申诉；（4）人事争议仲裁；（5）诉讼。

教师也可以选在学校内部通过校长信箱、教代会等途径来维护自身合法权益。

上述提到的合法途径中的教师申诉是法律规定的一种教师权益救济途径。实践中，与学校或有关行政部门发生纠纷后，一些教师会向相应组织机构口头反映情况或者递交书信反映情况，要求其进行处理。这还不是法律意义上的"教师申诉"。法律规定的"教师申诉"是一种专门的权利救济途径，它有法定的处理程序，并要求申诉人、被申诉人及申诉受理机构出具格式规范的书面材料。如果被申诉人为学校，教师应向教育行政部门提出申诉；如果被申诉人为教育行政部门或政府的其他有关部门，教师应向同级政府或者上一级政府有关部门提出申诉。教师申诉是我国教师法规定的教师专门的维权法律途径，且对教育行政机关所做出的《教师申诉处理决定书》不服的可以提起行政诉讼，即教师申诉后尚有司法途径可以得到救济。同时教师申诉无时限，无需缴费，维权成本低，对教师维权非常有利。

对于教师而言，尤其对具有事业单位编制身份的教师，没有劳动争议这一途径，只有人事争议仲裁的途径。人事争议仲裁不如劳动争议仲裁有劳动法可依，对教师比较不利，另外需要支付仲裁费用，维权成本相对较高。

教师选择维权途径应当注意的问题：1.注意事实、证据以及申诉请求一致；2.注意材料的书面性；3.注意再次申诉的可能性。

本章开头案例中，姚老师的维权勇气可嘉，也使得当地教育局和学校反省自身在职称评定中不规范的问题，逐步改善了职评标准，唱票、公示等一系列制度的规范度和透明度。另外，我们的反思视角也可以对准教师维权路径上。姚老师在走上法院起诉维权之路之前，有学校内部维权和上一级教育行政部门申诉的路径。相信学校的处置肯定是没有缓和矛盾，姚老师启动了教师申诉。30天的期限，当地教育局本可以积极采取适当的方式给予调研和处理，但却怠于行政，使事情朝着更糟的道路上发展。因此，作为学校和教育行政部门法治意识的欠缺也可见一斑。

（二）通过教代会维护合法权益

案例分析

教代会的作用

作为一名新老师，2021年，小宋老师教初中语文兼班主任。领导让她参与各个课题组的活动，甚至期末团支部、教研组的活动都由她做PPT或主持汇报，后来让她申报项目、统算经费，连购买瓶子本应后勤总务负责的事情，因找不到人，也让她去做。最后，该教师终于因为一节区级创意设计课后校长的唯上是从而爆发，她在朋友圈中发布了一则信息，"我不要做创意设计老师，我不要算预算，我不要做PPT，不要做……我就想安安静静做个好老师……这样不行吗"。这则信息打乱了校长与其一直以来的关系，双方陷入僵局。作为一名普通老师，她看到了学校中存在的问题，"上不听，下不达，中层职能部门未能发挥相应的作用，不肯真的把活干起来，而像我这样的已经被她用垮了。每一层都很难，每一层却都没有很好的沟通"，也向校长提出过，但校长说没有合适的办法来解决。后来宋老师以提案的形式向学校教代会提交了议题，并建议学校出台《教师工作量化标准及奖惩措施》，经过教代会的讨论，最终学校出台了相关制度，并逐步改善了教师的岗位职责问题，宋老师也终于摆脱了"被重用"的状况，能安心工作了。

这则案例较为真实地反映了一些学校个别老师累死，一些老师闲死的状况。当然与学校的管理失范有关系。从法律角度来看，上述案例宋老师的意见通达使用了三种路径，一是朋友圈发牢骚，二是找校长抱怨，三是通过教代会提议。显而易见，最终解决问题的是第三种路径。并且宋老师不仅实现了个人的利益诉求，也为学校的教职工的职责分工和履职考核的公平做出了贡献，展现了宋老师"用法"维护公共利益的积极维权行为。

教师通过教代会来维护自身权益，需要遵从《学校教职工代表大会规定》的相关规定。

1. 教代会的职权的相关规定，为教师的权益维护提供了路径

《学校教职工代表大会规定》第七条规定："……通过多种方式对学校工作提出意见和建议，监督学校章程、规章制度和决策的落实，提出整改意见和建议……"可见，教师如遇到工作中的认为不合理的处置或合法权益受到侵犯，在个别沟通不畅的情况下，可以选择通过向教代会提议的路径来解决。

2. 通过教代会来维护权益，需要遵循一定的程序

《学校教职工代表大会规定》第十七条规定："教职工代表大会每学年至少召开一次。遇有重大事项，经学校、学校、工会或1/3以上教职工代表大会代表提议，可以临时召开教职工代表大会。"因此，教师可以选择在教代会召开前夕，通过工会或者联名1/3以上教职工代表，向教代会提交书面提议，教代会必须给予答复，并在答复后采取相关行动。

二、教师学生关系中的法律维权

📚 **资料卡**

冲突中的师生关系

案例1：2016年，一名13岁少年为了抢回自己的手机，向23岁的年轻女教师采取了泼汽油的激烈手段，导致当事教师烧伤面积达到46%，植皮创面达到60%。[①]

案例2：2016年，一则短视频消息在网络上传播。视频显示的地点是在一间教室，前面几秒整体环境还算平静，突然，坐在后面的一名学生用手砸了下课桌，然后冲上讲台，殴打讲台上的老师。随后，班上的另几位学生赶紧上前将这位学生控制住了。不过，

---

① 本案例由作者摘编自微信公众号：广东普法.2016(09).

通过视频还是能看出来，这位老师的脸部已经被打伤。[1]

随着学校民主管理的推行，平等师生关系的提倡，一方面教师以更加亲和、民主、尊重的态度与学生形成学习的共同体；另一方面，教师对学生的惩戒，也以最新颁布的《中小学教育惩戒规则（试行）》予以界定。但是我们也不能忽视存在着某些学生侵害教师合法权益的事件。教师面对学生的侵权总存在恻隐之心，然而从法律的角度，建议教师不要姑息，拿起法律武器来维护自身权益，本身也是对违法学生的法治教育。

我们将探讨两个问题：

问题 1：教师的隐私权怎么维护？

问题 2：教师的人身权怎么维护？

（一）教师隐私权的维护

案例分析

偷拍教师隐私[2]

一个六年级小学生拿着手机，看到老师过来了，偷偷用手机支到老师裙子下面偷拍，而且还要用手机支架，去掀老师的裙子，可真不是一般的顽皮。没想到，还没偷拍成功，就被老师发现，老师问他为什么要这么做，他只是嬉皮笑脸地说：想看看裙子底下是什么。老师非常生气，一怒之下，就将手机没收了。面对老师的愤怒，小孩子说：你难道不知道小学生做错事，不用受到惩罚的吗？而且重点来了，他直接亮出了他爸爸的身份，说他爸是检察官，他懂这些。没想到，美女老师是法律背景出身，她找到 2020 年新颁布的《中华人民共和国刑法》第十七条，告诉该小学生，"现在的刑责年龄已经从 14 周岁降到了 12 周岁，按照小朋友年龄，已经年满十二周岁，对于已满十二周岁不满十四周岁的人，犯故意杀人、故意伤害罪，致人死亡或者以特别残忍手段致人重伤造成严重残疾，情节恶劣，经最高人民检察院核准追诉的，应当负刑事责任。所以你并不是做什么事都没事的。"小学生听了怔了怔，说："那至少我这件事没事。"美女老师笑了笑，说："没完呢。你再看看这个法条。"老师呈现了 2021 年 3 月 1 日新实施《中小学教育惩戒规则（试行）》，其中第七条明确规定，学生有下列情形之一，学校及其教师应当予以制止并进行批评教育，确有必要的，可以实施教育惩戒：……（七）打骂同学、老师，欺凌同学或者侵害他人合法权益的……。"你看，如果手机偷拍了我的隐私，你就侵犯了我的隐私权，我是有权利对你进行教育惩戒的。""老师，您怎么惩戒我呢？"小同学

---

① 本案例由作者摘编自微信公众号：青少年学生法治教育服务平台 .2021(11).

② 案例由作者改编自 dy.163.com/v2/article/detail/E1CV9OAR...——快照·网易，2018.11.24.

说话变得怯生生。老师指着规则的第八条、第九条和第十条说："教育惩戒分为一般教育惩戒、较重教育惩戒和严重教育惩戒，所以要看你的行为的严重程度。我希望你认识到事情的严重性，向我道歉。"小学生认真学习了法条，最后把头低下，轻声地说："老师，我错了。"

隐私权是指个人信息不被非法获取和传播，个人空间不被非法打扰，个人活动不被非法干涉。说到隐私权保护，我们更多地是从学生隐私权保护角度来谈，其实教师的隐私权也应该予以充分地保护，否则隐私权被侵犯，同样容易给教师造成心理精神上的影响，严重的还会造成教师自残，自杀的后果。

学生偷拍女教师裙底的事件，在网络上时有报道。现在虽然学校出台了不许使用手机的规定，但侵犯教师隐私权等合法权益的事情还是有所发生。本案例中，面对小学生对法律的一知半解，美女教师并不是用愤怒代替了教育，而是用渊博的法律知识给这个熊孩子上了一课，既维护了自身的合法权益，维护了自身的尊严，也做到了积极的用法、护法。需要注意的是教师和学校在对学生进行教育惩戒的时候要注意不要侵犯学生的合法权益。

（二）教师著作权的保护

案例分析

学生自行录制老师课堂音频在网上发布

2021年3月，高三（2）班的语文王老师有一天浏览一个收费的教育网站，发现自己一年前校级公开课的音频赫然陈列在某收费教育网站的课程中，音频的下方简单列了××市，王老师。王老师感到很震惊，就在班里说了这件事情。第二天，就有同学张××找到老师承认错误，说公开课她自行摄录了老师的音频，因为觉得很好就上传到了网站上了。王老师觉得哭笑不得。咨询了学校聘请的法律副校长该如何处理这件事情。法律副校长做了如下答复：首先这个上课音频是否是受《中华人民共和国著作权法》保护的作品。著作权法规定，作品是指文学、艺术和科学领域内具有独创性，并能以某种有形形式复制的智力成果。《著作权法实施条例》第四条规定，口述作品指即兴的演说、授课、法庭辩论等。所以王老师的上课音频属于著作权法的保护的口述作品。因此还需进一步判断王老师的音频是否具有独创性呢？王老师说这节公开课虽是以相关的大纲、教材为基础内容，但确实是独辟蹊径独立构思完成，很多专家都提到了这一点。基于上述理由，故其授课内容具有独创性，符合著作权法规定的作品。其次，学生张××的行为是否属于侵犯了王老师的著作权？一般来说口述作品未经许可，不得录制，录制品未经许可不得传播，除非，满足著作权法第二十二条合理使用的条件。《中华人民共和国著作权法》第二十四条列举了 12 种合理使用作品的范围，张同学的行为不属于合理使用范畴，虽然主观上属于想扩大王老师的影响力，但应该征得王老师的许可，确实是侵犯了王老师的著作权（网络信息传播权）。至于传到网上的音频，被某些网站制作成收费作品，就是另外一起侵权事件了。了解了事件背后的法律问题后，王老师决定采取谈话方式对张同学进行教育。张同学表示从法律角度重新认识到了自己的好心办坏事的结果，以后要多多增强法律意识。

本案例在网络时代具有一定的普遍性。我们在网上能看到被学生上传的一些优秀老师的上课视频或者讲话。一般来说，被学生赞颂专业，是教师心中的自豪。但是是否学生有权这么做？有时学生上传的老师的音视频，并不是正面的形象，例如教师发脾气或者不太雅观的场景，传播出去，有可能会给当事教师带来身心影响，这样一系列的后果有时是不能想象的。因此从法律角度考虑，学生不要私下录制和上传教师的音视频，因为视频和音频的发表权和信息网络传播权以及其他的著作权利属于著作权本人，录制和上传都要经得本人的授权，即使不是盈利为目的，也控制不了被其他个人或公司使用盈利，造成侵犯著作权人的著作权利的事实。因此教师可以时常向学生普及著作权保护的相关知识。

《中华人民共和国著作权法》规定的 12 种合理使用作品的范围，涉及学生能触碰的相关事宜有 6 种，也就是学生在此范围内使用教师或他人的音视频、微课等都不属于侵权。

1. 为个人学习、研究或者欣赏，使用他人已经发表的作品。

2. 为介绍、评论某一作品或者说明某一问题，在作品中适当引用他人已经发表的作品。

3. 为学校课堂教学或者科学研究，翻译、改编、汇编、播放或者少量复制已经发表的作品，供教学或者科研人员使用，但不得出版发行。

4. 免费表演已经发表的作品，该表演未向公众收取费用，也未向表演者支付报酬且不以营利为目的。

5. 对设置或者陈列在公共场所的艺术作品进行临摹、绘画、摄影、录像。

6. 以阅读障碍者能够感知的无障碍方式向其提供已经发表的作品。

三、教师家长关系中的法律维权

📚 **资料卡**

2019 年 7 月安徽省铜陵市郊区陈瑶湖中心学校教师周安员老师因为劝阻班上两位学生打架，与其中一位学生发生肢体冲突，事后，这位学生家长要求周安员道歉赔偿，并威胁要求相关部门开除周安员。周老师选择了投湖自杀。[①]

教师与家长的冲突，往往是因为学生。家长的权益意识越来越高，对孩子的教育也越来越重视，也往往容易由于"爱子心切"与学校、班主任和教师发生冲突，更有甚者，发生侵害教师人身权利的行为。教师权利受到侵犯，不容置疑可以运用法律的武器寻求救济，本章主要探讨的是教师如何运用法律思维预防与家长的关系转为恶化？

我们将探讨两个问题：

问题 1：家校冲突的主要原因是什么？

问题 2：教师如何预防与家长关系的恶化？

（一）家校冲突的主要原因与应对[②]

📈 **案例分析**

家委会自发为教师买礼物庆祝教师节[③]

2020 年 6 月，有网友通过人民网领导留言板向深圳市光明区领导反映，公明中学初二年级家委会发动所有班级为教师购买礼品。网友附上截图显示，"初二年级公中资料订购"微信群中，有头衔为"2 班家委会长"群成员发言催促："尊敬的各班家委您们好！大家辛苦了，离 12 点结束只有一个多小时时间了，请 6 班和 8 班尽快处理。"接到区委反映，当地教育部门立刻进行了调查。原来是教师节即将来临，为向辛勤耕耘的老师表达敬意与祝福，家委会发动所有班级为教师购买礼品。此行为为家委会自主行为，学校教师均未参与。目前，当地教育局已通知学校要求家委会将集资退还家长。

本案例从教师的角度来看，并没有涉事教师参与，因而并不涉及权利受侵犯而维权的事实。但是这则案例某种程度上反映了家长与教师之间的隐性冲突。家长们的心态，

---

① 本案例由作者编摘自公众微信号：澎湃新闻.2019(07).

② 本观点由作者整理自陈大伟.教师怎么应对家校冲突[N].中国教师报，2021.6.16.

③ 本案例改编自刘佳妮.一中学家委会发动家长为教师买礼物，地教育局通报[N].新京报新浪财APP，2020 年 09 月 05 日 20：02.

也正是法治社会要破除的"人情"文化。但从法律的角度，这样的"倡议"看似尊师重教，实则让纯洁的家校关系变了味，甚至可能会害了老师。因此作为教师，在这份"美意"面前，要保持法律的视角，坚决予以制止。2018年，教育部印发的《新时代中小学教师职业行为十项准则》中，明确要求教师坚守廉洁自律，不得索要、收受学生及家长财物，不得参加由学生及家长付费的宴请、旅游、娱乐休闲等活动，或利用家长资源谋取私利。

其实，教师与家长之间的冲突具有必然性和普遍性。当人们的认知与价值观互相排斥时就可能产生冲突。教师与家长的冲突主要表现在解决孩子的问题时，产生的对立行为或心理状态。

1. 因利益造成的冲突。比如：某些家长要求教师有求必应，不考虑教师的休息和生活时间；某些家长要求教师对自己孩子给予更多关照，但教师需要考虑班上所有孩子。面对这类冲突，我们首先要明确彼此的责任边界，在教育教学实践中开诚布公，并尽可能公正、公平地对待每一个学生。

2. 因伤害造成的冲突。比如，学校组织的活动中造成的学生伤害、教师行为造成的学生伤害、孩子之间造成的伤害，家长认为教师、学校处理不公。面对这类冲突，前文已经阐释，注意伤害事故处理程序、关注后续的赔偿与安抚、教师一定要处事公正，不偏不倚，必要时可以委托家委会在中间调停。

3. 因观念差异造成的冲突。对于观念差异，教师首先要保持开放心态，要对自己的教育观念进行审视和检讨，看自己的观念是否基于教育和教师的伦理？是否符合教育的基本规律和科学？是否符合客观实际？是否采取了他人可以理解的表达方式？这种反思本身就意味着自己在不断成长和进步。其次，教师要经常与家长沟通和交流，搭建对话交流平台，交流时彼此之间认真倾听，相互理解，通过价值澄清的方法争取一致、达成共识。

4. 因处事偏好造成的冲突。比如，有的教师做事雷厉风行，就见不得婆婆妈妈；有的教师自己衣着朴素，就不喜欢他人浓妆艳抹……个性偏好的差异导致彼此不接纳，由此导致冲突。对于这类冲突，教师要自觉调整，要承认差异、接纳差异，欣赏不同。

（二）教师如何预防与家长关系的恶化

案例分析

微信群中家长的不当言论处置程序

2020年12月的一天。一大早，家委会的一名家长就给班主任刘老师打电话："您赶紧看看咱班的微信群吧，里面都炸锅了。"刘老师赶紧打开班级微信群，看到新消息竟然有 100 多条。翻到顶端，原来是班里张××的家长，说昨天她孩子回家后，开始拉肚子，后又有点发烧，说是中午食堂的红烧肉吃出了问题，孩子食物中毒，孩子说吃的时候就觉得有点酸，像坏了似的。紧接着，有两个学生的家长也说，昨天晚上孩子也有些拉肚子，不舒服。然后，就有一个家长开始声讨学校，说这么一个大的学校餐饮卫生不过关，应该有个说法。有的家长开始出谋划策，说要讨要赔偿费，有的说应该向教育局反映反映。有的家长，说起上个礼拜，孩子回家说不舒服，怀疑是吃了学校食堂的不洁饭菜……刘老师看到这，立刻认识到问题的重要性。于是进行了一系列的"危机公关"。刘老师首先声明自己忙于早自习，才看见群里的消息，抱歉看到晚了；接着直接@了张××的家长和其他两位附和的家长，说别着急，先送孩子去医院检查和治疗，看是不是真的是食物中毒，拿出医院的诊断，如果是学校的责任，肯定会第一时间联系学校进行处理。同时也@所有的家长说，请大家都不要着急，等医院的诊断结果和学校的处理结果，一定会在群里给大家一个回复。并说作为教师，她本人愿意代表班级学生，就餐食卫生问题，向学校后勤部门做一提醒。刘老师的微信沟通后，家长群里没有了声音，一些家长说相信学校，自己的孩子昨天也吃了红烧肉，没有不舒服。刘老师说，谢谢大家的理解，后续消息会在群里予以通告，希望在事情没有结论之前，大家不要随便发表议论了。这句话之后，微信群里安静下来。刘老师感觉事情并没有结束，向德育主任反映了情况。德育主任第一时间询问了其他班级是否有孩子生病的情况，并没有，便将知悉的情况第一时间转达给校长。校长马上让后勤主任对昨天留下的饭菜样例送到卫生检疫部门进行了检查，发现饭菜卫生达标。之后，家长发来信息，说孩子是感冒，没有食物中毒。刘老师即时在班级微信群里转达了调查结果，自己终于松了一口气。

对于教师来说，既然家校冲突不可避免，我们更应该着力于如何预防和化解冲突。目前教师一般通过微信群来出来家校沟通事项，我们就以本案例为示范，探讨如何正确运用法律思维来化解冲突。[①]

1. 承担责任原则（Shoulder the matter）。任何问题发生后，初步厘清责任十分重要。对于教师而言，可能出现以下情形：（1）如果不是教师自身造成的，需要联系学校进行处理，那么一定要发表协助解决的回应，进行转达；（2）如果是因为处理学生问题的方法和立场引起家长质疑，那么第一句就应该是感谢，而不是"怼"，特别是当家长很在意感受的时候，更要首先从家长角度进行安慰，创造良好的沟通前提；（3）如果的确是班主任工作失误引起的质疑，就要主动承担、表示歉意，及时提出化解办法。总之，认真负责、不敷衍是前提。

2. 真诚沟通原则（Sincerity）。对教师来说，家校群是工作阵地，同样也是教育精神、教育理念传播的阵地，因此必须以自信、坦诚、公正、包容的态度与家长沟通：当家长提出质疑时，教师要诚挚耐心地进行沟通。如果比较简单的事情，慢慢就能把话说开.消

---

① 丁祎.用"危机公关5S原则"化解家长质疑[J].班主任，2020(12).

弭误会；即便是相对复杂的问题，在老师耐心细致的对话沟通下，也能逐渐获得家长的信任理解，有利于问题的解决。

3. 速度第一原则（Speed）。作为家校群的首要责任人，教师的回应速度往往决定着话题的走向和发酵程度，家长群内的成员都在密切关注着教师的第一反应。出现质疑，教师必须快速回应、立即行动，控制群内话题的走向，避免群情汹涌，造成事态升级扩大。

4. 系统运行原则（System）。当家校群出现家长质疑时，教师回应质疑、解决问题绝不能是"单线程"的，而要"多线程"开动。全面系统解决。一是进行有效预设，在发送每一条信息之前，都要进行检视和判断，避免漏洞和明显的疏忽，还要对可能出现的问题进行必要预设。二是寻求支援，用事实说话，特别是当质疑一方比较强势时，有必要通过群内其他成员的协助，进行私下沟通，减少不必要的误解；同时，对于一些较为棘手、难以解决的问题，要主动向学校相关工作负责人请示汇报；当出现一时无法解决的问题时，可以在表达有效沟通态度的基础上进行线下、点对点的处理，防止家长负面情绪扩大。

5. 权威证实原则（Standard）。对微信群这种公开化、透明化的场合，回应质疑最有力的方式就是及时在群内公开调查结果、解决方案和相关证明，不偏不倚地进行说明或者佐证。通常，没有相关利益冲突的第三方所做的公正发言，最能赢得群内成员信任。

总结反思

通过本话题的学习，老师们了解了有关教育的重要法律法规，明确了新时代教师的法律权利与义务。基于教师的活动场域，结合案例详细分析教师如何在课堂、课外教学活动和校外实践活动中在法律上保持谨慎和注意，从言语、行动、环境、设备设施、组织、沟通等方面提出了注意细节和行为指导。本话题也围绕学生权益保护，就学生生命健康权、人格隐私权、预防学生犯罪和校园欺凌展开了案例解析，明确保护和预防的措施；围绕教师权益保护和维护，探讨了教师的隐私权、著作权、尤其是解析了有关有偿补课、收受礼物等方面的案例和教师应对策略。本话题的最后，聚焦教师的维权路径，指导教师合理选择维权途径和得当的处置方式，化解危机，维护和主张自身权利。

老师们，通过本话题的学习，您已习得法律知识，确立权利与义务相结合的法律观，期冀您能依法执教，学会用法律视角观察现象，维护学生和自身的合法权益，做一名知法、懂法、用法、护法的具备法律素养的新时代教师。

话题三

努力修炼自我
做身心健康的好老师

主题一　情绪管理是教师的必修课

🚩 **学习目标**

通过本主题的学习，学习者能够：

1. 了解情绪的基本概念与意义；

2. 了解消极情绪管理的方法；

3. 了解积极情绪建设的方法。

人在认识世界、改造世界的过程中，不是无动于衷的。俗语说："人非草木，孰能无情？"人在感觉、知觉、记忆、想象、思维时，总伴有快乐、愤怒、悲哀和恐惧等情绪体验。无论是如快乐的积极情绪还是如悲伤的消极情绪都有其存在的价值，过度的情绪反应总有其消极作用。因此，了解情绪的由来及意义，学习表达情绪的方法，抵御消极情绪的伤害和利用积极情绪的价值，就显得尤为重要。

一、情绪无所谓应不应该

📈 **案例分析**

神经性贪食症女孩

咨询室里来了一个 14 岁女孩，女孩自述体重 160 斤。此次来咨询的原因是她在学校里用吃饭的叉子划伤了一位女同学的脸。

"为什么会动手呢？"咨询师询问，

"因为她们在我后面说胖，虽然说的不是我，我也很不愿意听，就警告他们不要再说了，结果她们故意挑事，还单独指出说我胖得像猪一样。我一生气就划了她们。"

"你小时候胖吗？"

"不，我小时候很瘦！"

"那你什么时候开始胖起来了？那个时候发生了什么吗？"

"恩，十岁的时候吧，我上四年级的时候，发生了什么不记得了，只记得四年级开始我不太爱吃饭了，特别爱吃零食。"

……

经过与女孩和其父母的交流，咨询师发现女孩狂吃零食的状态与其消极情绪密切联系，学习成绩不好吃零食，跟同学老师的关系出问题了吃零食，跟爸爸妈妈和弟弟闹矛盾也吃零食。而最初的那次狂吃零食的经验似乎与弟弟有关系。

原来女孩在七岁之前一直是独生女，七岁时妈妈生了弟弟，本来也没给自己带来多大影响，但每当弟弟跟自己发生冲突时，爸爸妈妈都会武断地批评女孩。女孩感觉爸爸妈妈越来越不爱自己。在十岁的那一年，女孩正在写作业，三岁的弟弟在一边画画，突然弟弟大哭了起来，紧接着，爸爸冲了进来，问弟弟怎么了，弟弟说姐姐把自己的画撕坏了。爸爸听后勃然大怒，也没有询问女孩，直接把女孩拽着衣服扔到了床上，女孩觉得很委屈。因为自己从来没有动过弟弟的画。可是爸爸妈妈总是不分青红皂白地冤枉自己。于是，女孩躺在床上哭了很久，后来慢慢睡着了。晚饭时，妈妈叫女孩吃饭，女孩说自己不想吃。她其实期待妈妈可以安慰一下自己，但是忙碌的妈妈完全没有注意到女孩的需要，还批评女孩说，不吃是吧？不吃拉倒，你现在是越长大越不懂事了，还学会耍脾气了，家里这么忙你怎么就不体谅父母呢？女孩躺在床上，看着吃饭的爸爸妈妈和弟弟，突然觉得他们三人才是一家人，自己根本没有人爱。女孩说如果不是因为自己长得跟父母很像，她都会怀疑自己不是亲生的孩子。那天晚上，父母弟弟都睡了，女孩觉得很饿，又不好意思找父母弄饭吃，就自己找了很多零食吃，那一次的零食让她觉得特别美味。零食给她带来了空前的安慰。从此以后，女孩的体重慢慢上升，越来越胖。只有吃更多的零食才会让她觉得自己有价值，再后来，遇到任何烦心的事情，女孩都会用吃零食来解决问题。

咨询师告诉父母，女孩的症状是神经性的贪食症，背后的成因与女孩感觉自己不被爱有关系，并询问父母是否爱自己的女儿。爸爸妈妈很难过，他们认为自己很爱女儿，从来也没有想过要伤害她，只是当时弟弟年龄小，又是个男孩，家里有重男轻女的思想，加上父母很忙，没有精力顾及女儿的需要。咨询师帮助父母向女孩表达歉意和爱意，父母抱着胖胖的女儿一遍又一遍地说："对不起孩子，我们真的很爱你，抱歉我们伤害了你。"这是心理层面的修复，在现实层面，咨询师也指导父母给予孩子减重减脂的帮助，找专业的健身教练带领孩子完成身体的修复。至此，女孩慢慢调整不再用吃来处理消极情绪。

从上述案例可以看出，首先，情绪是一种主观体验、内心感受，是人脑对客观外界事物与主体需要之间的关系的反映。在案例中我们会看到，当女孩得不到父母公平的对待，甚至被冤枉时，其被爱被尊重的心理需要没有得到满足，因此产生委屈等情绪体验，这种情绪是没有对错之分，没有应该或不应该，而且这情绪是绝对诚实可靠的，带来的结果是女孩用过度摄入零食来抗争消极情绪，而逐渐出现肥胖。其次，父母处理两个孩子关系的方式非常典型，第二个孩子因为年龄小或者性别优势等原因，得到父母更多的关注，如果父母不能意识到三岁的儿子正在用自己的哭闹控制着父母跟姐姐的关系，那父母就没有办法让两个孩子都得到适当的成长。最后，不同的孩子在面对类似的情绪时，表达自己的方式是不同的，神经性贪食症只是其中一个表现而已，我们要根据孩子的自身需要给予不一样的关注，但核心原则是，我们要了解，情绪是携带着能量的，这能量能成就我们，让我们在愉悦时满怀激情的快乐生活，也有可能会打倒我们。

我们要了解情绪，并且成为识别他人情绪，管理和应用自己情绪的高手！

我们将着重探讨三个问题如下：

问题1：面部表情可以完全表达你的情绪吗？

问题2：爱屋及乌是情绪的唯一功能吗？

问题3：激情状态是情绪的常态表现形式吗？

（一）面部表情没有想象的那么靠谱

美国著名人类学家和语言学家伯德惠斯林的研究表明：人大约有25000种面部表情，在日常生活中，55%的信息是靠非语言表情传递的，38%的信息是靠语言表情传递的，只有7%的信息才是靠言语传递的。

因此，在识别他人的情绪时，应把表情与主观体验、生理唤醒三方面有机结合起来，不能把表情作为情绪判断的唯一依据。

由于社会化因素影响，面部表情在判断情绪的过程中没有那么靠谱，要想通过表情认识情绪，我们还需要仰仗身体表情和语调表情。当然人的语调表情的社会化学习也很厉害，所以在通过表情分辨情绪的过程中最靠谱的是身体表情，身体表情很难社会化，它更能反映我们自身情绪的真实状态，比如面对一个你不喜欢的生命，你可以对其微笑，也可以对其轻声细语，但你不能强求自己的身体离其太近，身体的反应才是你对其情绪状态的真实反应。

有时候人们表面上看来很亲近，但在工作合影时，其站位彼此离得很远，或者即使他们站在一起，他们的身体之间的距离也大于同时拍照的其他人，通过这样的观察，你会对人与人的心理距离有所了解。

总之，因为生物性因素，我们可以通过识别自己和他人的面部表情而粗略地了解其情绪状态，因为社会性因素，我们也可以辨认他人情绪的伪装和适当的伪装自己的情绪。

满怀心事的老师，可以在课堂上对学生和颜悦色。很多老师都能够非常敬业的做到这一点，但被压抑的情绪能量总要有所表现。最典型的表现是，很多老师容易出现一放寒暑假就生病的情况。大量的情绪能量被压抑后对身体造成了伤害，在工作放松的情况下以身体疾病表现出来是教师团体中极为常见的行为模式，从心理防御的角度这叫躯体化。所谓躯体化就是当我们可感受到心理压力，有情绪能量无处释放时，我们的身体会出面保护我们，用身体生病来消解这部分能量。

作为新入职的年轻教师，了解这一点极为必要，一方面我们得清楚，因为教师职业道德要求，我们要最大限度地学习管理好自己的情绪，但另外一方面，通过压抑等方式管理的情绪会变着方式损伤我们自己，我们要学习合适的情绪表达方式。

📚 **资料卡**

表情

面部表情指通过眼睛、额眉、鼻颊、口唇等肌肉变化所表现出来的各种情绪，是情绪表达的重要的方式。

有研究表明，最易识别的表情是快乐和痛苦，较难识别的是恐惧和悲哀，最难识别的是怀疑和怜悯。在面部表情识别上，人类具有共同的倾向和规律。面部表情是先天遗传和后天习得的产物。

除了面部表情还有语调表情和姿态表情。语调表情是个体通过语言的语音、语调、响度、节奏、速度等所表现出来的情绪状态。语调表情有时又被称为"副语言"。姿态表情是指颜面以外，身体其他部分所表达的情绪状态，可分为身体表情和手势表情。手势通常和言语一起使用，以补充言语所表达的情绪情感信息；手势也可以单独表达某种思想或情绪情感。手势还可以与面部表情一起表达某种情绪信息。但有时也存在姿态表情与面部表情不一致的情况，由于姿态表达通常并不自如，因而也更加真实。

（二）"爱屋及乌"只是情绪功能的一个方面

爱屋及乌，因为喜爱一座房子，连房顶的乌鸦也被喜爱。这个成语故事告诉我们的是情绪的一个功能，即迁移功能。我们需要在现实层面上应用这个功能，因为爱我们的爱人而格外尊重和爱护她（或他）的父母和亲人，这对我们的两性情感关系的建设极为有益。

除此以外，适应功能，动机功能，组织功能，信号功能和感染功能也是情绪重要的功能。

第一，情绪是个体适应环境、求得生存发展的重要方式。情绪是人类早期赖以生存的手段。如婴儿出生时不具备独立的维持生存的能力，这时主要依赖情绪来传递信息、与成人交流，得到成人的抚养。从成人角度而言，个体可借助各种情绪和情感来了解其自身和他人的处境或状态，以求得良好的适应。

第二，情绪是动机的源泉之一，是动机系统的一个基本成分。它能够激励人的活动，提高人的活动效率。研究表明，适度的紧张和焦虑能促使人积极地思考和解决问题。同时，对于生理内驱力也具有放大信号的作用，成为驱使人们行为的巨大动力。如在危险的情况下，人们产生的恐慌感和急迫感会放大和增强内驱力，使之成为行为的强大动力。

第三，情绪是心理活动的组织者。积极情绪有协调作用，处于积极乐观的情绪状态之下，人容易注意到事物好的一面，其行为比较开放，愿意接纳外界事物，倾向于和善、慷慨和乐于助人；消极情绪有破坏、瓦解作用，而处于消极悲观的情绪状态时，则会万念俱灰，容易放弃自己的愿望，对他人也会变得冷漠、不关心，甚至产生攻击性行为。研究表明，中等强度的愉快情绪，能有利提高认知活动的效果。

第四，情绪在人际之间具有传递信息，沟通思想的功能。这种功能是通过情绪的外部表现、即表情来实现的。表情是言语交流的重要补充，如利用手势、语调，从信息交流的发生上看，表情的交流比言语交流要早得多。在前语言阶段，婴儿与成人相互交流的唯一手段就是情绪。情绪的适应功能也是通过信号交流来实现的。

第五，情绪具有对他人的情绪情感的影响功能。当一个人发生某种情绪时，不仅能自身感受到相应的情绪体验，还能通过表情动作等外显形式表现出来，被他人所察觉，引起他人相应的情绪反应。心理学把这种现象称作移情或感情移入。生活中产生情感共鸣是典型的移情现象，使人与人之间的情绪情感相互影响，正是情绪感染功能的必然结果．所谓"一人向隅，满室不欢"。感染功能为人与人之间的情绪交流提供了可能性，同时也使通过情感影响他人情感，达到情绪情感的控制提供了的途径。

（三）激情是情绪的常态表现中的一种状态

有一种情绪的发生过程十分迅猛，大量的心理能量在极短的时间内喷发而出，有如火山爆发，强度极大。如愤怒时"垂胸顿足"，狂喜时"手舞足蹈"。这就是我们熟悉的情绪的一种——激情。激情是一种强烈的、爆发式的、为时短暂的情绪状态。

激情具有爆发性、冲动性、持续时间短、明确的指向性和明显的外部表现等特点。

激情有积极作用，可化为巨大的激励作用，比如在科学创造、文学创作中表现出来强力优势表现。但激情也有消极作用，常出现"意识狭窄现象"，即个体在激情状态下，认知活动范围缩小，理智分析能力受到抑制，此时个体的自我控制能力减弱，行为容易失控。

激情往往由特定对象引起，如意外的成功会引起狂喜，理想的破灭可导致绝望。这种特定事件往往需要对个体有重大意义，或者在过度抑制后表现出的过度兴奋等。但冲动一过，事过境迁，激情也就弱化或消失了。我们要学习利用激情的积极作用，同时避免消极作用带来的负面影响。

爱情是我们最熟悉的激情情绪，但仅仅依靠爱情维持的关系往往受到激情情绪特点的影响，来得快去得也快。所以婚姻专家一直强调我们要学习经营爱情之后的婚姻，否则很容易激情结婚也激情离婚。

除了激情，我们还有心境、热情和应激三种表现形式。

心境是一种比较微弱，平静而持久的情绪状态。它的发生有时人们根本觉察不到，一种持续时间较长的情绪体验。心境是一种具有非定向性、弥散性的情绪体验，即心境不指向某一特定事物，而是使人们的整个心理活动和行为都染上了某种情绪色彩，对个体的学习、工作和生活均有重要影响。积极乐观的心境可提高人的活动效率；消极悲观的心境会降低认知活动效率，使人丧失信心和希望。

热情是一种强烈、稳定而持久的情绪状态，如我们对祖国的热爱，对事业的热爱。在强度、持续时间与作用范围上介于心境与激情之间。

应激像激情一样，应该被我们重视，应激是由出乎意料的紧张状况所引起的情绪状态，是人对意外的环境刺激做出的适应性反应。超压性和超负荷性是应激最典型的特点。无论在危险情境，还是紧要关头，由于强烈刺激而承受巨大的心理压力。应激状态下，个体必然会在生理、心理上承受超乎寻常负荷，必须充分调动体内各种能量或资源去应付紧急、重大的事变。当个体意识到情境要求超出了自己的应付能力时，就会处于应激状态。下面的表格是研究者对生活事件带来了应激压力感的测量结果，如果你感兴趣，请对照看看生活中在不同的年龄阶段将会经历哪些应激事件，并提前做好心理准备。（如表 3-1 所示）

资料卡

表 3-1 生活事件与压力感

序号	生活事件	压力感	序号	生活事件	压力感
1	丧偶	100	23	儿女长大离家	29
2	离婚	73	24	触犯刑法	29
3	夫妻分居	65	25	取得杰出成就	28
4	坐牢	63	26	妻子开始停止工作	26
5	直属亲属死亡	63	27	开始或结束学校教育	26
6	受伤或生病	53	28	生活条件的改变	25
7	结婚	50	29	改变个人的习惯	24
8	失业	47	30	与上司闹矛盾	23
9	复婚	45	31	工作时间或条件改变	20
10	退休	45	32	迁居	20
11	家庭成员生病	44	33	转学	20
12	怀孕	40	34	娱乐方式的改变	19
13	性生活不和谐	39	35	宗教活动的改变	19
14	新家庭成员诞生	39	36	社会活动的改变	18
15	调整工作	39	37	少量抵押和贷款	17
16	经济地位变化	38	38	改变睡眠习惯	16
17	其他亲友去世	37	39	家庭成员居住条件改变	15

序号	生活事件	压力感	序号	生活事件	压力感
18	改变工作行业	36	40	饮食习惯改变	15
19	一般家庭纠纷	35	41	休假	13
20	借贷大笔款项	31	42	过重大节日	12
21	取消抵押或贷款	30	43	轻度违法	11
22	工作责任改变	29			

二、消极情绪的管理

非常重要的是，消极情绪是有其生物学进化意义的。在进化的过程中，是这些消极情绪保护了我们，让我们得以生存。比如恐惧这种情绪，因为恐惧我们才能做到打得过就打，打不过就跑。恐惧让我们在进化的过程中远离狮口，得以逃生和繁衍。从这个角度来说，消极情绪有其积极意义。当然我们也非常清楚，过量的消极情绪会损害健康，伤及心理，带来压力。所以我们要学习的是如何调节消极情绪，而不是消灭它。

在这个部分我们要关注如下三个问题：

问题1：如何识别我们常见的情绪？

问题2：怎么使用消极情绪的自评量表？

问题3：如何进行消极情绪的调节？

（一）常见消极情绪的识别

抑郁、焦虑、愤怒、恐惧、内疚和紧张是我们非常熟悉的情绪名称，它们在认知、生理、心理和行为反应方式上有什么样的表现形式呢？你如果好奇可以从资料卡中了解。（如表3-2所示）

资料卡

表3-2 常见消极情绪及其识别

常见情绪	认知特征	生理特征	心理特征	行为反应
抑郁	自我批评、无望感、自杀思维、无法专心、全面的消极感	失眠、疲倦、睡得更多或更少、吃得更少或更多、体重的变化	悲哀、暴躁、愤怒、内疚和紧张	交往退缩；无法振作
焦虑	消极的自我评价、莫名的担忧	掌心冒汗、肌肉紧张、心跳加速、双颊发红、头昏眼花、呼吸困难	紧张、暴躁和惊恐	回避；总想把事情做得完美；控制
愤怒	受到威胁或伤害、规则受到破坏、不公平感	肌肉紧张、血压升高、心率加快	紧张和暴躁	防卫或拒绝、攻击或争辩、退缩
恐惧	面对或预感有危险/有害刺激	肌肉紧张、身体发凉、心率加快	极端不安	试图逃避、攻击

续表

常见情绪	认知特征	生理特征	心理特征	行为反应
内疚	认为自己做错了事或伤害了他人	身体无力感	自责、羞愧、悔恨	自我惩罚、退缩或回避
紧张	面对或预感有压力	心跳加速、血压升高、身体或声音发抖、双拳紧握、忽冷忽热	不安、烦躁、易怒	退缩或回避

（二）了解一种情绪自评量表的使用

最为常见的情绪自评量表有抑郁和焦虑两种，这些量表虽是翻译得来的，但在国内得到了大量的使用，其信度和效度得到认可。这里我们把焦虑自评量表拿出来，让大家对情绪自评量表有所了解。如果你对自己的焦虑水平有好奇，可以用下面的焦虑自评量表（如表3-3所示）进行测量，测量和评分过程请参照量表中的相关要求进行。但本测试结果的解释及应用必须严格参考后面的注意事项。不建议经常使用，也不建议给他人进行测量。以免凭此结果给自己或他人贴上不必要的情绪标签。如果因此给自己或他人来个焦虑症的诊断就更不可以了，焦虑症是神经症的一种，要想诊断必须去医院专科门诊。

特别强调：

1. 自评量表本身的测量结果极易受到参与人当下情绪状态的影响，所以其结果使用一定要慎重，并与日常生活表现相结合；

2. 如果本人的测评结果和日常生活表现均显示出严重的焦虑状态，请寻求专业帮助；

3. 本自评量表的使用禁忌，虽然这是公开发表的量表，使用对象广泛，有较好的信效度，但是还是不建议老师用此量表给学生进行测量；

4. 面对部分学生在医疗机构所获得的焦虑自评结果，作为教师要客观看待结果，积极看待结果提供的提示信息，并与其家长共同协商如何找到帮助学生的途径；

5. 如果对学生的测评结果的应用没有信心，一定要求助于心理教师、心理咨询师或心理医生等相关专业人士。

资料卡

表3-3 焦虑自评量表（SAS）

指导语：请根据您一周来的实际感觉在适当的数字上划上"√"表示，请不要漏评任何一个项目，也不要在相同的一个项目上重复地评定					
序号	题目	没有或很少时间有	有时有	大部分时间有	绝大部分或全部时间都有	评分
1	我觉得比平常容易紧张和着急（焦虑）					
2	我无缘无故地感到害怕（害怕）					

序号	题目	没有或很少时间有	有时有	大部分时间有	绝大部分或全部时间都有	评分
	指导语：请根据您一周来的实际感觉在适当的数字上划上"√"表示，请不要漏评任何一个项目，也不要在相同的一个项目上重复地评定					
3	我容易心里烦乱或觉得惊恐(惊恐)					
4	我觉得我可能将要发疯（发疯感）					
5*	我觉得一切都很好，也不会发生什么不幸（不幸预感）					
6	我手脚发抖打颤（手足颤抖）					
7	我因为头痛，颈痛和背痛而苦恼（躯体疼痛）					
8	我感觉容易衰弱和疲乏（乏力）					
9*	我觉得心平气和，并且容易安静坐着（静坐不能）					
10	我觉得心跳很快（心慌）					
11	我因为一阵阵头晕而苦恼（头昏）					
12	我有晕倒发作或觉得要晕倒似的（晕厥感）					
13*	我呼气吸气都感到很容易（呼吸困难）					
14	我手脚麻木和刺痛(手足刺痛)					
15	我因为胃痛和消化不良而苦恼（胃痛或消化不良）					
16	我常常要小便（尿意频数）					
17*	我的手常常是干燥温暖的（多汗）					
18	我脸红发热（面部潮红）					
19*	我容易入睡并且一夜睡得很好（睡眠障碍）					
20	我做恶梦					
总分统计						

评分方法：没有或很少时间得1分，有时有得2分，大部分时间有得3分，绝大部分或全部时间都有得4分。20个条目中有15项是用负性词陈述的，按上述1~4顺序评分。其余5项（第5，9，13，17，19）注 * 号者，是用正性词陈述的，按4~1顺序反向计分。

　　指标分析：SAS 的主要统计指标为总分。将20个项目的各个得分相加，即得粗分；用粗分乘以1.25以后取整数部分，就得到标准分,或者可以查表作相同的转换（篇幅所限，此处不提供，如需要可以查阅《心理测评手册》获取）。

　　结果解释：按照中国常模结果，SAS 标准分的分界值为50分，其中50~59分为轻度焦虑，60~69分为中度焦虑，70分以上为重度焦虑。

注意事项：

（1）焦虑自评量表（Self-Rating Anxiety Scale SAS）由华裔教授 Zung 编制（1971）。在中国心理卫生杂志主编的《心理测量》一书中有收录；

（2）SAS 采用 4 级评分，主要评定症状出现的频度，其标准为："1"表示没有或很少时间有；"2"表示有时有；"3"表示大部分时间有；"4"表示绝大部分或全部时间都有；

（3）由于焦虑是神经症的共同症状，故 SAS 在各类神经症鉴别中作用不大；

（4）关于焦虑症状的临床分级，除参考量表分值外，主要还应根据临床症状，特别是要害症状的程度来划分，量表总分值仅能作为一项参考指标而非绝对标准。

（三）消极情绪与健康

1. 健康心理学的观点

健康心理学作为年轻的心理学分支，提出了身心一体的概念，认为人的身体健康会影响心理健康（带来消极情绪反应），造成我们熟悉的"身心疾病"，比如感冒发烧这样极其常见的身体不适都会让人情绪低落。健康心理学把因为情绪问题而影响身体健康的疾病命名为"心身疾病"。北京大学第六附属医院的丛中教授跟他的学生在研究中发现，60% ~ 90% 的内科疾病与情绪密切相关。小到感冒大到癌症都与情绪密切相关。研究者发现高血压和糖尿病与愤怒情绪之间密切相关。研究发现愤怒与高水平的去甲肾上腺素联系在一起，而后者往往能使血管缩小，增高血压。1982 年，Diamond 阐述了愤怒对高血压和冠心病的消极影响，他把高血压患者描述为"心中充满敌意并一直压抑冲动的人"。同一年，Gentry 用一千多个被试的大样本研究，证明了长期压抑愤怒会提高了罹患高血压的风险。

2. 中医关于情绪的观点

中医把人的情志活动，分为喜、怒、忧、思、悲、恐、惊七种，也称为七情，并认为喜伤心，怒伤肝，忧悲伤肺，思伤脾，恐伤肾，惊伤心胆。我们熟悉的范进中举的故事中，可以看到大喜过望对人的损伤。但必须强调的是，不同的情绪对人的影响受到人自身的情绪调节能力和不同人的内脏器官的健康水平的影响，而表现差异很大。下面的案例帮助我们理解过度忧虑和悲伤对肺部的影响。

案例分析

情绪带来的肺部阴影

吴女士，45 岁，因肺部阴影和明显的呼吸系统不适而住进了传染病医院，医生经过肺部扫描怀疑其罹患肺结核，但结核菌培养实验检验却没有发现结核菌的存在。那这肺部的阴影如何而来？在经过一系列医院检查后，发现吴女士身体没有明显的阳性症状，于是医生建议心理咨询。在心理咨询师的帮助下，发现其肺部阴影是来源其重要的家庭生活事件，其丈夫婚内出轨。吴女士和丈夫是大学同学，为了支持丈夫事业的发展，吴女士动用了自己原生家庭的资源鼎力相助，并且在二十多年的婚姻生活中，把自己更多的时间和精力投入家庭生活，牺牲了自己事业发展的可能性。但后来，丈夫移情自己公司的女性副总。这给吴女士带来了强烈的心理冲击。但为了女儿的健康成长，也为了维护自己婚姻的良好形象，吴女士选择了沉默和压抑。这样的强烈的忧悲情绪引起了呼吸系统的不适，在肺部扫描时也发现了阴影。

在心理咨询的帮助下，吴女士的呼吸不适慢慢得以缓解，三个月后肺部检查阴影部分也消失。

情绪调节能力强的人，即使面对强烈的消极情绪刺激也未必表现出身体疾病。身体内脏器官健康水平高的人，再强烈的情绪刺激也不能影响到其健康。但对于普通水平来说，消极情绪是会有危害的。最容易观察的是，很多人胃部的不适如果不是由胃部物理性病变引起的，那一定是情绪带来的影响。心理临床工作者普遍认同所有的消极情绪都会影响胃部的健康。如果一个人胃部的先天遗传比较敏感（比如有家族性的胃病史），那么后天的情绪变化对胃部的损伤就会表现得更明显。我们比较容易见到其经常性的胃部不适，胃疼、胃溃疡甚至更严重的疾病状态都会被观察到。

三、消极情绪的调节与管理

亚里士多德关于情绪调节的警示："如果你要发怒，必须选择合适的对象，把握正确的程度，确定正确的时间，为了正确的目的，通过正确的方式。"

我们关注三个问题：

问题1：情绪调节之前我们要做些什么？

问题2：情绪调节的基本内容有哪些？

问题3：常用的消极情绪管理方式有哪些？

（一）情绪需要被还原

情绪的产生受到三个因素的影响，分别是生理因素、心理因素和环境因素（家庭、学校、社会），其中心理因素是决定性的，而环境因素中的家庭因素影响力最为深刻。我们在之前的案例分析中可见一斑。

正确表达情绪体验需要我们首先确定真实的情绪，探索明确情绪发生的原因。在此基础上，我们还要让我们的情绪体验与情境刺激相一致，最后我们的情绪体验要有一定的作用时间限度。情绪体验与情境刺激一致的表现是，有不满足需要的刺激出现时，我们出现情绪，这个刺激消失了，我们的情绪也随之消失。通常情况下，情绪的持续时间不会超过15天，如果刺激消失15天情绪依然存在并且这种情绪影响了我们正常的生活，那这就成为必须要重视的情绪问题。需要我们去面对，寻找进一步的情绪解决的方案。

有的时候我们表达的情绪与我们真实的情绪之间是存在差异的，下面的案例分析将有所体现。

📊 案例分析

亲爱的，我是委屈了不是生气了

在一个已婚两地分居的女士身上我们看到了这种次生情绪掩盖原生情绪带来的困难。姜女士已婚，但跟自己的爱人是"周末夫妻"，新婚一年后，每次爱人行色匆匆赶回来相聚都会以不快争执，爱人提前离家而收场。当我们去探讨这背后的原因时，姜发现，每次自己都对爱人表现出来的低下的生活能力愤怒，而爱人在亲密关系的应对中不愿意正面冲突，所以就选择提前结束周末生活返回自己的城市。那么这个愤怒的背后是什么呢，姜明明知道从校园走进婚姻的他们两个人都不善家事，自己在学校当老师，住在学校的家属楼里，下班回家还有时间自己做做饭，弄弄家，所以自己的生活能力显著提升，但自己的爱人毕业结婚后一直住在单位宿舍，吃食堂经常出差的爱人在做饭做家务方面因为没有学习锻炼的机会而毫无进展。既然明白这一点那为什么还会在爱人表现出无能为力时勃然大怒呢？因为每天从家里进进出出看到同事们都是成双成对，只有自己身单影只，心里感觉很孤单也很委屈，见到爱人时又不知道应该如何表达自己的孤单和委屈，所以才用生气来表达。在经过仔细的挖掘后，姜找到了自己的真实情绪，她立即给爱人打电话表达歉意，并表达自己的孤单和委屈以及希望得到爱人陪伴的需要，两个人的关系得以修复，他们未来需要共同面对的是如何解决两地分居的事宜。

情绪是分层的，包含原生情绪和次生情绪，原生情绪一个人最基本的、最直接的对某个情境的最初反映。如，对丧失的哀伤。次生情绪是一种防御，以使原生情绪被掩盖或指向相反。如，害怕时的愤怒。很显然，在这个案例中我们能发现，如果我们不能区分自己的原生情绪和次生情绪，会带来人际互动过程中的困难。通常情况下，愤怒情绪是最容易被选择来充当情绪外衣的，因为愤怒情绪的生理反应方式让我们自己感觉更有力量感，每个人都要询问自己最擅长使用的情绪外衣是什么？有没有发现明明我们想要表达的是看到学生没有写完作业的担心和着急，而表现出来的却是对其没有完成作业的愤怒？还有对外出聚餐喝了酒晚回家的爱人，我们真实的情绪是担心（担心人身安全）和心疼（心疼其喝酒伤身），但我们表达出来的却是生气。

请你思考：你常用的情绪外壳是什么？

（二）情绪调节的基本步骤

1.什么是情绪调节

情绪调节是个体管理和改变自己或他人情绪的过程，在这个过程中，通过一定的策略和机制，使情绪在生理活动、主观体验、表情行为等方面发生一定的变化。

2.情绪调节的内容

（1）具体情绪的调节——包括所有的正性和负性的情绪。

（2）唤醒水平的调节——个体对自己情绪的唤醒水平的调节。主要对过高的唤醒水平和强烈的情绪体验，但一些较低强度的情绪也需要调节。

（3）情绪成分的调节——包括情绪系统的成分，也包括情绪系统以外的认知与行为。

3.情绪调节的基本过程

（1）生理调节，以一定的生理过程为基础，相应的生理反应模式的变化。

（2）情绪体验调节，情绪的强度具有强与弱两极，每一种从弱到强的情绪中间还存在着许多程度上的差别。如欣喜—欢喜—大喜—狂喜。

（3）行为调节，日常主要采取两种方式：抑制和掩盖不适当的情绪表达；表达适当的交流信息。

（4）认知调节，对唤起的原因的解释；对反应进行评价等。

（5）人际调节，属于社会调节或外部环境的调节，如，对关系密切者发出情绪信号等。

（三）消极情绪表达的方法集锦

1.宣泄——安全的表达

如在至亲面前的口头诉说；在朋友面前的泪流满面；或者把对某个人的不满写下来；找个没有人的楼宇高声喊叫。你也可以通过跟人交流和沟通缓解你70%的情绪问题，而且当我们用语言把我们的情绪问题表达出来，本身就是对情绪问题的梳理和管理。在与人沟通交流的过程中，对情绪刺激的再认识也可以改变我们情绪问题，完成情绪管理的过程。

这都是宣泄法表达的方式，但是宣泄法的前提是不伤害他人，也不伤害关系，比如让你不满意的是你的同事，你不能直接去对人家大喊大叫，即使你所面对的学生比较弱小你也不能对其不加思考的批评指责，这样的场景是会伤害到学生的，也会让你跟学生或家长的关系变得紧张。

即使这样的宣泄不会带来关系的危机，那会不会影响情绪表达者自己呢？积极心理学研究者发现，不加节制的情绪表达会带自身身体上的伤害，比如愤怒表达者血压会急剧升高，反而是主动选择压抑自己的愤怒情绪更有利于自己身体健康。所以消极情绪的管理中，适当压抑是极为重要的。

2.关注呼吸调整情绪

腹式呼吸吸入的氧量高于正常情况下的两到三倍，腹式深呼吸简单易学，站、立、坐、卧皆可，随时可行。我们可以参考资料卡进行学习和练习，并应用到日常的情绪调节中。

资料卡

腹式呼吸练习方法

吸气——采取仰卧或舒适的坐姿，可以把一只手放在腹部肚脐处，放松全身，先自然呼吸，然后吸气，最大限度地向外扩张腹部，使腹部鼓起，胸部保持不动。

呼气——腹部自然凹进，向内朝脊柱方向收，胸部保持不动。最大限度地向内收缩腹部，把所有废气从肺部呼出去，这样做时，横膈膜自然而然地升起。循环往复，保持每一次呼吸的节奏一致，细心体会腹部的一起一落。

注意事项：

（1）呼吸要深长而缓慢；

（2）用鼻吸气用口呼气；

（3）一呼一吸掌握在 15 秒钟左右。即深吸气（鼓起肚子）3 ~ 5 秒，屏息 1 秒，然后慢呼气（回缩肚子）3 ~ 5 秒，屏息 1 秒；

（4）每次 5 ~ 15 分钟。做 30 分钟最好；

（5）身体好的人，屏息时间可延长，呼吸节奏尽量放慢加深。身体差的人，可以不屏息，但气要吸足。每天练习 1 ~ 2 次，坐式、卧式、走式、跑式皆可，练到微热微汗即可。腹部尽量做到鼓起缩回 50 ~ 100 次。呼吸过程中如有口津溢出，可徐徐下咽。

3.升华法

在我们遭遇情绪困难和压力的时候，如果我们可以把自己所经历的事情用生动的文字描述出来，说不定就会留下旷世之作，因为记录人性层面的故事总是会打动人，感染人。《少年维特之烦恼》就是歌德在遭遇人生困境时所完成的一部自传体性质的小说，小说里歌德把自己人生中遭遇的亲情分离之苦，友情的生离死别之苦以及爱情上的单相思之苦表达得淋漓尽致。

除去写作，做公益，做有意义的事情，帮助他人或有益于社会也能让我们暂时摆脱情绪牢笼，获得力量感，而这份力量感也可以终结情绪的阴霾。获得生命中的感动和自我价值感。

寻找生命的意义，是可以很好地应对情绪问题的，如果我们在认知上可以把过有意义的人生作为生命的追求，那么我们就能心情愉悦的过好每一分钟，每一天和每一年。

为工作的意义而工作更能带来心理的满足感，工作中遭遇任何困难都不再带来巨大的情绪反应和超限的消极情绪反应。如果可以把困难看成挑战和机遇，因此感受到的积极情绪更能保持从业者对工作的忠诚。

四、主动建设积极情绪

积极情绪是一种能够反映与环境相关的愉快情感，包括高兴、喜悦、兴奋、愉快、满足、爱和幸福等（Clark et al.1989）。积极情绪是一种内在的心理力量，这种力量能减弱反应性和压力，有助于心理创伤的愈合，增强适应能力，增进幸福感，提高对生活的满足感。积极情绪能鼓励人们找到机遇，创造积极的循环，促进人的成功，还能增强人的免疫力，创造更健康的生活。研究者发现，快乐和乐观能提高绩效，让我们获得竞争优势，所以快乐被称为"快乐优势"，也叫快乐竞争力。不同诱发情绪下，同卵双生的脑电研究得到如下的结果：快乐能提高大脑学习中枢的激活水平，提高记忆力，快乐能使注意范围更广，快乐能使大脑产生和保持更多的神经联结，改善思考的神经物质基础。

我们关注如下三个问题：

问题1：脑科学为积极情绪建设提供了哪些支持？

问题2：建设积极情绪的具体操作有哪些？

问题3：如何重塑积极体验？

（一）脑科学教会我们如何积极应对

脑科学专家告诉我们，大脑中有三种神经递质对我们缓解情绪等因素带来是心理压力有帮助。

第一种是多巴胺，多巴胺能带来愉悦感，尤其是与学习相关联的活动，学习后的收获和胜任能大大增加多巴胺的分泌，带来充分的喜悦，每一个在学习上有过优秀表现的人，都能在记忆中找到这样熟悉的感觉，你作为班级里唯一一个解出那道数学题的人，一天你都感觉自己在云端飞翔。一个人如果什么都不学习，他就不能体会到快乐的感觉。无论在人生的那个阶段，我们都可以通过学习新的有意义的东西来增加大脑中多巴胺的含量，从而感受快乐。

第二种是去甲肾上腺激素，跟多巴胺一样，也是一种兴奋激素，适量的去甲肾上腺激素能给大脑带来适度的紧张，使工作记忆顺利进行，人类进化到现在，去甲肾上腺激素是最大功臣，但过量的这种激素会带来大脑的失控。过量的该激素能让我从享受工作变成工作狂。

第三种是血清素，血清素有一个非常重要的功能，就是调节多巴胺和去甲肾上腺激素过量分泌带来消极作用，所以刺激血清素的分泌非常重要，研究者发现韵律运动能促进血清素的分泌。广场舞就是韵律运动的一种形式。所以广场舞能带来参与者的积极情绪体验。

在此基础上，我们要想让我们大脑发挥积极作用助力我们的情绪建设，我们需要尽力维护大脑的健康发展，疲惫时充足的睡眠，清醒时适量的韵律运动，情绪压力大的时候流下动情的眼泪，拥有梦想和希望，与他人保持良好的人际关系，对生命满怀悲悯之心，所有这些都能保护脑的健康。研究者发现当你通过轻拍后背的方式来安慰伤悲的人，不但被拍的人血清素上升，拍背的人血清素浓度也上升了，安慰别人也安慰了自己。面对生命要心存善念，因为每个人的人生都在打一场硬仗。

（二）积极情绪建设的有效策略

1. 哭泣——提升身体免疫力的情绪处理方式

人的眼泪有三种，一是基础分泌的眼泪，主要是保护和滋润眼睛。二是反射性的眼泪，主要是洗去进入眼睛的异物。三是动情的眼泪，是人在悲伤、感动等情绪下流出的动情之泪，动情的眼泪有很好的缓解情绪压力的作用。脑科学研究者发现，动情的眼泪能瞬间切换交感神经和副交感神经的身份，因为泪腺处于副交感神经的控制，哭泣时可以让大脑暂时处于节律性的休息状态，这是深度睡眠才具有的功能，在清醒状态下，只有动情的眼泪才具有这样的切换作用。幼年孩子因为委屈而流下的眼泪，青春期孩子因为后悔而流下的眼泪，奥运赛场上运动员的激动泪水，都是这样的动情之泪，可以瞬间缓解压力。抑郁症患者有时候会表现出即使有情绪也没有眼泪的情况，主要是因为大脑相应的功能区功能低下所致。

研究者还发现，动情之泪在激活副交感神经的同时还可以激活副交感神经控制下的免疫系统。也就是说哭泣不仅仅缓解情绪压力，还能提升免疫力。进一步的研究发现，哭泣对大脑血流量的影响要远远高于笑，尽管研究者也证明笑有很好的缓解情绪压力的作用。但动情之泪的效果更好的多。唯一的问题是动情之泪要有很多的禁忌，比如要注意哭泣的场合，工作环境不适合流泪。要注意哭泣的频率，哭泣会带来身体的疲惫，不适宜经常进行，每天都哭，我们还会担心其抑郁状态严重，所以建议大家可以根据自身需要选择周期性的哭泣。要注意选择合适的陪伴者，如果能跟有相同情绪压力的人一起哭，效果会更好。跟同感的人在家里通过看一部感人至深的电影来完成这个过程是非常合适的，但动情之泪的到来需要前期的准备与酝酿，所以看电影不能只看感人的一个小节，要从头到尾看完整。恋爱期的人选择看爱情电影，有孩子的人可以选择看与养育有关的电影，关于动物的或描述人性光辉的电影适合所有人。几个失恋的姐妹一起看场爱情的电影，一起用眼泪纪念一下过去的那段感情，或许能帮助我们快速从失恋的痛苦中走出来，迎接新的生活。

2. 运动法

运动可以增加血清素、去甲肾上腺素和多巴胺的水平，而这些激素都是传递情绪情感的重要神经递质。因为血清素的缺乏与抑郁症密切相关，所以运动对抑郁症有极好的治疗效果。2000年10月，杜克大学的研究人员发现运动对抑郁症的治疗效果好于药物。运动可以让我们神经细胞增加。

运动能改善压力情况，带来消极情绪的舒解。运动消耗情绪能量，每周三次，每次30分钟的运动能大大缓解一个人的抑郁情绪。在所有的运动中，游泳中水的滋养效果更有利于愤怒情绪的缓解。蹦床等冒险性的运动更有利于消除胆怯的情绪。研究者也发现挥拍运动对情绪能量的舒解效果最好。所以为自己选择一个如乒乓球、羽毛球、网球或者棒球这样的运动项目，并且按照一定的频率主动完成训练将帮助我们从繁重的工作中暂时性的摆脱出来，而运动带来的轻松愉悦又会让我们以更加饱满的热情投入到生活和工作，这将是一个良性的循环过程。

但是，强制性的锻炼没有自主性锻炼效果好，自主性的运动带给人的价值更高。所以无论是从情绪管理层面上还是从运动健身之道的建立，我们都需要首先在认知上把运动放在极为重要的位置，然后根据自己的实际条件选择合适的运动项目。

3. 幽默法——智慧与能力的彰显

幽默的人喜欢说笑话，给别人带来欢笑，也愉悦自己。他们总是看到事情光明一面。他们会擅长把工作或生活与乐趣联系在一起，在生活和工作中感受乐趣。幽默可以帮助我们化解尴尬和危机。希腊大哲人苏格拉底，娶了姗蒂柏（Xantippe），她是有名的悍妇，常作河东狮吼。两口子婚后经常吵架。有一次，俩人又吵上了，苏先生最后走为上策，离家前往广场躲避。刚出门，老婆从楼上一盆冷水直冲而下，把苏先生浇了个落汤鸡。苏老先生自言自语："我就知道，电闪雷鸣之后必有暴雨倾盆！"幽默是人的积极心理素质，幽默的背后是智慧和能力。幽默可以通过学习和练习获得。

4. 愉快法——积极心理学提供的有效方法

每天记录生活中的幸福事件可以很好的改善情绪问题，幸福日记或者幸福账本是积极心理学帮助我们获得幸福感的非常重要的手段和方法。

活动体验

幸福账本

第一步：为自己找一个记录本，在本子的第一页画上十颗五角星，每颗星星代表十分，你自己看看可以得多少分，并把自己的评分在星星上表达出来，选择你喜欢的颜色，把得分涂在星星上。

第二步：看着你的涂色星星，思考这些幸福的来源，最好能用具体的事件进行表达，比如找到了工作，遇到了爱人或朋友，吃到了美食，学到了授课的方法等。

第三步：跟你愿意分享的人，分享你的幸福账本，并听听他或她的幸福指数和幸福事件。

第四步：分享后重新审视自己的幸福账本，看看幸福分数有没有变化。

第五步：以天为单位，或者以周为单位，记录你遇到的所有带给你快乐幸福感觉的人或事，不断丰富你的幸福账本。

第六步：每过一段时间（一个月或者一年），自己翻阅一下自己的幸福账本，看看有哪些幸福和快乐现在还能让你心动，让你感恩，让你感觉幸福和快乐。

（三）拥有心理支持系统重塑积极体验

良好的人际关系是一个人心理健康的重要指标，真挚的亲情友情和爱情能在你遭遇困难时提供必要的心理支持，我们要通过建设性的心理支持系统来抵御情绪问题，拥有三五知己，无论是物质还是精神上都有他们给予支持，当然这样的支持系统需要我们用心去维护。

1. 让家庭之爱助力积极情绪体验

我们要尽力把自己的父母、爱人植入这个支持系统里来，毕竟在世界上至亲和爱人是人际距离最近的人。在消极情绪管理和积极情绪建设过程中最能给予我们体谅和支持。心理学家辛迪·哈赞（Cindy Hazan）告诉我们，爱有三种：第一种爱能给我们舒适、接纳和帮助，可以提升我们的信心，指引我们的方向，我们也会爱对方，如父母给予我们的爱；第二种爱是我们会爱那些依赖我们为生的人，如我们给予子女或学生的爱；第三种爱是浪漫的爱——把对方理想化，将双方的优势和美德放大，缺点缩小，如爱人间的爱。家庭生活中，我们能深入体会这三种形式的爱。感受到爱可以极好地抵御消极情绪对人的困扰。从这一点来说，建设温馨幸福的家庭是极为重要的。同时，家庭作为社会的重要组成单元，对国家发展和社会进步来说也有极为重要的意义。拥有爱的基础上我们可以练习重塑积极体验，拥有更多的积极情绪。

2. 利用大脑可塑性助力积极情绪体验

体验和经历不仅会使你的大脑生出新的突触（单此一项就非常了不起），还能以某种方式深入到你的基因中（进入神经细胞的 DNA 螺旋分子结构当中的原子当中），进而改变其运动方式。举个例子，伦敦的出租车司机能够记住城市各个角落的意大利面馆的位置，他们大脑的海马体神经层比较厚，这一区域能够帮助人们形成视觉—空间记忆，司机们经常使用这一区域，使其长出了新的组织，就像肌肉得到锻炼会增长一样，海马体得到锻炼也增厚了。这告诉我们，体验的作用非同一般。实际上，我们所关注的东西便是我们的大脑的塑造者。这意味着我们可以随意延长甚至创造体验来更好地塑造我们的大脑。积极体验总能带来收获，几乎没有痛苦，如果我们可以内化这些积极体验，还有一些普遍的好处，比如保持积极状态，避免消极情绪等。所以，每一个人都有能力让自己的大脑改进的很好，只要我们关注积极的事物，并把积极事物带来的积极体验保持更久。除了能让我们当下的感觉良好之外，这样的做法还能带来持久的好处，那就是我们会在大脑里创建一种新的神经回路，这就是重塑积极体验。

活动体验

重塑积极体验

当你遇到困难或者感到不自在时，我们可以按照如下的方式重塑积极体验。

第一步，要与你的体验同在，观察它，接受它，哪怕这种感觉是令人痛苦的。

第二步，通过放松身体的方式来缓解负面情绪的感受。

第三步，用一些积极的东西来取而代之。

例如，你可以回忆一下跟欣赏你的人在一起时的感觉，然后让这种感觉驻留10 ~ 20秒。

如前所言，情绪作为一种主观的心理体验，无论积极还是消极，都有其存在的理由和意义，我们不能消灭它，但可以尝试着与其和谐相处，用我们的智慧和勇气成为情绪管理的主人。

总结反思

本主题围绕教师情绪管理的意义与方法展开，采用案例分析与实操训练等方式进行。通过本主题学习，教师能了解消极情绪的意义与价值，接纳消极情绪并能适当管理它。同时也能了解积极情绪的价值，并学习积极情绪打造的方法。在此基础上可以理解和接纳学生的情绪问题，善待尊重学生的情绪表达，并引领学生的情绪状态。

主题二　做和谐人际关系的建设者

学习目标

通过本主题的学习，学习者能够：

1. 了解自我统一的标准和方法；

2. 了解自我悦纳的标准和方法；

3. 了解和谐同事关系建立方法；

4. 了解和谐师生关系培养策略。

和谐的人际关系不仅是快乐生活的首要因素，也是有效的教育教学得以展开的先决条件。和谐人际关系建立与改善有一定的规律性，作为教师需要了解这些规律并在实践中加以运用。

一、和谐的自我统一

如果一个人不能正确的认识自我，看不到自我的优点，觉得处处不如别人，就会产生自卑，丧失信心，做事畏缩不前……相反，如果一个人过高地估计自己，也会骄傲自大、盲目乐观，导致工作的失误。因此，恰当地认知自己，做到内心的和谐统一能够克服这些不切实际的想法，还能够全面地认识自己，让自己始终保持一种平和的精神状态，保持愉悦的心境。

资料卡

苏格拉底的遗憾①

古希腊的大哲学家苏格拉底，在临终前有一个不小的遗憾——他多年的得力助手，居然在半年多的时间里，没能给他找到一个最优秀的关门弟子。

事情是这样的。苏格拉底在风烛残年之际，知道自己时日不多了，就想考验和点化一下他的那位平时看来很不错的助手。他把助手叫到床前说："我的蜡烛所剩不多了，得找另一根蜡烛接着点下去，你明白我的意思吗？"

"明白。"那位助手赶忙说："您的思想光辉是得很好地传承下去……"

---

① 苏格拉底的遗憾. 小学阅读指南（高年级版）[J]，2015(08).

"可是，我需要一位最优秀的传承者，他不但要有相当的智慧，还必须有充分的信心和非凡的勇气……这样的人选直到目前我还未见到，你帮我寻找和发掘一位好吗？"苏格拉底慢悠悠地说。

"好的，好的。"助手很温顺很尊重地说："我一定竭尽全力地去寻找，以不辜负您的栽培和信任。"苏格拉底笑了笑，没再说什么。

那位忠诚而勤奋的助手，不辞辛劳地通过各种渠道开始四处寻找了。可他领来一位又一位，总被苏格拉底一一婉言谢绝了。有一次，当那位助手再次无功而返地回到苏格拉底病床前时，病入膏肓的苏格拉底硬撑着坐起来，抚着那位助手的肩膀说："真是辛苦你了，不过，你找来的那些人，其实还不如你……"

"我一定加倍努力，"助手言辞恳切地说："找遍城乡各地，找遍五湖四海，我也要把最优秀的人选挖掘出来，举荐给您。"苏格拉底笑笑，不再说话。

半年之后，苏格拉底眼看就要告别人世，最优秀的人选还是没有眉目。助手非常惭愧，泪流满面地坐在病床边，语气沉重地说："我真对不起您，让您失望了！"

"失望的是我，对不起的却是你自己。"苏格拉底说到这里，很失意地闭上眼睛，停顿了许久，才又不无遗憾地说："本来，最优秀的就是你自己，只是你不敢相信自己，才把自己给忽略了，给丢失了……其实，每个人都是最优秀的，差别就在于如何认识自己，如何发掘和重用自己……"话没说完，一代哲人就永远离开了他曾经深切关注着的这个世界。

"如何认识自己"是"苏格拉底的遗憾"带给我们的启示。美国著名心理学家埃里克森提出了自我同一性理论，自我同一性是指个体在寻求自我的发展中，对自我的确认和对有关自我发展的一些重大问题，诸如理想、职业、价值观、人生观等的思考和选择。自我同一性就是对"我是谁"、"我将来的发展方向"以及"我如何适应社会"等问题坚定的、一贯的认识。一个内心有着和谐自我统一的人是指个体在客观、全面地认识自己后，对自身以及自身所具特征所持的一种积极的态度，即能欣然接受自己现实中的优点和缺点，不因自身优点而骄傲，也不因自己的缺点而自卑。

我们将探讨两个问题：

问题1：和谐的自我统一的标准是什么？

问题2：教师如何做到自我统一？

（一）和谐的自我统一的标准

自我统一是心理健康的重要标准，是人类自身内在的一种成功机制，在人才发展中发挥着重要作用。

1.自知之明

自我统一，应该是一个有自知之明的人，既知道自己的优势，也知道自己的劣势，能正确评价自我和发展自我。

2. 整合的自我意识

自我统一的人，应是自我认识、自我体验和自我控制协调一致的人。

3. 自我肯定

自我统一的人，应该是积极自我肯定的、独立的并与外界保持一致的人。

4. 理想我与现实我统一

自我统一的人，应该是理想自我和现实自我统一的人，有积极的目标意识和内省意识，积极进取、永无止境。

活动体验

当你独处时，你会在多大程度上关注自己？

下面这些问题取自于费尼格斯坦、沙尔和巴斯设计的量表，其目的是测量内在自我意识（即自我觉知的习惯性倾向）。

使用说明：请尽可能诚实与正确地回答下列问题，回答时以 1 ~ 5 的数字来表示不同的程度：1= 极不符合（跟我很不像）；2= 相当不符合；3= 既不是不符合也不是很符合；4= 相当符合；5= 非常符合。

1. 我总是努力地要了解自己。

2. 一般来说，我很少意识到自己。

3. 我常常反省自己。

4. 我经常成为自己幻想的对象。

5. 我从来没有好好地省视过自己。

6. 我通常很注意自己的内在感受。

7. 我总是不断地检查自己的动机。

8. 我有时候会觉得自己好像有个分身在监督着自己。

9. 我很容易察觉到自己心情的变化。

10. 当我在解决问题时，我会意识到自己心智的动作方式。

计分说明：首先，将你对问题 2 和 5 的答案取反，如果你选的是 1，就变成 5；如果你选是的 2，就变成 4，以此类推。然后将你对 10 个问题的答案相加，你得的分越高，表示你越注重自己。费尼格斯坦、沙尔和巴斯发现一组大学生样本的平均分是 26。

（二）教师如何做到自我统一

心理的和谐统一具体表现为我与自己、我与他人、我与社会等人际关系系统的统一。

1. 我与自己的关系

回答"我是谁"的问题，可以从生理自我、心理自我和社会自我三个方面来分析。生理自我是指个体对自己的生理属性的认识，如身高、体重、长相；心理自我是指个体对自己心理属性的认识，如心理过程、能力、气质、性格等；社会自我是指个体对自己社会属性的认识，如自己在各种社会关系中的角色、地位、权利等。教师的自我统一以对自己有充分的了解的心理和谐为基础。一个心理和谐的人能够了解自我、信任自我、接纳自我、监控自我和完善自我。

活动体验

我是谁

（1）你眼中的自己是一个什么样的人？

请用陈述句，围绕"我是谁"这样一个问题，用20种不同的回答写出能表现自己的句子，并根据下面的示例对你的自我认识进行分组，三个组分别是：生理自我、心理自我和社会自我。

描述示范：

A. 我是一个身高170cm的男生。（生理自我）

B. 我是一个喜欢看书的人。（心理自我）

C. 我是一个在学校受欢迎的人。（社会自我）

（2）他人眼中的你又是什么样的人呢？

可以准备一张白纸，写下自己的姓名和一句话"我是丽丽，我很想知道你们心中我的样子，可以用两个词语形容一下我在你们心中的样子吗？谢谢大家。"或者直接找身边的同事询问他们对你的认知。然后将所得的句子或词语按照如上的三类划分。

（3）每个人对比两张白纸上的内容，填写下面的表格。（如表3-4所示）

表3-4　认知对比表

与自己的关系	我眼中的自己	他人眼中的自己	相同	不同
生理自我				
心理自我				
社会自我				

（4）思考：

他人眼中的自己和我眼中的自己一样吗？

是不是有些方面是自己看不到的？

这些看不到的部分是自己吗？

2. 我与他人的关系

一个心理和谐的人与他人交往时，尊重他人作为一个独特个体的存在，尊重他人的成长经历和情绪感受，善于设身处地站在对方的角度认识和理解他人。在与他人建立良好人际关系的同时，满足自己的归属感和安全感需要。

3. 我与社会的关系

一个自我统一良好的人能正确面对自己与各种群体或团体、国家之间的关系，把自己视为其中的一份子，有责任感、使命感和义务感，乐于积极参加社会公共生活，坦然接受自己在社会中所处的位置和承担的角色。在这过程中，掌握社会规范，确立生活目标，用行动来回答"我想成为什么样的人"的问题，实现适应社会的发展目标。

二、和谐的自我悦纳

自我悦纳是心理健康的重要内容。对自己能做出恰当评价的人，既能了解自我，又能接受自我，体验自我存在的价值。

案例分析

我就是我 ①

2000 年时，出生于意大利的索菲亚·罗兰，这位曾荣获奥斯卡最佳女演员奖项的伟大女性，被评选为千年美人。索菲亚·罗兰是一位受全世界影迷喜爱的女影星，她主演的《两妇人》《卡桑得拉大桥》在中国有广大观众。可是，在她 16 岁第一次拍电影时，却遇到了不少麻烦。

索菲亚·罗兰是一个私生女，知道自己缺陷不少。她在第一次试镜头的时候就失败了，所有的摄影师都说她够不上美人的标准，都抱怨她的鼻子和臀部。没办法，导演卡洛只好把她叫到办公室，建议她把臀部减去一点儿，把鼻子缩短一点儿。一般情况下，演员都对导演言听计从。可是，索菲亚·罗兰却没有听导演的，她相信自己，对自己有信心，认为这就是她自己的特色。

在试了三四次镜头后，卡洛导演又叫索菲亚·罗兰上他的办公室。卡洛导演以试探性的口气说："我刚才同摄影师开了个会，他们说的结果全一样，噢，那是关于你的鼻子的，还有建议你把臀部削减一些，如果你要在电影界做一番事业，你也许该考虑一些变动。"

---

① 我就是我 [OB/OL]https://wenku.baidu.com/view/92e4b323a000a6c30c22590102020740be1ecd9d.html?wkts_=1669559141829

索菲亚·罗兰对卡洛说："说实在的，我的脸确实与众不同，但是我为什么要长得跟别人一样呢？"

"我要保持我的本色，我什么也不愿意改变。"

"至于我的臀部，无可否认，我的臀部确实有点过于发达，但那是我的一部分，那是我的特色，我愿意保持我的本来面目。"

大导演卡洛被说服了。电影不但拍成了，而且，索菲亚·罗兰一下子红火起来，逐步走上了成功之路。

"我为什么要长得跟别人一样呢？"的确，这个世界上找不到第二个与我们完全同样的人，就如同这个世界上找不到相同的两片树叶。独特是一种美，我们每个人都应该庆幸自己是独一无二的那个她或他。

一个悦纳自己的人，并不意味着他的一切都是完美的，而是说他在接受自己优点的同时，也了解自己的缺点，很坦然地承认了自己的不足之处。而后，不断克服缺点，注意自我形象塑造，把握自己做人准则，不断完善自己，更加自信的面对生活，走向成功。这是一种修养，也是一种难能可贵的品质。

我们将探讨两个问题：

问题1：什么是自我悦纳？

问题2：教师如何做到自我悦纳？

（一）什么是自我悦纳

活动体验

你能自我悦纳吗？

对下列题目做成"是"或"否"的回答。

1. 你觉得自己是个有价值的人吗？

2. 在社交场合，你十分害羞且有些神经过敏吗？

3. 你是否认为别人没有理由讨厌你？

4. 你是否觉得自己不如他人？

5. 你对自己的身材很不满意吗？

6. 你讨厌看自己的照片吗？

7. 你认为自己的记忆不好吗？

8. 你经常幻想自己有更多的天赋和才能吗？

9. 你认为自己今后能成为一个好丈夫或好妻子吗？

10. 你常常担心自己的健康吗？

11. 你常常生自己的气吗？

12. 你有时有自我厌恶感吗？

13. 与同事在一起时你是否不太说话，因为你害怕说错话会被别人批评或取笑？

14. 每当你发现别人在某一方面比你出色时，你就产生某种强烈的消极情绪？

15. 你对自己的容貌满意吗？

16. 你常常害怕别人知道你的真实想法吗？

17. 你觉得你在不少事情上对不起你的家人吗？

18. 你是否不喜欢自己的个性特点？

19. 你认为自己笨吗？

20. 当你受挫折后，总是长时间沉浸在自责中吗？

21. 你觉得自己的存在对家人有价值吗？

22. 你常常在发火后感到十分后悔吗？

23. 你觉得自己能成为对社会上有用的人吗？

24. 你觉得自己是一个运气不好的倒霉蛋吗？

25. 你觉得领导没有公正地对待你吗？

26. 你是否对同事们对待你的态度感到不满？

27. 你是否想过最好能换一所学校？

28. 你非常羡慕别的同事的家庭？

29. 你是否想过，有可能的话真希望自己可以重新选择出身？

30. 你不愿意去考虑自己的前途吗？

评分规则：第 1、3、9、15、21、23 题答"是"记 0 分，答"否"记 1 分。其他答"是"记 1 分，答"否"记 0 分。各题得分相加，统计总分。

0 ~ 9 分，你能悦纳自己。

10 ~ 20 分，你能接受自己。

21 ~ 30 分，你对自我抱着拒绝的态度。

泰勒·本·沙哈尔认为自我悦纳就是作为人接受自己的各种情感。总的来说，悦纳自我包括三方面。第一，接受自己的全部，无论优点还是缺点，无论成功还是失败。第二，无条件地接受自己，接受自己的程度不以自己是否做错事有所改变。第三，喜欢自己，肯定自己的价值，有愉快感和满足感。只有能够真正的做到如此，我们才能真正的悦纳，认识自我。接纳和觉察共同构建自我悦纳的内容。

接纳主要指接纳负面的情绪情感，从而使人能更好地回到当下组织自己的实际生活。虽然不能直接提升积极情感，然而接纳却可为积极情感的培养做好最初的铺垫。通过接纳情绪，我们不再逃避而是情愿把注意力放在产生负面情绪的事物上，给出空间观察负面情绪带来的感受，盛装负面情绪，认识到"情绪"只是"情绪"，降低情绪反应。接纳训练可以提升对生活阴暗面的注意力和意识，可以更好地消除它们的心理影响。

觉察是把注意力关注在当下生活中的积极思维和情绪，通过提升对生活积极面的注意力和意识，来提升主观幸福感。

（二）教师如何做到自我悦纳

案例分析

尼克·胡哲

在这个世界有这样一个人，他出生的时候没有手，没有脚，没有四肢，只有左侧臀部以下的位置有一个带着两个脚趾头的小"脚"，他的名字叫做尼克·胡哲。

胡哲没有四肢，他会过着什么样的生活呢？没有手，他要怎么来洗脸、刷牙呢？他要怎样书写、打字呢？没有脚，他出行怎么办呢？……但是大家知道吗？正是这个没有四肢的人，成就了非同寻常的生命奇迹：

2003 年，大学毕业获得会计与财务规划双学士学位；

2005 年，出版励志 DVD《生命更大的目标》获"澳洲年度青年"称号；

2008 年至今，任国际公益组织"Life Without Limbs"（没有四肢的生命）总裁及首席执行官；

2009 年，出版励志 DVD《神采飞扬》；

2010 年起，相继出版书籍《人生不设限》《永不止步》《坚强站立：你能战胜欺凌》《谁都不敢欺负你》《爱情不设限》；

自从胡哲 19 岁进行第一次演讲之后，他的足迹开始遍布全世界，与数千万人分享他的故事和经历……[1]

在尼克·胡哲自己看来，所有的痛苦都是人生的宝贵财富。他教大家要停止把阻碍看作是麻烦、困难，相反地，应该把它们看作是自身成长并学习的机会。他已经让数以万计原本消极对待生命的人，重新对梦想充满希望。

在社会中，很多人有健全的体格、健康的身体，但是他们却不热爱自己的生命，不接受和悦纳自己。从尼克·胡哲的身上，我们看到，他勇于面对身体的残障，接受并且拥抱它，就像有时他展示的"小把戏"那样，他会从现有的生活环境中寻找到乐趣。他用其独有的幽默、毅力和信念来面对挑战，他鼓励每个人勇于面对并改变生活，开始实现人生梦想的征程。

尼克·胡哲的例子向我们展示了要做到自我悦纳，可以从以下五个方面入手：

---

[1]　尼克·胡哲 _ 百度百科（baidu.com）

第一，接受自己，喜欢自己，觉得自己独一无二，有价值感、自豪感、愉悦感和满足感。真正理解每一个独特的生命都有其潜在的资源等待发掘的意义。

第二，自我悦纳从喜欢自己的身体开始。

第三，坦然接受自己的缺陷。积极心理学倡导，在转瞬即逝的生命里，我们需要走进自己的内心，感受生命的意义，以及我们身上的那些不完美的存在。事实上，缺点永远是与优点同时存在的，它们之间有着天然的联系。缺陷的存在也有其意义，也许那些缺陷正是我们完成自我超越的重要契机。当你快乐地接受了自己，你的整个心胸便会舒展和开阔，同时你会发现，你也更加容易接受他人了。

第四，接受自己的现状。坦然面对现实，才能更加有针对性地改进。

第五，原谅自己的失败，并不断学习在失败中积蓄力量更好地前行。在这一点上我们需要向孩子学习，学步的孩子不会因为跌倒而放弃，我们都应该像小时候跌倒一样，坚毅地爬起来，继续往前走。每一次跌倒都是迈向成功的阶梯。每一个生命都要自如地、独特地、生动地、努力地做最好的自己。

三、和谐的同事关系

美国心理学家马丁·塞利格曼教授提出了幸福生活的五要素（PERMA），P代表积极情绪，E代表联结感与心流，R代表积极关系，M代表意义，A代表成就。[①] 塞利格曼所倡导的积极心理学显示，人是否幸福，跟他是否有钱、受过教育、身体健康、居住在气候很好的环境里关系都不是很大。我们有更多的可控因素，可以一手为自己缔造幸福。其中很重要的一项就是培育良好的人际关系。研究表明，拥有积极关系的人，更具幸福感和心理韧性。对于教师而言，能够与同事建立起和谐的人际关系，将会成为重要的社会支持，提升自己的生活幸福感。

案例分析

主动的建设性回应

今年，小王老师从原来的学校调离，转入了一所新的学校任教并担任初一年级的班主任。刚刚进入一个新的环境，和同事们还没有熟悉起来，王老师心中还有些陌生感和距离感。班里有个学生每天状况百出，让她很是头疼。今天该生在美术课上顶撞老师，她过去处理刚刚回来。一进办公室，听说林老师考上了在职研究生，其他同事正在聊这件事。

---

① 马丁·塞利格曼.持续的幸福[M].杭州：浙江人民出版社，2012.

A同事："哇,是不是要花很多钱啊！工作本来就忙,再加上学习,你能两边兼顾吗？"

B同事："哇,挺好的,你很厉害,祝福你。"

C同事："哦哦,我正在准备明天要交的论文。"

小王老师："你怎么做到的,真替你开心,和我说说,具体是哪个专业？这个过程一定很不容易吧？给我提供点经验,我也有这个打算呢。"

很显然,小王老师的反应才是"主动的建设性回应",在这种回应里,林老师能感受到小王老师真心替她高兴,并且有进一步的问询和交流。

我们将探讨两个问题：

问题1：什么是主动的建设性回应？

问题2：如何建设和谐的同事关系？

（一）什么是主动的建设性回应

资料卡

对他人的好消息的四种回应方式①

盖博（Shelly L.Gable）的研究表明,好事发生时能否获得支持回应在关系中起着非常重要的作用。她将人们对他人发生好事时的回应分为四种：主动的建设性回应、被动的建设性回应、主动的破坏性回应、被动的破坏性回应。（如图 3-1 所示）

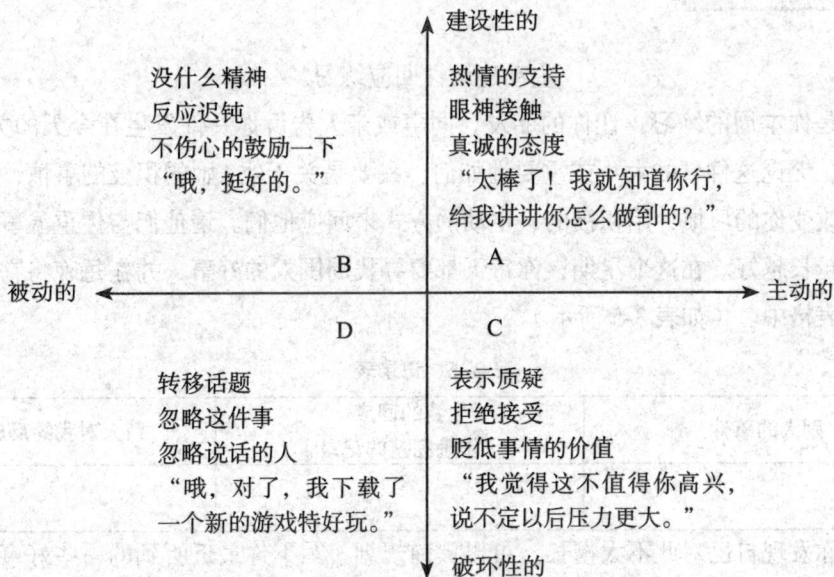

图 3-1 对他人发生好事时的回应

① 曾光,赵昱鲲.幸福的科学：积极心理学在教育中的应用 [M].北京：人民邮电出版社,2018.

主动的建设性回应是一种主动的、有积极情绪反应、有进一步交流的回应方式，在这个过程中你真诚地替对方感到高兴，并且把你的这种积极情绪展现出来。主动的建设性回应向对方传递着这样两种信息：第一，我认可你这件事的重要性，认可你与这件事的关系，认可你的付出；第二，我看到了这件事对你的意义，对此我做出一些回馈和反应，从而展现出我与你的关系。

在这四种回应中，最差的是被动的破坏性回应，如"案例分析"中，同事 C 完全忽视了林老师，直接把注意力转移到其他事情上去了。

想一想，你在与同事交往的过程中，是如何回应他们分享的好消息的？要知道，只有主动的建设性回应才可以提高人的幸福感，发展出更友好的关系。以下是一些帮助你成为积极的建设性回应者的技巧：

1. 带着同理心。让对方知道你对他全神贯注。使用积极的肢体语言，如保持眼神交流、微笑和坐直。

2. 展示你的兴趣。在对方表达了自己的信息之后，提出问题并给出乐观的回答。例如，你可以说，"多么令人满意，你一定很高兴"或者"太棒了！学生会以你为榜样的！"要积极，但不要过分赞扬，否则你会被认为是不真诚的。

3. 如果你不能积极，就要有建设性。如果你对某人的声明有疑问或担忧，不要轻视或消极，你的回答要有建设性和机智。

活动体验

主动建设性回应练习

以下是你本周的练习：让你的朋友、同事或亲人告诉你一件发生在今天的关于他 / 她的好事，无论这件事的大小或重要性如何，只要是关于他 / 她的积极的事情，你要认真倾听。改变你的习惯，用积极的、主动的方式来回应他们。请他们与你重温事件，重温的时间越长越好。在这个星期，你每天都要寻找周围人的好事，并在每晚将它们记录在下面的表格中。（如表 3-5 所示）

表 3-5　记录表

别人的事件	我的回应 （精确完整的记录）	别人对我的反应

如果你发现自己对此不太擅长，可以提前规划。写下你最近听到的一些好事，以及当初应该如何回应。你早上醒过来时，花 5 分钟想一下你今天可能会碰到谁，他们可能会告诉你什么好事，然后计划好你的积极主动式回应。在这个星期，请每天都对别人用各种积极主动式回应。

（二）如何建设和谐的同事关系

除了主动的建设性的回应他人分享的好消息，心理学还有其他的研究策略可以帮助我们提升人际关系。

1. 有效倾听。当同事在和我们说话的时候，我们能设身处地的去体会对方的感受，给对方真诚的反应，例如保持目光接触，展现赞许性的点头和恰当的面部表情，复述或总结一下对方说的要点，问一些问题，寻求对方的反馈等。在交流中，一个人如果全神贯注，他的交流对象肯定能够感受到他的专注。

2. 时常给予别人微笑和赞美。承认和欣赏别人的优点是认识和发现自己的一个重要途径，害怕或不敢正视别人的优点也就无从发现自己的优点。当一个人受到别人的夸奖时，他除了自己有成就感外，还会感受到别人对他的尊重、尊敬与关怀，同时也更乐意和你接近。因此，在与同事交往的过程中，不要吝啬自己的言语，"举口之劳"的赞美，不仅能够带给别人无限的快乐，也会让别人更乐于与你交往。

3. 互相尊重，心理相容。在产生分歧后，切不可认为只有自己的观点才是唯一正确的，而容不得别人的不同意见。教师是学生学习的榜样，要按照人际关系的行为准则来约束自己，宽以待人，做到心理相容。尊重他人的自由与适度的自我肯定的表达。

四、和谐的师生关系

师生关系是一种特殊的社会关系和人际关系，成为受学生喜欢的教师是每位教师的职业追求。众多研究都表明，良好的师生关系不仅是顺利完成教学任务的必要手段，而且对提高学生的学业成绩、培养他们的自我意识、让学生更好地进行学校适应以及发展他们的社会性行为等有显著的影响。

案例分析

"不在岗"的班主任

有一位语文老师同时担任着一个班的班主任，因为工作关系需要出差一个月，尽管学校为其所带班级配备了副班主任，但他依然非常担心自己不在校的日子里班级管理会乱，学生们的学习成绩会下滑。不过，在出差的日子里，这位教师经常给班级写信，交流自己的行程与见闻。学生们每次接到班主任从远方的来信，整个班级都欣喜若狂。尽管班主任不在学校，但这个班级学生的学习劲头丝毫没有松懈，甚至更高了。等班主任出差回来，在学校测验中，这个班的成绩并没有像班主任当初担心的那样下滑，而是有了大幅度的提高。[①]

这个故事很好地诠释了积极的师生关系对学生学习积极性起到的促进作用。

我们将探讨两个问题：

问题1：和谐师生关系下的教师特点。

问题2：和谐的师生关系培养有哪些策略？

（一）和谐师生关系下的教师特点

📚 **资料卡**

好教师的 12 种素质

美国著名教育家花了 40 年时间，收集了 9 万多名学生所写的信，内容是关于他们心目中最喜欢的老师。据此，保罗伟地博士概况出了好教师的 12 种素质，如下所示：

1. 友善的态度。"他／她把全班变成了一个大家庭，我每天都很期待去上学。"

2. 尊重课堂上的每个人。"他／她不会在其他人面前像耍猴一样戏弄我。"

3. 耐心。"他／她会一直讲解一道题，直到我会做为止。"

4 兴趣广泛。"他／她带给我们课本以外的观点，帮助我们把所学的知识运用到生活中。"

5. 良好的仪表。"他／她的语调和笑容让我们感到很舒心。"

6. 公正。"他／她会给你应得的分数和赞扬，而不会有任何的偏差。"

7. 幽默感。"每天他／她都会在教学时带给我们欢乐，让课堂变得不再乏味。"

8. 良好的品行。"我相信他／她与其他人一样也会发脾气，但是我从来没见过。"

9. 对个人的关注。"他／她帮助我认识了一个全新的自己。"

10. 虚心学习。"当他／她发现自己有错时，他／她会直接承认，并且尝试用其他方法来改进。"

11. 宽容。"虽然我知道我不聪明，但是即使在我考得很差时他／她也不会说我不优秀。"

12. 教学有方。"突然发现，虽然我没有刻意去想，但是我一直在用老师教我的方法学习，并且发现这些方法十分有效。[②]

在教育过程中，学生喜欢教师就喜欢教师所教的学科，就更愿意接受教师的指导，这是一条具有普遍性的教育现象。

---

① 石梅. 积极心理学视阈下的教师心理适应性研究 [M]. 北京：中国书籍出版社，2021(有改编).

② 曾光，赵昱鲲等. 幸福的科学：积极心理学在教育中的应用 [M]. 北京：人民邮电出版社，2018.

总体来说，能够建立起和谐师生关系的教师往往具有以下普遍的特点：

第一，尊重学生。在新的互动教学模式下，教师的角色定位已经是"指导者"而非"告知者"。教师也由知识输出者的角色转变为给学生提供舞台，指出方向，关键时候给予学生引导和支持的导师。尊重学生，就是尊重每个学生的天赋秉性，欣赏他们的优点，接纳他们的缺点，重视个性差异，善于因材施教，为不同类型的学生的成长给予指导，使他们成为社会上不同类型的有用人才。

第二，懂教育，有方法。成为有教育智慧的教师不是一蹴而就的，需要教师在职业生涯的道路上不断学习和丰富自己的理论知识和实践经验。要想读懂学生，真正地教育好学生，真正地搞好教学，教师不仅要清楚学生的日常表现，了解学生的特征、意志、性格、个性品质，还需要了解他们的成长经历、认知需求、情感需求，掌握其心理规律，只有这样教育才能有的放矢，才会见成效。

第三，有个人魅力。教师的个人魅力，体现在能够做到身教与言传并重，注意自己的行为表现，做到行为人师。在此基础之上，如果教师能够形成自己独特的教学风格、幽默风趣或有其他特长，则会为建立和谐的师生关系增彩。

（二）和谐的师生关系培养策略

案例分析

四块糖果的故事[①]

陶行知有这样一则教育学生的故事：有一个男生用泥块砸自己班上的男生，被校长陶行知发现制止后，命令他放学时到校长室去。放学后，陶行知来到校长室，男生早已等着挨训了。

可是陶行知却笑着掏出一颗糖果送给他，说："这是奖给你的，因为你按时来到这里，而我却迟到了。"男生接过糖果。随后陶行知高兴地又掏出第二颗糖果放到他的手里，说："这是奖励你的，因为我不让你打人时，你立即住手了，这说明你很尊重我，我应该奖你。"

男生惊讶地看着陶行知。这时，陶行知又掏出第三颗糖果塞到男生手里，说："我调查过了，你用泥块砸那些男生，是因为他们欺负女生；你砸他们说明你很正直善良，且有跟坏人作斗争的勇气，应该奖励你啊！"

男生感动极了，他流着眼泪后悔地喊道："陶校长，我错了，我砸的不是坏人，而是同学……"陶行知满意地笑了，他随即掏出第四颗糖果递过来，说："为你正确地认识自己的错误，我再奖给你一块糖果，我没有多的糖果了，我们的谈话也可以结束了。

① 四块糖果的故事 [OB/OL]https：//new.qq.com/rain/a/20201101A04ICD00.

善于发现学生身上的亮点，及时给予表扬和鼓励，这四块糖果里闪耀着教育的智慧和人性的光辉。

通过这个案例，我们可以看到表扬的力量是无穷的。它是一种积极的强化，能增强学生的信心、勇气、责任感和荣誉，可以起到感化学生、树立榜样从而激发学生内在动力的作用。不是好孩子被赏识，而是赏识使孩子变得越来越好。教师要以独特的眼光去挖掘学生身上的优点，让学生得到一些新的肯定，要善于在平凡中找出不平凡。

在教育工作中，面对学生的问题，教师可以先表扬后批评。当表扬占据上风后，表扬的力量会诱发学生对不足的反思，光彩越大越反衬出瑕疵，学生的自觉性会增强。

那么，建立和谐师生关系还有哪些策略呢？

1. 有意识地营造一种温暖的氛围，例如上课前与班上的每一位同学都快速对视一下，确认每个人是否都在场。

2. 反馈应该及时。在给出某种学习标准后，立刻给予学生反馈是最有效的，这样学生就能积极回应并记住这段经验。时间久了再给反馈，学生可能会忘，也无法将反馈与行为联系起来。

3. 每次集中反馈一件具体的事。每次跟学生只谈一个问题，会比你一次谈他的所有问题更有影响力。比如，一个学生语文作业写得不好，你与其对这个学生说："你作业的问题太多了，字迹潦草、错别字多、内容有遗漏、语法也有问题。"不如本周先强调让他注意字迹，下周再强调改正错别字，再隔一周强调使用正确语法，一次强调一件事，这样做效果会更好。

4. 给学生真诚的赞美。如果你总是告诉你的学生"干得好""做得漂亮之类的空话，时间一久效果就减弱了。用"具体事件＋行为动作"的方法表扬学生，比如用"我注意到……"的句式来表达（如"我注意到你这一整周都按时到校没迟到""我注意到你在帮老师收作业时，总是会把同学们的卷子抚平"）。认可学生付出的努力，能对学生的学习生涯产生长远而积极的影响。

5. 邀请学生给你反馈。给学生机会，让学生们能匿名评价，可以用一些问题如"你是否喜欢老师带的这个班级，为什么？""如果你来当老师，你会做哪些不同的事？""你从老师身上学到最多的东西是什么？"[1]

活动体验

列举我的优势和成长点[2]

请你思考你的身上有哪些品质和哪些沟通方法是你的学生喜欢的，请你列举出来并

---

① 曾光，赵昱鲲. 幸福的科学：积极心理学在教育中的应用 [M]. 北京：人民邮电出版社，2018.

② 白雪峰. 帮你迈好教师职业生涯第一步（上册）[M]. 北京：北京理工大学出版社，2014.

填写在下面的表格里（如表3-6所示），也请你把希望自己继续发展的方法和能力写下来。

表3-6 对自己的希望记录表

1. 我已经具备的和学生有效沟通的品质和方法：	具体案例支持：
A: ＿＿＿＿＿＿＿＿＿ B: ＿＿＿＿＿＿＿＿＿ C: ＿＿＿＿＿＿＿＿＿ D: ＿＿＿＿＿＿＿＿＿	＿＿＿＿＿＿＿＿＿ ＿＿＿＿＿＿＿＿＿ ＿＿＿＿＿＿＿＿＿ ＿＿＿＿＿＿＿＿＿
2. 我需要发展与学生交往的方法：	详细应对策略：
A: ＿＿＿＿＿＿＿＿＿ B: ＿＿＿＿＿＿＿＿＿ C: ＿＿＿＿＿＿＿＿＿ D: ＿＿＿＿＿＿＿＿＿	＿＿＿＿＿＿＿＿＿ ＿＿＿＿＿＿＿＿＿ ＿＿＿＿＿＿＿＿＿ ＿＿＿＿＿＿＿＿＿

总结反思

本主题主要围绕和谐人际关系对教师成长的重要性展开，一方面要内省达到自我统一和自我悦纳，另一方面要主动作为，学习构建和谐同事关系和师生关系的方法。通过本主题的学习，教师结合案例分析、问卷自评、同事他评，能够形成对自我的正确认知，以积极的心态面对教育教学。通过具体策略的应用，在与同事、与学生的交往中形成良性互动，正向反馈，体验到积极人际关系带给自己的生活和教学的美好感受。

主题三　积极乐观对待工作中的人与事

学习目标

通过本主题的学习，学习者能够：

1. 了解积极乐观的意义；

2. 了解积极归因和悲观归因的不同并学会积极归因；

3. 了解幸福类型并运用积极乐观增加幸福。

积极心理学是一门关于引导人们实现自我、幸福生活、人类社会健康、和谐发展的心理学。积极乐观心态会产生乐观向上的情绪和激情四射的行为，积极乐观心态有助于成功应对日常事务，可以让生活变得更乐观，并尽量减少担忧和消极思想。积极乐观心态能让人看到生活中好的方面，变得更积极进取和热爱生命。

一、积极乐观的意义

（一）提升主观幸福感

主观幸福感依赖个体的亲身体验，具有主观性。主观幸福感不是指个体没有消极情绪体验，而且更强调个体生理上能体验到的真实积极体验。主观幸福感不是指个体对某一单独生活领域评估后的体验，而是指个体对自己的总体生活进行总的评价后所产生的体验，是一种对生活的总的体验。

主观幸福感一般包含三个等级：感受到美好生活、享受生活、获得生活意义。感受到美好生活主要指外在环境或条件所导致的主观感受，它常是一种被动感受；享受生活指个体在亲自参与后所产生的那种愉快感受，是一种主体参与后的感受；获得生活意义指个体超越自我范畴，从人类、社会、信仰等层面获得的价值享受，这是一种终极快乐。积极乐观的人，主观幸福感更强。而主观幸福感强的人，也拥有更好的身体健康水平，并更有可能取得事业或生活上的成功。

（二）用感恩的心面对生活

感恩指的是人们在感知到外界的积极刺激后产生的感激情绪和行为。人的一生中会经历各种各样的事情，积极心理学倡导无论经历何种事件，都应采取感恩策略来面对，当我们选择用积极乐观的态度去对待我们经历的一切时，就能产生相应的积极情绪体验，这种积极情绪体验就会成为我们生活的一部分。

研究者采取感恩记录的方式探讨了感恩的效果。在研究中，第一组人员被要求每天晚上在临睡前至少写下五件值得自己感恩的事情；第二组人员要写下五件烦恼的事情；第三组人员要写下五件比别人好的事情。在三周后发现，第一组人员表现的生活满意度更高，体验到更多的积极情绪。①

活动体验

感恩测验

下面的感恩测验是测量人们对自己过去生活是否满意的量表，你可以通过自己的得分判断一下你感恩面对过去的程度。

用下面的数字表达出你对每一个句子赞同程度。1= 完全不同意；2= 不同意；3= 有点不同意；4= 不同意也不反对；5= 有点同意；6= 同意；7= 完全同意。

① 周国韬，盖笑松.积极心理学与教师心理调试 [M].北京：中国轻工业出版社，2018.

1. 我生命中有许多值得感谢的事情。

2. 如果要我列出值得感谢的每件事，这张单子会很长。

3. 我看不到这世界有什么值得感谢的事情。

4. 我对很多人都很感谢。

5. 我年纪越大，越感到生命中有许多人、事、物对我有帮助，他们都成为我生命历程的一部分。

6. 要经过很长一段时间，我才会对某人或某事产生感激之情。

计分规则：

（1）请将第 1、2、4、5 题的分数加起来；

（2）颠倒第 3 题和第 6 题的分数，也就是如果你填 7 就把它改成 1，填 6 就改成 2，以此类推；

（3）把改后的第 3 题和第 6 题的分数加到其他题的总和中，这就是你的感恩测验分数，在 6 ~ 42。

根据塞利格曼对 1224 个成年人的调查发现，当得分在 35 或以下时，这个分数段的人占总人数的后四分之一；当得分在 36 ~ 38，这个分数段的人占总人数的一半左右；当得分在 39 以上时，这个分数段的人占总人数的前四分之一。从这个问卷过去的情况来看，女人的得分比男人高，老人的得分比年轻人高。[①]

（三）使个体形成积极人格

积极心理学认为，尽管先天的生理因素不可缺少，但人格的形成主要还是依赖后天的社会生活体验，正是不同的人在后天有着不同的社会生活体验，人与人之间才出现了不同的人格面貌。因此，积极心理学把增进个体的积极体验作为培养个体积极人格的最主要途径。积极乐观的个体更易形成积极人格。

塞利格曼和迈耶森提出了积极人格的 6 大美德和 24 项积极品质。[②]（如表 3-7 所示）

---

① 马丁·塞利格曼.真实的幸福 [M].洪兰译.沈阳：万卷出版公司，2010.

② Seligman，Petersen. Character Strengths and Virtues：A Handbook and Classification.2004.

资料卡

表 3-7　积极人格

良好的美德	定义性特点	性格类积极力量
智慧	知识的获得和运用	1. 好奇和对世界感兴趣
		2. 热爱学习
		3. 心灵手巧、独创性和实践智能
		4. 判断力、批判性思维和开放性思想
		5. 社会智能、个人智能和情绪智能
		6. 洞察力和大局观
勇气	面临内在或外在压力时暬达目标	7. 英勇和勇敢
		8. 坚持不懈、勤奋和勤勉
		9. 正直、真诚和坦率
仁爱	人与人之间交往的积极力量	10. 亲切和慷慨
		11. 爱和被爱
公正	文明的积极力量	12. 公民的职责、权利与义务，忠诚和团队精神
		13. 公平和公正
		14. 领导力
节制	做事不过分的积极力量	15. 自我控制和自我调节
		16. 远见、谨慎和小心
		17. 谦虚
卓越	使自己与全人类相联系的积极力量	18. 欣赏美与优秀
		19. 感激
		20. 希望、乐观和未来的胸襟
		21. 精神追求、信念和信仰
		22. 宽恕和宽容
		23. 玩兴和幽默
		24. 热情、激情、热心和精力充沛

二、积极归因人与事

资料卡

习得性无助

"习得性无助（learned helplessness）"是美国心理学家塞利格曼 1967 年在研究动物时提出的，[①] 他用狗作了一项经典实验，起初把狗关在笼子里，只要蜂音器一响，就给以难受的电击，狗关在笼子里逃避不了电击，多次实验后，蜂音器一响，在给电击前，先把笼门打开，此时狗不但不逃而是不等电击出现就先倒在地开始呻吟和颤抖，本来可

---

① Overmier J B, Seligman M E P. Effects of inescapable shock upon subsequent escape and avoidance learning. J Comp Physiol Psychol.1967，63：23-33.

以主动地逃避却绝望地等待痛苦的来临，这就是习得性无助。

心理学家随后也证明了这种现象在人类身上也会发生。如果一个人觉察到自己的行为不可能达到特定的目标，或没有成功的可能性时，就会产生一种无能为力或自暴自弃的心理状态，对自身产生怀疑，觉得自己"这也不行，那也不行"，无可救药，具体表现为认知缺失、动机水平下降、情绪不适应等心理现象。

而事实上，此时此刻的我们并不是"真的不行"。而是陷入了"习得性无助"的心理状态中，这种心理让人们自设樊篱，把失败的原因归结为自身不可改变的因素，放弃继续尝试的勇气和信心，破罐子破摔。比如，认为学习成绩差是因为自己智力不好，失恋是因为自己本身就令人讨厌等。所以，要想让自己远离绝望，我们必须学会客观理性地为我们的成功和失败找到正确的归因。

我们将探讨两个问题：

问题1：乐观归因与悲观归因有什么不同？

问题2：如何形成习得性乐观？

（一）乐观归因与悲观归因的不同

在经历了失败和挫折之后，并不是每个人都会产生无助感，即使产生无助感其程度与表现形式也各不相同。研究表明，人对失败的归因在无助感形成的过程中起着重要的作用。心理学家阿卜拉姆森和塞里格曼等吸收和借鉴了归因理论，将"内部—外部、稳定—不稳定、普遍—特殊"三个维度纳入习得性无助感理论中，这一理论关注的是个体对消极事件的个人因果关系归因。[①]

在面对失败事件时，内部归因是指人归因于能力、性格等自身的因素，认为只是自己不能控制行为结果，这时会出现个人的无力感，程度比较严重，个人的自尊心受到很大损害。外部归因是指人归因于环境等外部因素，认为他人也都无法控制行为结果，这时会出现普遍的无力感，程度并不十分严重，甚至于有人认为结果不可控是理所当然，或者因他人也遇到同样问题而感到慰藉。

稳定的归因是指人归罪于能力等轻易不变的因素，这时人们会产生很长一段时期里都无法控制行为结果的期待，表现出较长时间的无力感。不稳定的归因是指人归因于一时的努力等经常变动的因素，这时产生的无力感不会持续很长时间，也可能不产生无力感。

普遍的归因是指人归因于一般智力等在很多状况下都存在的因素，这时人会形成在其他条件下也无法控制行为结果的期待，表现出多方面的无力感。特殊的归因是指人归因于如数学能力等在特定状况下才起作用的因素，这时人只会产生某方面的无力感。

---

① Abramson L Y，Seligman M E P，Teasdale J. Learned helplessness: critique and reformulation. J Abnorm psychol psychol，1978，87：49-74.

当人们将失败和挫折的原因归结于内部、稳定且普遍的因素（如能力）时，会产生将来"结果不可控"的期待，出现动机水平降低、认知和情绪受损害的无力感症状。如果归因于其他因素，未必出现很强的无力感，甚至于不产生无助感。

由此可见，产生无助感的决定性因素是由于个体的不适当的归因类型。个体认为每件事都不受他的控制，失败是自己笨，没有能力造成的（内部、稳定的归因），这些是他们所不能改变的，并且认为这种失败在其他方面也存在的（普遍的归因），由此导致习得性无助感的产生。总之，具有习得性无助感的个体倾向于认为消极事件的产生原因在时空上是稳定的，在效果上是普遍的，是由个体内部因素所造成的，从而形成一种消极的解释风格和对失败的消极期待。这种消极的解释风格和消极的期待进而会引发个体动机、认知、情绪方面的障碍。这类个体往往认为自己学业上的失败，社交上的不受欢迎等事件是无法控制的，并且注定要发生，从而放弃努力，学习动机、交友动机减弱，自暴自弃，害怕失败并由此产生焦虑及其他消极的情绪。

塞利格曼认为，乐观是一种由学习而来的归因风格。一个人之所以乐观，主要是因为学会了把消极事件、消极体验以及个体面临的挫折或者失败归因于外部的、不稳定的、特殊的因素，这些因素不具有普遍的价值意义。

将成功归结于内部的、稳定的和普遍的因素是乐观的归因风格，将成功归结于外部的、不稳定的和特定的因素是悲观的归因风格。

两者在面对问题时有很大的差异：

（1）乐观者对目标会更加坚持。乐观者和悲观者之间的差异并不在于目标本身，而在于他们在目标实现之道上的差异。越是乐观者，越是积极地期待着实现日常生活中的那些单个目标。其次，除了期望自己实现目标外，更乐观者还对自己树立的目标表现出了较强的执着度和忠诚度。悲观者即便认为自己的目标是重要的，仍无法保持对目标的执着，不相信其一定能够实现。结果是悲观者便很难一步步接近目标，而总是似乎要停止努力。

（2）乐观者拥有更高的成就动机。成就动机分为追求成功的动机与避免失败的动机，这是两种独立而相对稳定的倾向。它们会影响个体对事件的归因，从而影响个体在面对困难、挑战与压力时，所保持的态度、采取的行动以及工作上的结果。追求成功动机较强的个体期待着成功带来的积极情感（例如自豪感、自我满足等），从而促使他们朝向可能的成功而不断地努力；避免失败的动机较强的个体所预期到的是失败以后所体验到的消极情感（如羞耻、屈辱等），从而试图通过退缩或不作为以避免这种状况的发生。

（3）乐观者能获得更多的资源。乐观者拥有更高的自尊，在遇到挫折时，会用一种更积极的心态来评价和分析压力情境，采用任务定向的应对策略，寻找问题解决的办法，寻求社会支持系统，自我接纳并进行自我改进，积极再定义压力事件，利用爱好或兴趣转移注意力克服困难，获取更多的资源帮助自己前进。不那么乐观的人会体验到更多的压力，更容易采用情绪定向的应对方式，例如转移、逃避、退缩等策略以应付预料到的压力事件，尽量少地付出努力，远离失败情境。

（4）乐观者满意度更高。21世纪初时，美国学者报告了一项研究。他们在大学毕业纪念册上挑选了141幅照片，将照片上的表情分为了三大类：没有笑容的、露出僵硬的职业微笑的，以及露出真诚笑容的。这些照片主人在27岁、43岁和52岁时分别接受访谈，问及他们的婚姻状况和生活满意度，结果发现，露出真诚笑容的被试，在往后的30年里，结婚比例较高、比较倾向维持婚姻关系，也体验到比较高的生活满意度。研究者于是做出结论：一瞬间积极情绪的产物———幅照片，却令人信服地预测了长寿情况和婚姻满意度。高乐观更能够增加满意度，增加婚姻的幸福感。

乐观者和悲观者面对不同事件的归因方式可以总结如表3-8、表3-9所示。

表3-8 乐观归因与悲观归因的不同

乐观归因	内部—外部	稳定—不稳定	普遍—特殊
积极事件	内部	稳定	普遍
消极事件	外部	不稳定	特殊
悲观归因	内部—外部	稳定—不稳定	普遍—特殊
积极事件	外部	不稳定	特殊
消极事件	内部	稳定	普遍

表3-9 积极事件乐观归因与悲观归因示例

积极事件	归因维度	乐观归因	悲观归因
校级观摩课受到老教师的一致好评	内部—外部	我成功是因为我能力很强	我这次运气真是好，这节课我上过两遍了
	稳定—不稳定	我一直有这种能力，今天是个很好的展现机会	运气这个东西，说不好什么时候能够得到
	普遍—特殊	我只要正常发挥，在其他方面也会成功	就这一次运气好，谁知道下次我还会不会有这样的好运气呢

活动体验

积极归因练习

根据上述示例，回想自己近期的一件事情，可以是积极事件，也可以是消极事件，试着从内部—外部、稳定—不稳定、普遍—特殊这样三个维度来进行乐观归因，并写下在乐观归因后自己的感受如何。（如表3-10所示）

表 3-10　积极归因练习

事件	乐观归因
感受	

（二）如何形成习得性乐观

积极心理学认为普通人和悲观者都可以让自己朝乐观的方向发展，如果能采用一定的技巧，有意识地改变自己平常的习惯想法（内心的信念），那他对不愉快事件的悲观性应对就会发生改变，从而变得振奋和充满活力。这来源于理性情绪疗法（Rational-emotive therapy，简称 RET）的技术。理性情绪疗法是美国临床心理学家艾利斯在 20 世纪 50 年代首创的一种心理治疗的理论和方法。ABC 理论是理性情绪疗法的核心，A 代表诱发事件；B 代表个体对这一事件的看法、解释及评价，即信念；C 代表继这一事件后，个体的情绪反应和行为结果。通常，人们会认为是外部事件 A 直接引起了情绪和行为反应的结果 C。但 ABC 理论指出，诱发性事件 A 只是引起情绪和行为反应的间接原因，而人们对诱发事件所持的信念、看法、解释，即 B 才是引起人的情绪和行为反应的更直接的原因。如果人们能对事件做出理性的评价，建立合理的认知，就会避免消极情绪的产生。

基于此，塞利格曼提出了运用理性情绪疗法的理论和 ABCDE 程序，帮助悲观型的人改变已经形成的悲观型风格，重新认识和定义不愉快事件，最终使自己变得乐观起来。对不愉快事件（A）的信念（B）不同，产生的后果（C）也就不同，因此，改变的关键就是反驳（D）自己所具有的悲观信念，当反驳任务完成以后，最后对自己进行激励（E），从而巩固自己刚建立起来的新信念。

ABCDE 程序是一种教会人们遇到挫折时应该如何应对的方法，即当不好的事情发生时，我们可以尝试这样做：

1.用 ABC 理论学会确定事件、信念与结果之间的关系。

下面的例子用于练习的消极事件及信念或结果。

（1）A. 学生在你的课上做其他科的作业。

　　　B. 你想"我是个很失败的老师"。

　　　C. 你觉得（或你做了）_____。

在这第 1 个例子中，当你把你对学生的态度解释成"我是个很失败的老师"时，你会觉得挫败。当我们把一件不好的事情解释成稳定的、普遍的和内部的原因的时候，感受到的是颓丧的情绪，想要做的是放弃的行为。

（2）A. 在路上遇到一个熟人，但对方没有与你打招呼，径直走过去了。

　　　B. 你想 _____。

　　　C. 你越想越怒气冲冲，以致无法平静下来做自己该做的事情。

　（3）A. 在路上遇到一个熟人，但对方没有与你打招呼，径直走过去了。

　　　B. 你想"他可能正在想事情，没注意到我"。

　　　C. 你觉得（或你做了）_____。

　　如果你也像第2个例子那样会有怒气冲冲的情绪，可能想的是"他是故意这样做的，就是不想理睬我"；但是假如你是像第3个例子那样，想"他可能正在想事情，没注意到我"，你的解释风格就是不稳定的、特定的和外部的，你就不会心情不好。

　　2. 记录生活中的 ABC 事件

　　不必很长，只要花一两天的时间，记录五个 ABC 的案例就可以了。需要注意你平时没有注意的、你对自己说的话。特别注意一些小事情以及他们所引起的情绪，例如你在电话你跟朋友聊天，她好像等不及要挂掉（一种不愉快的小事件），你发现自己后来心情不好（引起的情绪结果），这种小事就是你要记录的 ABC 事件。

　　记录要分三个部分：第一个部分为"不好的事"，即事件 A，几乎可以是任何事情——水管漏了、朋友皱眉头、孩子哭了、配偶不理你了。尽量客观地记录下实际情况，而不是你对这个情况的评估。假如你跟你的配偶吵架了，你应该写下他对你说的或做的感到不快，而不是记录"他不公平"，因为这是一个推论，你可以把它记录在第二部分"想法"（信念 B）中，但是不应该记录为"不好的事"（事件 A）。你的"想法"是你对不好的事的解释。要把你的想法跟你的感觉分开，感觉属于第三部分"结果 C"。"我觉得自己很无能""我是个失败的教师"是想法，我们可以评估这些想法是否正确。"我觉得很挫败"是一种感觉。"结果 C"这个部分要记录你的感觉和行为。大多数时候人的感觉会不止一种，写下你所有的感觉以及你的所作所为。"我觉得很疲倦，没有力气""我要找他问明白""我坚持到 12 点才修改好了教学设计"等都是行为。

　　例：事件 A：写了两千字的汇报稿放在桌面上忘记保存，结果电脑一死机都没了。

　　　信念 B：我真是笨，什么事情都做不好。

　　　结果 C：情绪低落，越想越悲伤，不想干了。

　　3. 与不合理信念进行辩驳

　　有两种方法可以改变悲观的解释风格，一是想办法转移自己的注意力，二是反驳它。从长远来看，反驳更有效，有效的反驳能阻止以前那些想法再次出现。

　　你可以在自己记录的五个不好的事（事件 A）中，找出你的消极想法（信念 B），观察这些想法带来的后果（结果 C），再猛烈地攻击这些想法（辩论 D），然后体会自己成功应对悲观想法后所获得的效果（效果 E），把这些都记下来。

　（1）提供证据：这种悲观解释的证据是什么，这些证据是否确实？

　（2）分析其他可能性：是否有其他可能的乐观解释，让我们把不幸归因于外部的、特殊的和不稳定的因素？

（3）分析影响：如果找不出一个合理的乐观解释，那这种悲观解释的消极影响是长期的还是暂时的？

（4）分析用处：如果不能决定哪种解释的证据更充分，那么哪种解释对自己产生积极情绪和达成目标是最有用的？①

下面是对前面提供的例子中不合理信念进行的辩论：

不好的事（事件A）：写了两千字的汇报稿放在桌面上忘记保存，结果电脑一死机都没了。

想法（信念B）：我真是笨，什么事情都做不好。

后果（结果C）：情绪低落，越想越悲伤，不想干了。

与不合理信念进行辩驳：

辩论D：没有保存文档这个事情确实是自己粗心大意了，但好在是明天要交，事情还没有糟糕到不可挽救的地步（影响）。再说，我也不是什么事情都做不好，昨天李老师的电脑故障还是我帮助排除的呢（用处）。主任前几天还夸我细心，督导检查的材料整理的非常清晰（用处）。如果我现在一直沮丧这个问题，不及时补救，那可真就来不及了。这次一定吸取教训（用处）。

效果E：这么一想，我现在心情平静很多了，思考的框架还是在头脑中的，抓紧干吧。

🧍 活动体验

与不合理信念辩一辩

现在你来试试看，不要刻意去找不好的事，当它们来临时，请注意聆听你对自己说的话。当你听到消极想法时，反驳它，把它踩扁，不让它再露头。试着写下自己的ABCDE，并体会这个过程中自己的心情变化。将ABCDE这样的练习持续至少一周，一直到你能熟练的分析为止。

不好的事：＿＿＿＿＿＿＿＿＿＿＿＿＿＿＿＿＿

信念：＿＿＿＿＿＿＿＿＿＿＿＿＿＿＿＿＿＿＿

后果：＿＿＿＿＿＿＿＿＿＿＿＿＿＿＿＿＿＿＿

辩论：＿＿＿＿＿＿＿＿＿＿＿＿＿＿＿＿＿＿＿

效果：＿＿＿＿＿＿＿＿＿＿＿＿＿＿＿＿＿＿＿

---

① 周国韬，盖笑松. 积极心理学与教师心理调适 [M]. 北京：中国轻工业出版社，2018.

三、积极乐观蕴幸福

📚 **资料卡**

不同国家幸福标准大不同

每年都有大批社会学家和资料搜集员前往不同国家，了解那里人们的幸福观。诸如皮尤研究中心的"生活阶梯"、世界价值观调查和联合国的《世界幸福报告》之类的调查衡量各国的幸福程度并进行排名。这些调查的目标之一是弄清哪些要素能构成一个幸福社会。

批评者说，大多数国家用以跟踪进展的标准（国内生产总值）没有考虑到人生中的一些重要内容。例如，国内生产总值无法区分砍伐雨林赚取 1000 万美元与投放抗癌新药赚取 1000 万美元之间的差别。但是，通过关注健康和幸福，研究人员可以帮助指引地方和国家政府制定政策并实现最能造福民众的经济发展。

这些调查往往表明，幸福最重要的构成部分之一其实是财富。与穷国相比，比较富裕的国家往往生活水平较高，医疗和教育条件较好，环境较清洁，对家庭的扶助也较多。联合国《世界幸福报告》中的地图显示，许多"最幸福"的国家是较发达国家。但是，财富并非唯一要素，幸福调查还试图发现常见经济指标忽视的东西，比如可持续环境、社会进步、个人成长和自我接受。

也许最大的问题是，在不同文化和语言当中，"幸福"这个概念有多大区别。例如，在英国，"幸福"可以指不同的东西。它可以指当别人送给你一件礼物或者当你想到朋友和家人时的感受，它也可以指你对自身生活的满意程度。但是，并非所有语言都以同样的方式谈到幸福。

丹麦经常被列为全世界最幸福的国家之一。对于一些生活在丹麦的人来说，这令人费解。研究人员说，原因在于丹麦语中的"幸福"往往被译为 lykke，而这个词可以用于描述日常的快乐，一杯美味的咖啡或者一片面包加奶酪都有可能带来这种快乐。还有些人认为，丹麦位居榜首在一定程度上可能是因为，从文化上讲，丹麦人不愿把自己的苦恼告诉陌生人。

在汉语中的"幸福"与英语不同，指的不是好心情，而是美好的生活和有意义的人生。"幸福"其实可以被翻译成三个不同的词："幸福"指美好的生活，"有意义"指有意义的人生，"快乐"指好心情。

西方社会科学对人生抱有相对个人主义和实用主义的看法。尤其对美国人来说，追求幸福往往与个人自由和个人主义有关。西方的调查往往问及孤立的个人，而忽视了他们的社会关系，但当前有越来越多的研究表明，社会关系是人的幸福感的最重要因素之一。在中国和其他国家，西方手法未必能有效地衡量幸福，因为在这里，对家庭的关切往往超出了对个人的关切。在中国，家庭是至关重要的幸福要素，即便对年轻人也不例外。

无论一个人对幸福的含义有着怎样的理解，都会对自身产生幸福或者不幸福的感受，这种感受就是主观幸福感。主观幸福感主要强调个体身心的愉悦，是对情绪、生活满意度的主观评价和体验，表现为一种精神性或物质性体验。[①] 决定人们是否幸福的并不是实际发生了什么，关键是人们对所发生的事情在情绪上做出何种解释，在认知上进行怎样的加工。

我们将探讨两个问题：

问题 1：幸福的类型。

问题 2：教师如何运用积极乐观增加幸福？

（一）幸福的类型

哈佛大学心理学教授泰勒本沙哈尔（Tal Ben Shahar，2007）讲授的积极心理学课程曾经是哈佛大学"最受欢迎的课程"，他用四种不同口味的汉堡来比喻人们的幸福观及追寻幸福活动的类型。[②] 他依据人类行为的两个效益指标（是增进还是损害现在利益，是增进还是损害未来利益），将人类追求幸福的行动划入四个象限（如图 3-2 所示）。

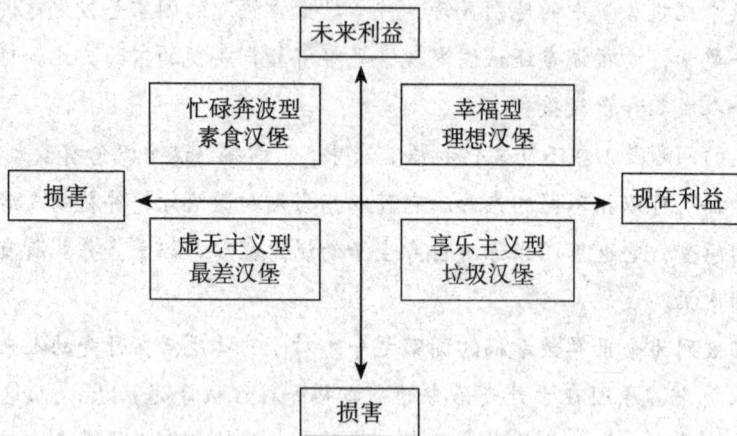

图 3-2　人类追寻幸福四个象限 [③]

象限一（幸福型，理想汉堡）是指当前的行动（教师从事其所喜爱的教学活动）既能带来当下的快乐（沉浸其中），又能增进长远的利益（促进个人进步），当人从事这

---

① 彭怡，陈红.基于整合视角的幸福感内涵研析与重构 [J].心理科学进展，2010，18(7)：1052-1061.

② 泰勒本沙哈尔.幸福的方法 [M].汪冰等译.北京：当代中国出版社，2010.

③ 周国韬，盖笑松.积极心理学与教师心理调适 [M].北京：中国轻工业出版社，2018.

样的行动时，就处于幸福之中。

象限二（忙碌奔波型，素食汉堡）是指当前的行动（为了参与评奖而苦苦准备）虽有利于长远利益（获得荣誉），但却有损于当下的快乐（牢骚满腹）。"忙碌奔波型"的错误观念在于，只有成功本身可以为他们带来快乐，他们感觉不到过程的重要性。当人从事这样的行动时，就处于忙碌奔波之中。

象限三（虚无主义型，最差汉堡）是指当前的行动（无所事事地消耗时间）既损害当下的快乐（感到无聊），又不利于长远的利益（丧失了宝贵的成长时机）。"虚无主义型"同时放弃了过程和结果，他们对生活已经麻木了。当人从事这样的行动时，就处于空虚之中。

象限四（享乐主义型，垃圾汉堡）是指当前的行动（频繁刷手机看短视频）虽能带来一时的快乐（兴奋无比），但却损害长远的发展（耽误工作）。"享乐主义型"错误的认为，只有过程是重要的。当人从事这样的行动时，就处于享乐放纵状态之中。

"忙碌奔波性"的人错误地认为成功就是幸福，坚信一旦目标实现后的放松和解脱就是幸福，因此他们不停地从一个目标奔向另一个目标。"享乐主义型"的人总是寻找快乐而逃避痛苦，他们只是盲目地满足欲望，而从来不认真考虑后果。"虚无主义者"是那些已经放弃追求幸福的人，不再相信生活是具有意义的，总是沉迷于过去，放弃现在和未来，老是被过去的阴影所缠绕。"幸福型"则既有现在的快乐，又有未来的幸福，这是最好的。真正的持续的幸福感，需要我们为了一个有意义的目标而去快乐地努力与奋斗。幸福不是拼命爬到山顶，也不是在山下漫无目的的游逛，幸福是向山顶攀登过程中的种种经历和感受。

活动体验

四个象限的特别日志①

一些针对日志的研究表明，把正面和负面的经历都写下来，可以提高我们的身心健康水平。连续四天，每天用五分钟的时间，写下你在四种象限里的经历，无论只是一件事，或是人生中的某一段时期。写下你曾经是"忙碌奔波型""享乐主义型"以及"虚无主义型"时期的经历。在第四天时写下你处于幸福型时期的经历。如果你对于其中某个象限特别感兴趣，就多写一点，但每天的内容不要超过一个象限的范围。也不要担心文字是否通顺优美，只管去写。要记得，写下你在当时的和现在的感受、你那时的行为以及你当时和现在的想法。

这里对每个象限的内容都有一些指导：

忙碌奔波型：写下你人生中忙碌奔波的经历。为什么曾经是那样？你是否在其中受

---

① 泰勒本沙哈尔.幸福的方法 [M].汪冰等译.北京：当代中国出版社，2010.

益？你付出的代价又是什么？

享乐主义型：解释一下你只顾享乐的时刻或经历。你是否在其中得到了很多？你损失的又是什么？

虚无主义型：写下有关那个特别痛苦时刻的经历，或者那个你感到绝望、无助的时刻，并描述你当时以及现在对它最深刻的感受和想法。

幸福型：描述一下你人生中某个特别幸福的时期或者经历。用你的想象力，让自己再次回到那个时候，重温一下当时的感受，并写下来。

无论你写什么，都是写给自己看的。如果写完后你愿意和他人分享当然也可以，但在写的时候请不要抑制任何的念头和想法，你越勇敢地表达自己，你就会从中更多地受益。

"虚无主义"和"幸福"两个象限上，至少再多做两次练习。重复该练习时，你可以写同样或不同的内容。然后定期地回顾自己所写的内容——可以是三个月，一年，甚至两年。

（二）教师如何运用积极乐观增加幸福

第一，有意识地训练自己用积极的视角看待问题并在实践中努力践行。积极心理学用来训练乐观心态的方法很有效，可以让自己或学生一起尝试做以下练习：（1）写感恩信。为帮助过自己但还没有表达过感谢的人写一封感恩信，用准确的语言描述你为什么要感谢他。如果可能的话，亲自将信送过去并让被感谢的人当着你的面阅读这封感谢信。这样做可以提升你的幸福感减少抑郁情绪。就算由于其他原因没有当面送达，仅仅是写完感恩信也能让你感觉更加幸福与满足。习惯感激的人一定比不这样做的人更开心。（2）每天回忆三件好事。在每天睡觉前，回想这一天发生的感觉不错的三件事情并写下来。这三件事可以是很小的（如"那个通常不怎么积极的学生今天主动举手回答问题了"），也可以是相对比较重要的（如"收到了论文获奖的通知"）。在所列举的每件积极事件之后，思考这样一个问题"为什么这件好事回发生？"这么做一开始也许会让你觉得有点别扭，但请你一定要坚持一个星期，它就会逐渐变得容易了。一般来说，六个月以后，你就会有更多的积极情绪体验，有更多的幸福感。

第二，热忱投入，在工作、生活中做自己擅长的事情，充分发挥自己的优势，开发自己的潜能。所有著名的优秀教师都具有这样的特点，喜欢并长期投身自己所热爱的教育事业，将自己与事业融合在一起。教师在努力工作的时候能让每个学生都得到更好的发展，看着他们走向美好人生，而教师也成就了自己的幸福人生。

第三，追寻教师工作的意义，坚定教育理想。马丁·塞利格曼在《真正的幸福》一书中阐述了幸福的三个成分：快乐、意义和投入。意义是人生幸福的一个重要方面。许多教师走上工作岗位是因为内心有着坚定的信仰，相信自己的工作将有益于学生的发展。

但初登岗位的满腔热情也会在不知如何有效管理班级、家校沟通、教学活动调动学生积极性等方面屡屡受挫，部分教师甚至会有些沮丧。越是在低谷的时候越是要回望初心，坚定教育理想，用意义感支撑自己走出低谷，尽快成长起来。

第四，分享成就感，叙说自己成功的经验和故事。教师和学生都需要用自己的成功体验和成功实践来强化成就感，成就感对人幸福感的影响力最大，也是幸福感得以持久的关键。每周可以根据一件事情写下一个故事，展现出自己最好的一面，然后，在接下来这一周的每一天，都要温习这个故事、让自己感受成功的喜悦，提高自信心。

让学生获得幸福的时候，教师也一定很幸福，教师自己要身体力行，率先垂范，这样教师的幸福和学生的幸福可以构成良性循环，不仅教师职业可以走向蓬勃发展，更重要的是会培育出越来越多拥有幸福生活的学生。

活动体验

测一测：你的幸福是什么样的[①]

在这一部分中，讲述了四种可以增加幸福的途径：通过快乐、通过投入、通过意义、通过胜利。这里有一个测量这四种可能途径的问卷。

指导语：所有的问题都是人们期望达到的一种境界，但是请从最能够描述你当前生活方式的角度来作答。

1. 我的生活是为了一个更加高尚的目的。

2. 生命如此短暂，要懂得享受生活中的愉悦。

3. 我总是想要寻找那种能够挑战我能力的环境。

4. 生活中我保持出色的成绩。

5. 无论在工作还是在玩，我总是深陷其中，甚至觉察不到自我。

6. 我总是沉浸在我所做的事情当中。

7. 我很少被周围发生的事情所干扰。

8. 我有责任让世界变得更美好。

9. 我的生活是有最终意义的。

10. 无论我正在做什么，赢对我都是很重要的。

11. 在选择做什么的时候，我总是考虑这件事情是否会让我感到快乐。

12. 我做的事情对于社会来说很重要。

13. 我想比别人更成功。

14. 我同意这句话："生活是短暂的，所以想吃什么就吃什么！"

15. 我喜欢做让我感到有刺激性的事情。

---

① 克里斯托弗·彼德森. 积极心理学 [M]. 徐红译. 北京：群言出版社，2010.

16. 我喜欢竞争。

计分：给"非常像我"计5分，"很大程度上像我"计4分，"有些像我"计3分，"只有一点像我"计2分，"完全不像我"计1分。追求快乐取向的得分是2、11、14和15题的总分；投入取向的得分是3、5、6和7题的总分；追求意义取向的得分是1、8、9和12题的总分；胜利取向的得分是4、10、13和16题的总分。

解释：四个总分中得分最高的是哪个，哪个就是你的主导取向。你的分数的结构是什么样的？也就是说，你是不是在四个取向中都得了高分（＞15）？如果是这样的话，这说明你可能追求的是一种完整的生活，而且极有可能对生活高度地满意。还是说你的得分都很低（＜9）？这说明你的生活比较空虚，很有可能对生活感到不满。你应该考虑看在你的生活中做一些不同的事情，任何事情都可以。如果你在一个或者两个取向中得分较高，虽然你很有可能对你的生活感到满意，但是你可能寻找更多的机会来追求你自己的幸福方式。

每一个幸福取向上的得分从原则上来讲应该是从4分（完全不像我）到20分（绝对像我）。正如图3-3所示，我在追求意义和胜利，尤其在投入的得分上很高，但是我在追求快乐取向上得分很低。

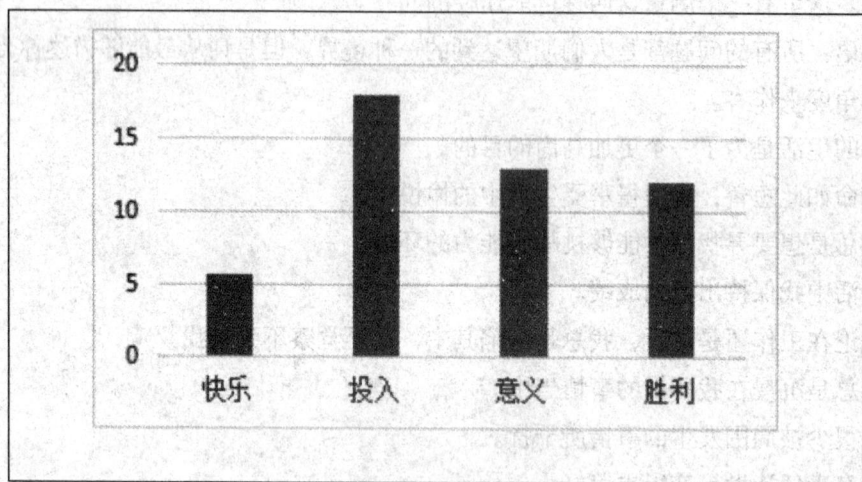

图3-3　我自己的幸福概况

总结反思

本主题主要围绕积极心理学关于积极归因、心理品质和幸福感等相关理论展开。通过本主题的学习，教师了解到乐观者和悲观者面对问题的不同反应，明确乐观是通过一些方法是可以习得的，当自己遇到挫折时候能够进行自我调试，与自己的不合理信念进行辩驳。在了解四种不同幸福类型的基础上，能够进行自己反思，明确自己追求的幸福类型，并愿意用践行积极乐观的方式增加自己的幸福感。

主题四　做好自我职业生涯的规划

⚑ **学习目标**

通过本主题的学习，学习者能够：

1. 了解教师职业生涯规划的意义；
2. 了解教师职业生涯规划的阶段及新教师阶段的特点；
3. 了解新教师职业生涯规划的途径。

教师自我职业生涯的规划对于教师的成长十分重要。它就像一个航船在无边的大海行驶，心中需要有一个指引方向的地图，并正确航行。

一、教师职业生涯规划的意义

📑 **资料卡**

不一样的人生：一份来自哈佛大学的报告[①]

某一年哈佛大学对应届毕业生做了一个调查。调查的内容为：你们中的多少人有明确的人生目标？调查的结果是这样的：3% 的毕业生有清晰长远的规划；10% 的毕业生有比较清晰的短期目标；60% 的毕业生目标模糊；27% 的毕业生没有明确的目标。

25 年后，哈佛大学再次对这群学生进行了调查。结果又是这样的：3% 的人，25 年间朝着一个方向不懈努力，几乎都成为社会各界的成功人士，其中不乏行业领袖，社会精英；10% 的人，他们的短期目标不断地实现，大都成为各个领域中的专业人士，大都生活在社会的中上层；60% 的人，他们安稳地生活与工作，大部分没有什么特别成绩；剩下的27% 的人，他们的生活没有目标，过得很不如意，并且常常在抱怨他人、抱怨社会、抱怨这个"不肯给他们机会"的世界。

其实，他们之间的差别不在于学历、能力、环境，而在于是否对自己的人生提前进行了规划，并不断的朝着目标努力。

---

① 不一样的人生：一份来自哈佛大学的报告 [OB/OL]http：//www.360doc.com/content/17/1010/16/40077028_693798633.shtml.

中国有句老话：凡事预则立，不预则废。有目标和没有目标、目标清晰和目标模糊，是否有长远目标，会直接影响人一生的发展！对于教师来说也是如此。教师往往是终身的职业，因此，从职业生涯发展的角度去了解自身的工作，以积极的心态去面对专业成长中的阶段发展和可能遇到的酸甜苦辣，最终从新手成长为一名专家型教师，是每位跨入这个职业的教师都必须去面对的。

我们将探讨两个问题：

问题 1：何谓职业生涯规划？

问题 2：教师职业生涯规划的意义是什么？

（一）何谓职业生涯规划

资料卡

全国首份职业生涯规划调查报告公布 ①

全球职业规划师（GCDF）中国项目组调查了来自 22 个省、市、自治区的 1488 个有效样本，调查显示：

一、总体对自己的职业状况满意百分比仅为 26.81%。学历越高，对职业越满意；收入越高，对工作越满意；工作经验越多，满意度越高；总经理满意度最高，部门负责人不如主管；经营管理最满意，财务最不满意。

二、职业困惑最主要的原因是缺少发展空间，占 41%。认为收入太低，占 33%；个人兴趣与工作不符占 17%，人际关系不乐观 6%；没有职业困惑者仅有 3%。

三、工作后的三年内最容易出现职业困惑。18% 的人在工作后的半年内出现职业困惑，半年到一年的占 25%；一年到三年的占 34%，四年到八年占 14%，八年以上的占 6%，而没有困惑的仅为 3%。

四、职业问题的处理方法采用调整心态占主流。65% 的人采用调整心态的方式，另有 22% 的人选择请朋友或家人建议的方式。寻找上司支持和寻找专业的职业规划师，选择的人均只有 4%。

五、认为向职业规划师求助有效的人超过八成。他们认为这是最有效的处理方式。作为使用最多的调整心态，只有不到一半的人觉得有效或比较有效。最无效的是不处理，仅有 8% 的人觉得有效果。

六、绝大部分人了解职业规划，但极少数使用职业规划。86% 的人对职业规划有过了解，但仅有 8% 的人接受过职业规划服务，购买率仅 9.79%。

---

① 连榕. 教师职业生涯发展 [M]. 北京：中国轻工业出版社，2008：105-106.

由以上的调查结果可以看出社会日益严重的职业困惑呼吁职业生涯规划的到来。那么，职业生涯规划究竟是什么呢？

我国著名职业生涯规划专家罗双平用一个公式总结了职业生涯规划的三大要素，即：职业生涯规划＝知己＋知彼＋抉择。

知己是对自身条件的充分认识和全面了解，包括性格、兴趣、特长、智商、情商、气质、价值观等内容。知彼是对于从事职业的环境、相关的组织等信息的有效掌握，包括组织环境、组织发展战略、人力资源需求、晋升发展机会、政治环境、社会环境、经济环境等内容。抉择是在知己知彼基础上，再来确定符合现实，能充分发挥自己专长和强项，自己有浓厚兴趣并且与环境相适应的职业目标，包括职业抉择、路线抉择、目标抉择和行动抉择等内容。

职业生涯规划也称为职业生涯设计，是指个人与组织结合，在对一个人职业生涯的主客观条件进行测定、分析和总结的基础上，对自己的兴趣、爱好、能力和特点进行综合分析，根据自己的职业倾向，结合时代特点，确定其最佳的职业发展目标，并为其实现这一目标做出行之有效的安排。

中小学教师职业生涯规划是指中小学教师从自身的优势和特点出发，根据时代、社会的要求和所在学校的远景做出的促进教师可持续发展的自我设计和安排。①

（二）教师职业生涯规划的意义

从教师专业发展方面来说：第一，职业生涯规划挖掘教师潜力，提升教师自我提升内驱力；第二，职业生涯规划可以明确教师发展目的计划，提高成功率；第三，职业生涯规划可以提升核心竞争力；第四，教师职业生涯规划是教师自我实现和人生幸福的需要。从学校长远发展来看，教师自身的发展也会带动学校的发展。

美国学者卡瑞克和卡兰翰这么评价新教师的角色转换："一个师范生的书桌与一位教师的书桌之间的距离，虽然在直线跨度上很短，但是它却是这些年轻人在那么短的时间内所要跨越的一段最长的心理上的历程。"因此，职业生涯规划对新教师而言具有特别重要的意义和影响。

第一，可以增强发展的目的性与计划性，提升成功的机会。生涯发展要有计划、有目的，不可盲目。新教师刚刚步入工作岗位，正值理想型向现实型转变时期，凡事预则立，不预则废。如果不能对自己的优势和劣势进行准确分析与判断，不能认真思考与设计自己在整个教师职业生涯中的人生目标和专业成长目标，就容易简单地以完成每学期的教学任务作为自己的专业成长目标，从而失去专业成长的意识和愿望，这将会严重影响年轻教师的专业成长。

第二，可以促进新教师形成健康积极向上的心态，乐于教育事业。他们有目标，他

---

① 金连平.中小学教师职业生涯规划：概念、问题及对策[J].上海教育科研，2010(9)：13.

们会不断地付出努力，在这个过程中，他们会采取很多可行性的方式开展教育教学，正能量会占据他们的内心。

第三，可以提升新教师应对竞争的能力。当今社会，到处充满着激烈的竞争。物竞天择，适者生存。在这场激烈的竞争中脱颖而出并保持立于不败之地，必须设计好自己的职业生涯规划。

第四，可以挖掘自我潜能，增强个人实力。设定职业生涯规划，可引导新教师正确认识自身的个性特质、现有与潜在的资源优势，对自己的综合优势与劣势进行对比分析，运用科学的方法采取可行的步骤与措施，可正确定位自己的价值并使其持续增值。①

二、教师职业生涯规划的阶段

案例分析

为什么存在不同？

某小学四年级的一位专家型教师和一位新手教师在9月份开学后都接了新班的教学任务，也都遇到了类似的问题，学生都很不太愿意上数学课。他们是如何对待相同的问题呢？新手教师认为是自己的课前准备不足，还需要花更多的时间来备课。专家型教师找原数学老师详细了解学生们之前的学习状态，了解到不是所有学生不喜欢数学课，因为原数学老师需要休产假而不得不暂停这个班的教学，学生们和原数学老师感情深厚，一直希望老师能再回来。班级里边有几个上课爱说话的学生，也时常会打断老师的教学，影响其他同学的学习。但同时，班级里也有几名同学的数学水平很高，超越了其所在年龄的水平。综合这些原因，专家型教师制定了这样的策略来改变这个现状，一是用自己的教学魅力吸引学生，调动兴趣是关键；二是肯定学生们对原数学老师的深厚感情，鼓励他们用更好的成绩回报老师；三是加强课堂秩序的引导，形成良好的课堂氛围。

面对同一教育问题，为什么不同的教师有不同的分析和把握？

其实，专家型教师对教育教学的驾驭和把握与专家型教师的成长和进取是密不可分的。

记得曾经有一位拥有30年教龄的专家型的历史老师上了一节非常出色的公开课，听课的老师们完全被他的课吸引了，都忘记做记录了。课后，一位老师问道："您花了多少时间来备这节课？不止一个小时吧？"那位专家型的老师说："对这节课，我准备了一辈子。对每节课，我都是用终生的时间来准备的。不过，对这个课的现场准备，我

---

① 王艳莹.浅谈新教师职业生涯规划的意义和影响 [J]. 中国校外教育，2016(04).

只用 15 分钟。"

由此看来，专家之所以成为专家，对问题能透彻地分析和智慧地把握，源自于其成长的积累。三十年、一节课、一辈子、十五分钟，对于这位令人叹服的教师，这些数字体现其从教生涯中不断的成长，每一阶段都是下一阶段的台阶。做好成长与进步的规划是一个有序、有效的过程，它使教师能持续学习、反复思考、不断完善自我并取得成效。

我们将探讨两个问题：

问题 1：教师职业生涯阶段是如何划分的？

问题 2：新教师阶段的特点有哪些？

（一）教师职业生涯的阶段划分

资料卡

教师职业生涯发展阶段说

不同的学者基于不同的研究视角，采用不同的研究方法对教师职业生涯发展阶段做了大量深入的探讨，其代表性的理论有两个：

第一，福勒的教师生涯关注阶段理论。

福勒（Fullor）认为在成为教师的过程中，根据关注指向的不同，教师的职业发展可以分为四个阶段：

1.教学前关注阶段。在这一阶段，职前教师仍扮演着学生的角色，对教师角色仅凭想象。由于尚未经历教师生涯，没有教学经验，因此只关注自己。对于任教的教师常抱有观察、评判的态度。

2.早期生存关注阶段。此阶段是职前教师初次走上教学岗位，并实际接触教学工作，此时所关注的是作为教师自己的生存问题。所以教师关注自己的教学与控制、对教学内容的掌握和如何通过学校上级对自己教学的评定。因而在此阶段，教师会感受到相当大的压力。

3.教学情境关注阶段。此阶段教师关注的是在特定的教学情境下如何完成教学任务，较为重视教学所需的知识、能力与技巧以及尽其所能将自己所学运用于教学情境之中。在这一阶段，教师关注的是自己的教学表现，而不是学生的学习。

4.关注学生阶段。当教师在学会应付自己的生存需要，并从实际工作的经验中学习到如何克服困难、调配繁重工作后，才能真正地关注到学生的学习和需要。[1]

第二，伯林纳的教师职业发展阶段理论。

---

[1] 连榕．教师职业生涯发展 [M].北京：中国轻工业出版社，2008.

伯林纳（Burliner）对教师职业发展进行了系统研究，他把教师职业生涯分为五个阶段：

1. 新手阶段。此阶段的教师刚进入这个领域不久，对该领域的情况已经有了基本的理解并掌握了一些基本的行为规则，但规则的运用还不能因特定情境的变化而做出变通；已经能够辨识某项举措在实际应用情境中的优缺点，但在具体操作程序上还需要直接具体的督导和帮助。

2. 高级新手阶段。这一阶段的教师已经有了很好的知识基础，并能够辨识工作中的某些带有普遍性的模式和各相关要素之间的关系；能够根据掌握的材料设计适宜的行动方案，在技术上开始具有一定的熟练水平，并能够根据具体情境做出调整，但还不能够取得稳定性的成功。

3. 胜任阶段。此阶段的教师已经有了更为宽广的知识基础，能够运用理论分析现实情境并能依据可行的理论设计工作实施方案；能够清楚地区分现实情境中的各种信息，忽略掉那些不重要的信息，从而能将注意力集中于那些重要的信息上，并能够对现实情境做出恰当评价；个体知道遇到非典型情境时从哪些渠道可以获得帮助；个体此时已经熟练地掌握工作中需要的技术，并能够取得持续性的成功。

4. 能手阶段。此阶段的教师已经具备了广泛的知识，并能在此基础上批判性地吸收和整合新知识；不但能将科学规则运用于具体情境，而且能够提出多种可能的方案并予以整合；能够成功地预见可能发生的结果，并对可能事件进行有效管理；即使是在压力或非常规的情境下，也能够表现出高效能；能够作为某个小组的成员解决一些重大的课题，但能够意识到个人的局限性。

5. 专家阶段。此阶段的教师拥有突出的知识基础，对当前研究的前沿方向和问题也有详细的了解；能够建构科学知识并运用于教学实践中；能用直觉把握教学情境，具有很强的洞察力，只有特殊情况时，才需要运用分析的思维方式并结合本领域的规则进行判断；技术精熟，具有有效的问题解决能力和策略，能够平衡各种不同的要求并专业地对待复杂的情境。[①]

通过了解教师职业生涯阶段理论，有助于帮助教师明确不同时期的任务和目标，确定努力方向，使其积极地应对各阶段出现的问题，实现发展目标。

---

① 杜秀芳．教师职业生涯规划与发展 [M]．上海：华东师范大学出版社，2015.

活动体验

主题采访——毗邻的教师

在每种理论里，找找你目前阶段、毗邻阶段都是什么？观察你所在的教研组，谁是你发展毗邻阶段的教师？他（她）是如何度过你目前所在的阶段的？进行一个小小的采访。

采访时间：_____

采访对象：_____

他（她）的主要经验：_____

_____

我的感悟：_____

_____

（二）新教师阶段的特点

1.专家型教师与新手型教师的区别

（1）课时计划的差异。与新教师相比，专家教师的课时计划简洁、灵活、以学生为中心，并具有预见性。

（2）课堂教学过程的差异。

第一，课堂规则的制定与执行。专家型教师制定的课堂规则明确，并能坚持执行；而新教师的课堂规则较为含糊，不能坚持下去。

第二，吸引学生的注意力。专家教师有一套完善的维持学生注意的方法，新教师则相对缺乏这些方法。

第三，教材的呈现。专家教师在教学时注重回顾先前知识，并能根据教学内容选择适当的教学方法，新教师则不能。

第四，课堂练习。专家型教师将练习看作检查学生学习的手段，新教师仅仅把它当作必经的步骤。

第五，家庭作业的检查。专家型教师具有一套检查学生家庭作业的规范化、自动化的常规程序，而新教师往往缺乏相应的规范。

第六，教学策略的运用。专家型教师具有丰富的教学策略，并能灵活运用。专家型教师能明确地知道在什么时间和什么地方该做什么、怎么做，他们对学生的需要极为敏感，对教学问题的解决富有创造性。新教师或缺乏或不会运用教学策略。

（3）课后评价的差异。新教师的课后评价要比专家教师更多地关注课堂中发生的细节。而专家教师则多谈论学生对新材料的理解情况和他认为课堂中值得注意的活动，很少谈论课堂管理问题和自己的教学是否成功。专家教师都关心那些他们认为对完成目标有影响的活动，而新教师对课的评价却不同：有的分析课的特点，有的对课的成功作了大量的评估，有的关注自己授课时的有效性。[①]

2. 新教师发展的三种可能

第一种可能是新教师度过了艰难的求生期，真正参与到新环境之中，掌握了专业知识技能，实现了从学生到教师的重大角色转换，积极融入到学校集体之中，在教育教学中体会到为人师之乐，踏上不断自我创新的专业成长与发展道路，很快成长起来。

第二种可能是新教师经过几年的摸索，获得了求生的技能，却陷入了职业发展的高原期，专业发展的热情下降，专业成长动机缺乏，专业知识能力难以得到继续的提升，仅仅是关注自己的教学，无视教育发展与学生的需求，处于停滞的发展状态。

第三种则可能是新教师很难适应学校新环境，长期游离于新环境之外，不能运用专业知识与能力实现从学生到教师角色的重大转换。在现实的冲击之下，感到巨大的失望，情绪衰竭，长期极度疲劳，对工作、对学生表现得消极冷漠，成就感降低，产生较强职业倦怠，有些人甚至可能会离开教师岗位。[②]

从以上三种新教师的发展可能来看，第一种发展可能是新教师最理想的发展状态，第二、三种情况则是我们应该极力避免的。

新教师应根据本阶段的职业特点进行合理的职业规划，从而促进职业的顺利发展，一步步向专家型教师迈进。

三、新教师职业生涯规划的途径

📚 **资料卡**

教师职业生涯规划示例 [③]

第一，总体目标。设计目标需要将总目标与学生的需要和能力或学校、地区的目标结合起来。示例：提高学生的学科成绩，将学生成绩与学校或者地区的成绩作比较。

第二，具体目的。目的要具体，否则无法操作。示例：今后两年内，我班英语单科全年级考试中98%及格，60%优秀。

第三，拟采取的行动。行动要与目的吻合，要有策略。示例：运用班级或工作协作

---

① [美]伍尔福克.教育心理学[M].何先友等译.北京：中国轻工业出版社，2014.

② 连榕.教师职业生涯发展[M].北京：中国轻工业出版社，2008.

③ 常温虎.我的未来我做主[M].吉林：吉林大学出版社，2008，55-56.

组提升课堂探究式学习能力，与使用探究式学习的其他教师合作或寻求他们帮助。

第四，关系。要思考该计划与你所任教的学科领域、学生、你的能力结构、学校或地区目标以及优质教育实践有何关系？示例：探究是科学教育有效的、重要而被广泛接受的方法，能提高学习成绩。

第五，评价标准。标准是指挥棒，是灵活指挥自己的向导。如果需要，你要及时调整你的计划。示例：在未来两年，我的学生在我任教的学科95%在全校或全区统考中及格，如果一年后他们没有明显进步，我将审查我的教学计划并做出调整。

第六，卷宗档案。你将为每个目标和具体目的从你计划的行动中收集证据。示例：参加工作协作组的学分、探究式教学案例、学生作业案例、笔记、考试分数等。

以上内容对新教师职业发展规划分别从不同的角度做了示例。尽管每个教师所处的组织环境和学校不同、自身的特点不一，但能从以上示例中体味教师职业生涯规划的操作性思路。

想一想，从以上步骤里，你发现教师职业生涯规划大致包括哪些内容？

教师职业生涯规划的内容主要包括四个方面：

1. 自我评估。新教师要对自己的能力、兴趣、需要等个性因素做到心中有数，并知道自己的优势和劣势，在此基础上，充分认识自己，诊断自己所存在的问题，把握住自己的强项和明确专业发展方向。

2. 环境分析。新教师要认真分析自己学校的目标、学校的办学理念，教育改革对教师的影响；分析学生的特点和来源，分析本校特有家长群体的需求，认识学校的发展与自身的需求和发展是否冲突；分析学校环境提供了哪些有利条件。

3. 确立目标。在准确地对自己和环境做出了评估之后，我们可以确定适合自己、有实现可能的职业发展目标。目标设计的内容，可以从两个角度分：一是时间的角度，在成长的不同阶段，目标是不同的，也就是要设计阶段目标，阶段目标主要是各个成长阶段要解决的主要问题。当然，除了阶段目标，还首先要有一个总的目标。二是项目的角度，在教育工作中，有许多方面和项目，都可以成为教师攻克的目标，比如教材开发、教学方法的改革、教学手段的革新、学生管理、课外活动指导、某个问题的实验或科研等。在阶段目标的设计上，可以参照教师职业生涯周期的理论，了解各个阶段应该解决的主要问题，作为自己的目标。

4. 策略制定。在制定完目标后，要策划具体的措施和行动方案。制订行动方案时，要根据自己的目标综合各个方面的条件，分析达到目标所需要的资源，确定达到目标需要的特定专业发展内容，进而确定完成自身发展任务所要开展的活动。

📚 **资料卡**

SWOT 分析法

SWOT 分析法是一个简单而有效的机会评估工具。SWOT 是四个英语单词的缩写，即 strength（优势）、weakness（劣势）、opportunity（机会）和 threat（威胁）。一般来说，优势和劣势属于个人，而机会和威胁来自外部环境。

第一，优势分析。你曾经做过什么，如以前担任的职务，获奖经历等。学习了什么，大学期间从专业学习中获得了怎样的知识和能力，自己又拓展学习了哪些领域的知识。在工作中参加了什么样的培训，得到了怎样的提高。做过的事情中，最成功的是什么，如何取得成功的。相比其他人你的优势在哪里？要善于利用过去的经验，推断未来的工作方向和机会。尽量多地写出各个问题的答案，你将会清楚你承担的责任和角色，以及你个人的素质状况，然后按照重要次序列成表格，想想哪些是应该继续保留的，哪些是需要抛弃或者改正的。通过分析，你可以发现自己潜在的能力，并以此为契机，挖掘个人深层次的潜力增长点。

第二，自己的劣势和不足。初入职场的你可能欠缺许多教学经验，比如会有课堂准备不充分的尴尬，或者应对一些学生的突发状况有困难。但这些劣势和不足都是暂时的。

第三，机会分析。也就是有利于教师职业发展的一些机会。社会大环境的分析：当前教师的职业发展在哪些方面有利？对自己所在学校的环境进行分析：学校能为你提供多大的发展空间？学校领导注重你的持续发展吗？学校为你的发展提供了多少可供利用的资源？

第四，威胁分析。也就是你在职业生涯中遇到的困难。你的学校未来会被合并吗？新来的领导对你是否有了不好的印象？你和办公室同事的关系是否可能遇到了问题？[①]

👥 **活动体验**

SWOT职业分析

请用 SWOT 分析法对你职业发展的优势、劣势、机会和威胁进行分析，并与大家分享你的收获和感悟。（如图 3-4 所示）

---

① 常温虎. 我的未来我做主 [M]. 吉林：吉林大学出版社，2008：41-42.

内部 环境 因素	优势因素（S）	劣势因素（W）
外部 环境 因素	机会因素（O）	威胁因素（T）

图 3-4　SWOT 职业分析

根据 SWOT 矩阵的分析确定对策，制定计划。基本指导思想：发挥优势因素，克服劣势因素；利用机会因素，化解威胁因素；考虑过去，立足当前，着眼未来。将矩阵的各种因素相互匹配，得出一系列可供选择的对策。主要对策有：（1）SO 对策，着重考虑优势因素和机会因素，目的是使得两者的有利因素最大化；（2）ST 对策，着重考虑优势因素和威胁因素，使前者的有利影响最大化而后者的不利影响最小化；（3）WO 对策，着重考虑弱势因素和机会因素，力求使前者的不利影响趋于最小化而使后者的有利影响最大化；（4）WT 对策，着重考虑弱势因素和威胁因素，力求使两者的不利影响都趋于最小。上面的几个策略可以综合使用，根据不同情况有所侧重。

新教师个人专业发展三年规划样本 [①]

一、个人专业发展现状分析

1. 教学能力：现有的课堂教学实践经验，能够胜任各年级段的自然教学工作。由于最近六年都从事低年级语文教学，因此对低年级语文教学有一定心得。能够运用现代信息技术，并灵活有效地为教学服务。在课堂教学中较善于引导学生思考和实践。但工作中较缺乏理论研究的能力，在实践教学中还应不断探索如何让学生在更自然、更愉快的教学氛围中学得更积极、更主动。

2. 学习研究能力：喜欢阅读各类书籍。容易接受新事物和新观点，能够主动参与课题实验。教育教学的理念虽有了转变，但对问题的反思和重构的能力还不强，教学实践多，理论研究少。

---

① 新教师个人专业发展三年规划样本 [OB/OL] https://wenku.baidu.com/view/9dc8ebdefbb069dc5022aaea998fcc22bcd1439b.html?fixfr=mSlqD%252FcT8tj6YJGIvHpNLA%253D%253D&fr=income3-wk_go_search-search

二、个人专业发展三年总目标

积极参与科研课题的研究，推进自身素质的全面提高，使自己成为具有一定科研能力的科研型教师。树立终身学习的理念，具备终身学习的五种能力（学习能力、教育科研能力、适应现代教学能力、研究学生能力、自我调控能力）。

1. 教学能力：参照第二梯队教师条件，努力成为梯队教师，能在校自然教学工作中起到一定的推动作用。

2. 学习研究方面：深入教科研一线，努力能成为研究型教师。

三、个人专业发展年段目标

第一年度目标：

1. 明确界定自己的发展方向，认真思索、评价自身的弱势，适切地制定自身发展规划；

2. 恪守教师职业道德基本规范，使自己形成敬业爱生、明礼诚信、勤学乐教、廉洁奉献的师德风尚；

3. 加强本学科专业理论知识的学习和课堂实践能力，提升业务水平，创建和谐的课堂和多彩的学习生活；

4. 教学常规与教学科研一起发展，往科研型教师方向发展。

实施方式或途径：

1. 树立法制观念，增强法律意识，踏实做到遵守法律和学校各项规章制度；

2. 紧跟教育发展的形势，掌握教育发展的动向，及时更新教育观念；把学习的主动权还给学生，培养学生良好的学习习惯和合作能力，使课堂教学焕发生命活力；

3. 向校级骨干教师学习，每学期区级听课不少于3节，校级听课不少于10节，课后及时撰写听课后收获不少于2篇；

4. 每学期上研究课一节以上，并做好教学前、后的数据和听课教师评课资料收集工作，及时做好教学反思工作；

5. 联系教改实际开展教育科研。完成相关实践课，年学期末完成相关主题的论文一篇，力求成为一篇有价值的文章；

6. 每学期认真阅读两本教学理论专著，坚持书写教学叙事等教学研究类文章，完善个人专业发展平台。

成果形式：

1. 每学期组内展示课一次；

2. 参与组内项目活动，负责一年级自然教学的研究课题；

3. 听课后收获1篇，随笔、反思5篇以上，结合组内项目活动的教学研究文章一篇。

第二年度目标：

1. 规范和提高自己的道德观念，学习优秀教育家的优秀品质，提高自身的政治素质；

2. 继续加强本学科专业理论知识的学习和课堂实践能力，提升理论水平和实践能力，更新知识结构；把课堂教学放在核心位置，在课堂教学中能渗透新理念，并能为学生创造轻松愉快的教学环境，使他们能自主、活泼地学习。建立起教师注重指导学生进行自然科学主动探究的教学模式；

3.把每一节课都当作公开课，认真备课，精心上课，注意总结反思；

4.善于在教育教学实践中发现问题、分析问题，在科学理论指导下针对问题进行实验研究。

实施方式或途径：

1.学习模范教师、师德标兵的先进事迹，阅读他们的专著，提升自身的思想修养，严格要求自己；

2.积极运用多种媒体信息技术，使之在自己教学中发挥更大的作用；

3.积极参与自然教研活动，力争在教研活动时作一次专题讲座；

4.坚持书写教学叙事等教学研究类文章，完善个人专业发展平台。

成果形式：

1.每学期组内展示课一次；

2.每学期自然教研组网站上上挂相关文章不少于12篇；

3.组内主题讲座一次。

第三年度目标：

1.以模范教师和师德标兵为自己的目标，努力向他们看齐，从思想、言行上更加规范自己，在学生和家长心目中树立良好的信誉；

2.在教学中能积极主动地参与研究与讨论，并且着力通过课题研究，使教学有进一步提高；

3.积极关注教育界的最新动向，进一步加强教育理论学习，为教学工作做好积淀，并撰写出有质量的专业论文。

实施方式或途径：

1.以模范教师和师德标兵为自己的目标，努力向他们看齐，从思想、言行上更加规范自己，在学生和家长心目中树立良好的个人形象；

2.加强本学科专业理论学习，为自己教学所用，坚持书写教学叙事等教学研究类文章，完善个人专业发展平台，对组内教师的文章能进行及时回复和交流；

3.完成对低年级自然教学的反思报告；

4.与第一梯队的两位老师结对，多交流多学习，找到差距，努力赶上。

成果形式：

1.教学研究文章一篇；

2.成为教研组第一梯队成员；

3.积极投身教研组网站建设，多写文稿与组内教师交流探讨。

四、达成目标的保障措施及自我检测措施

1. 确保自己获得较高频率学习和听课的机会；

2. 获得学校各级领导、校办、外聘专家等切实有效的指导和帮助；学校内领导部门的日常检查考评之后能及时反馈情况，帮助自己在下阶段工作中采取有效的措施进行调整，使对自己的检查反思落到实处；

3. 让阅读成为自己的习惯。

总结反思

本主题主要围绕职业生涯规划的相关理论和实践案例展开。通过本主题的学习，教师了解到职业生涯是需要规划的，这会让自己的成长更具目的性和计划性。在了解新手教师和专家型教师区别的基础上，树立职业成长的信心与目标，并通过 SWOT 分析法，明晰自己的优势、劣势和机遇，能够根据自己现状分析做出自己在新教师阶段的职业生涯规划。

话题四

研究教育心理
做引路促进的好老师

主题一　用积极心理视角看待学生

⚑ **学习目标**

通过本主题的学习，学习者能够：

1. 了解积极心理学能提供的心理学视角；

2. 了解成长型思维模式在学生成长中的意义；

3. 了解自驱型成长在学生成长中的意义。

积极心理学作为当下心理学界蓬勃发展的心理学思潮，带给我们怎样的心理视角？成长型思维模式在面对教育困境时能不能带来新的可能？我们该如何应用这些积极心理视角来理解教育教学过程中的人和事，从而可以更积极主动地化腐朽为神奇？我们能不能通过培养学生胜任力，从而让学生获得自驱型成长，并以此助力其身心健康发展？

一、积极心理学提供的积极心理视角

积极心理学得到迅猛发展的一个重要原因是它对幸福、乐观、希望这些看起来隶属于哲学范畴的概念进行了系统探索，在积极心理学的研究中，幸福、乐观和希望不仅仅是美好目标，更是可以被定义、被测量、被传授和被提升的。在个体生命遭遇困境的时候，成长型思维可以带来新的可能性，带来超越困境的强大生命力。提高人的主观幸福感可以让教育者享受工作，也可以让学生更好学，学生自驱力的培养是让其获得自我效能和胜任感的最佳途径。赛里格曼作为积极心理之父，始终坚信幸福和乐观等是可以学习和培养的。他也认为每个人的大脑里有一个希望回路，人不是由过去的经验决定的，而是由未来召唤的。

我们将着重探讨三个问题如下：

问题一：如何理解积极？

问题二：积极心理学的发展脉络？

问题三：积极心理学提供了哪些积极视角？

（一）积极正是一种爱

积极不是一个固定结果和最后结局，积极是一个行为过程，包括过程的体验。积极与个人处境有关，是指个人选择一个最能适应的环境和发挥了最高潜能的行为，是一个人把所有力量都运用到了极限而问心无悔的人生态度。一个身患绝症的人和一个处于创作状态的作家，虽然所面临的人生状态如此不同，但在积极状态上会是一样的，他们都可能是积极的。只不过前者是与疾病作斗争而感受到生命的勇气，后者是陷入创作高峰体验而感受到生命的激情。两者之比，没有量的规定，但在质的规定上是一样的。

积极并不指外在指标，而是人的一种出色的心理素质和生活态度。积极也不总是指一个人征服外部世界，积极有为地把每一个事情都去办好。神经症的人有时就过于征服世界和追求完美了，他们的欲望超越了自身能力范围，在需要和改造世界面前过于有为，用主观意愿取代现实的客观。比如，当一个强迫症的病人因为屡屡为是否关家中的煤气而焦虑不安时，他觉得事事都是有为的，只要我把事情做到尽善尽美，就一定会万无一失。可是，这种脱离现实的有为，恰恰可以理解为过分的欲望，是不合理的，它不是真正的积极，而是能导致矛盾和冲突的消极。

真正的积极有时包括一种无为，一种面对现实的客观和如实接受，接受该接受的，做自己能做的，看上去很无奈，但它却是最佳的积极，因为此时此景，没有比这一行为更好的行动。

（二）三个层面上探索

📚 **资料卡**

积极心理学的研究内容

积极心理学被定义为是"研究有助于发挥人、团体和机构的最佳状态或功能的条件和过程的一门科学"。它提出了积极预防的思想，认为在预防工作中所取得的巨大进步是来自于在组织内部系统地塑造各项优势能力，而不是修正缺陷。主要涉及三个层面的研究和实践。

主观的层面上

研究积极的主观体验：包括面对过去的幸福感和满足、面对未来的希望和乐观，以及面对现在的快乐和幸福流，也包括这些体验的生理机制以及获得的途径。强调人要满意地对待过去、幸福地感受现在和乐观地面对将来。

个人的层面上

研究积极的个人特质如爱的能力、工作的能力、勇气、人际交往技巧、对美的感受力、毅力、宽容、创造性、关注未来、灵性、天赋和智慧等，目前，这方面的研究集中于这些品质的根源和效果上。

群体的层面上

研究公民美德，和使个体成为具有责任感、利他主义、有礼貌、宽容和有职业道德的公民的社会组织，包括健康的家庭、关系良好的社区、有效能的学校、有社会责任感的媒体等。

积极心理学自诞生之日起，就致力于用科学的研究方法探索人的积极心理品质及相关影响因素，并针对如何培养这些积极心理品质花足力气。

（三）从关注问题到关注优势

想要消除一个消极行为，那个行为却难以改变，为什么？比如你看到一个孩子在课堂上啃咬自己的手指甲，你该如何改变他的这个行为呢？是一遍又一遍地提醒他吗？现代神经科学研究表明：不断反思问题行为不仅无助于取消问题行为的神经联接，相反会加深其神经联接，使改变更加困难。寻求解决之道，即着手建立新的神经联接更有助于问题解决。所以面对一个孩子的消极行为，作为老师要做的不是反复提醒他停止该行为，而是可以寻找新的有意义的行为来替代这个消极的，当新的有意义的行为的神经连接稳定存在于大脑中时，消极行为就会消失。所以让啃咬手指的学生帮忙发个作业擦个黑板来建立新的联接是有效方式。

教师期望效应恰恰符合了积极心理学从关注问题到关注优势的转变，对教育者的教育行为更有参考价值，而现代神经科学也为教师期待效应提供了有利的支持证据，如果你感兴趣可以通过阅读资料卡获得详细信息。

📚 **资料卡**

教师期望效应

教师期望效应又叫皮格马利翁效应。美国心理学家罗森塔尔和雅克布森（开始对这一现象进行了实验研究，于1968年发表了研究成果《课堂中的皮格马利翁》一书。他们在奥克学校）所做的一个实验中，先对小学1～6年级的学生进行一次名为"预测未来发展的测验"实为智力测验。然后，在这些班级中随机抽取约20%的学生，并让教师认识到"这些儿童的能力今后是会得到发展的"，使教师产生对这一发展可能性的期望。8个月后又进行了第二次智力测验。结果发现，被期望的学生，特别是一、二年级被期望的学生，比其他学生在智商上有了明显的提高。这一倾向，在智商为中等的学生身上表现得较为显著。而且，从教师所做的行为和性格的鉴定中可知，被期望的学生表现出更有适应能力、更有魅力、求知欲更强、智力更活跃等倾向。这一结果表明，教师的期望会传递给被期望的学生并产生鼓励效应，使其朝着教师期望的方向变化。罗森塔尔把这一现象称作皮格马利翁效应。

积极心理视角

从关注问题到关注优势是积极心理学带给我们的最大启发。此外，积极心理学提供给我们的心理视角还包括：客观的自我认识，乐观的归因风格，有合适的目标并能为目标的实现找到途径，在我们遭遇困境时能合理的应对情绪，培养自我效能感，能寻求内外资源应对困境。在克服困难的过程中，能学习使用刻意练习、难事法则和成长型思维超越困难，获得成长。因为归属感的满足而获得良好的人际关系，拥有自控感并逐渐完成自驱型成长等。

在本主题，我们将着重探讨成长型思维品质的发展，以及如何促进人的自驱型成长。

二、成长型思维模式

案例分析

聪明的陷阱

高中毕业十年后的师生聚会上，班主任老师说，你们这一届学生中最聪明的学生是小明，可惜他太不努力了，如果他稍微努力一点，那他肯定能上最好的大学。实际的情况是，小明没有上大学。在小明的心里，一个人的成绩代表着他的天赋，聪明比努力重要的多，有天赋的人是不需要努力的，小明的成绩刚刚入学时第一名，后来成绩下降，为了维护自己的天赋，他就慢慢放弃了努力，因为在他看来，维护天赋最为重要，小明担心即使自己努力也没有办法获得可以证明自己聪明的成绩。

这就是典型的固定型思维模式拥有者的故事。小明就是掉进聪明陷阱里的孩子。大部分时候聪明人小明都会放弃努力，成为老师口中那个最聪明却不努力的人。

固定型思维和成长型思维是我们思维的两种表现形式，其实，它们存在于我们每一个人的身上，我们可能在不同的维度上拥有不同的思维模式，如在智力等个人能力方面，我坚守固定型思维，认为聪明的人一定会表现出好成绩，但在婚姻家庭生活中我却具备成长型思维，认为好的婚姻是需要经营的。

固定型思维并不是完全一无是处的，在没有遭遇困境的时候，固定型思维至少能给我们带来确定性，比如面对好的成绩我们可以确信自己是天资聪颖的，但如果成绩出现了困难，固定型思维就显示出其禁锢一个人成长的性质，固定型思维的拥有者在遭遇困境时会用尽全身的力气证明自己。

人的思维模式的形成与其被养育和被教育的方式以及其自身的性格特点有不可分割的关系，我们不得不说，聪明陷阱有时候是家长、老师和学生共同联手打造的。如果家长和老师过于肯定天赋而忽略了对学生努力的赞赏，就让学生陷入聪明陷阱不能自拔。

任何时候，我们都要坚信努力要比天赋更重要，只要这件事情有一个人能做到，其他人就有可能可以做到。我们要把更多的时间和精力用在探索实现这个目标的途径上。而不是被聪明陷阱困住。

成长型思维在积极心理视角中举足轻重，在此我们主要关注的三个问题如下。

问题一：成长型思维与固定型思维的有哪些差别？

问题二：如何测量成长型思维？

问题三：如何利用成长型思维？

（一）培养成长型思维模式是自我实现的一个重要元素

1. 成长型思维模式的表现形式

具备成长型思维模式的个体认为，有难度的工作可以提升他们的智力和能力。具备成长型思维模式的个体倾向于选择能够帮助他们学习和培养新技能的目标（即便他们最开始可能失败），在面对具有挑战性的任务时能够坚持更久并秉持乐观的态度。这种成长型思维模式与良好的心理特质相关。以下是成长型思维模式的人常有的自我对话。

"在学校里有些科目需要我投入更多。"

"如果我能学到知识，即便失败也无所谓。"

"有些同学比我更努力。"

"如果想在某些学科或活动中表现更加优秀，我可以更加努力。"

"我知道如果我愿意，任何事情我都可以做好。"

2. 成长型思维和固定型思维的区别

下面的资料卡（如表 4-1 所示），为大家了解成长型思维和固定型思维的区别提供了一些支持。

资料卡

表 4-1　成长型思维与固定型思维的区别

常见场景/思维模式	固定型思维	成长型思维
遇到挑战时	避免挑战	直面挑战
遇到阻碍时	轻易放弃	坚持不懈
对努力的看法	认为努力是不会有结果的甚至有更坏的结果	把努力看成是通往成功的必经之路
对评价的看法	忽视有用的负面反馈信息	从批评中学习
看待失败	失败是一个身份	失败是一个行为
脑区的激活	主管对错的区域	最大激活在获得知识时
自我评价	或夸大或自贬	公正客观
他人成功时	感到他人的成功对自己造成了威胁	从他人的成功中获得经验和灵感
在学习上	能不努力就不努力，来证明自己与他人的不同，死记硬背	探索知识之间的逻辑关系

3. 认识成长型思维的来龙去脉

成长型思维是与固定型思维相对应的一种思维方式，它一经提出就得到了很多人的重视，尤其在教育环境下的作用让人着迷。感兴趣它的来由可以阅读如下的资料卡。

资料卡

成长型思维

斯坦福大学卡罗尔·德韦克提出，人有两种思维模式：一种是固定型思维，另一种是成长型思维。两种思维差异的核心在于是相信人的能力是固定不变的，还是可以不断增长的。拥有固定思维模式的人，认为一个人的能力是天生不变的，只能被证明。他们规避挑战，回避困难，害怕变化与失败，担心自己看起来不那么聪明，喜欢待在舒适区，更在意外界的评价。拥有成长型思维的人，相信通过努力可以使自己的能力增长。相信自己的潜力是未知的，困难和失败只是帮助自己进步的挑战。他们拥有更多学习和成长机会。

教育和培养正确的思维模式对学生获得成功和幸福的生活起到非常重要作用。当孩子们知道付出努力和使用正确的策略可以帮助他们在事情上做得更好时，他们会感到有力量并更加努力。当他们知道他们的大脑能够成长，具有可塑性，而智力可以被开发的，他们的自信心就会得到加强，自我效能感也同时提高，在通往目标的路上更具有坚毅力，能够克服对失败的恐惧！具有成长型思维模式的学生认为智力和能力是可以通过后天努力学习而提升的，成长型思维模式让学生更愿意付出行动和努力、更积极地看待遭遇的挫折、更开放地面对挑战。

（二）以智力和个性为例认识成长型思维模式

资料卡

成长型思维模式是什么样的？我自己拥有成长型思维模式吗？你如果好奇这些问题，可以利用下面资料卡，进行自我的测试，无论结果如何，都请着重注意后面的提示。

两个维度的思维模式的测量

1. 智力

回答下面关于智力的问题，阅读每一条并判断同意与否

（1）你的智力属于你比较基础的特质，很难做出很大改变。

（2）你可以学习新事物，但你的智力水平是无法改变的。

（3）无论你的智力水平怎么样，你总是可以大幅改变它。

（4）你什么时候都可以对你的智力水平做出根本性的改变。

问题1和2属于固定型思维模式，3和4则反映出成长型思维模式。你更同意哪种呢？你可以是两种模式的混合，但大部分人会倾向于其中一种。

2. 个性

阅读下面关于个性特点的陈述，判断你是基本同意还是基本不同意

（1）你是某一种基本类型的人（比如内向或外向），基本上没有什么可以改变这一点。

（2）无论你是哪一种人，你总是可以从跟不上改变既定的类型。

（3）你可以换一种方式做事，但决定你身份的最重要的特质并不会真正改变。

（4）你总是可以改变决定你身份的基本特质。

这里面，1和3是固定型思维模式，2和4是成长型思维模式。

这个结果和你的关于智力的思维模式有区别吗？平时当涉及智力的情况出现，你的智力方面的思维方式被启动，当出现与个人能力相关的情况时，与能力关联的思维方式被启动。

（三）利用成长型思维解惑答疑

每个人有很多个维度的思维方式，那么成长型思维模式也是包含很多个维度的，一个人不可能在所有维度上都是成长型思维模式。思维方式在不同的情形下表现出不同作用，一个人的思维方式如果限制他的发展，他必须意识到问题的存在，并且坚信思维方式是可以改变的。

1. 运动天才是努力训练出来的

美国篮球运动员乔丹，一直被认为是天才球员，但乔丹自己却说其实他只是一个普通的篮球运动员。高中时，乔丹都没有成为篮球队的一员，在妈妈的鼓励下，乔丹全身心投入运动。每次输球，别人或许还在情绪里呆着，乔丹应对失败的方式是不断地练习投篮。

世界上哪有什么运动天才。年轻的自由式滑雪运动员谷爱凌3岁开始接触滑雪，8岁便进入专业队，开始了漫长而刻苦的训练。当外界说她仿佛天生为滑雪而生，谷爱凌却始终说自己的成功更多源于热爱，而非天赋。2022年冬奥会作为唯一一个进了三个项目决赛的运动员，整个比赛期间一直在训练。谷爱凌说，她一直在为冬奥会储备体能——"去年夏天我每个礼拜都跑半马，每天锻炼四个小时。"她的半马配速可以达到每公里5分钟，在业余跑者中已经是相当高的水准。"因为我知道冬奥会肯定会是这样（累）的，当然不容易，但是我也准备好了。很多人会觉得（跑步）累，但我一直在练习跑步和耐力，对我有很大的帮助。""我每天都会去跑步、去健身房、按摩之类的，所以是边训练边恢复吧。"

这就是成长型思维运动员的工作状态，他们知道努力可以提升自己，珍惜自己的天赋，在努力的过程中找到适当的方法，实现自己的目标。

2. 当老师们拥有了成长型思维

加菲尔德高中的老师们，为我们展示了拥有成长型思维的老师如何带领他的学生在数学学习过程中取得优异的成绩。一方面，他们要打破固定型思维带来的负面影响，他们坚信经济状态不好的家庭里的孩子也能有优异的成绩，他们坚信即使父母没有接受良好的教育，孩子们依然可以通过自己的努力获得更好的教育。另一方面，面对非常一般的高中学生们，他们思考的是怎么教孩子们完成学习任务而不是我能不能教他们，他们思考的是怎么样教孩子们才能学会自己的知识，而不是他们能不能学会这些知识。就是这样的思维模式，让老师们把这些家境不好学校不好的孩子们的数学成绩提升到了难以想象的高水平。

拥有成长型思维的老师更能培养出健康成长的学生，学生更愿意努力尝试困难重重的任务，也更能在尝试中体会到胜任的快乐。作为教师从现在开始思考自己的思维方式，利用或修正它们更好的陪伴学生成长是必要和重要的。

三、用积极心理视角正确看待学生的不足和问题

每个人都有自己优势也都有自己的不足和问题，但我们要相信，不足和问题是发展中的，经过一定的思考和努力，不足可以得到发展，问题可以得到解决，即使不能完全消失，变化的过程也足够让我们欣然。

我们在此关注的三个问题如下。

问题一：缺陷和问题能不能被积极利用？

问题二：我们能给困境中的学生怎样的陪伴？

问题三：关注成绩还是关注关系？

（一）缺陷是解决问题的突破点和资源

活动体验

古老的智慧游戏带来的启示

"T"字谜，它具有三千多年的历史，虽然简单，却能够启迪人们的智慧，具有无穷的魅力。如果你玩过这个游戏或者未来你去玩这个游戏，你会发现，在这四块板里（如图4-1所示），最特殊的那一块看起来形状并不符合常规，它不是标准的，也不是我们熟悉的，甚至看起来有点怪，但要想完成这个摆成T字的工作任务，你必须重视它，研究它，并用好它。

图4-1 "T"字谜

作为教师我们在学校里也会偶遇看起来不合常态的学生，他们有的有明显的心理或生理上的问题如ADHD或孤独症，有的可能因为不同寻常的人生经验而表现出与常态学生的显著差异。入学适应困难的孩子，带有强烈情绪问题（抑郁、焦虑或恐惧）的孩子，学习能力严重不足的孩子，人际交往遭遇麻烦的孩子或者对人生完全无望的孩子。这些看起来特殊的孩子带给我们新的挑战，同时也是我们提升自己的机会，如果我们可以用积极心理视角面对他们，尊重他们，给予他们积极期待，思考怎么做可以促进他们成长，那每一个学生的点滴进步都会让我们体验到教育的魅力所在。

行动起来关爱学生，成就自己

尽管一个班里我们能遇到的就是一个两个这样的学生，但他的存在可能给我们的教育教学工作带来明显的干扰甚至是挑战。面对这样的情况我们要做些什么呢？

第一步，认识他们。我们可以通过家访、写作文、讲故事的方式了解他的人生经历。我们要查阅很多资料，了解这些孩子目前的表现归属哪一类，然后寻找可能帮助他们的途径。

第二步，帮助他们。比如 ADHD（注意力缺陷多动障碍，简称多动症）的孩子，虽然注意力缺陷的问题背后的成因并没有确定的方式，但如何陪伴这样的孩子研究者却给了很多方法。脑科学研究者发现患有 ADHD 的孩子，其大脑中多巴胺的含量没有办法达到正常孩子的水平，这就提示我们，这样的孩子需要以某种形式"助推"一下，来发动他们的动力引擎，提高其大脑内多巴胺的量，而多巴胺的产生与学习等活动带来的获得感密切关联。目前针对 ADHD 的治疗是药物、激励和运动等手段多管齐下的，作为老师我们将为他们提供哪些有效性帮助呢？给予合适的激励，融洽的师生关系以及对生命本身的接纳和支持都是有效的。

第三步，欣赏自己。在我们认识学生学习帮助学生过程中，我们慢慢能够体会到作为教师的胜任感，这时我们要感谢这样的遇见，也欣赏这样的自己。尽管过程中会倍感辛苦，但这份辛苦所带来的收获有可能会温暖我们一生。

（二）教师的真谛：尊重、爱与陪伴

泰迪的故事是网络上非常有影响力关于教师与学生温情互动的故事，每次看都能感动到我。下面请大家读一读这个故事，看看你能从中获得些什么？

📚 **资料卡**

泰迪的故事

开学第一天，站在自己带的五年级学生面前，汤普森老师对孩子们说："我会平等地关爱你们每一个人。"

这样的承诺大部分教师都曾给过，却很少能成为现实。

在汤普森老师所教的班级，有一位名叫"泰迪"的小男孩，情绪有些一蹶不振。

这个孩子不太合群，经常是衣衫不整、邋里邋遢的样子。

对老师来说，泰迪不是一个讨人喜欢的学生。

批改作业时，她在泰迪的试卷上打上一个个粗粗的红叉，然后在卷首用力批上一个"差"字，汤普森老师的内心甚至会冒出些许快意……

这一天，汤普森老师按照学校规定在检视所有学生以前的成绩单。她把泰迪的那份压倒了最后才看，却意外地发现前任教师对泰迪的评语不同寻常。

他的一年级教师这样写到："泰迪聪明、开朗，功课工整，待人彬彬有礼。真是一个人见人爱的好孩子！"

他的二年级老师这样写到："泰迪表现优秀，人缘颇佳。不幸的是他妈妈的绝症已进入晚期，家境艰难，泰迪的日子有些困难。"

他的三年级老师这样写到："妈妈的离世对泰迪是个沉重的打击，他试图走出来，可他的爸爸却对孩子不以为意。这样的家庭状况如果得不到改善，很快就会对泰迪的成长造成不良影响。"

他的四年级教师这样写到："泰迪落后了，对上学失去了兴趣。他没有什么朋友，有几次还在课堂上睡着了。"

直至此刻，汤普森老师才意识到了问题所在。她为自己过去的态度感到愧疚。

更让她难过的是圣诞节那天，所有学生都给她带来了精美的礼物唯有泰迪例外。

泰迪送给老师的礼物只是草草地裹着一层从杂货袋上撕下的棕色粗纸。

尽管如此，汤普森老师还是当着全班同学的面打开了泰迪的礼物。

那是一条水钻手链，有几颗钻已经脱落不见，还有一瓶只剩下四分之一的香水。

看到这些，有些学生不禁笑出声来，汤普森老师止住了他们。她一边赞叹手链的华美，一边戴了起来，并且在手腕上洒了些香水。

这一天放学后，泰迪留了下来，他对汤普森老师说"老师，今天您闻起来就像我妈妈以前一样。"

孩子们走完后，汤普森老师哭了足有一个多小时。

从那天起，她从"教书"转而"育人"。

主导她心的不再是阅读、写作和算术课本，而是那群有活力有感情的孩子们。

那以后，汤普森老师对泰迪格外关注。有了老师的帮助，他的心智开始复苏。她的鼓励越多，他的进步越快。

年底，泰迪已经成为班里的佼佼者……

一年后，汤普森老师在门边发现一张泰迪写的字条，称她是自己一生中遇见过的最好的老师。

六年后，她收到了泰迪的第二张纸条，告诉她自己已经以第三名的成绩从高中毕业。而她仍然是他一生中最好的老师。

四年后，她收到了泰迪的另一封信。信里说虽然学业并非一帆风顺，但他仍想留在校园。他会坚持到最后，并且不久就将以最高荣誉从大学毕业。

在信中，他把汤普森称作自己最好最喜欢的老师……

四年后，泰迪又给老师一封信。取得硕士学位后，他选择了继续深造。

她是他一生中最喜欢的老师。——他的签名：泰迪 医学博士

故事至此尚未结束。

那个春天，又有一封书信翩然而至：

泰迪说他遇到了生命中的最爱，即将举行婚礼。

他告诉汤普森老师，他的父亲几年前也离世了，问她是否愿意以新郎母亲的身份出席婚礼。

……汤普森老师答应了。

婚礼那天，汤普森老师特地带上了那条旧手链，还喷了香水，泰迪记得那是妈妈在和他度过的最后一个圣诞节里用过的那款香水。

他们相互拥抱时，泰迪博士在老师耳边轻声说：

"谢谢您对我的信任。您让我感受到自己的重要，您让我明白自己可以有所作为。"

汤普森老师热泪盈眶，轻声回语：

"泰迪你错了，是你教会了我……直到遇见你，我才明白教师的真谛。"

老师，这是世界上最伟大的爱。

这个故事可以告诉我们的东西太多，读完这个故事你是否为之动容？感动您的点在哪里？教师与学生是教学相长的存在，教师和学生是互相成就的存在。我们所遇到的那些看起来有困难有问题的生命，或许带给我们的不仅仅是挑战，也可能是成长的机会，是成就我们的所在，我们是否可以用积极乐观的解释风格来面对，并取得自我的突破呢？

（三）学业成绩背后的积极关注

爱德华·德西和理查德·莱恩在其自我决定论中提出人类的三个基本需求分别是自主需求、胜任需求和归属需求。

自主需求最重要，激励学生的最好方式就是给他的控制感提供支持。研究者发现在学校解释为什么任务很重要，并在执行任务时尽可能多地给学生个人提供选择自由，比奖励和惩罚更能激发出学生强烈的动力。教师如果可以培养学生的自主性就能激发学生的内在动机和追求挑战的意愿。帮助学生发展自我激励是教师最值得做的事情。教师可以通过询问学生最想拥有和把握什么东西，帮助学生尽可能多地把控住他自己的选择。

胜任力是胜任需求的表达，但胜任力并不是真正把事情做好的能力，而是一种我们认为自己能把事情处理好的感觉，这是一种内在的而非外在的成就标尺。培养学生的成长型思维模式是提高他们的控制感，促进其情感发展和助力其学业进步的最佳方法之一。我们要引导学生更重视学习本身而非仅仅关注成绩。我们要赞扬学生身上用于解决问题的切实努力和听他们想到的各种好主意。可以说"你有这样的好奇心，我觉得很高兴"，要说"你努力筹备考试，我都看在眼里"。

归属感指的是在个人与他人间，有一种能让人感到关爱的纽带。如果老师和学生之间有了这个纽带，那么学生就会拥有想为了某个老师而努力学习的状态。如果一个学生能够通过整合那些关心他的老师的价值观和追求，再加上他获得的无条件的爱，就能完成自己的身份认同，呈现出更优秀的生命状态。

如果我们相信教育的价值和努力的意义，并希望我们的学生也有这样的观念，那就不要一见到低分就批评辱骂。我们要更多地表达我们的同情。如果我们可以跟学生说"我知道你对这个分数很不满意，我也知道你付出了努力，如果你愿意的话，我很乐意跟你聊聊，这样就能在下次考试时帮上你。"这个反馈有几个要点很重要，首先就是体现了同情（满足归属需求），之后顺带告诉他还有提升的空间和手段（满足胜任的需求），并以"如果你愿意的话，可以……"结尾，让孩子感觉能自己做主（满足自主的需求）。

如果我们不能理解归属需求的价值，或者不能把握如何表达的方法，我们大可以读一读下面的资料卡。这能为我们提供指导。

资料卡

南风效应

法国作家拉封丹曾写过一则寓言，讲的是北风和南风比威力，看谁能把行人身上的大衣脱掉。北风首先来一个冷风凛凛、寒冷刺骨，结果行人为了抵御北风的侵袭，便把大衣裹得紧紧的。南风则徐徐吹动，顿时风和日丽，行人因为觉得很暖和，所以开始解开纽扣，继而脱掉大衣。结果很明显，南风获得了胜利。拉封丹这则寓意深刻的寓言后来成为社会心理学的一个概念，被称之为"南风效应""南风法则"或"温暖法则"等。

"南风效应"给人们的启示是：在处理人与人之间关系时，要特别注意讲究方法。北风和南风都要使行人脱掉大衣，同一目标，但由于方法不一样，结果大相径庭。在师生之间归宿感建立的过程中，选择南风的工作方式或许更有利于良好师生关系的建立。

任何情况都能看到其积极一面并进行积极的反馈是积极心理学视角的体现。当学生的学业成绩出现困难和问题时，我们要考虑学生在学业上的不能胜任是否有归属需求不被满足的威胁，如不良的亲子、师生或同伴关系的消极影响。我们还要考察成绩的背后是否有其自主需求的不被支持。透过分数看到分数背后的原因才能真正意义上寻找解决之道。

四、挖掘自身优势，发展自我掌控，完成自驱型成长

赛里格曼在其《教出乐观的孩子》中提及，对孩子内在优势的挖掘，我们要做的是让其学会表现满意，而不仅仅是感觉满意。在教育中，我们需要的不仅仅是鼓励学生感觉满意，而是要考虑如何教会他们在行为中表现满意。如果只是关注学生的感觉满意，那么学生的行为表现就变成了一件副产品。但学生胜任力和乐观品质的培养提倡的是实际行为的表现满意才是关键，感觉满意是其甜美的副产品。受感觉满意影响的老师会介

入让学生心情好转，而受表现满意影响的老师会介入改变学生对失败的看法，鼓励学生容忍挫折，并且为坚持和毅力提供奖励支持而不仅仅奖励成功。这个方向的选择其实很重要，如果你看重学生表现满意，那么你就要从两种方法入手来挖掘学生的内在资源。一是改变其悲观为乐观，二是改变其无助为掌控，提高学生的胜任感。

我们将着重探讨三个问题。

问题一：如何发现学生的优势，培养胜任力？

问题二：脑科学在自我掌控感建设的过程中能提供什么帮助？

问题三：如何完成自驱型成长？

（一）发现和发展学生的优势

给学生做一个积极心理特质的测试，通过测试你能发现学生在 24 项积极心理品质中的优势项，针对这些优势项，寻找提升学生行为表现中可以表达这些优势的具体事例，并针对这些事例给予赞赏，或者为学生量身打造能够表达其优势的工作情景，让他的积极心理品质得以表达，并在这些品质出现后即刻肯定，作为老师你要明确的用语言把这种优势说出来，并给予一定的赞赏。或者你根据自己所教授学生的年龄阶段，重点关注几个心理品质的表现，并从学生日常表现中主动发现能够体现这一优势品质的行为，即时给予肯定和鼓励。

我们也可是通过参加下面的体验活动，让每个人从细微处发现自身的优点，优点不是一个单纯的词语或概念，而要有具体的事例作为支持，通过这样的体验活动能加深每个人对自己优势的发掘，也能让参与者增加彼此的了解。当我们把自己的优势用出声的语言告诉给我们的同伴时，既是对自我的肯定也是对自我的监督。将有利于我们把这样的优势发扬光大。

活动体验

我有一千个优点

学生 1，2 报数分成两组，人数单数时找老师补上，数 1 和数 2 的同学分别手拉手围成两个同心圈，数 1 的同学在里，数 2 的同学在外。数 1 的同学向后转，面对数 2 的同学。

指导语：请面对面的数 1 和数 2 同学手拉手，直视彼此的眼睛。数 1 的同学用下面的句式开始自己的分享。"我有一千个优点，今天我跟您分享三个，第一我很善良，我经常给流浪猫喂食；第二我很好学，我每个月都坚持读一本书；第三我很……"。之后数 2 的同学以同样的句式开始自己的交流。完成本轮的交流后，数 1 的同学不动，数 2 的同学顺时针转到下一个同学面前，并跟新的数 1 的同学手拉手，直视对方的眼睛，开始新一轮的交流。

要求：（1）每次分享的三个优点不能重复；（2）每个优点都要有具体事例作为支持；（3）每个人在这个活动中至少要交流5轮。

活动作业：（1）活动结束后，每个人都书面记录自己在本次活动中的感受和收获。（感受可以从身体感觉、心理感觉和心灵启迪三个维度记录）。（2）4～6人一组分享彼此的感受，并在每个小组选一位代表，代表小组分享给所有活动的体验者。

（二）培养自我控制感

控制感是应对压力的解药。积极正向的建构是，我们要通过鼓励儿童青少年并要求他们自己做出自己的决定，恰恰可以赋予他们宝贵的经验，让他们能理智的评估自身的需求，关注自身的感受和动机，进一步在抉择中权衡利弊，并试图自己来做出明智的决定。我们要帮助他们把大脑开发成这个样子：习惯并善于做出艰难的抉择。

1.控制感能有效应对压力

青少年自杀是一个全球范围内的难题，研究者发现慢性压力（如长期的学业压力）是造成儿童青少年自杀的重要原因。我们经常发现那些采取自杀行为的孩子好像没有经历什么大事，往往自杀前的小事是压倒骆驼的最后一根稻草。所以我们了解了大脑的工作原理就更有利于我们理解，慢性压力能带来人的掌控感下降，而掌控感下降带来的无望导致了死亡的来临。研究者发现压力来源于新奇的、不可预知的、对自我有威胁的和失去控制感的四种生活压力事件，而控制感在其中举足轻重。如果能获得控制感，你的压力就会下降。做一件压力巨大的事情前要把桌面整理干净其实是应对压力获得控制感的一种仪式性的表达。

研究者发现健康的控制感与我们对儿童青少年的积极期待其实是相辅相成的。自我控制感是一种我们可以通过自身努力引导生活进程的信念，会带来很多健康的表现：更好的身体状况，更少地摄入酒精和毒品，压力更少，更积极的情绪体验，更高水平的内驱力，更强大的自控力，更好的学习成绩等。就像睡眠和运动一样，自我控制感似乎对任何事情都有好处。它代表的是人类的某种深层需求。我们并不是要让儿童青少年远离压力，实际上我们更要做的是让儿童青少年学会成功的应对压力，培养出较高的压力耐受性，如果一个人可以在有压力的情况下感知到自己处于一个可以自我掌控的状态，那么有朝一日，就算他处于不可控的状态中，他的大脑也能更好地处理这些压力。这就是韧性的培养方式，此时他已经获得了应对压力的免疫力。

> **资料卡**

青少年遭遇的压力

儿童青少年所遭受到压力可以分为三种：一种是正向压力，如准备舞台表演的孩子所体验到的紧张和压力，最终可以帮助他获得成就感和自豪感；第二种是可以承受的压力短暂的出现在儿童身上，可以增强儿童的韧性，但成年人如老师和父母必须在旁提供支持，而且儿童青少年必须有足够的时间来应对压力并恢复元气；第三种是毒性压力，指在缺乏保护的情况下，应激系统被频繁或长期地激活。毒性压力要么是非常严重的创伤性事件，要么是长期存在的慢性压力情形，认识到学业成绩的重要性但又对学业成绩没有把握的学生，遭遇的就是这种毒性压力。如果一个学生长期处于一个压力情景难以缓解、结束遥遥无期、缺少支持、对此又缺乏掌控感的压力下，这种压力会严重影响其身心健康。在这样的压力下儿童青少年会表现出身体健康受损、学业成绩下滑、更有甚者会以自伤或自杀作为结局。

我们的理想模型是让儿童青少年更多运用正向压力和可承受的压力，而尽量规避毒性压力，在理论上很简单，首先他的身边要有一个能提供支持的成年人，其次，为他从压力回复提供时间上的保证，最后让其对自己的生活和学习有一种掌控感。

2. 脑科学能告诉我们的

当儿童青少年缺乏自控感，对自己缺乏信心的时候让他了解一些脑科学的知识能让他明白自己的行为很大程度上源自大脑的化学反应而非性格。学生了解自己大脑的硬件和软件更有助于其获得自我控制感。从脑科学的角度，要掌控自己的思维和情绪不是很容易的事，但你一旦获得掌控，你所感受到的自我价值感也会陡然上升。

> **资料卡**

关于控制感的脑科学研究结果

首先一个人控制感的培养与维持依赖大脑中四个系统的共同参与。分别是执行控制系统、压力反应系统、动力系统和静息状态系统。

静息状态系统消耗了大脑所有能量的 60% ~ 80%，我们猜其功能必然至关重要，但我们对它的了解还很初级。研究发现只要不关注具体事物，这个区域就很活跃，此时大脑能恢复活力，并永久储存信息。正念、瑜伽冥想或禅修都能滋养它。

动力系统是大脑的奖赏中枢，负责分泌多巴胺这种神经递质，多巴胺的分泌由奖赏性行为引发，多巴胺分泌水平合适能带来心流体验，研究者认为多巴胺与学习的渴望和学习后的愉悦感密切关联，如果我们长期处于慢性压力比如升学学习压力过大，多巴胺的分泌水平就会下降，学习的动力就下降。

压力反应系统中两个重要的硬件的工作方式很有意思，一个是杏仁核，杏仁核对原始情绪敏感，好处是在要命的时候能拯救我们，杏仁核的这种要命的反应能刺激肾上腺分泌肾上腺素，肾上腺素功能强大到可以让一个父亲在孩子被压在车轮下时，爆发出抬起一辆汽车的力量。但持久性压力能刺激肾上腺分泌皮质醇，皮质醇的长期存在会弱化海马体内的细胞并最终杀死它们，而海马体是创造和储存记忆的地方。所以儿童青少年长期的慢性压力的危害是伤害他们的记忆力，外显的行为表现是学习成绩的下降或困难。海马体是另外一个有意思的硬件，它有助于帮助我们终止我们的压力反应。比如你之前因为上课迟到而提心吊胆，当同样的情形再次出现时，海马体会提醒你说这没有关系，上次迟到也没带来灾难性反应。海马体总是能带给我们如释重负的感觉，这对于正常的压力应对很重要。如果海马体受损，就会出现你一定听说过创伤后应激障碍（PTSD），这样的患者就因为其海马体受损，而不能把旧的创伤场景和当下的真实情况隔离开来。压力反应系统的很多功能是进化的产物，对人类的生存繁衍做出了巨大贡献，但如果这个系统由于慢性压力而被激活，将给人类带来躯体损伤，我们尤其要小心少年儿童遭遇这样的情形。

执行系统在正常情况下如我们平静、放松、有控制感时，能控制大部分大脑让我们感觉有控制力，执行系统里的多巴胺和去甲肾上腺素水平在我们感觉轻微压力时能轻度唤醒大脑，让我们注意力集中，思路清晰，表现更优异，但如果压力过大，前额叶皮质里充满了多巴胺和去甲肾上腺素，我们的执行系统就会掉线。站在讲台上上第一次课时，你是否体验过大脑一片空白的感觉？这就是执行系统发挥作用了。在巨大的情绪压力下，一旦前额叶皮质掉线，我们很有可能表现出冲动行事或做出愚蠢的举动。

大脑前额叶皮质的对行为的控制力是有其发展阶段的，比如情绪调节在人20岁的时候才趋于成熟，我们不能等到20岁再让儿童和青少年学习调节情绪，所以大脑的发育取决于它如何被使用和塑造，让儿童多多掌握主导权，能够帮助他们的大脑建立起一种应对压力的回路，从而让其在压力来临时快速恢复。只要让孩子自己拿主意，比如出门穿什么这样的小事，都会激活孩子的前额皮质，并使其有效的做出反应。这时大脑的执行系统就会成长，通过这种控制感的培养，大脑的执行系统会变得越来越强大，这带来的结果是，在压力来临的第一时间前额皮质不会失去控制，让杏仁核当家作主。在管理自己的压力和战胜挑战方面，儿童获得的经验越多，他们的前额叶皮质就越能调节好他们的杏仁核。

（三）自驱型成长的步骤

在了解控制感及其相关脑科学的基础上我们来学习促进学生自驱型成长的六个步骤。通过这些步骤我们是希望我们的学生是一个有韧性，大脑健康的孩子，当遭遇生活中的诸多障碍时，不管是大事还是小事，他们都能应付自如，至少有个可以应付的准备状态。这是一个赋能增效的心理策略。比如提前做计划并将目标可视化，反驳消极思想，以及延迟满足。

1. 设定明确的目标

设定目标并可视化目标增加目标的吸引力能帮助我们更高效完成目标，对于年幼的学生来说目标的视觉图比一个简单的目标列表更有效。想要邋遢的孩子保持书桌整洁，可以尝试在他的书桌收拾整洁后立刻拍照，他会把这张照片标签化，并注意各种文件的摆放位置，下次再收拾书桌时，一看图片就很快完成。这是因为对工作记忆的需求量上，图片匹配低于阅读清单。对于年长的学生和成年人，在目标制定过程中可以参考SMART 原则。

2. 尊重大脑的工作模式

经验发现，一个人对困难工作模式的了解越多，其自控力更强，并且表现出行为得当，成绩优异的状态。对于不同年龄段的学生，我们可以选择不同的语言方式和生动的图像为他们做他们可以理解的说明，脑科学层面的深入了解可以帮助学生了解自己的所长所短，并树立在未来世界的成就定向，提升他们的意义感，抵御空心状态。

3. 练习备选计划思维

面对潜在阻碍时要想保持健康的应对方式，备选计划思维是一大关键。备选计划思维可以帮助我们更好地理解问题所在，并能通过设想不同的未来走向和设置备选计划，在认知上做好准备，即使首选计划没有实现也不是世界末日到来，我们还可以有新的可能性。备选计划思维对大脑前额皮质调节杏仁核的能力有加强的作用。要注意，有时候，我们的备选计划可能与首选计划是完全不同的成功方向。如果我们能在头脑中预设：美好的结局不止一个，我们就会在遭遇困境时大大缓解因为压力带来的情绪问题。

4. 带着同情心与自己交流

如果我们可以像自己的朋友那样跟自己交往和交流，那我们就不会产生太多自我否定的想法以及因此感受到太过于消极的情绪情感体验。所以我们需要学习有效的自我对话，在自我对话中，我们要建设积极的自我认识，要就事论事的体谅自己，这可以帮助我们拨开迷雾找到事情的真相，并从中总结经验吸取教训。

5. 练习重构问题

发现事物的积极一面，进行问题的重构是非常重要的。在这个过程中语言有非常强大的魅力，要用"我想要""我选择""我宁愿"这样的表达来替代消极的表达方式，这将有助于引发积极的思考。"这是个挫折但它不是灾难"这样的话更能引发新的思考。把生活看成是一种"选观点"的游戏，在任何特定的情况下我们都可以选择最有帮助的观点。重构包括仔细审视我们的想法，并积极将其重新定向，这是认知行为疗法的基础。我们可以把正念融入其中。练习重构问题可以最大程度地克服灾难性解读。我们可以问自己这是大问题还是小问题，这是灾难性情境还是尴尬性情境？如果是一个小问题，我们还可以带着小问题到我们给自己寻找的"冷静点"，进行深呼吸或考虑启动备选计划，让自己进入平静的状态，找回自我控制。

6. 运动起来愉悦参与

运动有益于我们培养自我调节能力，因为我们的大脑中，指示身体运动的部分与负责清醒思考的部分紧挨着，运动控制功能与我们心理控制及执行功能之间存在着密切的重叠。所以锻炼对大脑和身体都有益。运动可以增加多巴胺、血清素和去甲肾上腺素的水平，从而保障人的心智稳定。运动还能刺激 BDNF（脑源性神经营养因子）蛋白质，这种蛋白质是大脑生长和神经细胞链接建立的必须物质。运动还能为大脑提供更多的葡萄糖和氧气，促进神经发育和神经细胞的生长。运动比思考更有助于产生清晰的思路。是因为运动可以刺激和加强前额叶皮质的控制功能。全世界最优秀的神经科学家阿黛尔·戴蒙德指出，如果一项运动可以同时利用核心执行功能、工作记忆、抑制控制和认知灵活性，那这项运动的锻炼效果就是最佳的。现实中的舞蹈、瑜伽、骑马、击剑、打鼓还有攀岩等运动都属于这个类型。最新的研究发现小脑在学习的各个方面发挥作用，研究者发现小脑功能与 ADHD 和自闭症都有一定的关联。而且小脑是最不具有遗传性的脑结构之一，这意味着经验而不是遗传是其良好运作的关键所在。玩耍可以强健儿童的小脑，相比于大脑，小脑的发展没有关键期的限制，因此让学生做自己想做的，玩自己想玩的对于其自驱力的发展大有益处。

积极心理视角让我们在面对学生的问题与困难时，可以无条件积极关注，对消极事件进行积极赋义；让我们更关注学生拥有的优势和潜能，通过满足学生归属需要促进其自我胜任力的发展；让我们更善于通过分享脑科学的发现，带领学生进行自我激励；让我们通过培养成长型思维和自控感，更好的帮助学生完成自驱型成长。

总结反思

本主题主要围绕积极心理视角在教师自身成长和陪伴学生成长过程中的应用展开，采用理论发展脉络与案例分析结合的方式，通过本主题的学习，教师更能关注学生的优势，拥有乐观的归因方式，在面对困境时能意识到成长型思维方式对自己和学生的意义和价值，即使学生处于困境，教师也能够用自己的专业、爱与尊重陪伴其走过困境，让学生通过自我掌控力的培养，完成其自驱型成长。

主题二　用学习科学观点看待学习

⚑ 学习目标

通过本主题的学习，学习者能够：

1. 了解注意力的含义、发展特点及在教育教学中的运用；

2. 了解记忆的特点、遗忘的规律及改善记忆的策略；

3. 了解学习动机的基本类型、影响因素；

4. 了解学业情绪的含义，学习焦虑与学业成绩之间的关系，构建积极学业情绪的策略。

学习是如何发生的？有哪些因素会影响学习？我们可以如何设计教育教学活动去改善教学？这些都是学习科学的研究范畴。在教育教学中，我们如何利用学习科学去指导实际工作，去解决在教育教学过程中面临的实际问题？

一、注意与学习

☰ 案例分析

当作文课遭遇了意外

六年级四班在上语文课，今天是一节作文课。语文课张老师是该班的班主任，教学能力特别强，而且在班级管理中也特别有想法，对学生宽严并济，学生都非常喜欢张老师。上到中途，忽然窗外传来了"滴嘟滴嘟"的声音，这吸引了同学们的好奇心，同学们都看向窗外，发现学校小区内有个居民楼冒出了黑烟，离学校非常近，刚才的声音是消防车的声音。"那边着火了"，有个同学喊出声来。然后同学们大声议论起来，甚至有的同学还试图站起来把头探到窗边想看个清楚。面对这个情况，只见语文老师告诉同学们，"现在这个场景跟我们作文课的内容很一致，那我给同学们布置一个课堂任务，就是我们观察现在火灾现场的场景 5 分钟，然后根据我们的观察，结合今天内容把作文写出来"。同学们听完张老师的话，兴致昂然。

从上述案例可以看出，教室外消防车的声音引起了学生们的注意，干扰了正常的课堂教学活动。而老师又用一种特别的方式，将学生们的注意力集中到了课堂学习上，既达到了课堂教学目标，又满足了同学们的好奇心。在这个过程中，张老师就充分运用了注意力的相关知识。注意力是人类接受知识的门户，是开启知识大门的第一把钥匙。在教育教学中，我们需要掌握相关的注意力知识，帮助学生更好投入学习。

我们将着重探讨四个问题：

问题1：什么是注意？

问题2：青少年注意发展的特点有哪些？

问题3：如何在教育教学中运用注意力的规律？

（一）什么是注意

活动体验

抓"乌龟"

活动规则：参与游戏的老师围成一圈，大家将右手手心向下，左手食指垂直向上，相邻的两个人的左右手连接起来，形成一个大圆圈。让一位老师讲述一段故事，当故事中出现"乌龟"两个字的时候，迅速用右手抓住旁边人的左手手指。

故事内容：在森林深处，有一座古堡，里面住着一个巫婆和她的仆人乌鸦。有一天，外面狂风肆虐，乌云密布，很快就要下一场狂风暴雨。在古堡外面，有一只乌龟在敲门，巫婆打开门一看，另外还有一只乌贼，他们说马上就要下雨了，请求到古堡里避下雨。巫婆同意了，乌鸦不同意，因为乌鸦和乌龟是多年夙敌，乌贼说如果你不让我进去，我就让你们这里变得乌烟瘴气。暴风雨已经来了，乌鸦还是不同意让他们进去。他们非常的气愤。过一会，天晴了，乌云散开了，乌龟和乌贼冻得紧紧抱在一起。

在上面这个活动中，我们可以发现，当我们只有集中注意力，全神贯注，才能在每一次出现"乌龟"的时候精准地避开"攻击"或者发动"攻击"。同时，当我们专注完成一项任务时，我们周围总是充满了各种干扰的因素，让我们难以精准完成任务。这些都是注意的特征。

资料卡

1.注意的概念

注意是指心理活动或意识对一定对象的指向和集中，是大家非常熟悉的一种心理现象。注意就像是聚光灯，使我们留意的东西得到清晰细致的加工。专心致志、聚精会神都是注意力的体现。在学习中，注意是打开学习之门的钥匙，可以说没有注意，就不会发生学习。

对于教师来说，教学活动的有效开展离不开学生注意力的集中。

注意有两个特点：指向性和集中性。注意的指向性是指人在每一瞬间，他的心理活动或意识选择了某个对象而忽略了另一些对象。如学生在课堂上注意听讲就会把心理活动指向教师的讲授，而忽略窗外的声音等信息。如果窗外传来声音，同学们就有可能将注意指向窗外的声音上，从而不听教师的讲授。注意的集中性是指注意力在所指对象上的保持与巩固。集中性表现为注意的强度和持久。例如，当学生被某一个东西吸引之后，他可能听不见周围环境中的声音，会全神贯注到当下的事物中，即所谓的"视而不见、听而不闻"。

2. 注意的种类

根据引起注意和维持注意是否有目的、有意识，是否需要付出意志努力，可以把注意分为不随意注意、随意注意和随意后注意。

不随意注意（无意注意）是指事先没有目的，也不需要意志努力的注意。在上课的时候，窗外突然响起吵闹声，学生们被窗外的吵闹声吸引，这就是产生了不随意注意。不随意注意不由人的意识控制，往往由周围的环境变化引起，是一种初级的被动的注意。

随意注意（有意注意）是指有预定目的，需要一定意志努力的注意。在课堂中，学生全神贯注到教师授课内容上，这就是随意注意的作用。随意注意需要依靠意志努力，不同学生的随意注意能力不同，不同时间、状态下，同一学生的随意注意能力也不同。因此，可以对学生进行训练培养其随意注意能力。

随意后注意（有意后注意）指有自觉目的但不经意志努力就能维持的注意。例如，人们熟练地阅读、熟练地开车等就是随意后注意。在教育教学活动中，需要通过培养学生养成良好的学习、行为习惯，促进其行为自动化，就是充分运用了随意后注意。

3. 注意力的品质

一般来说，注意的品质包括四种成分，分别是注意的广度、注意的稳定性、注意的分配以及注意的转移。

注意广度指的是个体可以同时知觉到的对象数量。这一品质反映的是注意在空间上的特征，成年人注意广度的容量大约是 7 ± 2 个组块。

注意稳定性指的是主体对某个对象保持长时间的注意，与积极的意识活动状态和意志相联系，这里的稳定性强调的是在时间和积极注意状态上的连续。与之相反的是注意的分散，又叫分心或注意涣散，指个体的注意离开了心理活动所指向的对象，心理活动失去了在目标对象上的集中和指向。

注意的分配是个体在同一时间有意识地将心理活动分配在不同的任务上，比如一边跳舞一边唱歌等。注意分配活动的实现与各项任务之间是否相关、个体对任务的熟练程度等有关。

注意的转移，是指个体根据任务要求，主动地将心理活动从一个对象上转移到另外的对象上的能力。这一活动先后指向多个对象，不同于注意分散的是，注意转移是个体根据心理活动的当前需要，进行的有意识的主动行为。[①]

有研究显示，中小学生的注意力广度水平随着年龄增长而提高，学习成绩较好的儿童与学习成绩较差的儿童的注意稳定性存在显著差异。

（二）青少年注意力发展的特点有哪些?

案例分析

家长的投诉

一位一年级学生家长找到学校校长，反映了一位新入职老师在授课中存在的问题，希望学校能给换一位有经验的老师。后来经过调查，学校了解到，这位新入职老师实际上特别认真负责，但是因为缺乏经验，授课的时候对学生特别严格，学生一走神，就会迎来老师的批评教育，而且每节课的内容安排得特别多，孩子根本学不完，觉得特别有压力。学校在了解完情况之后，找了一名有经验的老教师给予他课堂及班级管理的指导，经过一周的训练，这位年轻教师进步了，家长也满意了。

在上述案例中，我们可以发现这位年轻教师存在的主要问题是没有结合一年级孩子的注意力发展特点安排教育教学活动。结合到注意力的内容，你认为这位年轻教师可以从哪些方面进行改善?

资料卡

青少年注意发展呈现出以下特点:

1.随意注意进一步发展

学前儿童和小学低年级学生占优势的是不随意注意，他们很容易被新异的感兴趣的事物所吸引，其维持有意注意的能力相对较差。小学高年级到初中阶段学生的随意注意能力进一步发展。但在初中生身上，不随意注意仍起较大作用，感兴趣的事物对他们有较大的吸引力。到高中阶段，学生的注意能力才能得到更高水平的发展，逐渐做到不完全受直接兴趣的影响。

2.注意的集中性和稳定性不断提高

学生注意的持续时间随年龄增长而延长。有研究材料显示，5～7岁儿童能聚精会

---

① 彭聘龄.普通心理学.第4版[M].北京：北京师范大学出版社，2012.

神地注意某一事物的平均时间是 15 分钟，7～10 岁是 20 分钟；10～12 岁是 25 分钟；12 岁以后是 30 分钟。少年的注意范围不断扩大，注意的分配和转移能力也不断提高。

有人用速示器进行实验，在 1/10 秒的时间内，小学生平均只能看 2～3 个客体；初中生已能看 4～5 个客体；成人则可看 4～6 个客体。高中学生的注意范围已达到一般成人的水平。初中学生在学习过程中已逐步学会分配注意，在上课时，他们既能听讲，又能抄写，小学生则难以做到。

3. 注意的转移方面

初中生比小学生有更大的自觉性和灵活性，能够根据课程要求，随时转移自己的注意力。相比初中生，小学生注意转移能力要差些。前文案例中，小学四年级的学生上课受到消防车声音的干扰，有相当部分的孩子需要较长时间才能让注意力回到课堂上来。

注意是学习的窗口，没有它，知识的阳光就照射不进来，教师应该加强对注意的认识。不懂得学生注意心理品质的教师，他（她）的教学无异于"独角戏"。[①]

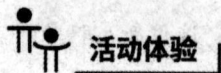

活动体验

在课堂上观察一下，你所教授的学生中，哪些学生的注意力水平更高？都有什么样的表现？哪些学生的注意力水平要低一些？都有什么表现？

（三）如何在教育教学中运用注意力的规律？

案例分析

课堂上学生的不同表现

班级里的学生总是千差万别，他们在课堂中的表现也是各不相同。小红学习成绩优秀，每次考试都能名列前茅，无论什么课上都能紧跟教师的教学节奏，不跟同学说与课堂无关的话，不做小动作。小茗同学成绩中等偏上，在上课的前 15 分钟能非常认真听讲，但是一旦有小组活动，他就会跟同学打闹，老师很头疼。小张同学在小学低年级的时候，存在多动的问题，而且比较严重，除了与同学说话，做小动作之外，还偶尔会离座。今年小张的课堂表现好了很多，但还是会容易走神。当走神的时候，经过老师的提醒，也能很快将注意力拉回到课堂中来。

不同的学生在课堂上的表现各不相同，其在课堂上的表现也会反应到学习成绩上。在教育教学中，教师要善于利用注意的规律去服务教育教学活动，提高教育教学效果。

---

① 白雪峰等. 帮你迈好教师职业生涯第一步 [M]. 北京：北京理工大学出版社，2014：110-111.

同时，还需要有意识培养学生注意力水平。

资料卡

在教育教学中，如何利用注意力规律进行教学活动的设计与组织呢？

首先，对于不同年龄阶段的学生，其注意力水平不同。教师需要根据学生的年龄特征设计教学活动。例如，针对小学低年级学生，要提高教学活动的趣味性，充分利用学生不随意注意帮助学生将注意力集中到课堂中。随着学生年龄的增长，学生随意注意能力提升，对教学活动趣味性特征的需求降低。

其次，教师在进行教学活动设计时需要丰富教学活动的种类，学生持续注意的时间相对较短，从而能够保障学生通过参加不同种类的活动时，均能够高度集中注意力，提高教学效果。例如，教师在授课中将讲授、练习、讨论、活动等结合起来。

再次，教师要善于运用不随意注意组织教学活动，同时也需要避免不随意注意对教育教学活动的消极影响。例如，背景材料须淡化，出示的时间要适当。教师的服饰、发型不宜过于耀眼。有的教师换了新衣服或理了新发型后，在上课前会到学生面前"亮亮相"，这种做法可以有效地减弱学生上课时的注意分散。在课间休息时，不宜让学生做激烈的或竞赛性的游戏活动，以防止学生因过度兴奋而不能将注意及时转移到课堂上。在处理教材中的重点、难点时，教师应注意运用具体生动的教学方法，如充分利用直观教具，语言要生动形象，语调要抑扬顿挫，配以适当的表情和手势，化难为易以吸引儿童的注意。对于教学中必须重复的东西，如课文的熟读、同一类题的反复练习活动，教师应采用灵活多变的方法，以保持其新颖性。

最后，唤醒学生随意注意，是维持教学的重要因素。唤醒学生随意注意可以有如下的方式：1. 明确目的任务。学生对知识的价值及学习的具体要求和任务越明确，学生的注意力会更集中，学习的自觉性会更强。2. 创设问题情境。如：在讲物理、化学某些定理之前，先做实验，接着提出问题，让学生感到有趣又难以回答，引起学生的一种期待心理，就容易唤起学生的有意注意。3. 严格要求学生。教师对学生要求严格，强调教学纪律，学生也往往会更专注。尤其是对一些意志力薄弱的学生来讲，教师的严格要求会更有助于他们将注意力集中到课堂上。

活动体验

在你的课堂中，尝试一下不同的问题情境、教学素材和教学活动，会带来何种教学效果的差异？

1. 创设不同的问题情境：什么样的问题情境，能更吸引学生注意？
2. 选用不同的教学素材：哪种素材更吸引学生注意？
3. 设计不同的教学活动：活动如何安排，更吸引学生注意？

二、记忆与学习

案例分析

仿佛自己记忆下降了？

小杰是一名初一年级学生，小学的时候学习成绩特别优秀，老师对他的评价就是记忆能力特别强，几乎能够过目不忘。但是当升入初中后，发现知识难度加大，小时候的好记忆好像已经失效了，根本记不住，即使记住了，考试的时候也不会做题。

小红跟小杰是同桌，当小杰告诉小红自己记忆下降后，他们进行了交流，最后小红告诉小杰，因为初中知识难度加深了，不能再通过小时候的死记硬背进行学习了，需要先理解后记忆，这样学习起来才会轻松。小杰听完小红的话，感觉一头雾水。

看完这个案例，你有什么想法？在教育教学中，我们怎样才能保证记忆效果呢？

我们将探讨三个问题：

问题1：记忆有什么样的特点？

问题2：遗忘有哪些特点？

问题3：有哪些改善记忆的策略？

（一）记忆有什么样的特点？

记忆系统是人的重要认知系统，在学习中具有重要的作用，它是学习效果的重要体现形式，与注意具有同等重要的价值。记忆是在头脑中积累和保存个体过去经验的心理过程，是大脑对信息进行编码、存储和提取的过程。编码是对外界信息进行形式转换的过程，经过编码，人们获得了个体的经验。存储是指将经过编码加工的信息保持在头脑中，包括短时存储和长时存储。提取是指从记忆中查找已有信息的过程，也是对先前编码和存储信息的反馈和汇报。例如，教师在讲授新知识的时候，学生把新知识在头脑中进行编码，以某种方式存储起来，当考试的时候，将知识提取出来完成考试，这就完整体现了记忆的编码、存储和提取过程。所以通过考试检验学生是否学会知识，考察的是学生能否将头脑中的知识提取出来。很多时候，知识在大脑中有进行编码和存储，但是在提取的时候出现困难，表现为难以提取，也就是"你所知道的，比你能表达出来的要多"。

根据信息在大脑中的保持时间，又可以将记忆分成感觉记忆、短时记忆、长时记忆三种形式。感觉记忆是记忆系统对感知到的信息的暂时登记，存储时间较短，可以说转瞬即逝。在感觉登记过程中得到注意的信息会进入到记忆系统处理信息的第二个阶段，也就是短时记忆系统。对于成人来说，短时记忆的容量为 7 ± 2 个组块。短时记忆中的信息通过复述等方式，可以稳固下来，转入人的长时记忆系统中。可以说复述是使短时记忆信息向长时记忆转化的关键。例如，班级第一次课程中，老师与同学之间进行了自我介绍，大家相互认识，在当下你可能记住了很多同学的名字，但是如果不再进行后续的重复及加工，你很快就会忘记这个同学的名字。只有你在大脑中不断重复他的名字，你才能做到看到他就能叫出他的名字。

📚 **资料卡**

记忆的七宗罪 [①]

2001 年，记忆研究者丹尼尔·沙克特（Daniel L. Schacter）在他的《记忆的七宗罪》一书中列举了导致记忆失败的七种原因，又称记忆的七宗罪。

心不在焉。粗心大意，不注意细节，以至于出现编码失败。比如，我们心不在焉时随手乱放家门钥匙。

转瞬即逝。记忆痕迹会随时间流逝而弱化或消退。尽管我们能够记住早期做过的一些事情，但经过几个月后，我们也许会忘掉大部分细节。

提取失败。存储的信息不能被提取。比如，自己明明知道一个人的名字，但就是说不出来。

错误归因。将信息的源头搞错了。比如，我们经常会把从报纸上得知的信息误以为是朋友传播的信息。

易受暗示。错误的记忆经常是由主导性的提问、评论或者暗示引起的。比如，引导性问题——"琼斯先生是不是触摸了你的私处？"这可能会成为一个儿童的错误记忆。

主观偏差。我们已有的知识和观点会对我们对过去事物的记忆产生重大的影响。我们会无意识地扭曲过去的事件或者按照我们已有的观点来学习材料。如，对朋友的当前感觉可能会歪曲一个人对往事的回忆。

持久性。我们想从大脑中抹去那些令人不快的信息或者事件，但总是挥之不去。这包括工作中令人尴尬的错误和产生严重心理创伤的经历。

[①] 张钦. 普通心理学 [M]. 北京：中国人民大学出版社，2012：151.

（二）遗忘有哪些特点？

活动体验

看看你能记多少？

活动规则：在下方将会呈现一些词语，请你一次阅读这些词语，每个词语只能阅读一遍，阅读完毕之后，请在白纸上将你所记住的词写下来。

犯困 睡眠 枕头 被子 苹果

夜晚 失眠 瞌睡 床垫 被子

太阳 夜晚 呼噜 夜晚 晚上

打盹 睡意 起床 夜色 月亮

你记住了哪些词语呢？你是否记住了犯困、月亮、夜晚和苹果？犯困和月亮分别出现在开头和结尾，我们的记忆效果或许会受到材料位置的影响。在这些词语中，多次出现"夜晚"这个词，所以我们对"夜晚"这个词印象深刻。除了"苹果"以外，其他词语都是与"睡觉"有关，所以我们对"苹果"也记忆深刻，同时因为语义相关性，即使没有出现"睡觉"这个词，我们也有可能会回忆出"睡觉"。最后，我们一共记住了几个词语呢？

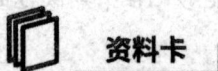

资料卡

在前文说到，学习效果可能通过记忆系统的提取过程展现出来。信息的提取有两种基本的形式：再认和回忆。再认是指曾经感知过、思考过或者体验过的事物，当它再次出现时，人们进行识别和确认的过程。很多时候，对选择题进行作答就是一个再认的过程。回忆是指人们过去经历过的事物的形象或者概念在头脑中重新出现的过程，例如相对于选择题，填空题就涉及信息的回忆。再认通常比回忆要简单、容易。

在学习过程中，如果学会、记忆的内容不能保持或者在提取的时候发生了困难，就意味着发生了遗忘。可以说，遗忘是学习过程中的重要杀手，同时也是正常的生理和心理现象。要想能够获得更好的学习效果，需要掌握遗忘的相关规律，以便找到克服遗忘的手段和方法。

1. 遗忘的进程

德国心理学家艾宾浩斯对遗忘进行了实验研究，并将实验结果绘成了曲线图，也就是艾宾浩斯遗忘曲线。艾宾浩斯遗忘曲线表明了遗忘变量和时间变量之间的关系，在学习后，遗忘的发展是不均衡的，在识记后的短时间内遗忘得比较快、比较多，以后会逐渐减缓遗忘速度，到一定时间后，几乎不再遗忘。

2. 遗忘的影响因素

大量研究发现，遗忘不仅会受到时间影响，还受到许多其他因素的影响。

第一，识记材料的性质与数量。研究结果显示，如果识记的材料是形象材料，比如图片，那么保持的时间会相对文字更久一些；对有意义材料的保持时间会更久一些，遗忘得更慢一些。同时，当识记材料的数量增加后，识记效果就会降低，遗忘会增加。因为要进行有意义识记，并且在学习中，长期超负荷学习也并不利于学习效果。

第二，学习的程度。一般而言，学习程度越高，遗忘越少。适当的过度学习会保证记忆效果。也就是说当学习到可以回忆之后，还继续学习一段时间，学习效果会更明显，遗忘发生率会更低。研究显示，过度学习达到150%，保持的效果最佳。超过150%的学习，可能会因为兴趣减退或者疲劳，记忆效果将不再继续上升。

第三，识记材料的位置。识记材料的位置会影响记忆的效果，主要体现在一段材料的识记过程中，在系列的开始部分和末尾部分的材料比中间的材料更容易回忆，也被称作为系列位置效应。对材料开始部分的记忆效果优于中间部分，回忆率高，这种现象叫做首因效应。对材料末尾部分的记忆效果优于中间部分，回忆率高，这种现象叫做近因效应。因此，对于较长的材料，需要将其分割成比较小的部分，会更有利于记忆效果。

第四，识记者的态度。识记者对识记材料的需要、兴趣等，对遗忘也有影响。人们对此不感兴趣，不符合需要的内容，容易产生遗忘。因此，在学习中，一定要坚定学生学习目标，培养其对学习的热爱和兴趣。

（三）有哪些改善记忆的策略？

三 案例分析

记忆大师是如何记忆的？ ①

"6558673576803976823475983459812753767346823745809712480572839047142654391754353415762345394087532804"你能在多长时间里把这串数字背下来？而他能在100秒内记住这100个数字。他就是王峰。看过《最强大脑》的老师，应该知道王峰，他是《最强大脑》的参赛选手，也是第19届世界脑力锦标赛总冠军。在世界脑力锦标赛中，他以打破5项世界纪录、9486分的总成绩脱颖而出，战胜了来自世界各地的记忆力高手。

那么他是怎么做到在100秒记住这100个数字的呢？记者在采访王峰时，王峰说他有窍门。据王峰介绍，他用了"地点定桩法"，"就是先在大脑里找一个熟悉的场

---

① 记忆大师是如何记忆的 [OB/OL]http: //www.hinews.cn/news/system/2010/12/08/011634806.shtml

景，把数字和生活中常见的东西、带有固定顺序的东西联系起来，编成一个故事。比如65我就想成是尿壶，58就是尾巴，松鼠的大尾巴，我就想一只松鼠站在尿壶上。就是6558了。"

看完这个案例，你有什么想法？在教育教学中，我们怎样才能保证记忆效果呢？

资料卡

我们都想让自己记忆力更好一些，能记得更快，记得更多，忘得更慢。心理学家关于记忆和遗忘的研究给予我们很多启示。下面主要介绍以下几种改善记忆的方法。

1. 对学习材料进行精细加工

精细加工是指对学习材料进行有意义的构建，从而促进理解与记忆。例如在学习化学元素周期表的时候，会编相关的歌曲帮助记忆和理解；在学习古诗的时候，在掌握理解每句古诗的意思之后，能有效帮助我们记忆古诗词；在学习一些系统知识的时候，可以通过思维导图、流程图的方式帮助记忆。这些都属于精细加工。精细加工不同于死记硬背，是基于对意义进行建构达到记忆效果的记忆方式，是一种更有效的学习方式。因此教师在教学过程中，在对知识进行讲解过程中，要避免学生对学习材料的死记硬背，而是通过理解学习材料，给学习材料进行有意义的深度加工，促进记忆，促进学习。

2. 过度学习

前文讲过，适度的过度学习有助于记忆效果。因此在学习新知的过程中，在已经掌握了学习材料之后，需要继续学习一会，这样会有效克服遗忘，保证记忆效果。

3. 及时复习

艾宾浩斯遗忘曲线告诉我们，遗忘速度是先快后慢的。所以在学习新知的过程中，要注意及时复习，也就是在大量遗忘还没有发生的时候就加强复习，趁热打铁，防止在遗忘后进行复习，增加复习难度。

4. 合理分配学习时间

首先，前文提到，识记材料的位置会影响学习效果，对中间部分的学习内容会存在记忆效果不好的现象，在复习的时候要着重查看自己对于中间部分的学习内容是否复习到位，分配更多的时间给中间的内容。其次，人的注意力资源是有限的，如果学习时间太长，就会存在疲劳的现象，尽管付出了时间，但是并达不到理想的效果，所以在学习的时候，要注意劳逸结合，保证自身在学习时处于高度集中的状态，有助于学习。最后，一般来说，分散复习的效果要优于集中复习，在复习过程中，可以将语文、数学等学科进行交叉复习。

活动体验

结合自身学科性质，思考一下，关于本学科的学习，可以采用哪些记忆策略，帮助学生更好地掌握知识？

三、学习动机与学习

案例分析

同样的 90 分？

对于初一年级的同学来说，今天是一个特殊的日子，因为上周刚进行了本学期的第一次考试，今天是出成绩的日子，尽管学校不再公布学生的成绩，但是同学们拿到自己的成绩单后，从表情上都能看出忧喜。可是，老师发现一个奇怪的现象，那就是班级里有四位考 90 分的同学，他们的表情好像不甚相同，这究竟是怎么回事儿呢？

小强：太好了，考了 90 分，能拿到爸爸承诺的游戏机了，开心开心。

小丽：考了 90 分，跟我的实力比较匹配，我要继续努力，下次继续突破。

小明：我居然考了 90 分，这也太牛了，我简直太聪明了。

小天：才考 90 分，那我很可能不是班级第一了，烦死了，我要让妈妈给我报私教了，"卷死"他们。

尽管这四位同学都拿到了 90 分，但是能够发现他们背后的学习动机各不相同，并且会影响其之后对待学习的态度。学习动机对学习具有重要的意义，那么学生应当建立何种学习动机呢？学生的学习动机与哪些因素有关呢？

我们将探讨如下几个问题：

问题 1：建立何种学习动机？

问题 2：学习动机的影响因素有哪些？

（一）建立何种学习动机？

讨论交流

心理学家麦克利兰曾经做过一个套圈的游戏。研究者找来五岁的孩子，让他们走进一个房间，并且手里拿着一些绳圈，要求他们去用绳圈套屋子中间一根立着的木桩。这些孩子可以自由选择自己所站立的位置，并且自己要预测一下能套中多少个。最后，研究结果发现，有些孩子选择了距离适中的位置，这个位置具有一定挑战性，同时也能保证一定的成功率。有些孩子选择了距离木桩很近的位置，这个位置能够保证成功率，能轻易成功。有些孩子选择了距离木桩很远的位置，这个位置很难有成功的可能性。后来，研究者又用不同年龄的被试，采用不同的任务，均发现了一致的结果。[①]

通过这个实验，你有什么发现？心理学家阿特金森认为，人在追求成就时有两种动机，一种是追求成功的动机，另一种是避免失败的动机。如果个体避免失败的动机占主导的话，那么个体要么会选择特别容易实现的任务，要么会选择特别困难的任务。因为容易的任务可以避免失败，而特别困难的任务，即使失败了，也能找到借口，保全面子，减少失败感。相反，如果追求成功的动机占主导，那么个体就会倾向于选择成功概率约为 50% 的任务。因为这种具有挑战性的任务能够最大限度满足个体的成就需要，而对于特别容易或者特别难的任务，都难以满足其成就的需要。

资料卡

1984 年科温顿教授提出了自我价值理论，该理论认为学习动机的核心是逃避失败以维护自我价值。自我价值是指个体对自身重要性价值的主观感受，反映的是一个人对自己的悦纳程度。个体天生就有维护自我价值的倾向，但现实情况是并不是每个人都会获得成功，所以对于一些人为了保护自己的自我价值，就会做出避免失败的选择。在学校中，有些学生因为学习成绩不好，所以选择了不努力学习来作为避免失败的理由和借口，从而维护自我价值感。科温顿根据学生是追求成功还是避免失败的学习动机将学生分为了四类，分别是成功定向者、避免失败者、过度努力者、失败接受者。（如图 4-2 所示）

基于这个理论，我们会发现在学校中学习成绩好的学生未必会有强烈的、建设性的学习动机，而学习差的学生未必没有学习动机，学生表现出的"不努力"学习也有可能是在保护自我价值。因此教师在教育教学中要对学生的学习动机进行判断，对学生进行

[①] 朱凌云等.中小学生涯教育理论与方法 [M].北京：北京师范大学出版社，2015.

更准确的分析，找到合适的办法去帮助学生提高学习成绩。除此之外，每个人都有自我价值，当与他人进行比较的时候，如果自身成绩处于劣势，那就会出现损害自我价值的情况，所以教师不要将同学进行相互比较，而是要以学生自身的提高为标准，不断鼓励学生。

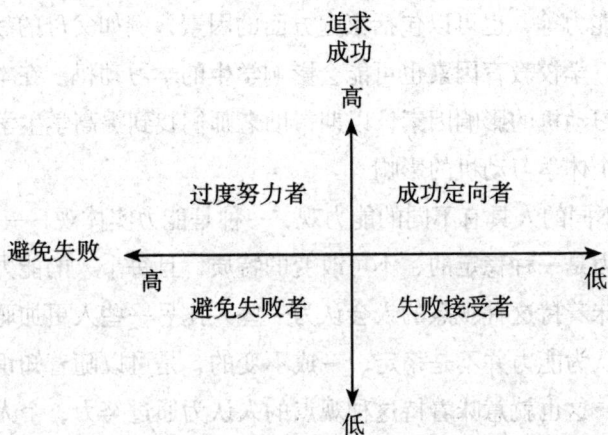

图 4-2 学习动机

（二）学习动机的影响因素有哪些？

案例分析

曾经的辉煌不再了？

小明是一个初二年级的学生。刚进入初中时，他满怀激情，因为他在小学时一直是班上的佼佼者，每次考试都能名列前茅，同学、老师都非常喜欢他，可以说，在小学的时候他就是学校的风云人物。可是升入初一几个月后，小明发现初中生活并不是他想象的那样美好，他变得很消沉。原来，小明到了初中之后，发现身边有很多优秀的同学，自己的优势已经荡然无存了，没有了"众星捧月"的优越感。而且初中的学习更难了，每次学习成绩都只能排在全班的中等水平。慢慢地，他就认为自己并不是学习的料，对自己有点放弃了，面对学习、考试都非常焦虑。现在初二刚开学，小明的状况比初一的时候更糟糕了，他开始迟到早退，还经常不到学校，出现了很严重的厌学情绪。

在上述案例中，小明表现出厌学的症状，主要原因是考试不理想，学习不适应导致失去了自信，最终失去了学习动机。在小明的案例中，我们可以发现学习动机与个体自身的经历、自信心、对自己的看法都有关系。请你思考一下，有哪些因素会影响学生的学习动机呢？作为老师，要如何去提高学生的学习动机？

📖 **资料卡**

影响学生学习动机的因素很多，可以包括学生自身的因素，例如学生的自尊、自信、自我效能感、学习能力等，也可以包括家庭方面的因素，例如父母的教养方式，家庭的经济水平等。当然，学校教育因素也可能会影响学生的学习动机。在本部分主要从下面三部分探讨个体学习动机的影响因素，以期帮助老师们找到提高学生学习动机的方法。

1. 学习目标对个体学习动机的影响

德维克认为，不同的人具有不同的能力观，一种是能力实体观，一种是能力增长观。能力实体观认为能力是一种稳定的、不可改变的特质，且每个人的能力是固定的，不会改变的，这也就意味着持这种观点的人会认为一些人比另一些人更加聪明，且结果不可改变；能力增长观认为能力并不是稳定、一成不变的，是可以随着知识的学习，技能的训练而得到加强的，这也就意味着持这种观点的人认为通过努力，个人的知识和能力是可以得到提升和发展的。

持有不同能力观念的人，其所建立的目标也会存在差异。持有能力实体观的个体在学习上更倾向于建立表现目标。表现目标是指学习的目标是为了获得比别人更好的成绩，好成绩意味着自己天资聪颖。持有能力增长观的个体在学习上更倾向于建立掌握目标。掌握目标是指学习的目标是为了让自己真正掌握知识与技能，进步就是成功，失败意味着自己的努力还不够。因此，不同的能力观会产生不同的学习目标，不同的学习目标会同步影响学生的学习动机。一般意义上，拥有掌握目标的学生，其更容易建立起学习的内部动机，而不是外部动机，在面对挫折和失败的时候，能够用更加积极的心态去面对，不会因为一次学业的失败导致学习动机的降低。因此，教师们要引导、鼓励学生建立以掌握目标为核心的学习目标。

2. 归因风格对个体学习动机的影响

归因是个人对自己的行为及其后果进行分析推理寻找其产生原因的过程。韦纳指出，归因是人类动机的主要来源，归因的基本形式分为四种类型，即能力、努力、任务的难度与运气（如表 4-2 所示）。学生中存在不同的归因倾向，一些学生倾向于把学业成功归因于自己的能力和努力，把学业的失败归因于努力和运气，这类学生容易建立积极的自我观念，认为只要肯努力下工夫就可以学习好，而遭到失败只不过是偶尔的事情；另一些学生倾向于把学业失败归因于自己没有能力，认为努力也没有用，只好碰运气或靠人帮助。这种归因倾向的学生易形成自卑心理，对自己的能力没有信心，这种无能感很容易泛化，往往一门学科的失败就使得这类学生认为自己在所有学科上都是无能的。因此，教师要引导学生建立起内部、可控的归因倾向。

表4-2　韦纳的归因理论

	成败归因维度					
	内外部		稳定性		可控性	
	内部	外部	稳定	不稳定	可控制	不可控
能力	√		√			√
努力程度	√			√	√	
工作难度		√	√			√
运气		√		√		√
身心状况	√			√		√
外界环境		√		√		√

3.心理需要对个体学习动机的影响

自我决定理论认为，所有的个体都包含有三个最基本的心理需要，分别是归属感、自主感和胜任感。如果三种心理需要得到满足，就能促进儿童的内在动机形成，学习动机的能量和性质都取决于这三个心理需要的满足程度。胜任需要是指个体在与社会环境交互作用中，感到自己是有机会去锻炼和表现自己的才能。归属需要是指感觉到关心他人并被他人关心，与别人建立起安全和愉快的人际关系。自主需要是指个体能感知到作出的行为是出于自己的意愿，是由自我来决定的，即个体的行为应该是自愿的且能够自我调控的。这三种需要都非常重要，学生在学习过程中，个体的学习行为受到这三种需要的调节，任何一种需要不能满足都可能会影响到学习动机的大小。例如，当学生在校学习时感到学习任务很难，自身难以按照要求完成学习任务，这就会导致胜任感无法满足，有可能会降低学生的学习动机，甚至产生厌学的心理；当学生在学校具有不良的师生关系或者同伴关系，学生的归属感难以满足，学生的学习动机也有可能受损；还有的学生，由于父母的管理方式过分强调权威，不允许学生有自己的想法，或者教师不允许学生自主参与学习活动，强调对学生的干涉和控制，这会导致学生自主感的缺失，也会影响学习动机。

对于教师来说，在分析学生学习问题的时候，需要考虑到学生的内在需求问题，从更深的层次去帮助学生解决问题。

活动体验

收集学生考试失败的原因，帮助学生对这些原因进行分析。当学生存在不恰当的归因时，帮助学生对该归因进行反驳，引导学生进行内部、可控的归因。

考试失败的原因是：_____

_____

该原因属于：内部 / 外部、稳定 / 不稳定、可控 / 不可控。

寻找证据反驳该原因（如有需要）：_____

_____

四、学业情绪与学习

案例分析

最喜欢哪个学科？

临近期末，这节课是初一年级最后一节心理课，心理老师想要评估一下在这一学期学习、生活中，学生们对学校、教师、学习的感受。其中有一个讨论内容是你对每一个学科有什么感受。学生们的回答如下：

我最喜欢语文，尤其是作文，这是个人思想的表达；

上语文课的时候特别忐忑，因为语文老师特别严厉；

我最喜欢数学，我喜欢数学老师讲课的方式；

我害怕上数学课，我回答不上老师的问题；

我最喜欢历史，感觉了解了很多以前不知道的事情；

道德与法治课，让我很轻松；

我最喜欢英语，能让我与老外交流；

我喜欢温柔的英语老师，所以喜欢英语课；

我最喜欢体育，比较放松；

我最喜欢心理，学会了调节情绪的方法。

针对每一个学科，每位同学都有不同的感受。回顾一下你的学习生涯，你对不同的学科有什么样的感受呢？是什么样的原因让你产生了这些感受呢？

我们将学习和探讨一下问题：

问题1：什么是学业情绪？

问题2：学习焦虑与学业成绩有何关系？

问题3：如何构建积极的学业情绪？

（一）什么是学业情绪？

资料卡

学业情绪是指在教学或学习过程中，与学生学业相关的各种情绪体验，不仅指学生在获悉学业成功或失败后所体验到的各种情绪，同样也包括学生在课堂学习中的情绪体验，在日常做作业过程中的情绪体验以及在考试期间的情绪体验等，可以是积极的情绪体验，如高兴，兴奋等，也可以是消极的情绪体验，如厌倦、失望、焦虑、气愤等。①对于每个学生来说，都存在学业情绪，且学业情绪对学生学习动机，学习态度，师生关系，学业成绩，心理健康等都有影响，对学生成长具有重要的作用。

学业情绪具有如下特征：

1.学业情绪具有多样性。学生在学习的过程中，会获得各种不同的情绪经验，有些情绪体验会促进学生的学习行为，有些情绪体验会延迟学生的学习行为。面对同样的科目，不同的学生会产生不同的学业情绪，且情绪体验的程度也各不相同，这也间接导致了学生对科目的喜好程度、投入程度的不同，也会影响学生的学业成绩。

2.学业情绪具有情境性。学业情绪会受到学习任务及其要求的影响，例如，对于一些学生来说，如果学习任务太多，教师对学习的要求很严苛，那么学生就可能会产生厌烦或者焦虑等情绪。对于一些平时学习认真努力的学生，当某一次考试没有发挥理想导致学习成绩并不如预期，那么学生在该科目上也可能会产生焦虑等情绪。而且在特定情境下，学生过去那些与情境相似的经验会被唤起，从而唤起不同的情绪体验。这也是很多学生在某一次考试没有考好的情况下，产生学习焦虑的重要机制。

3.学业情绪具有动态性。在学习的过程中，学业情绪会随时产生、隐藏或终止，它会随着学习任务和学习情境的变化而改变。学生对某一科目的学业情绪并不是一成不变的，会受到很多因素的影响。在讲述学生学习动机的时候，提到学生具有三种基本的心理需要，这三种需要的满足与否都会影响学生的学习动机。同理，这三种基本心理需要是否满足也都会影响学生的学业情绪。例如，当学生认为语文老师对他不公平的时候，归属需要受损，会影响该生对语文科目的学业情绪；当学生在数学考试中失败时，胜任需要受损，那么就可能影响该生对数学科目的学业情绪。因此，教师在觉察到学生的学业情绪后，需要分析学生的内心需要与学业情绪之间的关系，找到症结所在，才能更好解决问题。

4.学业情绪具有领域特异性。在学习中，学生对不同学科中体验到的学业情绪是不尽相同的，也就是具有领域特异性。学生可能在语文学科中的情绪是积极的，在数学学科中的情绪是消极的，这也就能合理解释学生偏科的情况，偏科不仅与学生在某方面的认知能力有关，与在该课上体验到的学业情绪也有相关性。

活动体验

你是否想了解，在你所教授学科中，学生有何种学业情绪，那不妨让学生进行下面的活动吧。

---

① 俞国良，董妍．学业情绪研究及其对学生发展的意义 [J].教育研究，2005，26(10).

面对____（学科）你有什么样的感受？

你给自己的这个感受多少分？ 1-10 分进行评分，1 分代表感受很轻微，10 分代表感受非常强烈。

选择一种或者多种颜色表达你的感受，并给情绪瓶涂色。（如图 4-3 所示）并写出你拥有这种感受的原因是什么？

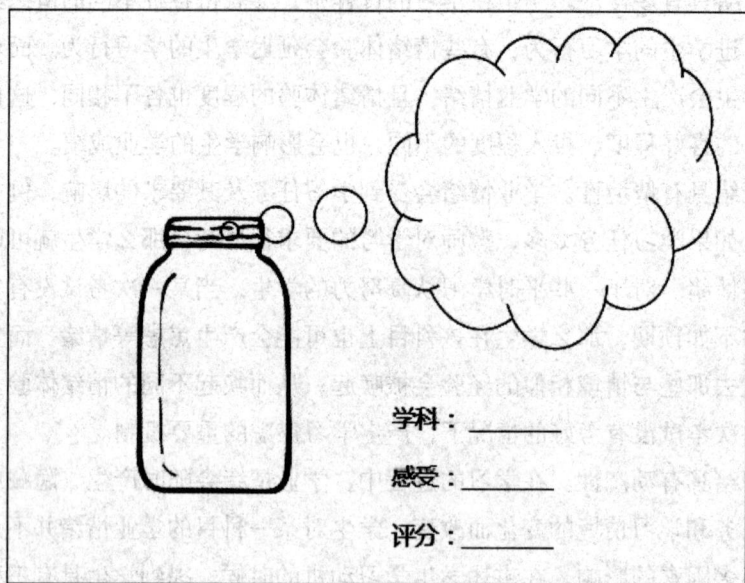

学科：_____

感受：_____

评分：_____

图 4-3 情绪瓶

（二）学习焦虑与学习成绩的关系

案例分析

不想上学的孩子？

小苗是一个初一学生，刚上初一的时候入学腹痛，反复休假，但到医院检查，没有什么器质性问题。小苗说，一上学，肚子就疼得厉害，所以不想上学了。后来发展到父母只要一说上学，他就肚子疼。无论家长如何劝说都没有用，也想过很多办法，比如休学，住校等方式，都被小苗拒绝了。家长没有任何办法了，只能求助心理老师。

当前，越来越多的学生存在心理行为问题，有一部分问题与学习焦虑有关。你认为学习焦虑是一种常见的现象，还是唯恐避之不及的问题呢？

📚　**资料卡**

学习焦虑是最常见的一种学业情绪，且对学生的学习、生活具有重要的影响。焦虑是指预期到某种不愉快情况即将发生时的一种情绪反应，是一种复杂的综合情绪。学习焦虑则是指面对学习这一情景所产生的焦虑的现状。学习焦虑通常会导致个体认知、身体和行为反应，如注意力不集中、记忆力衰退，头疼头晕、失眠、食欲不足，迟到、早退、旷课等。因此，学习焦虑是学校、老师需要尤其注意的一种学业情绪。

当然，焦虑是每个人都有的一种情绪，每个人都会有焦虑的情况存在，适度的焦虑是生活的常态，不需过度担忧。只有过度的焦虑，当焦虑影响个体正常生活、学习、社交时，我们就需要采取措施去缓解焦虑。心理学研究表明，动机水平过强或过弱都会降低学习效率。美国心理学家耶克斯和多德森认为，在中等程度的动机水平下的学习效率最高，学习动机过高或者过低都不利于学习。例如，学习焦虑现象主要是由动机水平过强造成的。同时，他们还发现，最佳动机水平与作业难度密切相关：任务较容易，最佳动机水平较高；任务难度中等，最佳动机水平也适中；任务越困难，最佳动机水平越低。（如图 4-4 所示）这便是著名的耶克斯—多德森定律。因此，学习焦虑其实并不可怕，是一种常见的现象，我们只需要对过度的学习焦虑进行处理。

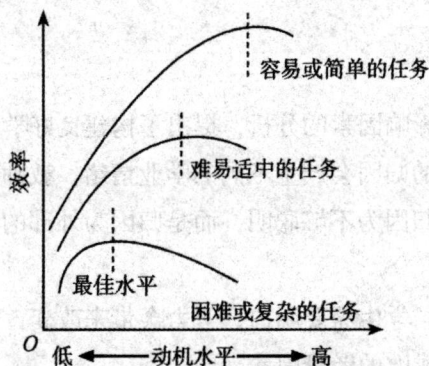

图 4-4　耶克斯—多德森定律

当学生处于学习焦虑中时，教师首先要做的是改善学生当下的情绪状态，让学生放松下来。然后再通过改变学生认知方式、重新规划和制定学业目标、学习计划等方式，逐步让学生产生良好的学业情绪。

（三）如何构建积极的学业情绪

📚　**资料卡**

学业情绪受到很多因素的影响，当我们了解到这些因素是如何影响学业情绪后，我们能更好去帮助学生减少消极的学业情绪体验，并构建积极的学业情绪体验，促进学生更好投入学习中。

1. 归因方式。如果学生将自己取得的好成绩归因为努力这一内部原因，学生就更可能产生积极的学业情绪，如果将好成绩归因为运气、考试题目简单这些外部原因，就不会对学生的学业情绪有太大的影响，甚至还会有消极的影响，比如担心下一次考不好等。如果学生将自己在学业上的失败归因为自己能力不足，不够聪明，那么可能产生不良的学业情绪。

2. 成就目标。持有掌握目标的同学，他们会体验到更多的积极学业情绪，体验到更少的消极学业情绪。而持有表现目标的同学，他们的学业情绪会极大地受到学业结果的影响，如果个人取得了好成绩，好名次，那么会产生积极的学业情绪；如果个人在学业上受挫，那就会产生消极的学业情绪。

3. 成就预期。如果学生期待个人能够取得成功，但实际情况却是失败的，学生就会产生挫败感，产生愤怒的学业情绪。与之相反，如果学生一直以来都很畏惧某一个科目，但是却发现自己能够获得成功，那么学生的学业情绪就会从消极转向积极。

4. 教师教学行为。如果教师喜欢在教学中运用惩罚，或者经常给予学生消极、负向的评价，那学生可能会产生不良的学业情绪，例如学生会体验到焦虑、愤怒等情绪。

📚 资料卡

结合上述关于学业情绪影响因素的分析，提出了构建良好学业情绪的相关建议。

1. 转变归因方式。不同的归因会产生不同的学业情绪。教师在对学生进行引导时，要让学生不要将学业的失败归因为不够聪明，而是归因为外部的，可变的，且可控的因素上，要学会合理归因。

2. 建立掌握型学习目标。学生需要明白，努力会带来改变，不要与他人进行比较，而是要以自己是否进步作为成败的考量因素。

3. 转变不合理信念。情绪 ABC 理论认为导致情绪困扰的直接原因并不是事件本身，而是人对事件的看法。因此面对学习焦虑，需要帮助学生梳理其不合理的一些想法和信念，并让其建立对事情合理的认知、想法和信念。

不合理信念主要有三种特征：（1）绝对化要求，认为自己"必须"要做成什么事情，认为结果是不可改变的；（2）过分概括化，即把一时一事的消极结果推广到其他时间和其他事情上，以偏概全；（3）糟糕至极，认为事情的结果会带来无穷尽的糟糕结果，把事情的影响扩大化，灾难化。

4. 转变教育方式。教师要摒弃专制、惩罚的领导方式，学生需要自主权，惩罚并不能达到目的，因此教师要采用民主的方式来领导和管理班级，对学生既尊重理解又严格要求，与学生建立良好的师生关系。此外，教师还应该反思自己的教学方式，在教学的过程中因材施教，选择适合学生的教学方式，鼓励学生表达不同的观点。

活动体验

请分析下列学生的不合理观念，需要如何进行引导，帮助其转变？
● 我是一个好学生，我必须每次考试都得 100 分。
● 我必须要是班级第一。
● 这次考试都不及格，我觉得我的成绩没救了。
● 今天没有回答出老师的问题，他肯定很讨厌我。
● 我数学学习不好，我就是太笨了。
● 我没有考第一名，我父母对我一定失望透顶了。
● 怎么学都学不会，我就不是学习的料。
● 学习成绩不好，考不上好大学，我人生已经无望了。
● 我很无能，老师同学都不喜欢我。

总结反思

本主题主要围绕学习心理学相关理论及实践知识，通过案例分析、资料呈现、活动体验等多种方式，引导新教师了解注意力、记忆力在学习中的作用及特点，促进新教师运用注意力、记忆力特点及规律提升教育教学实践能力。同时，帮助新教师掌握学习动机和学业情绪相关理论知识，帮助新教师认识到学习动机、学业情绪对学生学习的重要作用，以及学习动机和学业情绪的影响因素，最终促进新教师在教育教学过程中能够正确引导学生，促进学生形成正确的学习动机，并构建积极的学业情绪。

主题三 用教育心理理论对待学生差异

学习目标

通过本主题的学习，学习者能够：
1. 了解学生个体差异的表现，并正确认识学生的个体差异；
2. 树立对因材施教的正确理解，并掌握相关教育方法；

3. 了解特殊需要学生的类型，并掌握相关教育方法。

世界上不存在完全相同的两片树叶，也不存在完全相同的学生。生命因不同而精彩，教育也因不同才变得格外有意义。在学校，存在各种不同特点的学生，他们来自不同的家庭，他们的智力水平，认知方式，性格特征等都各不相同。在教育教学中，我们将如何对待学生的个体差异呢？

一、认识个体差异

案例分析

一个家长的思考 [①]

我是一个小学四年级学生的家长，我家的孩子学习各方面都很普通，没有特长，学习成绩一般，人际交往能力也很普通。今天晚上通过家长群得知一个事情，他们班有好几个同学考过了 PET，而我家孩子连 KET 的单词都不会，突然就觉得压力太大，焦虑感袭来。看了看正在做作业的孩子，没好气地训了他一下，让他多努力，多向优秀孩子看齐。

可是，孩子面对我的训斥，说了一段让我终身难忘的话。孩子说："妈妈，你不要把我和别人比较，要把我和我自己比较。我确实不如别人优秀，但是我一直在努力。不积跬步无以至千里，我希望你也不要着急，要相信我会越来越好。我每天都在坚持背英语单词，我的数学不好，但是我现在对数学也越来越有兴趣了。妈妈，我希望你能正确看待成绩，正确看待我，我想开开心心地努力，这样不好吗？"

听完孩子的话，我走出房间默默哭了起来。我的孩子这么努力，为什么我没有看到呢？我对学习的理解还不如一个孩子。

对于家长是如此，对教师也是如此。我们要能正确看待孩子的特点。子曰：有教无类，因材施教。陶行知说："培养、教育人和种花木一样，首先要认识花木的特点，区别不同情况给予施肥、浇水和培养教育，这叫因材施教。"苏霍姆林斯基说："世界上没有才能的人是没有的。问题在于教育者要去发现每一位学生的禀赋、兴趣、爱好和特长，为他们的表现和发展提供充分的条件和正确引导。"古今中外的教育家都强调教育需要结合教育对象的实际特点进行，要因人而异。只要认识到每个学生都是不同的个体，都有其不同的特征，才能采取更合理、更匹配、更有效的方式开展教育教学活动，最大限度激发学生的内在潜能，发挥内在优势。

---

① 一个家长的思考 [OB/OL]https：//www.mysmth.net/nForum/#!article/ChildEducation/614121

我们将着重探讨两个问题：

问题1：学生的个体差异表现在哪些方面？

问题2：如何看待学生的个体差异？

（一）学生的个体差异表现在哪些方面？

案例分析

初入职场的烦恼

我是一名数学专业的博士，博士毕业后来到北京一所小学当数学老师，教授年级是五年级，且担任五年级一个班的班主任。在刚开始上班的时候，我觉得这都是小菜一碟，自己一定能够干好。因为，对于我来说，小学的数学知识都太简单了，班主任的工作尽管工作量比较大，但是自己去带一群小孩子应该是没有问题的。带着这样的信心，我开始了我的职业生涯，可是刚上班一个月，我就感到焦头烂额，对自己产生了高度的怀疑，自信心也受到了打击。

当孩子对我说"我不行"的时候，我手足无措，不知道如何应对。当孩子说"没问题"的时候，却总是会掉链子。有的孩子父母离异，我不知道如何安慰。有的孩子因为考试不理想，让我给他多算几分。有的孩子总是被其他教师投诉，上课不认真听讲，还喜欢接话茬。最让我难受的是，在我自认为擅长的教学上，有一个家长当面告诉我，说孩子根本听不懂我讲的课，还给我推荐了两本数学书让我看。这些都让我深感焦虑、茫然。

从这个案例可以看出来，对于新教师来说，无论我们具有什么样的学历背景，具有多深的专业知识和能力，在刚入职从事中小学教育工作时，我们面临的巨大挑战就是认识到学生的差异性，并能从容应对这些问题。作为教师，良好的教育起点就是要了解和把握教育对象的差异和特点。

资料卡

在教育教学中，教师可以从如下几方面去认识学生的个体差异。

1.家庭差异。正如每个学生都是不一样的个体，每个学生背后的家庭也都具有不同的特征。家庭差异主要包括：（1）家庭经济地位的差异。在后文《迟到风波》这个案例中，我们能看到面对不同的家庭背景，家庭环境，在"迟到"这个事情背后的原因是不一样的。教师要尤其关注一些贫困家庭的学生，他们在参加日常班级活动中是否有自己独特的心理感受。他们的某些行为背后是否反映出了家庭经济地位的问题。（2）家庭完整性的差异。

现在离异家庭越来越普遍，如果父母处理不当，可能对孩子身心造成严重的影响，如果处理得当，对孩子身心的影响会适当降低。（3）家庭教养方式的差异。不同家庭教养方式下的孩子会有不同的性格和行为特征。

2.智力差异。智力差异主要包括：（1）智力水平的差异。每个人的智力水平是不同的，有的学生智力水平要高一些，而有的学生智力水平更普通一些，甚至有的班级有智力水平落后的学生。因此，面对同一个知识点，有的学生会更快理解，有的学生要慢一些，因此教师在设计教学活动的时候需要考虑到学生的智力水平差异。（2）智力类型差异。每个孩子都是特殊的个体，都有其擅长的内容。美国心理学家加德纳提出了多元智能理论。认为智力包括言语、数学、空间、音乐、运动等多种成分。所以有的人擅长画画，有的人擅长运动，有的人擅长写作，有的人擅长做数学题。每个人都有自己的特色。（3）智力发展速度的差异。有的人发育较早，有的人大器晚成，这就是智力发展速度的差异。面对发育较晚、较慢的个体，教育者要戒骄戒躁，静待花开。

3.认知差异。认知差异的含义很广泛，涉及很多内容，至少包括：（1）认知风格的差异。认知风格是指个人所偏好使用的信息加工方式，具有一定的一致性，即儿童时期表现出来的某种认知风格可能会保持到成年。认知风格的分类特别多，这里主要介绍两种。一种是场独立型和场依存型。场独立型的人在信息加工时以其本人的存储信息作为参照系统，与人交往时很少能体察别人的感受；场依存型的人在加工信息时以客观场合作为参照系统，与别人交往时能较好考虑对方的感受。另一种是冲动型和沉思型。两种认知风格的差异主要表现在对问题的思考速度上。冲动型的特点是反应快但是精确性差，面对问题急于求成，不能全面细致地分析各种问题的可能性，不管正确与否就急于表达。沉思型的特点是反应慢但精确度高，总是把问题考虑周全以后再做反应，看重解决问题的质量而不是速度。（2）归因方式的差异。每个人内部信念不同，看待事情的方式也不同。一般意义上，面对一件事情，如果进行积极乐观的归因，将会更有助于个人情绪的调节，并促进问题的解决。如果进行消极悲观的归因，则会容易产生负面的情绪，甚至容易抑郁。

4.性格差异。性格是表现在个人对现实的态度和行为方式中的较为稳定和有核心意义的心理特征。性格是在后天社会环境中形成的，有好坏之分，如对待学习的态度，有的学生很勤奋，有的则表现为懒惰；对待集体的态度上，有的学生是以集体利益为重，而有的学生则是自私自利，学生性格的可塑性较大。

活动体验

班级画像

你可以通过问卷调查，或者你的观察，对你所在班级学生的特点进行分析，找到班级学生在不同特征上的比例。针对个别特殊的学生，他的主要特点是什么？

问卷调查可以包含但不限于以下内容：性别、兴趣爱好、喜欢的学科、喜欢的老师、喜欢去的地方、自己的成就、特长、性格等。如有条件，也可以通过一些专业的测量问卷，了解学生的认知风格、心理特征等。

特别提示：在进行问卷调查后，教师要谨慎运用调查结果，避免给学生贴标签，或者产生刻板印象等。

（二）如何看待学生的个体差异？

📈 **案例分析**

作业本的思考 ①

一年级刚上学的时候，班级里最让我头疼的孩子就是小 W。小 W 在课堂上特别爱讲话，课后的作业也是特别邋遢，每次批改他作业的时候，总是出现描红笔画不到位，田字格写字歪歪斜斜，拼音写得"上天入地"，作业错字连篇等情况。我很快就熟悉了他的"W 氏字体"，不用看名字，就能一下认出这是他的作业本。

今天，我利用课间十分钟批改学生作业。可是，正在兴头，W 氏字体映入眼帘，一下子让我兴致全无。我把他叫到身边，严肃地对他说："千叮咛，万嘱托，不要写错别字！要仔细检查！"声音不高，分量却很重。说完，我抬头冷冷地看了他一眼，他没有说话，没有反驳，眼神中流露出悲伤，仿佛他的学习热情正在慢慢消散。这个表情让我惊住了，我就让他回了座位。在他走后，我翻看了他之前的作业，发现他现在的字的"个子"缩小了许多，在拼音格里排得很匀称；一笔一画写得重重的，十分清晰有力，他已经在非常努力地想要变得更好了。突然想起他之前跟我的对话，他多么希望自己的作业能够得"优"。然后，我在他的作业本上工工整整写上了一个"优"，盖上了一颗鲜红的印章"你真棒"！

2021 年，有一句特别火的话，出自医保谈判中，医保代表的发言："每一个小群体都不应该被放弃。"同样，每一个学生都不应该被放弃。面对不同的潜质，不同类型的学生，都要用积极的方式去促进学生潜能的发挥，优势的发现，为孩子的未来成长奠基。让孩子能够照进自己的未来。

面对学生的个体差异，应当如何看待学生差异呢？

首先，教师需要认识到个体差异具有普遍性。所谓君子和而不同，人人生而不同，每个学生都有自己的特点。我们无法保证每一个学生都按照预期去发展，我们要接纳每个人都不同的事实。

---

① 案例提供者为中国音乐学院附属北京实验学校芦雅嘉。

其次，教师需要认识到个体差异的特异性。每个人都有自己的缺点，也同时有自己的有优点。作为教育者，更应该看到的是孩子的优势，孩子的进步，孩子的变化。"多一把衡量尺子，就会多出一批好学生"。在日常教育教学活动中，用积极的眼光，多角度去评价学生，不断发现学生的优点和长处，发现孩子的变化与成长，让每个学生收获自尊自信。

最后，教师需要看到个体的发展性和成长性。班级里可能总是会存在一些让老师很头疼的学生，面对这些学生，教师首先需要树立"每个学生都是可以改变的"这一教育观念，在这一观念的指导下，才能付出更多的耐心和关注在这个学生身上，才能最后实现这些学生的转变。相信学生是可以改变的，这是教师教学效能感的体现。教学效能感是指相信教育及教师个人能够帮助孩子得到教育，获得改变，只有相信教育的作用，才能通过调整教育方式去促进学生的改变，教育的效果才会真正发挥出来。

活动体验

学生视角看老师

活动目标：面对不同的学生，我们会有不同的感觉。那么不同的学生面对同一个老师，老师会给学生什么感觉呢？通过这个活动，体验一下，当作为教师的我们，被同学审视的时候，是什么感觉，从而能够更清晰认识到，我们应该用平等、尊重、接纳、欣赏的态度去面对学生的差异性。

活动规则：请班级中的每位同学用 3 ~ 5 个词描述对老师的印象，每位同学都需要描述，并提交给老师。老师拿到学生的评价后，标注出你认同的描述。看看是否有你不认同的描述，当面对这些不认同的描述时，你有什么感觉？

二、尊重差异因材施教

案例分析

迟到风波 ①

班上有两个爱迟到的小女孩。一个是小 A，一个是小 W。

小 A 总是在快上完第一节课的时候，顶着一头乱糟糟的头发，小脸黑乎乎的出现在教室门口。从小 A 的外在形象可以猜到她肯定是刚起床，来不及洗漱和吃饭就到学

---

① 案例提供者为呼家楼中心小学李慧翔。

校来了。小 A 是单亲家庭，妈妈一个人带着她在北京打拼，住在地下室。由于妈妈经常上夜班，她只能独自睡觉、起床、上学。她之所以迟到就是因为没有叫早，而且住在漆黑的地下室，难以感受到外界的光亮。面对小 A 的情况，我让她买个闹钟，并跟她一起计算好洗漱、吃早点和路上需要的时间，定好起床时间。同时还给她安排了一个任务，那就是每天早上到校后把当天的日期和课程表写在黑板上。所以小 A 现在总是早早地来到学校，认真地写着当天的课程表，后来从未迟到，而且越来越优秀，还成了班级的文艺骨干。

另一个迟到的女孩小 W，她家里开小卖铺，每天早晨父母要去进货。所以每天她得留在家里照看 2 岁多的小弟弟，得等父母回来才能送她上学，所以才会经常迟到。了解了她的特殊情况后，我找她单独沟通，知道她爱看书，就告诉她可以在家利用看弟弟的时间看书，但她怕弟弟把书撕坏，我就鼓励她在校多看书。果然，课间你总能看到她如饥似渴地捧着书读。虽然她每天比别的同学来得晚，但她从未让时间白白地流逝，而是更加珍惜时间，我很看好她。

从这个案例可以看出，面对同样的问题，教师可以根据学生的具体情况进行具体分析，提出不同的教育策略，帮助孩子转变问题行为，实现自我价值。这也就是因材施教。

我们将探讨两个问题：

问题 1：什么是因材施教？

问题 2：如何做到因材施教？

（一）什么是因材施教？

讨论交流

因材施教最早出自《论语·先进篇》，内容如下：

子路问：“闻斯行诸？”

子曰：“有父兄在，如之何其闻斯行之？”

冉有问：“闻斯行诸？”

子曰：“闻斯行之。”

公西华曰：“由也问，闻斯行诸？子曰，‘有父兄在’；求也问闻斯行诸，子曰‘闻斯行之’。赤也惑，敢问。”

子曰：“求也退，故进之；由也兼人，故退之。

孔子是实施因材施教的典范。面对子路和冉有，因为他们性格不同，所以面对他们相同的问题，孔子却给出了不同的答案。回顾一下你的职业生涯，你是否有过因材施教的经历？你是如何做的？

因材施教是指因人而异地进行教育、教学。所谓"材"，就是指学生的个体差异。在上一部分内容，列举了学生的个体差异主要表现。教师在教学中，要依据学生的家庭、智力、认知、性格等方面的差异，与学生进行沟通，并设计教育教学活动。同时，在因材施教过程中，可能也存在一些不正确的想法，需要教师加强认识。

1. 因材施教并不是要减少学生的差异，让每个人都趋同化。实际上，单从学习成绩上看，学生的学习效果不可能完全相同。因材施教反而还可能让学生的差异更大。因材施教强调教师对不同特征的学生采用不同的教育教学方式，促进其潜能的发挥，在教学中强调为不同水平学生设计不同的发展蓝图，对其进行有意识的培养。

2. 因材施教并不意味着学生可以自由发展，随心所欲。例如，在学校中有些学生会仗着自己在某一方面的特殊性，希望老师降低要求或者提出一些难以实现的要求。这都是对因材施教的误解。在因材施教过程中，学校、教师要监控学生的发展过程，并进行纠偏，要保障当前的教育教学策略能促进学生的成长。

3. 因材施教并不是意味着加重"偏见"，厚此薄彼。因材施教尽管强调每个人都是不同的个体，同时也强调每个人都是平等的个体。比例，当存在"男生数学比女生好"的刻板印象，如果降低对女生的要求，这就是偏见，而不是因材施教。因材施教则会强调教师如何创造教学条件，帮助女生取得与男生相同的教学效果。

🏃 活动体验

结合你所教授的学科，选择班级中成绩排名靠后的一名或者多名学生，结合你所掌握的心理学知识以及日常对学生的了解，分析其家庭、智力、认知方式、性格等方面的特点，制定学生的学习干预计划。

（二）如何做到因材施教？

如何实施因材施教是教师的恒久课题，新教师在实施因材施教时要把握以下方面。

1. 客观看待学生的优缺点。

心理学上的"晕轮效应"指的是人们在交往认知中，如果对对方形成了积极或者消极的影响，那么会倾向于据此推论这个人其他方面的特征。它是一种认知上的偏误。在教育教学中，教师需要做到客观看待学生的优缺点，要避免晕轮效应对我们的影响，尤其是要看到班级中学习成绩差的孩子身上的优点。

根据马斯洛的需要层次理论，人类最高级的需要是自我实现的需要。每个人都希望自己能够变得更好。教师要看到孩子渴望变好的内部动机，相信孩子可以变好的潜能。教师就是要利用孩子"求好"的动机，调动起学生心理上的积极因素，消除其消极因素，使学生自觉主动地往好的地方发展。

2. 面对学生的问题，要先分析再行动。

在"迟到风波"这个案例中讲到，面对同样的迟到问题，老师并没有采用同一种解决问题的方法，而是分析问题产生的原因，再提出问题解决策略。这是最基本的解决问题的方式，在教育教学中也同样适用。面对学生的问题，不要急，先等一等，了解清楚事情原因始末之后，再去思考如何解决问题。

同时，对待学生的学习问题，现在有一种教育观认为，学困生的出现不是由于学生的智力低下造成的，而是由于学习过程中的失误积累造成的。教师要留心观察，掌握学困生的形成原因，只有搞清了学困生形成的原因，及时调整教育教学方法，才能达到提高学习成绩的效果。

3. 了解学生心理发展特征和知识能力水平，提出适当要求。

在前文提到的《论语》中，孔子之所以能够进行因材施教，首要的原因在于他了解子路和冉有的性格特征，正是基于这种了解，才会针对同一个问题给出不同的答案，最终的目的都是让他们变得更好。在我们实际的教育教学过程中，了解学生的心理发展特征和知识能力水平，是进行因材施教的基本条件。基于这个前提，教师再设置"跳一跳，能够着"的教学目标，并进行有计划的教学活动设计，帮助学生达到更高水平。

三、关注特殊学生

案例分析

班级里的特殊学生 [1]

小A是我教过的第一届学生，是个智力低下的孩子，因为父母离异，他跟着父亲生活。因为这种种原因，我对小A特别关注。一个课间，我突然发现小A的裤子后面有血，连忙把她叫到办公室悄悄询问。原来，因为上学晚，小A的年龄比班里孩子都大，也最早进入青春期。看着一脸惊慌的小A，我微笑着安慰她："别紧张，这是正常现象，老师每个月也会像你一样。""真的呀？"小A明显缓和下来了。我拿出一包卫生巾，带着小A来到卫生间，仔细地教她如何使用，直到她学会为止。"以后来了月经，就像这样处理。需要帮助随时来找我，好吗？"我看着她的眼睛说，一向羞怯的小A高兴地点点头。那天，当我拉着小A的手走出卫生间，我分明感觉到她手心传来的温度。从此，小A在班里快乐了许多。虽然学习对她来说很困难，但我和同学们都关心着她。小A的生活自理能力也逐渐提高。可是一年后，小A转学了。据说，转学后学校让小

---

① 案例提供者为中国音乐学院附属北京实验学校滕桂玲。

A 的父亲为其开具了一份弱智证明。因为这份证明，学校实际上放弃了对小 A 的教育。这为小 A 后续的生活添加了更多的悲剧色彩。

案例中的小 A 是个智力低下的孩子，在很多学校都有这样的案例，并不少见。尽管这个案例没有交代后续小 A 的情况，但是从字里行间能够看出，如果小 A 继续留在原来的班级中，如果后来的学校没有放弃对小 A 的教育，那么小 A 后面悲剧的故事有可能就不会发生。教师是孩子生命中的重要他人，也或许是孩子生命中的微光，走进孩子心灵，帮助他们成长，是教师的职责。

除了小 A 这样智力低下的孩子外，学校还有很多其他特殊的孩子。面对这样特殊的学生，教师要如何处理？

我们将着重探讨四个问题：

问题 1：学校有哪些儿童需要特殊关注？

问题 2：如何针对特殊需要儿童开展教育？

（一）学校有哪些儿童需要特殊关注？

📈 **案例分析**

一封教师的来信

我是一名小学五年级的老师，担任班主任。我班上有一名比较特殊的学生，弄得我比较头疼。特来信请教心理专家，帮我想想办法。

该生是四年级时从外地转过来的。我今年刚教他，接这个班之前，就听说了这个孩子非常顽皮，没有约束力，为所欲为，行为习惯很差。接触以后，的确如此。课堂上，他坐不住，一直做小动作，甚至在不征得老师同意的情况下就随便离开座位。老师提醒他，他会坐正了，但几秒钟过后，他又依然如故，一堂课要不断提醒他，这就影响了其他同学听课，也浪费了课堂教学的不少宝贵时间。课后，他活泼好动，喜欢动手动脚，常无端打人，把同学的手抓伤。他自己也直言他看到谁不顺眼就想去打，控制不住。集体活动时，他更没有约束力，常常因违反纪律，而被扣分。没办法，以后每次做操、集队开会时，我必须站在他身旁才能安分点。有一次，我们全班去公园参观，到了公园里，分散参观时，他就跑得没影儿了。最后整队回校时，派了好几个同学去找他，也没有找到，把大家都急得够呛。后来同学们说，以前出来游玩时，他也是这样，他会一个人跑回教室。于是，我们只好怀着忐忑不安的心回学校，他真的已经回教室了。总之，与他接触的这三个月来，没少找他谈心，每天为他花费的精力要多出其他同学几倍，为了鼓励他，全班同学还选他当中队委员，想以此来约束他的行为，可效果并不理想。我不知道怎么办了。

　　尊敬的专家，以上就是这个孩子的基本情况。教育好每一个孩子，是我们做老师的责任。可是这样的孩子该如何教育，恳请您能帮他出出主意。

　　看完上面这个老师的来信，你认为是什么原因导致这个学生存在这些行为问题？是这个学生主观态度上不爱学习，不听老师的话，还是有其他原因呢？面对这样的学生，要如何处理呢？

　　特殊需要儿童是指一群在生理和心理发展的某一方面或者多个方面明显地偏离普通儿童发展水平，有特别的学习或适应困难，只有接受了特殊教育才能充分发展的儿童。在传统观念中，人们一般将存在智力障碍、听力障碍、语言障碍、孤独症的儿童作为特殊需要儿童，并设置了特殊教育学校。针对其特殊性，开展有针对性的专门教育。近年来随着我国融合教育的快速发展，越来越多的普通学校招收特殊需要学生，通过随班就读的方式，完成对这部分学生的教育工作，学校有专门负责特殊儿童教育的老师，为其提供相应的专业援助。

　　但是，随着科学的进步，理念的更新，我们会发现除了这些具有明显障碍的学生需要特殊教育服务外，还有很大一部分群体是被忽视的，而这些孩子也同样需要得到特殊的照顾，例如患有注意力缺陷多动障碍的学生，存在特定学习困难的学生，包括阅读障碍、计算障碍等。在老师的来信中，我们可以看出这个学生存在很多行为问题，其在行为上的表现与注意力缺陷多动障碍的表现有类似之处，面对这种情况，就需要建议家长配合，带孩子进行就医，在药物治疗的基础上，结合教师耐心指导，促进学生习得良好的学习行为习惯。除了多动障碍外，学习困难是更容易被忽视的一个问题。有少数孩子，其智力正常，也没有太多异常的行为表现，但是在识字、阅读或者计算上，存在明显弱于普通孩子的情况。如果老师将其直接归因为孩子学习不努力，或者学习态度不端正，忽略了学习困难内在的心理机制，孩子不仅学不会，还容易对其心理造成伤害。电影《地球上的星星》就讲述了一个学习困难孩子的遭遇，幸运的是他遇到了一个懂学习困难的老师，通过特殊的训练方法，帮他找到了适合自己的学习方法。

活动体验

　　活动规则：教师挑选一个空闲时间，去完成一件你极其不擅长、也不愿意去做的一件事情。体会一下，当在完成这件你不擅长且不愿意做的事情时，你的感受是什么？

　　对于很多特殊儿童来说，也许让他们安静坐在教室里，学习其他同学都能掌握的知识，这对于他们来说就是不擅长也不愿意去做的事情。

（二）如何针对特殊需要儿童开展教育？

每个儿童都有受教育的基本权利，这也就要求必须赋予儿童得到并维持与自身学习能力相符的教育机会。针对这些特殊儿童，教师应当如何从想法、行为上去作出调整，给予这些孩子同等的教育机会呢？

1. 接纳特殊。尽管我们都期望每个孩子都能是健康的孩子，甚至是超常的孩子。但是我们更需要持有的一种观点是社会是多元的，每个特殊的个体都应该被接纳，无论他有多特别，这就是他。对于智力障碍、残疾障碍、自闭症儿童，我们很容易认清这个现实，他们是不同的。对于学习困难、注意力缺陷多动障碍，或者其他情绪障碍儿童等群体，我们也要清晰地认识到，他们的行为表现并不是他们想要的结果，他们不是不配合，不是态度不端正，而是可能自身也无能为力。教师要去认识到他们的特点，接纳这些看似跟普通孩子没有区别的特殊孩子。

2. 降低期待。因为他们的特殊性，所以他们存在学习或者适应困难，在学业上或者行为表现上不符合教师的常规期待。面对这个现实情况，教师就需要降低对这些学生的学业期待和行为表现期待。不要将这些孩子与其他普通孩子进行比较，而是与他们自己进行比较，看到他身上的闪光点，看到孩子的进步。

3. 私人订制。降低期待并不意味着放弃对孩子的教育，而是要积极调整自己的教学计划，结合学生的特点去有针对性地设计教学活动，设置符合学生能力的作业及评价标准，保障学生达到最基本的教育要求，同时保护学生的自尊心、自信心。

4. 家校合作。对特殊孩子的教育需要得到家庭的支持与配合，家校共同协作，促进孩子的发展。

📚 **资料卡**

注意力缺陷多动障碍的教育策略[①]
● 座位安排：
√多动症儿童的座位要远离门窗；
√将多动症学生的座位调到离老师近的地方；
√保证创造一个安静、无干扰的区域。
● 课堂组织：
√每次给出一个指示，并根据需要进行重复；
√授课时，尽可能将知识难点提前上；

---

① 注意力缺陷多动障碍的教育策略 [OB/OL]https：//www.helpguide.org/articles/add-adhd/teaching-students-with-adhd-attention-deficit-disorder.htm

√使用视觉性明显的材料，例如，图表、图片、颜色编码；

√梳理知识条理，形成笔记大纲（可用思维导图辅助）；

√在课桌上可以粘贴一些明显的提示语；

√允许学生在不影响他人的情况下活动，或者使用一些道具，例如，橡皮球等。

●课堂教学：

√说明要简洁，并使用一些视觉性辅助工具，在黑板上或 PPT 上明确呈现出来；

√活动要变换；

√与学生私下约定一些手势等暗示性提示，当发现多动症学生出现注意力不集中等情况，可以通过触摸肩膀，眼神提示等方式提醒学生继续参与学习。

●学生作业：

√每页的题目量要少一些，测试相对短，在做作业的时候用白纸将后面的题挡住；

√灵活调整测试方式，例如，口头；

√将一个大任务进行分解成若干个小任务，小目标；

√允许作业晚交；

√借助文件夹、彩色标签这些工具教会学生进行分类，例如：与语文相关的材料放在黄色文件夹内，与数学相关的材料放在绿色文件夹内；

√布置完作业后，确保学生写下作业和提交日期；

√每天将家庭作业进行整理，并带回家。

活动体验

针对班级的特殊儿童，制定一份帮助计划。如图 4-5 所示，呈现的是一个简单的计划模板，仅供参考。

```
┌─────────────────────────────────────────────────────────────┐
│                  _____ 的帮助计划                            │
│         制定人：_____              制定时间：_____          │
│                                                               │
│   长期目标：_____        │
│   近期目标：_____        │
│   实施计划：_____        │
│   座位安排：_____        │
│   作业安排：_____        │
│   教学策略设计：_____        │
│   家校协作：_____        │
│                                                               │
└─────────────────────────────────────────────────────────────┘
```

图 4-5　帮助计划

■ 总结反思

　　本主题主要围绕学生个体差异问题，帮助新教师梳理学生个体差异的主要表现形式，促进教师能够形成对学生个体差异的正确认知。同时，针对学生个体差异问题，引导新教师能够尊重差异，形成因材施教的教育教学理念，并在日常教育教学中，能够运用因材施教理念指导教育教学实践。除此之外，本主题还引入"关注特殊学生"这一内容，帮助新教师拓宽工作视野，促进其认识到特殊学生存在特殊的需要，以及老师需要为特殊学生提供额外的帮助与支持。

主题四　从教学实践经验做好引领促进

⊢ 学习目标

通过本主题的学习，学习者能够：

1.建立对"后进生"的正确理解，并掌握相关教育方法；

2.建立对"中等生"的正确理解，并掌握相关教育方法；

3.建立对"优等生"的正确理解，并掌握相关教育方法。

古人有云：读书百遍，其义自见。这句话的意思是书读多了，也就知道意思了，强调的是经验的重要作用。作为新时代的教师，我们既要向书本学习，也要向实践经验学习。实践经验不仅可以是自己的实践经验，也可以是优秀教师的实践经验。

一、后进生的应对与处理

📚 **资料卡**

从我手里经过的学生成千上万，奇怪的是，留给我印象最深的并不是无可挑剔的模范生，而是别具特点、与众不同的孩子。

——苏霍姆林斯基

在你的教鞭下有瓦特，在你的冷眼里有牛顿，在你的讥笑中有爱迪生。

——陶行知

一名好老师，必须永远相信自己的学生，不管多么笨的学生，脑子里其实都埋藏着无穷无尽的潜力。事实上，不是学生脑子里缺少资源，而是我们缺乏勘探这些资源的能力。

——魏书生

在教育教学中，总是充满了评价。只要有评价，无论是针对行为表现，还是学业成绩，就会在评价中产生对比，就会出现所谓的"后进生"。

我们将着重探讨两个问题：

问题1：如何理解后进生？

问题2：针对"后进生"如何开展教育工作？

（一）如何理解后进生？

📝 **案例分析**

迟开的花更娇艳 [1]

小 A，一个很特别的孩子，我猜测他可能有阅读障碍，因为他记不住学过的字，读课文的时候，基本都读不对，不是丢字，就是加字，或者就是把这句话和下一句话的前

---

[1]　案例提供者为北京市朝阳区半壁店小学祁雪。

几个字连起来读读，即使读完了他也不知道课文的意思。所以他背课文特别费劲，往往需要很多天才能背下来。为此，他对学习产生了抵触的情绪，我经常能看到他因为读不好课文而发脾气，有时因为背不下课文而摔书，还不停地嘟囔着："这是什么破课文呀！干嘛非得学习！"

就是这样一个特别的孩子，我给了他一项特别的任务，对他来说特别艰巨的任务。那就是让他在国旗下背古诗，他要背诵的古诗是《咏鹅》，不仅要背诵出原文，还要解释古诗的意思，并且介绍诗歌的作者和诗歌的风格。所以这对他来说是个巨大的挑战。而我也暗自下定决心：无论有多困难，我都要帮助他完成这个任务，帮他建立学习成就感。

在他领到任务后，稿子就没有离开过他的身边。我先让他一段一段地把稿子读通顺，不认识的字就让他注上拼音，每天最少读三遍。起初还好，到第三天他就有些烦了。他在座位上皱着眉头说道："这是什么呀，怎么那么难念，我不读了！烦死了！"每当这时，我都引导他："你看，原来你连一句话都读不通顺，现在已经把大部分读通顺了，这说明你进步很大，再努把力就一定能读通。来，老师教你。"在我的鼓励下，他终于把这篇稿子一字不差地读下来了。

经过一周的努力，他顺利完成了这个活动，并积极参加学校组织的其他活动。因为他在摄影上的特长，学校还专门给他办了摄影展，现在学校走廊都挂着他的摄影作品。

在本案例中，小 A 可能存在阅读障碍，所以导致他在阅读上存在很多困难，进而影响了他的自信心。为了帮助学生重获信心，老师给他布置了一个特别有挑战的任务，通过这个任务的完成，让他发现自己尽管学得慢，但是只要努力，也可以学会，找回了学习动力。同时，尽管他的学习成绩不好，但是他有其他方面的特长，学校也搭建平台让他发挥了特长。看完这个案例后，你有什么感受？你是如何理解"后进生"的？

后进生是一个通俗的说法，并不具有先进性，这个提法没有看到学生的发展性及个体的差异性。在上一个章节提到，学生具有个体差异，不能要求每个学生具有好成绩，且学生是在不断发展、变化、成长的，不能根据当下的学业成绩就对人作出"后进"的评判。那么，我们需要如何理解"后进生"呢？

1. 后进生只是表明学生在学习上效果不理想，出现了学业上的暂时落后。学业上的落后仅仅意味着这个学生在学习上遇到了挑战。而面对挑战，需要做的是分析原因，并寻找面对挑战的解决方案。如果将后进用挑战来替代，就意味着学生当下的落后只是暂时的，学生是可以进步的，关注的重点从关注学习结果本身转移到关注寻找解决办法，提高学习结果上。

2. 后进生并不意味着这个人"差"，只是表示他在学业成绩上表现不良，只反映了他的学习情况。因此，教师在教学实践过程中，不要因为学生学习差，就完全否定这个学生。正如案例中所述，尽管小 A 存在阅读障碍，但是他也有其他方面的特长。

3. 后进意味着他当前需要帮助，而教师就是这个能够帮助他，给他提供支持的人。

（二）针对"后进生"如何开展教育工作?

资料卡

著名教育家魏书生先生针对"后进生"的教育工作，总结了很多经验。下面简单列举几个做法。

1. 与后进生结成互助组。即每一名后进生都与班级的教师结对子进行一对一的辅导。互助组的建立，密切了师生的感情，增强了学校的凝聚力，让后进学生对老师和学校充满了热爱。

2. 让后进生写犯错误说明书。魏书生告诉学生，写说明书一定要深入自己的内心深处，观察自我，分析自我，发现两个不同的自我。写说明书不一定非要说自己有错误，如果认为自己做得有道理，那就完全可以从自己的内心深处寻找辩护律师，说明自己这样做的根据和对己对人的益处。通过写犯错误说明书，许多学生不仅提高了认识水平，改掉了坏习惯，还训练了语言和思维。

3. 迟到了就唱歌。学生站在前面唱歌，虽然没有压力，没有羞辱感，但另一方面也不可能产生荣耀感、自豪感，他不会忘记自己是因为什么原因才站到那个位置上去唱歌的。万一有的学生嫌这种纠正措施太轻，而故意再迟到，再犯错误的话，那时再采取别的措施也不迟。这种纠正错误的方式，密切了师生、同学之间的关系，淡化了学生的逆反心理，调节了班级的气氛。

4. 犯了小错就让做好事。让学生做好事，起到了增强学生自尊心、自信心的作用，起到了分散学生犯错误精力，将其导向真善美的作用，也起到了使学生发现一个新的更强大的自我的作用。[①]

讨论交流

在你所教授的班级中有所谓的"后进生"吗？在面对"后进生"问题上，你有何想法？下面有几点建议供参考：

1. 教师对学生"后进"的原因进行分析。学业成绩不良有多种多样的原因，可以从以下几方面进行分析：（1）认知能力上，学生的智力、思维能力是否正常，是否存在阅读障碍等问题；（2）情绪上，学生是否有厌学情绪，是否存在考试焦虑；（3）行为上，学生是否养成了良好的学习习惯，在课堂上是否能够专注于学习，是否有手机、游戏成瘾等行为；（4）环境上，学生是否具有良好的师生关系、同伴关系和亲子关系等。

---

① http://blog.sina.com.cn/s/blog_5ccca3dd0102zpc0.html

2. 教师需要分析"后进生"的心理需求。在"学习动机与学习"这部分内容中，谈到个体有三种基本心理需求，包括归属需求、自主需求和胜任需求。教师需要从两方面分析"后进生"的心理需求问题。一方面，是哪方面需求没有得到满足，可能影响其学业成绩，造成学业落后。例如，对于多动症儿童，因为自己难以控制自己的冲动，所以注意力不集中，学习跟不上，这可能会导致学生胜任需求不能满足，所以自暴自弃，加剧了学业落后。另一方面，教师要分析，当造成学业落后这个结果后，会导致学生哪些心理需求受到影响。比如因为学生因为成绩差，被老师批评，同学们慢慢不喜欢该生，会让影响该生的归属感，严重的话会让学生厌学。

活动体验

以"转化后进生"为主题，采访学校优秀资深教师，了解他在职业生涯中"转化后进生"的案例，他有什么好的办法和措施？

二、中等生的应对与处理

案例分析

一个中等生的自述 ①

老师，您知道我是谁吗？我就是那个坐在角落的一个极其平常的学生。也许您还记不得我的名字吧。

开学时，您进行了几次小测验，在几次测验中我考得不坏也不好。一些成绩优异的同学被写进了您手中的小册子，其中没有我。开学几个星期以来，我也没迟到，没少写作业，也没不遵守纪律，就那样默默无闻地在那里。您把这几个星期以来您所了解的调皮的和成绩差的学生又写进了您手中的小册子，其中依然没有我。

于是，上课你总叫那些成绩好的学生或是成绩差的、调皮的学生。可是，就没有我——虽然我每一次都把手举得老高老高。评选"三好学生"时没有我，评选班干部时没有我，表扬先进、批评后进时还是没有我！老师，您知道什么是失落感吗？您尝过被别人忽略的滋味吗？您能了解我心中的感受吗？真羡慕那些成绩好的或是成绩差的同学，真想有一天尝尝被老师您重视的滋味。哪怕是一天，哪怕只有一次，我便心满意足了。也许哪一天我做了一名成绩好的学生，上课回答对了您的问题，您说"你真棒！"也许哪一天我做了一名差生，我同样也回答对了您的问题。您说"很好，有进步！"如果这两种

---

① 曹新. 一个中等生的自述 [J]. 小学生语文学习，2002(24).

可能有一个会成为现实的话，我会高兴得睡不着觉，幸福得要命，真的！也许您认为我很平凡，对此我无话可说，我只有加倍努力，使自己不再平凡。可是，我们这个社会中特别优秀或是特别糟糕的人能有几个呢？因此，我很平凡却不自卑。其实我也有优点的，比如：我的字写得比较认真，您可以让我出黑板报呀！我的画画得不错，您可以指导我画并且在画报上发表呀！……我想，只要您给我机会，我会做得很出色的！

相信我吧，我最亲爱的老师！给我一点阳光，我会灿烂的！

"中等生"属于班级中的大多数，他们平时表现积极，从不违纪，关心集体，团结同学，乐于助人，学习认真、踏实，成绩优良但又不突出。他们的表现几乎无可挑剔，从来不让我们烦心，而这些优点也就成了让我们忽视的原因。老师们，看完这个案例你有什么感受？你是如何看待中等生的？

我们将着重探讨两个问题：

问题1：如何看待中等生？

问题2：针对"中等生"如何开展教育工作？

（一）如何看待中等生？

中等生是指在班级中学习成绩处于中游水平的学生，是介于优等生和后进生之间的学生层。从数据统计的角度，班级里约有70%的群体属于中等生的范畴。这部分学生数量庞大，智力正常，听话，不惹事儿，所以大多数时候不用教师操心，加之教师精力有限的现实问题，中等生面临的一个严峻的现实就是他们往往被教师所忽视。下面主要从中等生参与教育教学活动的现状，中等生面临的处境对其产生的影响等方面进行分析，帮助更好认识中等生这个群体。

1. 中等生参与教育教学活动的现状

据调查，从教师管理角度，52.7%的老师沟通次数最少的群体是中等生，92.8%的老师沟通次数最多的是学困生。在班干部选拔中，中等生的比例为25.8%，优等生的比例是68.7%。在课堂发言中，教师将1/3的机会留给中等生，但是由于中等生群体庞大，这个机会与其比例不符。在表扬次数上，66.7%的老师表示表扬中等生的次数最少。从这些数据可以看出，尽管中等生群体庞大，但是老师给予的关注较少。

2. 中等生"被忽视"现状下可能存在的消极影响

第一，容易造成自卑感的形成。由于在教育教学活动中长期被忽视，学生很容易产生"自己不如别人"的自卑感，影响人格形成。第二，会形成甘居中游，满足现状的思想。当然知足者常乐，这是一种较好的人生态度。但同时需要注意的是，对于学生来讲，他们具有很大的发展潜力，身心还处于发展变化中，如果过早处于这种满足现状的状态，就会出现面对困难，不积极克服，不努力进取的状态。第三，会让学生进行自我封闭。因为总是得不到积极正向的反馈，他们不愿意与老师进行深入交流，造成师生关系淡漠。

当有问题需要求助时，他们会选择回避。

3. 如何看待中等生

基于上述分析，我们应该如何看待中等生呢？下面提供了一些建议供参考：

首先，学习成绩中等不意味着没有其他专长。正如《一个中等生的自白》中所述，尽管学习成绩中等，但是也有画画的专长。教师要善于发现每一个学生优点和特长，通过对其优点和特长的运用和关注，培养其自信心。

其次，中等生听话、不惹麻烦，不意味着他们不渴望关注。每个人都希望自己是独一无二的，每个人都希望得到他人的关注和喜欢。不要因为中等人听话、不惹麻烦就放下对他们的关注。

最后，中等生是班级主力军，更应受到关注，是优等生的潜在资源。正如罗森塔尔效应一样，当我们给普通孩子给予期望，孩子会朝向期望的方向发展。当班级主力军都感受到了教师对他们的殷殷期望，他们会整体带动班级的发展。

活动体验

初步统计一下自己在一个月内，提问班级每个同学的次数，客观分析一下是否存在某种规律？最少回答问题的同学是谁？他有什么特征？

（二）针对"中等生"如何开展教育工作?

案例分析

课堂观察记录①

王同学是班级里学习成绩中等的一名学生，可谓是中等生。开始时他和其他学生一样，上课大胆举手、积极发言，但是常常说不到关键之处，面对他的回答，老师只是一句"坐下"了事，几次下来，王同学的手越举越低，次数逐日下降，渐渐地课堂上已经看不到他发言的身影了。课后与他交谈，原来他觉得自己回答错了，老师不高兴，时间久了就会不喜欢自己，还不如不回答呢。

有一次上数学课，当老师将问题抛出后，我看得出，她先是眉头紧锁、左思右想，一会儿工夫，凝重的神色退去，而是恍然大悟，但她并没有马上举手，而是又思索了片刻，才将小手微微举起，小手举得很低，手指尖刚刚触及耳朵尖而已，小手举起停留不到 4 秒的时间，又快速缩了回来，大约又停了 2 秒钟，再次将小手举起，这次超过耳尖

① 许爽.小学中等生教育管理中的问题及对策研究 [D].辽宁师范大学，2012.

一点点，但这次停留的时间更短，仅仅停留了1秒钟，又迅速地撤了回来。停留片刻，当她第三次将小手举起的时候，发言的机会已经被别人拿走了。下课后，我将观察到的与她交流，询问她为什么将小手反复举起、拿下。她解释说是怕说错会招来同学的嘲笑、老师的批评。

这是我关注的一位老师在课堂上对三类学生回答正确后给予的评价。当优等生回答正确后，老师是这样说的："真精彩。"优等生得意地坐下；当中等生回答正确后，老师是这样评价的："可以。"中等生毫无表情地坐下；当学困生回答正确后，老师是这样评价的："今天的表现老师非常满意。"学困生满脸喜悦地坐下。

这是我关注的一位老师在课堂上对三类学生回答错误的评价。当优等生说错后，老师是这样评价的："今天怎么了，水平没有发挥出来呀，坐下再想想，你一定能想出来的。"优等生有点羞涩，但仍很自信地坐下了；当中等生说错后，老师是这样评价的："一定是没认真听讲，下次要注意了。"中等生有点羞涩但还有一种被人误解的感觉坐下了；当学困生回答错了，老师是这样评价的："虽然你没有回答对，但是你敢于发言也很了不起。"学困生有点羞涩但很高兴地坐下。

这是一位研究生硕士论文中的有关内容，通过他的观察发现，老师在面对不同类型学生回应的方式是不同的。面对中等生，老师大多数时候会是更平淡的，这让学生非常受挫，并影响了他的学习动机。老师们，回顾一下你的教学，你是否也存在同样的问题？

面对中等生，教师应该如何做呢？下面提供了一些建议供参考：

1. 从思想上，认识到中等生对班级的重要作用。作为核心群体，他们是一个班级班风班貌的主要体现，对班级的发展具有重要的作用。同时，他们身上都具有很大的潜力，对他们稍加关注，就可能促进他们的变化和成长，那么班级的状态就会越来越好。

2. 从认知上，重视中等生的心理需求。很多中等生在低年级都是优秀学生，当他们慢慢从优等生变为中等生，从被老师重视变为被老师忽视，他们会存在心理落差，容易产生心理失衡。另外，由于长期的忽视，会导致学生归属感的缺失；成绩的不如意，会导致学生胜任感的缺失，这都会影响学生的心理健康发展。所以教师要关注到学生的心理需求，想办法满足其心理需求。例如，在当学生回答完问题后，要对学生的回答进行积极的反馈。

3. 为中等生搭建平台，提供展示自己的机会。要相信每个人都有潜力，中等生也能发挥自己的能力把很多事情做好，所以需要给孩子更多的机会和平台去展示他们自己，去提高自信心。

4. 构建与中等生沟通的桥梁，加强与其的沟通。通过多种方式加强与每个学生的沟通与交流，了解孩子的内心世界和真实想法，走进学生的心灵，构建良好的，积极的师生关系。

活动体验

在一节课中刻意地练习对学生的回答进行积极的回应，帮助学生树立对学习的兴趣。

三、优等生的应对与处理

案例分析

李镇西给学生的评语 ①

李镇西在《爱心与教育》这本书中讲述了学生王铜的案例。王铜是一个特别聪明的学生，尤其是在数理化的学习上表现出极强的天赋。但同时自身存在很多行为问题，让学校的老师非常头疼。下面节选了一段李镇西在高一结束时给王铜的评语。

毋庸讳言，在高一年级你犯的错误不少，常挨批评，但你身上的优点仍然是引人注目的：关心热爱集体，并以自己的体育特长为班争光，有一定的正义感；虽有时与我顶撞，但过后能认识错误，并不记恨老师，还反过来安慰余怒未消的我"大人不记小人过"……你最大的弱点是至今很不成熟：把纪律当成对自己的约束而未把它当成自己的规范，学习凭兴趣而不是凭志向。不能说你不是聪明的，但我担心，你老不成熟，很可能"聪明一时，糊涂一世"。我多么希望你能以自己的行动来证明李老师的担心纯属杞人忧天。

李镇西老师是我国著名的教育专家，从这个案例可以看出，尽管王铜学习成绩优异，但是李老师能客观地看待学习成绩，并且即使学生身上存在很多缺点，犯了很多错误，李老师也能客观地找到学生身上的优点，并指出学生的错误。从这个短短的评语上，就能深刻体会出李老师对王铜的殷殷期待。

我们将着重探讨两个问题：

问题1：如何看待优等生？

问题2：针对学习优秀学生，如何开展教育？

---

① 李镇西. 爱心与教育 [M]. 广西：漓江出版社，2007.

（一）如何看待优等生？

案例分析

我犯了一个错误

小花是小学四年级的学生，特别优秀，在学校担任中队委，而且每学期都是三好学生，深受教师和同学们的喜爱。小花的同桌是小杰，是一个特别调皮的小男孩，上课会经常说话，注意力特别不集中，学习成绩也不好，老师对他的期待是每天能正常完成作业。一天，小杰到办公室来找到我，跟我说他的书、笔还有写字本都不见了，怎么找都找不到，他怀疑是小花给他藏起来了。当我把小花叫到办公室后，小花矢口否认，并告了小杰一状，说小杰特别不讲卫生，把口水吐在桌子上，还经常"打"她，在她本子上乱涂乱画。我当时没有重视这件事情，让小杰再回教室找丢失的东西，并且批评了小杰，让他跟同学友好相处。小杰很委屈地回班了，小花非常得意地笑了。

直到有一天，我发现事情也许没有那么简单，因为有一个同学找到我，告诉我他和另外一个同学看见小花拿了小杰的钱，但是小杰觉得老师不会相信他，所以他不想来找老师。孩子的话让我陷入了沉思，我也许犯了一个错误，伤害了一个学生，纵容了另一个学生……

从这个案例可以看出，老师因为相信一个优秀学生，所以在处理事情上有失公平，进而让另外的同学对老师产生了质疑。在教育教学中，我们普遍喜欢学习成绩好的学生，但是学习优秀得到的偏爱也有可能成为孩子犯错的理由。你有遇到过类似的事情吗？你是如何看待优等生的呢？

很多时候，在不少教师、家长眼里，优等生更多的是指在学习成绩上拔尖的学生，所谓一白遮百丑，所以面对学习成绩拔尖的学生，很多老师、家长就会夸大他们在其他方面的优点，而忽视了他们在生活能力、思想、行为规范等方面的偏差。那么，我们需要如何理解优等生呢？

1. 学习成绩优秀不意味着他们各方面都非常优秀。李镇西老师在书中提到过一个事情，某市的有关部门对该市16名市级三好学生、优秀学生干部进行了一次特殊考试，就是在考场门口放有一把倒地的扫帚，结果进教室的16名学生无一人弯腰把扫帚扶起来。学习成绩优秀只说明他的智力、认知能力等发展超群，因此，优生教育不能只考察分数，唯分数论，优生教育需要是品学兼优的学生。

2. 学习成绩优秀不意味着不犯错误。学生学习成绩优秀并不意味着在学校中他们各方面表现良好。当与其他同学产生矛盾的时候，教师一定要客观公正解决问题，在了解清楚事情原委后才进行判断，不要有失公允。

3.学习成绩优秀的背后也许是孩子承受了太多的关注和压力。近年来，青少年心理健康问题越来越受到关注，甚至出现各种极端事件。而在这其中，优秀学生占了很大的比例。因此，在优秀的背后也许隐藏着我们看不见的压力、焦虑。教育者不要抱着侥幸的心态，认为优等生就是让人省心的，无需关注其内心真实感受，认为他们的抱怨都是在无病呻吟，恰恰相反，要关注优等生的心理健康，一旦有任何风吹草动，有任何情绪或者行为上的表征，要及时进行疏导。

📚 资料卡

李镇西在《爱心与教育》这本书中提到，一般来说，关于优等生有以下特点：

1.思想比较纯正，行为举止文明。自我控制的能力比较强，一般没有重大的违纪现象。

2.求知欲较旺盛，知识接受能力也较强，学习态度较端正，学习方法较科学因而成绩较好。

3.长期担任学生干部，因此演说能力、组织能力以及其他工作能力都较强，在班上同学中容易形成威信。

4.课外涉猎比较广泛，爱好全面，因而知识面较广。

5.由于智力状况比较好，课内学习较为轻松，因而容易自满，不求上进。

6.长期处于学生尖子的位置，比较自傲自负，容易产生虚荣心。

7.在畸形的"升学率"压力下，有的优等生之间容易产生互相嫉妒、勾心斗角的狭隘情绪和学习上的不正当竞争。

8.从小就处在受表扬、获荣誉、被羡慕的顺境之中，因而对挫折的心理承受能力远不及一般普通学生。[①]

以上几点，只是就一般优等生的共性而言，当然不一定每一个优等生都是如此，但根据我的教育实践，至少多数优等生基本如此，只是也许有的学生侧重于其中的某些部分，而有些学生又偏重于另外的特点而已。

👥 活动体验

我最喜欢的同学

组织班级的同学完成活动，让他们在纸上写出自己最喜欢的班级里的同学是谁，以及喜欢他的原因。教师统计一下每位同学被写的次数，并进行如下分析。

1.被提名次数最多的学生是谁？

---

① 李镇西.爱心与教育[M].广西：漓江出版社，2007.

2. 被提名次数最多的学生是否属于优等生的范畴？

3. 大家提名这位同学的原因有哪些？是否与学习成绩有关？

4. 有没有学习成绩不好的同学被提名？喜欢他的原因有哪些？

……

（二）针对学习优秀学生，如何开展教育？

案例分析

优等生开始厌学

小娜从上学开始就是班上的第一名，升到初中也一直保持班级前三名的成绩。她不仅学习成绩好，而且性格活泼开朗，老师和学生都非常喜欢她。升到初三后，班级有很多同学开始懂事了，学习成绩上升很快，小娜明显感受到了压力，一贯的好成绩也受到了挑战。面对家长的要求，教师的严厉，她的情绪一天比一天低落，学习状态也受到很大影响。有一次，老师在班上当着全班同学的面批评了她，她的自尊心受到了伤害，认为老师是故意伤害她，就开始闹情绪了，连续几天都不肯来学校。父母对此也是束手无策，学校也是焦头烂额。

案例中的小娜因为学习成绩一直优异，面对别人的进步感受到了巨大的学习压力。同时，因为一直以来很少受到老师的批评，当老师突然对其进行批评教育的时候，感到自尊心受到伤害。这个案例很典型地反映出很多优等生的心理特点。因为一贯的优秀，他们难以接受失败，难以面对批评。结合这个案例和你的经验，分析一下，对于优等生他们普遍会存在什么样的心理特征？要如何针对优等生开展教育呢？

如案例所述，优等生承受挫折的能力较弱。除此之外，优等生还容易出现哪些常见的心理呢？

1. 骄傲自负的心理。因为学习成绩优异，一直以来都享受鲜花和掌声，如果不能正确认识自己，就容易骄傲自负，对成绩不如他的人不屑一顾。当犯错或者学习成绩下降后，总是会把原因归因为其他同学或者老师身上。

2. 自我为中心的自私心理。优等生一般会担任班干部等角色，习惯众星捧月，就很容易养成自我为中心的思维和行为方式，自私自利，不为他人考虑。

3. 嫉妒心理。优等生容易看不到自己身上的缺点和不足，他们希望自己永远是常胜将军，当别人表现比自己优秀的时候，就容易嫉妒他人。

当然，并不是所有优等生都会存在这些心理特点，同时优等生还可能存在其他心理特点。

面对优等生的这些心理偏差，如何进行引导呢？下面有几点相关建议供参考：

1. 引导学生正确认识自己。正确认识自己包括认识到自己的优点和不足。面对自己的优点，可以自豪，欣喜。当面对自己不足的时候，也要能够接纳自己的不足，做到悦纳自我。每个人即使再优秀，也都是大千世界的普通一员。

2. 引导学生正确看待他人。正确认识到每个人都有自己的特点，其他人身上也有优点值得我们学习。所谓，三人行必有我师，在对待他人时，我们需要是尊重的、友善的。

3. 引导学生正确看待成功与失败。成功固然可喜可贺，失败也同样是人生的必要经历。不要害怕面对失败，当失败来临时，我们要接纳他，同时从失败中吸取经验，并从失败中看到自己的成长和收获。

资料卡

李镇西在书中提到了培养优等生的六大方法

1. 引导优等生树立志向。要让优等生意识到，成绩比别人好，就意味着将来比别人多一份责任，而现在就应该比别人多一份努力。引导学生立志，最有效的方法之一，是给他们推荐有关伟人名人的传记读物，使优等生把自己放在一个更广阔的历史空间和时代背景中认识自己的使命。

2. 帮助优等生认识自己。一般来说，优等生有较强的自信心，这是一件好事情，应该予以保护。同时，有时候优等生对自己的不足往往认识不够，有时候对自己的能力、素质缺乏科学的分析与评价，或是对自己某些方面的发展潜力认识不足等，这都会阻碍他们成为更优秀的自己。帮助优等生正确全面认识自己，进而有针对性地发展自己。

3. 教育优等生保持童心。一些优等生随着荣誉的增多和头脑的成熟，虚荣自私，骄傲自大，心胸狭隘的心灵毒瘤也开始滋长，而且由于他们在班上往往有较高的威信，他们的这些毛病在班级中产生的消极影响也较大。教育优等生保持童心，更多时候是要让他们通过与班上的同学平等相处感受其他同学身上值得自己学习的优良品德，让他们在为同学服务的过程中体验一种奉献的幸福，让优等生之间面对分数和荣誉学会淡然处之和互相谦让，以培养自己豁达而淡泊的心境。

4. 激励优等生超越自我。激励优等生超越自我的要点有二：一是尽可能多地让他们在各个方面实践，以发现并发展自己以前没有意识到的潜质；二是鼓励他们在日常点滴的小事中战胜自我；甚至教育者可以有意识设置一些难题去"折磨"他们，让他们在一次次自己与自己"过不去"的过程中体验到"人生的乐趣与辉煌正是从战胜自我到超越自我"。

5. 训练优等生受挫心理。长期处在金字塔尖的优等生们，一旦遇到各种"打击"往往情绪低落，悲观失望，个别学生甚至对前途失去信心。首先不可将优等生的身份和地位在班上特殊化，而应与其他学生一视同仁；其次，优等生担任学生干部不宜搞"终身制"，而应合理轮换，使优等生适应能上能下的学生干部机制；另外，对犯错误切不可迁就，而应该严肃批评，让他们习惯于挨批评包括严厉的批评甚至必要的处分；最后，要多给优等生创设一些品尝失败的机会——这当然不是说要有意让优等生不断失败，而是引导他们尽可能多地在不同领域不同方面摸索、尝试，在此过程中必然会有失利，而当优等生对此习以为常的时候，他们就学会了坦然面对人生路上的失败、挫折和各种意想不到的打击。

6. 培养优生创造能力。要教育优等生敢于让思想冲破牢笼，在坚持正确的政治方向和辩证唯物主义思想方法的大前提下，培养学生追求科学、崇尚真理的理性精神，让学生大胆地冲破迷信权威的思想牢笼，冲破盲从书本的思想牢笼，冲破膜拜师长的思想牢笼，冲破固执己见的思想牢笼。[1]

活动体验

采访一下学校的优秀教师，他们在面对优等生问题上有什么经验和建议？

_____

_____

总结反思

本主题立足教育教学实践，以"后进生""中等生""优等生"为切入点，通过案例分析、经验分享等方式，促进新教师向案例学习，向前辈学习，从而形成面对"后进生""中等生""优等生"的正确教育理念，并掌握相关教育方法。通过这三种类型学生的对比，帮助教师们树立更全面的教学观，教师除了需要关注学生学业成绩外，对学生内在需求的关注，对学生品格、人格的培养，也是学校教育的重要内容。

---

[1] 李镇西. 爱心与教育 [M]. 广西：漓江出版社，2007.

话题五

关爱学生成长
做教书育人的好老师

主题一　在教育教学中实现教书育人

⬚ 学习目标

通过本主题的学习，学习者能够：

1. 了解如何做好学科育人；
2. 了解如何做好班级育人；
3. 了解如何做好实践育人；
4. 了解如何做好全员育人。

2017 年教育部出台的《中小学德育工作指南》中提出"将中小学德育内容细化落实到各学科课程的教学目标之中，融入渗透到教育教学全过程"。教师的工作是教书育人，这就要求教师要根据社会发展的需要和学生身心发展的规律，在教育教学过程中自觉地把教学和教育结合起来，尽职尽责，既传授科学文化知识，又进行思想品德教育，把学生培养成为德、智、体、美、劳方面全面发展的社会主义建设者和接班人。

一、挖掘内涵做好学科育人

课堂是落实立德树人的主渠道，作为教师应该在教学中充分把握学科的特点，挖掘学科的内涵，整合资源，充分挖掘学科育人功能，在课堂教学中有效渗透德育的基本元素。教师在课堂中应紧紧围绕设定的教学目标展开教学，在实现教学目标的同时，体现学科育人价值，即实现课堂育智和育人的双重目标。

案例分析

学习领袖故事，厚植爱国情怀——以《为中华之崛起而读书》为例 ①

《为中华之崛起而读书》写的是周恩来少年时代的一件事，他耳闻目睹了中国人在外国租界里受洋人欺凌却无处说理的事，从中深刻体会到伯父说的"中华不振"的含义，从而立志要为振兴中华而读书，表现了少年周恩来的博大胸襟和远大志向。本单元的人文主题是"天下兴亡，匹夫有责"，编排了《古诗三首》《为中华之崛起而读书》《梅兰芳蓄须》《延安，我把你追寻》四篇课文，课文表现了不同历史时期的人们在家国大义面前的不同风采：有戍边将士建立军功，保家卫国的情怀；有个人与国家民族共存亡的精神气概；有周恩来为中华之崛起而读书的远大志向；有梅兰芳蓄须罢演的民族气节；还有在革命和建设时期发挥了巨大动力作用的延安精神。

在当今时代，如何教好革命传统教育题材课文，如何将学科育人落到实处，如何唤醒当代学生的爱国情怀……值得每位教师深思。在这篇课文的教学中，我做了如下设计：

一、反复揣摩事件，初步感受"中华不振"

这篇课文写了三件事，第一件事学生概括为在修身课上，周恩来说要为中华之崛起而读书，得到了魏老师的赞许。第二件事是周恩来听伯父说"中华不振"，疑惑不解，想去看个究竟；第三件事是他看到中国妇女饱受欺凌，真正体会到"中华不振"的含义；接着，教师引导学生继续凝练概括，这三件事可以概括为立志振兴中华、耳闻"中华不振"、目睹"中华不振"。在此基础上，教师引导学生发现作者写作的奥秘：正常的写作顺序应该是耳闻"中华不振"、目睹"中华不振"，最后写立志振兴中华。而这篇课文恰恰把立志振兴中华放在了开篇，这是为什么呢？学生通过小组合作交流，反复揣摩这三件事，终于明白了之所以把立志振兴中华放在开篇来写，是为了强调周恩来振兴中华的决心，细细品味三件事，既引导学生明晰了作者运用倒叙写法的用意，又明白了周恩来强烈的使命感、责任感。

二、概括立志原因，深刻体会"中华不振"

如何将学生的情感引向深入，如何让学生读了课文激动不已，如何让学生想持续了解那段历史？我引导学生真实表达自己的想法。读了这篇课文，带给你怎样的情感？有的学生说很振奋，为周恩来有这样的理想和抱负而振奋；有的学生说很伤心，为妇女遭受的磨难而伤心；有的同学说失望，为当时的国家的软弱无能而感到失望；有的学生说痛苦……只有给学生提供广阔的空间，学生才能够吐露心声，从不同角度去思考这篇课文带给自己的启发。

---

① 案例提供者为北京市朝阳区芳草地国际学校张龙。

接着，引导学生默读全文，能不能用一个字概括一下他立志的原因，并说说理由。其实，一个好的问题能够牵一发而动全身，学生凝练出了一个个字来表达周恩来立志的原因。比如：弱、苦、痛、恨、悲、辱、强、愤……每一个字的背后学生都会阐述深刻的理由，这样就把学生通过阅读内化之后的思想又外化地表达出来，阅读就是这样：吸收—内化—表达的过程。学生体会到中华不振之后，又提出了一个个尖锐的问题，如：为什么在中国的土地上，中国人不能随便去？绕着走？为什么在中国却没处说理？为什么中国巡警训斥中国人？为什么中国同胞敢怒不敢言？……一个个问题，引发了学生的深思，通过概括、质疑，学生的思想得到了升华，这颗爱国的种子深深地植入到了学生的心灵之中。

三、借助历史资料，理解"振兴中华"之要义

学生有了疑问就需要解疑，他们可以通过课文内容去寻找答案，也可以通过自身储备去搜寻答案，当然教师也可以适当补充一些资料，带着学生走进那段不堪回首的历史。

资料一：一张历史年代表（如图 5-1 所示）

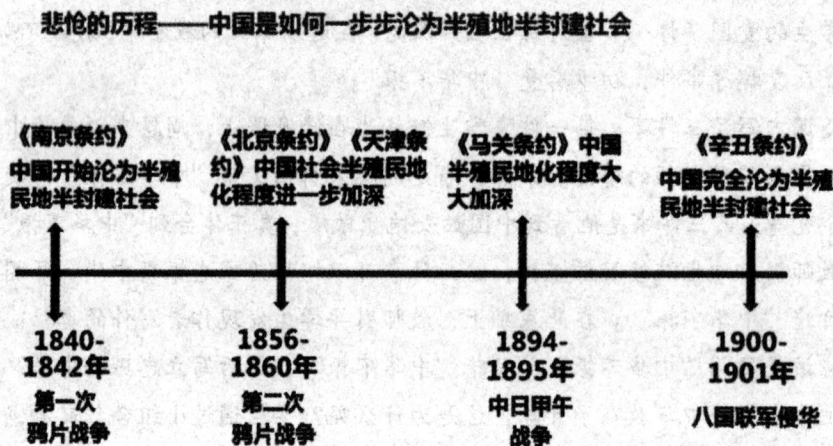

悲怆的历程——中国是如何一步步沦为半殖民地半封建社会

《南京条约》中国开始沦为半殖民地半封建社会	《北京条约》《天津条约》中国社会半殖民地化程度进一步加深	《马关条约》中国半殖民地化程度大大加深	《辛丑条约》中国完全沦为半殖民地半封建社会
1840-1842年 第一次鸦片战争	1856-1860年 第二次鸦片战争	1894-1895年 中日甲午战争	1900-1901年 八国联军侵华

图 5-1　历史年代表

资料二：两个不平等条约

《南京条约》

清朝政府开放广州、厦门等五处为通商口岸；

清政府向英国赔款 2100 万银元；

割香港岛给英国……

《天津条约》

增开台湾、南京、镇江等地为通商口岸；

英国商船可在长江各口岸往来；

对英赔款银元 400 万两……

资料三：《觉醒年代》视频——李大钊 毛泽东 陈独秀

当看完两个资料后，学生的内心情感被唤醒。学生们纷纷说道：落后就要挨打、清政府的腐败万能导致了那段屈辱的历史、周恩来之所以立志就是因为清政府丧权辱国……学生们情感迸发，知道了什么是爱国，知道了周恩来为什么要为中华之崛起而读书，更知道了李大钊、毛泽东、陈独秀等一批革命志士为了新中国，为了理想可以抛头颅、洒热血，可以献出自己的生命。学生再读这篇课文的时候，读出了抱负、读出了志向、读出了胸怀、读出了自信、读出了希望……

四、结合自身实际，强化振兴中华之责任

怎么把祖国和人民从苦难和屈辱中拯救出来呢？这个问题像一团烈火一直燃烧在周恩来的心中。这团烈火仅仅是在周恩来的心中燃烧吗？此刻，还在谁的心中燃烧？

同学们所说的答案超出了我的预知，他们有的说：周恩来是为中华之崛起而读书，我要为中国富强之读书，中国现在已经屹立于世界东方，如果想更强大，必须有我们的力量，所以我想说强国有我，振兴中华；也有的同学这样说：我要努力学习和训练，将来做一个击剑运动员，代表中国走向世界，为国争光。……学生的内心一旦被点燃，便如滔滔江河不可阻挡。每一节语文课都是带班育人课，都是德育渗透课。

作为教师的我们教好每一篇课文，上好每一节课便是职责所在，让我们用心去研磨课例，用情去教书育人，点燃每个学生的内心，永远行走在教育之路上！

学校工作以教学为中心，教学不只是智育，也是德育、体育、美育的基本途径。学校落实立德树人根本任务，最重要的还是充分发挥各学科的育人功能。学科育人离不开学科知识载体，教师应注重借助学科教材等资源，让学生经历梳理与探究、移情与理解、创造与表现等学科活动，打开知识的深层结构，促进精神素质的整体性提升。

从张龙老师提供的教学案例中，我们看到了一位优秀的教师是如何深度挖掘学科内涵、学科素养，注重将学科知识与育德紧密结合，引导学生进行深入思考。教师的"教"一定是以素养立基、以学生为本、以立德树人为目标。教学是为了促进学生的全面发展，教师要将知识教活，学生要将知识学活，正如杜威所说：活的知识就是"道德知识"。

讨论交流

请基于你所任教的学科，结合学科特点，思考一下，你如何在课堂教学中将立德树人在"课程育人"中落地、落实？

案例分析

一份试卷引发的思考—运用物理学科优势对学生进行品德教育初探①

作为有学科专业背景的教师，我们可以用自己熟练的专业技能引导和感染学生，并将学生在学业中获得的成就感迁移到自己的行为上，让品德的完善与学业的进步相互促进。我是一名物理教师，于是就在物理学科中做了些尝试并取得了一定效果。

一、运用物理知识引导学生明"理"

学生在知识学习过程中获得的成功体验，可以迁移到自己在校的行为上，但这种成功体验对学生而言，不是依靠简单的说教来实现，而需要通过他们亲自做和行来实现。

班级里有一个男生，上课经常搞小动作，影响课堂，几次提醒后，都没有改进，我便将他单独叫到了办公室。我并没有如他预料的那样立刻给予严厉批评，而是先跟他讨论了新学的物理知识。最初他眼里流露出的是惊讶的神情，但很快就被我带入物理情景中。在讨论中，我发现他的知识水平只有小学低年级程度，对于学习充满了无力感。于是，我又耐心地教给他一些简单易懂的物理知识，并帮助他完成了几道量身定做的"考试题"。虽然这个学生仍然无法跟上班级的学习进度，这些速成的"知识"也不能帮助他的物理学习在短时间内有很大进步，但是，在辅导他物理基本知识的过程中，我明显地感受到了他对自己有了信心，并乐于与我交流。后来，我很自然地聊起他在课堂上的行为，他便对我坦诚地说出了自己之前的学习情况、家庭变化、甚至结交朋友的经历。有了这次学习"成功"的体验，在日后的课堂上，他基本能够做到不影响他人，并愿意完成力所能及的学习任务。

在这个孩子的转变过程中，我对他的影响，不是因为我讲的道理更有说服力，而是我的学科知识影响了他的行为。尽管他的学习水平进步不大，但他学会了如何听课，在做人和行为表现上有了很大提升。

二、运用实验操作引导学生树"理"

观察和实验是物理学习的基础，动手操作实验能够让学生从中获得参与的乐趣，观察实验则能够启发学生的思维，得到科学的结论。在物理实验教学中，我发现一进入实验室，那些平时调皮的学生都变得认真起来。实验过程中，这些学生即使不能完成学习目标，但在态度和情感方面并没有落后于人。我得到启发，如果能将丰富的物理实验引入到品德教育中，培养学生的专注力、耐心和克服困难的勇气与毅力，必定会有意想不到的收获。

---

① 赵丹.一份试卷引发的思考——运用物理学科优势对学生进行品德教育初探班主任[J].班主任，2018 第 2 期 .(有删减)

于是，我开始尝试将物理实验作为引导学生品德发展的方式。我先在班里找到三位沉迷手机游戏的"问题学生"，将他们带进物理实验室，首先要求他们帮助我"准备实验"。这样的信任，他们没有经历过，所以一时间都显得局促不安。我解释说："同学们反映你们的动手能力很强，所以今后就由你们负责实验前的准备。"于是，他们共同合作，在同学们进行实验的前一天率先完成实验并评估实验中可能出现的问题，然后提供实验数据给我。这三个学生对这项任务都十分认真，并能够在我的指导下顺利完成。国庆放假前，其中一个学生的家长高兴地对我说："老师，我的孩子自己买了许多物理实验器材，并主动卸载了游戏，说要在这个长假里认真研究实验。"

孩子们的变化深深打动了我。对中学生进行品德教育，一味地要求他们"不要这样"，收效有限。我们只有能用更积极、更有趣的方式引导学生，让学生知道"应该怎样"或者"可以怎样"，才能真正帮助他们解决实际问题与困惑。当然，这些学生在实验室里的表现不是最好的，在物理学习中取得的进步也不是跨越式的，但是这样的引导却能让他们体会到：有许多事物能够替代他们当前最热衷的游戏；在将来的人生中没有什么沉溺和迷恋是不可替代的，只有不断地变化和发展才是永恒的。

三、运用创新制作促使学生懂"理"

在品德教育过程中，我们经常遇到学生"听不进"的问题。大人们的规矩对于学生而言似乎属于另外的世界，社会对于他们来说更像是窗外的风景。在他们看来，书本知识与生活和未来无关，学得多、学得好，这样成功的体验只能通过分数体现出来，因此，教育的价值对他们而言显得缺乏"证据"。

物理是与社会和生活息息相关的学科，因此，为了进一步开发物理学科在学生终身教育中的作用，我针对不同知识，要求学生进行创新制作，更多地体验科技与社会生活。如在学习了滑动变阻器的知识后，我为学生提供基本器材，要求他们自己设计并组装能够改变电阻的自制滑动变阻器。大家分工合作，积极寻找素材，很快就将各式奇思妙想的自制作品呈现出来。接着我又提出要求，请他们用自己的作品与其他元件组装，制作一件可调用品。于是学生们又开始在自己的生活中寻找"可调的物品"灵感，在自制器材的基础上，不断改进创新。在最后的展示交流过程中，我惊喜地发现，学生们不仅能够制作出常见的可调光灯泡，而且还制作出可调音量喇叭和可控开关等。

从传授知识的角度，我无须这样"大费周折"地让学生学习滑动变阻器这个浅易的知识点，但这种鼓励学生像发明家一样思考的过程却比任何知识的学习更加珍贵。这些自制物品虽然简单，但孩子们切实体验了一次科学家探索科技与改进发展的历程。他们在探索的过程中经历了从失败到成功，从不足到改良的时刻，无论成功与否，都是心灵上得到了一次历练。

通过笔者的实践可以得出，物理学科除了智育功能外，同样能在品德教育中发挥作用。作为物理教师，我们可以发挥自己的学科优势对学生进行品德教育，将传道与授业相融，培育出德艺双修的优秀人才。

教师不仅要知道"教什么"，更要知道"怎样教"，怎样才能"教得好"。《小学教师专业标准》中明确指出"引导小学生体验学习乐趣，保护小学生的求知欲和好奇心，培养小学生的广泛兴趣、动手能力和探究精神"。同时还要"引导小学生学会学习，养成良好学习习惯"。在《中学教师专业标准》中明确指出"引导中学生自主学习、自强自立，培养良好的思维习惯和适应社会的能力"。

从这个案例中我们可以看到一位智慧的班主任，赵老师将自己的学科与班级管理、班级育人紧密地结合起来，用学科吸引学生，借学科引导学生，真正实现了传道、授业、解惑。

活动体验

1. 请采访一下你身边的优秀班主任，看看他们是如何做好学科育德的？

2. 思考你将如何做好育智与育人紧密结合？

二、建班立制做好班级育人

班级文化建设是德育教育的重要载体，具有一种无形的教育力量。班级制度文化的建设，不仅能为学生提供评定品格行为的内在尺度，还会使每个学生时时都在一定的准则规范下自觉地约束自己的言行，使之朝着符合班级群体利益，符合教育培养目标的方向发展。

案例分析

班级文化促学生健康成长——班级"家"文化建设探究案例 ①

班集体是培养学生全面发展个性的重要场所。但是，班级的目标和规范并不会因为班级的自然存在，而自动地被学生接受和内化。

---

① 案例提供者为北京工业大学附属中学田欣。

有一年的中秋节，我同意了孩子们提出来要在教室里搞个 Party 的请求。几十平米的教室里洋溢着节日喜庆的气氛，各种彩纸被剪成创意别致的灯笼高高挂起，五花八门的食材被孩子们演绎成一盘盘冷餐。看着一张张快乐年轻的笑脸，我被这种温馨、愉悦和无拘无束像"家"一样的氛围感染和打动了。突然，一个疑问袭上我的心头：为什么没有教师的命令和训导，学生们却能在自觉或不自觉中，主动地践行着班级所倡导的价值理念呢？

秋夜的阵阵凉风从窗外吹来，问题的答案在我的脑海中也逐渐清晰起来：因为至情性，家庭天然地具备满足儿童对安全感、依恋感、存在感需要的情境。一旦在班级中出现类似家庭亲子关系的高情感水平支持的心理情境，如学生组织的中秋节晚会，良好班集体所具有的追求积极价值的倾向，就会发生促进、引领作用，使学生感受到来自集体的力量、生命的乐趣和意义。

望着窗外的点点灯火，一个大胆的设想慢慢浮现出来，我能不能建设这样一个班集体：学生作为"家庭成员"能生活在自由、安全的集体心理氛围之中，能从班级集体情境中获得师生、生生高水平的情感支持。我把这种能给学生提供高安全感、高依恋感、高存在感，具有"家"的某些特征的班级集体情境，称之为班级"家"文化。

1、关心与包容——营造学生心理安全的"家"

"老师的爱，是优化学生的生命过程。"学生得到老师真心的呵护，才有惬意和安全感。新学期转入一个学生，我给孩子们做介绍："现在，我们这个家又多了一位新的成员！听说他跑得快，跳得远，篮球打得好，今年的体育节比赛，我们提前看到胜利的曙光！"全班同学都友善地看着他，这个本来有些自卑的大男孩儿露出了憨厚的笑容。当年淘气的男孩子赶在教师节回来，想让我看看他手中红皮烫金的录取通知书，我庆幸在他最需要恣意生长的时候，我们的"家"给他筑就了一道安全的心理防线。

作为班主任，我们要真正懂得和接纳学生的感受，唯有接纳，才能放下，唯有放下，学生才能仰视。

二、支持与分享——营造学生情感依恋的"家"

从几十个孩子步入班级那一天开始，何尝不是缔结了一种非血缘的亲情关系，成为了一家人呢？当每一个孩子对待班集体都像对家那样爱恋、牵挂、信任的时候，当每一个孩子在集体中生活都感到愉悦、振奋并能发挥自己专长、实现自我愿望的时候，相融的氛围、和谐的环境，也就成了最好的育人文化。

每接手新班级，入学不久的第一个教师节前，我都会组织学生给小学的老师写信。学生写上满满几大页，亲手粘好信封贴上邮票，郑重投入绿色的信筒。这种方式对于学生情感的触动和爱的培养，要比一条短信或微信更加深远和深刻。

每个午餐之后是最惬意的时光，学生在课桌上摆出各种棋类，开始思维的对弈，争得面红耳赤却结为最纯粹的精神血亲；班级的中秋冷餐，被大家风卷残云，感觉那是世间最可口的美味；有几年家离学校近，过新年时下大雪，我带上学生回家包饺子，和面做馅儿煮饺子各有分工，最后每人用手捏着饺子狼吞虎咽，那种开心快乐多年后依然被学生津津乐道……那个陪伴孩子三年的和谐快乐、充满友善和正能量的"家"早已驻扎在了他们的心田里，葱茏地生长着，能够承载他们一生的记忆。

三、赋权和尊重——营造满足学生个性发展需求的"家"

班会课上，我把班级工作自荐表交给每一个学生，希望他们分析自己的特长，考虑自己意愿，选定喜欢的能够发挥自己特长的岗位，然后在招贤榜上写下自己的名字，孩子们参与班级管理的愿望呼之欲出。班里听力残疾的孩子做了美术课代表，板报设计得图文并茂。心思细密的孩子做了"灯官""门官"，三年如一日关灯锁门，没有疏漏。大大咧咧的男孩儿酷爱小鱼，那水族箱就由他负责，换水喂食加水草，干得不亦乐乎。学生因为选择的自由而变得自主，因为自主而自信，因为自信便有了自觉担当责任的能力，每一个孩子在班级中找到了适合自己的位置，自我效能感在集体生活中得到提升。

随着班级建设的逐步推进，我们"家"有了属于自己的传统：找寻幸福——寻找和感受身边让自己感到幸福的人和事。就这样，主动分担值日工作的同学多了，陪伙伴去就医的同学多了，悄悄地把垃圾桶洗得干干净净的同学多了……能让大家感到幸福的孩子多了。

班级是学生成长的家园，更是提升学生人格、品行、修养和树立理想信念的殿堂。班级的氛围直接影响到学生的个性发展水平及学校的教育质量，因此，努力创设一个健康、和谐、积极向上的班级氛围，将会对学生产生强烈的感染力和渗透力[1]。苏联教育家苏霍姆林斯基说："只有创造一个教育人的环境，教育才能收到预期的效果"。马克思说："只有在集体中，个人才能获得全面发展的能力。"由此可见，班集体的良好氛围蕴涵着的巨大的教育效果。

从田欣老师提供的案例中我们可以看到，一个优秀的班主任，在建班初期一定要有一个清晰、明确的目标。即要建设什么班？培养什么样的学生？田欣老师用三步构建了属于她的班级"家"文化，带领学生建"家"、爱"家"。

讨论交流

1. 请说说你的班级建设目标和初步设想？

———————————————————————————————

2. 请与参加过班主任基本功比赛的老师学习交流一下他们的《带班育人方略》，看看他们的思考哪些是你可以学习借鉴的？

[1] 李伶.班魂——建设有凝聚力的班级[M].北京：团结出版社，2017.6.

案例分析

心与梦同在——不散的绿萝①

经过一段时间的养护，孩子们对绿植有了更多了解，于是，我们决定从中选择一种植物作为我们班的"班植"。经过大家推荐，我们将雏菊、多肉植物、绿萝作为候选班植。随后大家又展开讨论，发现绿萝身上的品质，恰好是我班孩子们最缺乏的，是最值得大家学习的——它遇水则生的顽强生命力，鼓舞我们在成长中遇到困难也要自强不息；它不争不抢、安静生长，提醒我们言行文明不打闹，不说脏话；它索取很少，却净化环境的无私品质，感染我们互帮互助、友善交往、和谐共处……所以，我们一致决定将绿萝作为班植，进而为班级取名为"绿萝班"。

接着，我和孩子们一起将绿萝身上的品质整理出来，并模仿他们喜闻乐见的《弟子规》的韵律和格式，形成了绿萝班的班规："绿萝班，样样行；守规矩，讲文明。建班规，我来定；守班规，人人行。敬师长，常问好；爱同学，不打闹。护花草，不践踏；爱桌椅，不刻画。课堂上，多思考；要发言，手举高。读好书，勤动笔；写汉字，三个一……"朗朗上口的班规不仅上了墙，还入了孩子们的心。面对自己制定的班规，孩子们从过去的服从慢慢转变成认同和自觉践行。当有人偶尔违反纪律，烂熟于心的班规就会脱口而出，成了他们自我反思、自我教育的法宝。

班集体建设的最高境界，就是使之成为师生共同学习、一起生活、共同爱护的家园，它应该是孕育快乐、创造快乐、凝聚精神、升华人格的一片乐土。班集体是否真正成为学生的精神家园，很大程度上取决于班上的每位学生的心灵是否快乐。一个高明的班主任，总是想方设法不失时机地创设出令人心旷神怡的班级环境、民主科学的班级管理气氛和充满活力的班级精神生活②。

从赵老师的班规可以看出，这个班规的制定首先要基于学生的年龄特点，不同学段的学生特点不同、认知能力不同，所以班主任在制定班规的时候，第一一定要充分考虑本班学生的特点；第二在班规制定的要让学生充分发言，学生自己制定的班规，学生易于接受并执行；第三班规是要在日常班级学习、生活中起到引导、约束作用的，应该尽量选用正向鼓励的语言。

---

① 赵慧超.心与梦同在——不散的绿萝班 [J].班主任，2019(3).(有删减)
② 郑立平.把班级还给学生——班集体建设与管理的创新艺术 [M].北京：中国轻工业出版社，2010：45.

👥 **讨论交流**

1. 请说说你所带的班级是否有班规，这些班规有多少是学生自行定制的？

_____

_____

2. 你认为你的班规中哪些是值得与大家分享学习的？

_____

_____

三、开展活动做好实践育人

2017 年教育部印发的《中小学德育指南》提出了"六大育人途径"，其中第四条为实践育人，在实践育人中明确指出要通过开展各类主题实践、劳动实践、研学旅行、志愿服务等，增强学生的社会责任感、创新精神和实践能力。作为教师，如何在这些实践活动中更好的发挥育人实效性，是我们每一个人需要思考的问题。

📈 **案例分析**

游走北京中轴线——三年级主题活动方案设计 ①

一、主题活动的来源（选题背景）

作为有着 800 年建都史的北京，旧城内目前保存完好的传统城市中轴线，不仅浓缩了中华民族积淀的千年的厚重文化，是中国乃至世界不可或缺的人类文化遗产，如今的新北京在老北京中轴线的基础上南北延伸，无疑是北京走向世界最具魅力的一张名片。在世界多元文化的影响下如何丰富教育内容和方法，促进学生了解、热爱、传承祖国的优秀文化是新时代德育工作的重点。以中轴线及其所串联的一些代表性重要建筑为重点，引导学生感受北京城的美丽和壮观，发展与变化，感受京味文化的独特韵味。

在教育部《中小学德育工作指南》中指出，开展中华优秀传统文化教育实践活动，是增强德育实效性的重要手段，对于引导青少年学生更加全面、准确地认知社会主义核心价值观，培养民族认同感，推动文化传承和创新具有重要意义。文件还指出组织学生走出教室、走出校园，在社会实践活动中增强学生的社会责任感、创新精神和实践能力。

品味京味文化活动已经成为白家庄小学尊重教育特色的一大亮点。让世界了解北京、

---

① 案例提供者为北京市朝阳区白家庄小学陈铁荦。

了解中国，我们的孩子又了解多少，怎么向世人展示？老北京的文化如何传承？于是，我们结合学校京味文化特色，开展了游走北京中轴线的主题活动，让学生走近中轴线上的建筑，深度了解中轴北京文化。

但由于小学中年级学生年龄小，对古建筑、对中国历史朝代的变迁还不能有深入的理解，所以，我们主要是对孩子们能够理解的浅显内容进行实践探究。采取是在活动前资料学习，结合小组深入学习，走入社会大课堂，探究学习，活动后，汇报分享学习成果。

有了主题，我首先自己进行了深入学习，阅读了关于中轴线的书籍，从网上查阅了大量资料，反复观看相关视频讲座，还专门去寻访老人。我逐渐感受到中轴线文化的博大精深，慢慢地深爱上了这条龙脉文化，希望通过这次主题活动，引导更多的学生走近中轴线，了解北京文化，激发他们的爱国热情。

二、活动目标

1.通过资料学习、实践探究等活动，初步了解北京中轴线上标志性建筑或景观的历史和文化。

2.初步感受中华优秀传统文化的博大精深；对这些历史和文化产生亲切感、自豪感，产生热爱北京的、热爱祖国的情感。

三、活动准备

1.搜集资料，全方面了解。

2.在交流中质疑，明确研究方向。

3.根据研究兴趣，自愿结合研究小组。

4.研究小组，制定实践活动任务单。

四、实践探究

走进社会大课堂，由老师和家长带领分组进行实践探究。

五、成果汇报

（一）情景导入：初步了解北京的中轴线的概况

1.导语：同学们"游走北京中轴线"主题活动已经有一段时间了，先让我们通过一个短片回顾一下前期研究的历程吧！

2.播放视频小片，学生观看。

（二）实践活动交流：深入交流实践探究汇报

1.第1小组：永定门——前门组

（1）永定门

"永定"，是"永远安定"的意思。现在看到的永定门是2004年原址原样修建的。

（2）前门大街

①游戏：老字号与经营特色对对碰。

北京前门大街历史悠久，这里有许多老字号，现在我们小组每人手里都拿着一张老字号的牌匾，下面请同学们看谁能把它们与经营特色对应起来呢。

全聚德——烤鸭　一条龙——涮肉　都一处——烧麦

天兴居——炒肝　瑞蚨祥——绸布　内联升——布鞋

②鲜鱼口胡同名称的由来——鲜鱼口有鱼吗？为什么叫鲜鱼口？

③介绍天兴居吃炒肝的情景：

④大栅栏读音——谁会读？（互动）

⑤前门大街组的活动特别丰富，我们看一段小片吧。

2. 第2小组：正阳门——前门组

（1）正阳门：举着自制模型介绍

（2）天安门：发生在天安门和天安门广场重要事件

3. 第3小组——故宫组

有奖问答，第1题：故宫还叫什么？（紫禁城）

第2题：故宫有几个大门？（同学们回答后点击课件演示）

第3题：故宫三大殿指什么？（太和殿、中和殿、保和殿）

第4题：皇帝在那个殿登基和举行大典？（太和殿）

第5题：太和殿又叫什么？（金銮殿）

第6题：皇帝早上和大臣开会叫什么？（上朝）

第7题：故宫中的大缸干什么用的？

4. 第4小组——景山组

这个小组推出了他们的小组长通过分享活动日记的形式进行汇报。

5. 第5小组——钟鼓楼

展示自己的作品，根据自己的作品，讲鼓楼。

6. 第6小组——奥森公园组

PPT展示奥森公园美景和全民健身活动（照片和绘画）。

（三）教师总结

同学们，在北京新的规划蓝图中，这条被人们称赞为人类文明、智慧的中轴线又像插上了翅膀，继续向南发展。北京正以博大的胸怀和开放的心态，包容着世界不同国度、不同民族、不同区域的人们，北京欢迎你！

六、拓展延伸

1. 制作中轴线的小模型、绘画

2. 跟着家人、朋友深度游走北京中轴线，把你了解到的讲给他们听。

七、活动总结（效果）

社会大课堂　实现了师生共赢

带领学生走进社会大课堂，家校合作，和学生一起亲身实践、学习知识、感受生活。

引领学生走进社会大课堂，孩子们在看、听、说中感悟大自然、感悟社会，这样的主题活动具有时代感，更具有针对性，更能走进学生的新心灵。

这次实践活动学生了解了许多北京中轴线的历史文化，感受到了中轴线的无穷魅力。更让我们高兴的是这种创新性学习方式，学生学会了合作、探究，增强了自信，体验到了学习的快乐，提高了综合实践能力。

这次主题实践活动，受益的不仅是学生，更让我重新审视了自己的教育，转变了观念。牢牢把握主题活动的针对性和实效性，走进社会大课堂，调动学生多种感官，激发学生的兴趣点，提高学生主体参与意识，从而达到我们的育人目的。这样的教育远远超出课堂之内的效果。

有人说班主任的视野决定班级境界，班主任的思路决定班级的出路，更决定了班级的宽度、厚度和高度，班主任的高度影响学生的高度。作为班主任必须登高望远、永不停步，更新教育理念，提升业务素养，做智慧教师，这样才能为班级管理创新铺设一条能够奔跑、高速奔跑、高质量奔跑的宽阔大道，培养学生成为新世纪的接班人[①]。

从陈老师提供的案例中我们看出，陈老师在实践育人活动中，注重地方资源的利用、注重活动前期准备策划、注重活动中的家校合作、注重引导学生小组合作，活动充分发挥了学生的主体作用，让学生在了解北京区域文化的同时，感受到了中国历史文化的博大精深，从而激发了学生的爱国之情。

ⅰ 活动体验

请你结合本班学生情况，和任课教师一起设计一个实践活动。

_____

_____

≡ 案例分析

探究优秀传统文化　厚植爱国之情 [②]

爱国是什么？它不是一种口号，是需要我们用实际行动去实践；传承优秀传统文化仅仅是背背诗词吗？不，应让传统文化与教育融为一体。于是，我就跟孩子们一起走进中国龙文化，在实践探究中将爱国之情厚植于学生的心田。

作为炎黄子孙，我们一直自称是龙的传人。但，有多少人知道龙的渊源？有多少人

---

① 杨春林.变出品牌班级 [M].北京：中国人民大学出版社，2016.8-9.(有删减)

② 案例提供者北京市朝阳区白家庄小学陈铁革。

了解中华民族与龙的关系？当我们吟唱着"龙的传人"，每当观赏着古建筑上的龙纹龙饰，这些问题就会涌入我的脑海。

开学了，"探究龙文化"主题课程上，我出示了一张龙的图片，问学生有什么想说的吗？孩子们争先恐后地说"老师，我知道世上根本没有龙，是人们想象出来的。""我知道龙生九子，各有不同。""我们去游走中轴线的时候，在故宫里我看到有很多龙。"……那节课后，我布置了作业，让孩子们每人都去找找有关龙的知识，在脱口秀课程和午间阅读中交流。

在选题课上以小组合作形式的展开激烈的讨论，孩子们刨根问底地提出了 102 个小问题："龙不真实存在，皇帝用的东西上为什么都刻着龙？""龙袍上都是九条龙吗？""我知道北京地名中有二龙路、九龙山等，这些地方跟龙有什么关系？""龙起源于什么时候？怎么能证明呢？""中国人为什么称自己是龙的传人？"……学生的兴趣被激发出来后，我又引导他们自主选题、自愿分组，最终，"龙的起源""赛龙舟文化""古典家具上的龙纹文化"等 12 个课题研究小组应运而生。

带着疑问，我同孩子们一同深入走进了龙的世界。我们按照选题开题，文献研究、调研采访、实践研究、总结拓展等步骤开展学习探究。

在组长的带领下，孩子们自主制定研究计划，确定研究主题，分工查阅文献资料，一起准备开题答辩。

随着孩子们研究的深入，孩子们的问题也越来越有深度、思路越来越明确。一天，"古今服饰上的龙文化"研究小组找到我，"老师，我们查阅资料后发现，古代服饰上的龙纹文化从演变历程到象征意义，每个朝代都内容丰富。要研究的东西太多了，怎么办？""是啊，你们发现祖国的文化这么丰富，那你们有什么好办法吗？""我们想把课题缩小，只研究龙袍文化。"我赞许地点点头。没过几天，他们又来了，"老师，我们发现清代早期、中期、晚期龙袍上的龙纹样式都不同，还有日、月、星辰等'十二章纹'，代表着十二种不同的品德，可有意思了，这次只研究清代龙袍，其他内容以后再研究，行吗？"我不由得为他们竖起大拇指，在班上表扬了他们："孩子们，你们太了不起了，你们能够聚焦到小的问题，探究出龙袍背后藏着这么丰厚文化，这正是我们的研究思路啊。"其他小组也都受到了启发，对龙文化的研究也不断升级，纷纷提出了自己的新问题。

仅在短短三个月中，孩子们的研究一步步扎实推进。在本次研究中学生的阅读量大大增加。在文献积累方面，他们阅读了《龙王闹海》《故宫里的大怪兽》《龙图腾》《紫禁城 100》数十本龙文化书籍以及大量的网络文章，阅读量超过 128 万字；在结题环节，每个孩子都写出了像模像样的小论文，少则二三百字，多则一千多字，并以小组为单位进行了答辩。

孩子们说："老师，我明白了龙并不是实有的动物，而是我们祖先创造出来的艺术形象。龙在中国人心中代表着吉祥，象征着神圣，又是无所不能的力量的象征。我们明白了中国大禹治水的故事为什么流传至今，我知道了奥运会中国队队服上为什么印有龙的图案，都源自爱国、自信自强、拼搏向上的中国龙精神。几千年来，我们中华民族是在龙的精神的影响下发展起来的，所以说我们是龙的传人。"

在历经三个月探究龙文化课题研究中，孩子们查阅资料，做网上调研问卷，去街头采访，做数据分析，课上各抒己见，用证据阐述结论。尽管孩子们的研究还很稚嫩，但可贵的是经历了探究学习的全过程。

除了对知识的探究，学生的创新能力也得到了提升。学生还把对龙文化意义的理解转化成81件精美的文创、科创作品，涉及服装、文具、饰品、游戏等九大类，各具特色。在学校龙文化博览会上，小牛同学兴奋地解释他们小组制作的书签："商代龙细长如蛇，谷纹龙出现在战国，各个朝代的龙都不一样，我们中国人的创新精神自古就有！"小安同学用积攒了一学期的20颗习惯星换到了绘画作品"小龙人"，他说："龙有包容他人，有正义感，做事努力，不怕困难的精神！我也要做这样小龙人。"主题课程的研究，让中华优秀传统文化无声地浸润到学生的心田，也让中国人勤劳勇敢、自强不息、拼搏向上、大胆创新的民族精神深植于孩子们的内心。

中国学生发展核心素养分为文化基础、自主发展、社会参与三个方面，陈老师带领学生做《探究龙文化》课题的探究，就是在培养学生全面发展。在课题探究中，学生知道了如何选择研究方向，怎样有针对性地选择一个小课题进行深入的研究；在探究中，学生查找资料，实现了自主学习；在探究中他们相互学习、相互借鉴，取长补短，知道了合作的重要性。一次深入的实践研究，锻炼了学生的多方面成长。

讨论交流

请你说说，陈铁苹老师提供的这个探究案例有哪些地方值得你学习借鉴？

_____

_____

四、群策群力做好全员育人

教育是党之大计、国之大计。我国教师法中明确规定教书育人是教师的基本职责，所以育人是每位教师都应承担的基本职责。全员育人要求学校全体教师从关注学生的现实需求出发，本着为每位学生未来发展负责的态度，关注学生发展过程。在育人过程中还要注重积极与家长配合，形成家校共同育人的合力，帮助每一位学生实现自身的最优发展。

案例分析

"凭什么给我的孩子打 C"①

"陈老师，这个学期你凭什么给我的孩子美术成绩打 C？我的孩子其他学科的成绩都是 A，都是优秀，唯独美术是 C？请你给我个解释！我也是教师，我问你，如果影响孩子的中考，你担得起责任吗？！"我从手机里听到一位母亲的怒吼。

我冷静地和夏母说："您好，您也是教师，就应该更理解教师这项工作。您的孩子别的方面都很优秀，我们希望他的美术学科也能优秀。"

"这样，您先让夏非凡去把每次课堂作业找齐，我想和您交流一下夏非凡美术课的表现。"

夏非凡是个聪明的孩子，很会察言观色。他有一定的绘画基础，但不重视美术学科。为了调动他的学习积极性，我在美术课上表扬过他，却助长了他的骄傲自满。他美术课经常迟到，课堂上不仅自己不认真听讲，还自我表演逗其他学生。每当我进行制止时，他就拿出课外作业来写。他两次理论考试都不及格，我和他约谈，但他每次都不来。我去班里找他，他竟然满不在乎地教训起我来："你干什么？一个美术老师这么认真干什么？不就是没有认真听你的课？你随便给我打个成绩就得了。我就不学美术，你能拿我怎样？我还要背英语，没事我走了！"我问他："你清楚南京市中考美术考核方案吗？你对你的言行负责吗？"他不假思索回答："我知道，不要烦我。"

我把夏非凡的这些表现告诉夏母，夏母完全不相信一在家乖巧的儿子，怎么会如此肆无忌惮？我向夏母出示了我的课堂记录本，上面记录了每一堂课的情况。面对着"夏非凡迟到次，打闹六次，不认真完成作业三次"等记录，夏母沉默了。

接着，我就南京市初中生美术考核标准及内容为夏母做了详尽的介绍，着重讲了出勤率、平时学习任务、课外活动等在考核中所占的比重。夏母听完介绍后感叹道："原来现在美术的考评这么详尽，这确实能考察出学生的美术真实水平。我想象的评价范围还是太狭窄了。"接着我把夏非凡的各项美术成绩给夏母逐一介绍。夏母听得很仔细，但对夏非凡平时美术作业情况的评分存在异议。于是，我拿出夏非凡的美术作业，针对每份作业向夏母说明评分的标准和依据，并指出，夏非凡的作业普遍情况是没有完成：简单的构图，随意的图画，大部分作业都是"半成品"。随着我耐心的解释和专业的点评，夏母进一步了解了孩子的学习状态，同时认可我是一位认真严谨的美术教师。我对夏母说："我给孩子这样打分，不是想难为孩子，更不是对他不接受我教育的惩罚。我

---

① 陈建军.凭什么给我的孩子打 C[J].班主任，2019(12).(有删减)

希望您首先能理解，我们应该关注孩子对每件事的态度和行为，我之所以这样做，不仅秉承公平对待每个孩子的原则，更是为了让孩子能尽早认识到问题，挫折教育也是一种教育，现在吃亏总好过将来吃亏。"夏母很感动，连连说孩子遇到了一位真正负责的老师，并感叹如果不和我交流真的不知道孩子还有这些问题，表示要和我一起帮助孩子端正态度。

新学期开始了，我留心观察夏非凡上课的表现：他变得沉稳了，上课认真听讲，作业也格外仔细。我在课堂上对他的风景构图提出表扬，并鼓励他深入刻画，他腼腆地笑着点头。从此，美术课上，原来那个自由散漫的夏非凡不见了。每节美术课，他几乎都是第一个来；课堂踊跃发言，作业追求完美。我要展示他的作业时，他都会说："陈老师，再等等，我要画得更好些。"完成作业时，他还主动给有困难的学生讲解技法。学校艺术节中，他大展身手设计校园明信片，还登上"校园达人秀"的舞台。我看在眼里，乐在心里我把他的这些表现都偷偷拍照发给了他的妈妈。期中学科测试，我给了夏非凡A。夏母看到成绩后表示："感谢您对孩子进步的认可！我们会再接再厉！真的特别感谢您！

从这次经历中，我更加坚信，教育学生是不分学科的，家校合力更是如此。与家长从碰撞中寻找共识，让学生在挫折中逐渐成长，这就是一次美术成绩打C给我们大家带来的收获。

苏联教育家苏霍姆林斯基说："最完备的社会教育是学校—家庭教育。"家校联合教育是成就孩子的根本条件，用心给予对方最大的帮助和关爱是班主任和家长、孩子和谐共处的关键。要想把家庭教育和学校教育紧密结合在一起，形成教育的合力，学校和家庭的沟通至关重要，用什么样的态度对待家长参与学校的教育工作？用什么方式让家长愿意配合学校的教育？有哪些举措可以让家长放心把孩子交给学校？这是作为班主任必须思考的问题[1]。

家校沟通一直是青年教师、班主任比较头疼的问题，从案例中我们看到了陈老师如何与家长进行了有效的沟通。作为教师、班主任，我们应该了解家长对孩子发展的诉求，只有基于孩子未来的发展方向，给家长专业性的指导，才能赢得家长的信任与认同。

讨论交流

1.谈谈你在家校合作中的有什么困难？

_____

_____

---

[1]　王莉.善于沟通成就班主任工作高手 [M].福州：福建教育出版社，2019：106.

2.请思考为了更好地实现家校合作，你将做什么样的改变和努力？

_____

_____

案例分析

"写攻略"戒掉"游戏瘾"①

新接七年级班不久，我就发现一款被老师、家长戏称为"王者毒药"（王者荣耀）的手机游戏在学生之间疯传。下课后，学生之间讨论的是"王者"；放学后，不回家或者迟回家，热议的也是"王者"；甚至还有两个学生因为玩游戏产生矛盾，进而大打出手。看来这"王者荣耀"真是让家长、老师心痛不已的"毒药"啊！强制是最简单的办法，但这只能治标不能治本。

俗话讲，"知己知彼，百战不殆"。本来打算看看这款游戏的魔力究竟在哪里，以便从中找到解决办法，可一向不玩游戏的我，连怎么玩都不知道。看着网上众多的攻略，我突然计上心来：让那些爱玩的孩子写一写攻略，或许能够找到一种"解毒"的办法。于是，我选出五位"王者毒药"玩得最好的学生，让他们教我玩游戏，甚至还可以和其他班学生PK，为班级争得"荣耀"。他们听了，一个个跃跃欲试。我知道，若能够改变这五个最着迷的学生，必然能影响其他学生，这也正是我想达到的目的。放学后，这五个欣喜若狂的学生找到我，我虚心地拿出手机向他们请教游戏的玩法。看着他们玩起来万事皆空、讨论时滔滔不绝的样子，真的很让人心痛，这是需要多少时间才能达到的境界啊！游戏中，我有时反应不过来，其中两个小家伙还训斥道："怎么这么慢啊？"他们的不耐烦就是我想要的结果。借助这个机会，我对他们说："老师年龄大了，反应能力不如你们，你们讲了这么多，我也记不住。今天就先到这里，你们回去每人帮我写一份攻略，明天给我。我会按照你们的攻略再多练一练。"五人异口同声地答应了。

第二天一早，五个小家伙带着自己写的入门攻略来了，少的一张纸，多的五张纸。从物理输出、法术输出等专业术语，到物理伤害、法术伤害、真实伤害等机制介绍，再到poke、开团、吃技能、走位等基本技巧，写得极为细致，足见孩子的尽心尽力。我一边赞美他们，一边鼓励他们，明天继续写攻略，争取早日达到将我教会的目的。看到自己写的东西受到老师表扬，五个孩子都特别高兴。第三天，五份攻略又整齐地摆在我的办公桌上。我们一起讨论了游戏技能，我这样的菜鸟，对于主动技能与被动技能是分不清的，并且我还有意装作很笨的样子，但是他们仍然乐此不疲地为我介绍着。

就这样，一个星期过去了，每天的游戏攻略不再出现在我的办公桌上了。询问原因，

_____

① 陈涛."写攻略"戒掉"游戏瘾"[J].班主任，2018(02).

他们表示：虽然游戏很多基础的东西他们都知道，玩游戏也很在行，但是要把这些清楚地写出来，却逐渐感到力不从心了。几个孩子甚至说："老师，您去看直播吧！直播的主持人讲得可好了，又明白又清楚。"可是，这些意见我是不会采纳的，我让他们把自己前一天玩手机游戏的经历写下来即可。这个要求看来简单得多。于是第二天，每个人都详细地记录了自己玩游戏的过程，如怎么玩的，得到了哪些装备，遇到了什么人，等等，事无巨细，一应俱全。

刚开始，孩子们写得也很好，但很快便怨声载道了："我们现在都不想打游戏了，一想到打完就要写攻略和经历，都没有心情玩了。"我窃喜，这正是我想要的啊！于是，我规定：如果哪天没有玩游戏，就不用写经历了；如果玩了，就得把经历写清楚，第二天交给老师"学习"；一旦被我发现前一天玩了游戏，第二天却没有交游戏攻略，就要受到严肃批评，并补写经历。游戏人员要互相监督。

就这样，他们时断时续，最终再也没有上交攻略经历了。不再玩游戏的他们，被另外五个经常玩游戏的人取代了，交攻略的又变成这五个人了。如今，班里的孩子都不再谈论"王者荣耀"了，而是变成明天哪些人要交攻略了。就这样，曾经的"王者毒药"变成了"攻略毒药"，"写攻略"的过程也帮助学生成功地戒掉了"游戏瘾"。

班主任与学生谈话是打开学生心灵的钥匙。作为一种润物细无声的微观教育方式，对学生心理的健康、人格的健全发展产生的影响是不可估量的。

上述案例中我们可以看到针对学生沉迷手机游戏的事情，班主任没有进行空洞的说教，而是转化教育策略，从"求教"开始，让孩子逐步感到游戏带给自己的不是乐趣而是压力，最终不再沉迷游戏。教育学生是每一位教师都应该承担的职责，当我们在育人过程中遇到棘手的问题时，我们可以求助周围优秀的教师，也可以阅读书籍看教育专家或者其他地区的优秀教师是如何破解的，不断学习和借鉴，可以帮助我们更好地做好教书育人的工作。还可以思考如何从学生自身挖掘，因势利导改变学生身上的不良习惯，真正实现让成长从内自发开始。

讨论交流

1. 说说你在工作中有什么困惑？

_____

_____

2. 你有什么好的教育策略想分享给大家？

_____

_____

总结反思

主题一以大量的实践案例，引导教师要在教育教学中做好教书育人工作。作为学科老师，我们要挖掘学科内涵和育人功能，实现育人、育智的双重目标。作为班主任要有顶层设计能力，思考要建什么班？育什么人？在班级建设中注重开展丰富多彩的活动，注重家校合作、注重调动学生自身潜力，让每一个学生在学校健康快乐的成长，做好培根铸魂、启智润心的工作。

主题二　在班级管理中实现文化育人

学习目标

通过本主题的学习，学习者能够：

1. 了解班级文化的概念；

2. 明确建设班级文化的意义；

3. 了解班级文化建设的核心要素与实施路径、方法。

班级是校园最基本的单元，班级文化建设是班集体建设的一项重要内容。班级文化建设可以让班级真正成为育人的场所。班主任可以利用班级文化独特的育人功能，对促进学生健康成长、全面发展、养成良好的思想道德品质具有潜移默化的教育意义。

一、班级文化建设内涵

文化是人们思维方式和行为方式的总和。文化的核心是价值观。文化无处不在，它体现在校园环境的一草一木之中；它体现在教室布置中，温馨的教室环境布置体现出教师对学生的关怀；它也体现在各种活动中，各种各样的体育、艺术、读书活动使人精神丰盈。这些都会潜移默化地影响学生，并逐渐使学生形成自己的价值观，如要懂得关爱别人，要追求有道德境界的生活。

班级是学校最基本的组织单位，是学生学习生活的场所。在班级，学生从书本以外的生活中学到的东西，比从书本里学到的东西还要多，班级是培养学生核心价值观的重要阵地。班级生活的质量直接影响到学生对于学校生活的感受，影响到学生的未来发展。班级生活要为每一个个体生命意识的觉醒与生命力的勃发创设良好的成长氛围和发展基础。让学生从消极被动的适应性生存方式转变为积极主动、不断自我更新的发展性生存方式。

我的班级应该如何建设呢？回顾自己以往的班主任工作和对班级工作新的认识，我认为一个集体重在互敬互爱、自主管理，因此我将"家"定位为班级文化。"家"给人的感觉是亲切、温馨、和睦、幸福，这也是班级建设追求的理想状态。在班级管理中打造"家"文化，就是以"家"的特征为班级文化的核心理念和目标引领，营造家的氛围、制定家的规矩、分解家的责任、增强家的认同，在不同维度开展"家"文化建设，促进班级文化建设高品质发展，实现班级管理的规范化、科学化、人性化，增强学生的归属感、幸福感、成就感，提高班级的凝聚力、向心力、软实力，形成"我的班级我的家，自主管理你我他"的良好氛围。[①]

我们将探讨两个问题：

问题 1：班级文化的概念

问题 2：班级文化的作用

（一）班级文化概念

班级文化：班级文化是以班级为主要活动空间，以师生为主体，以班级物质环境、价值观念和心理倾向等为主要特征的群体文化。主要指班级内部形成的具有一定特色的思想观念和行为规范的总和，是一个班级内在素质和外在形象的集中体现。班级文化的核心是班级精神和价值取向。班级文化可以划分为班级物质文化、班级行为文化和班级精神文化。

班级文化反映的是班级成员的信念、价值观、态度、行为模式、行为规范等，是一种潜移默化的教育力量。特定的文化环境对班级成员的行为具有一定的凝聚、感化、激励和约束功能，是一种柔性的战略管理手段。班主任可以通过班级文化的建设来影响学

---

① 王满．北京市第十七中学辰阳分校《营造"家"文化，建设"暖心"班级》

生，也可以通过班级文化的熏陶来激励学生，还可以通过班级文化的互动来发展学生，让学生在班级文化的熏陶感染下，不断提高自身的素质。

（二）班级文化作用

资料卡

"文"的本义，指各色交错的纹理。《说文解字》称："文，错画也，象交叉"均指此义。在此基础上，"文"又有若干引申义。其一为包括语言文字内的各种象征符号，进而具体化为文物典籍、礼乐制度。

"化"，本义为改易、生成，"化"指事物形态或性质的改变，同时"化"又引申为教行迁善之义。

"文"与"化"并联使用，较早见之于战国《周易》："观乎天文，以察时变；观乎人文，以化成天下。"意思是通过观察天象，来了解时序的变化；通过观察人类社会的各种现象，用教育感化的手段来治理天下。

班级文化建设的目标鲜明、直接指向"育人"，尤其是培养学生追求主动发展的内在精神力量，即"发展学生自我意识与成长需要，增强他们的内在力量"，通过改变学生传统地位和角色，让学生生活在平等、自主管理下的班级里，树立尊重个人，发展个性，培养自我责任意识的观念，切实提升学生发展需求与能力。

1.教育功能：这是班级文化区别于其他组织文化的最主要特征。班级文化对学生具有潜移默化的浸染作用。班级学生在交往与互动的过程中，受到班风、舆论、心理氛围、及同伴心理倾向的影响，会不自觉地将符合班级文化要求的思想意识和行为准则转化为对自我的要求，并付诸行动。优良的班级文化氛围，像一个温馨的大家庭，能够满足学生发展中的心理需要；像一面明亮的镜子，能够照出自己身上存在的弱点；像一把圆规或直尺，能够规范班集体成员的行为。

2.凝聚功能：共同的心理意识、价值观念和文化习性。班级文化具有强烈的向心力，可以调动和发挥学生的主体性，提供更多的自主空间，更好地发挥不同学生的特色与优势，从而提高班级凝聚力。班级文化通过培育班级的认同感、责任感、归属感而建立起来的文化氛围，体现了他们共同的理想信念、价值观念、思想与情感，在学习上积极进取，共同奋斗；在生活上互敬互爱，互相帮助，在行动上协同一致。

3.制约功能：氛围制约、制度制约、观念制约。班级文化的制约与规范功能，班级文化一旦形成，就会通过班级风气、规章制度、舆论等对班级成员的言行起着有形或无形的作用。这种制约与规范功能主要体现在班级制度文化中，学生在制度文化中面对主动遵守和被动遵守、自律与他律等进行不断地选择，逐步就养成了遵规守纪、严于律己的良好品质，同时也提高了对"法"与"理"的认识水平。班级文化通过非正式的、约定俗成的群体规范或共同价值准则对成员的思想、行为产生约束和规范作用。

4.激励功能：激发和调动成员的积极性、主动性和创造性。健康的班级文化能促进学生个体的社会化进程，包括接受社会价值规范，确立生活目标；掌握科学文化知识，形成社会生活的基本技能；掌握社会生活规范，训练社会行为方式；提供角色学习条件，培养社会角色。良好的班级文化能够为每个班级成员创造培养各种兴趣、爱好和特长，扩展知识与技能的空间，提供文化活动的设施、模式与良好氛围，营造体验个体能力、自尊和价值认可的和谐场所，从而更加有效地激发和调动每个成员参与班级活动的积极性、主动性与创造性。和谐的班级文化可以加深班级成员之间的内心沟通和个人感情，加深他们之间的信任。

二、班级文化建设要素

案例分析

将"文"内化于心 让班级在"化"中成长
——文化育人在班级管理的思考

"文"有若干引申义，其具体化为文物典籍、礼乐制度。

"化"指事物形态或性质的改变，引申为教行迁善之义。

"文"与"化"并联使用，见于《周易》："观乎天文，以察时变；观乎人文，以化成天下。"意为：观察天象，了解时序变化；观察社会的各种现象，用教育感化的手段来治理天下。

教育的根本任务是立德树人，这与文化是密不可分。在选择和优化影响学生身心发展的综合环境时，既要考虑显性文化要素，也要重视隐性文化要素；既要注意文化的教化作用，也要注意文化的熏陶作用。班级文化中的显性文化要素主要指班级物质文化和班级行为文化，班级文化中的隐性文化要素主要指班级制度文化和班级精神文化。

班级文化是班级的灵魂，一个班级共有价值观的体现，是班级特色与个性融合后所表现出来的特殊的精神。班级文化建设是学生成长、班级发展的必然选择。

一个优秀的班级应该是一个文化活动频繁、文化领先的班级，是一个有凝聚力、有温度的家园。为达到文化立班、多元文化强班，可以从"班级物质文化、班级行为文化、班级制度文化、班级精神文化"四类文化建设入手。

一、班级物质文化建设，打造班级特色品牌

环境熏陶素养，打造多元文化建设：

苏霍姆林斯基曾经说："无论是花草树林，还是图片标语，或是墙报，我们都将从审美的高度深入规划，以便挖掘其潜移默化的育人功能"。

为落实学校育人目标，本着尊重学生喜欢传统文化和向往国际视野的需求，开展"中国情怀，国际视野"的班级文化建设，班级以"走进班级，走向世界"为特色品牌，教室硬件布置力求文化多元。"国风区"布置"挥墨台"供学生一展书法；"书香区"放置不同经典书目，供学生带着课本环游世界，既满足师生读书的需求，也有利于构建书香班级……

双减政策下，开设"重走丝绸之路""红领巾的红军行"等系列传统文化活动以陶冶情操，"小小联合国"学生担当不同国家的代表开展发布会活动以拓展国际视野。

多元的班级物质文化建设能让学生归属感、集体意识增强，形成品牌的过程也是班级凝聚力形成的过程。

二、班级行为文化建设，确立班级规范准则

行为是思想的反映，作为班级建设中最为完整的"班级宪法"。行为规范为班级发展变化提供准则，有助养成良好行为习惯。结合需要培养的行为习惯，学生共同制定本班的《班级公约》，包括总则，也有细化，如图5-2所示。

总则

第一条： 为加强班级建设，创设一个良好的学习环境，形成健康向上的班级风貌，特制定本班级管理条例。

第二条： 本条例对本班有效，所有班级成员都必须遵守。

第一章　班级目标
走进五班　走进世界

第二章　班级班训
静心做人　尽心做事

第三章　班级精神

第三条： 自信、自觉、友好、合作是本班的班级精神。

自信： 自信是成功的前提，所有的同学都应树立站在众人面前的自如表达的自信心。

自立： 自立是成功的基础，每一个班级成员都要锻炼自己的独立生活能力，坚持自己的事情要独立的完成。尽量不依赖家长。

友好： 与人为善，和谐共处，对人对事不斤斤计较。

合作： 班级是个大家庭，需要全体成员团结协作，要认识到集体的力量和团结的重要性。

第四章　基本细则

1.课前、集队必需做到快、静、齐。全员遵守要求。

2.上课、活动不迟到（早8点后到校）、学习时不随便说话、不随意走动影响他人学习。不做与当堂课无关的事，认真完成老师布置的作业。

3.爱护公物，不乱抛垃圾，不乱涂乱划，不得故意损坏。

4.同学之间要团结友爱，互帮互助，以五班集体为重。

5.劳动积极，依照安排认真搞好教室、公共区域卫生。

6.严格遵守学校的各项制度。

7.文明课间，不做危险游戏。不追逐打闹，注意个人安全。

8.自觉维护班集体利益，集体离开教室时注意关闭门窗电灯。

本规定自制定之时起实行

2022/2/21

图5-2　班级公约

三、班级制度文化建设，保障班级有规可依

在班级建设中，把以规章制度为内容的、班级全体共同认可并自觉遵守的行为准则以及监督机制表现出来的文化形态称为班级制度文化。可依据班情，设计总班规，班干部职责，小组制度，成长奖励制度等。

（一）优化机构制度，清晰班级岗位职责

参考本班实际与学生共同制定出本班干部组织结构，如图 5-3 所示。

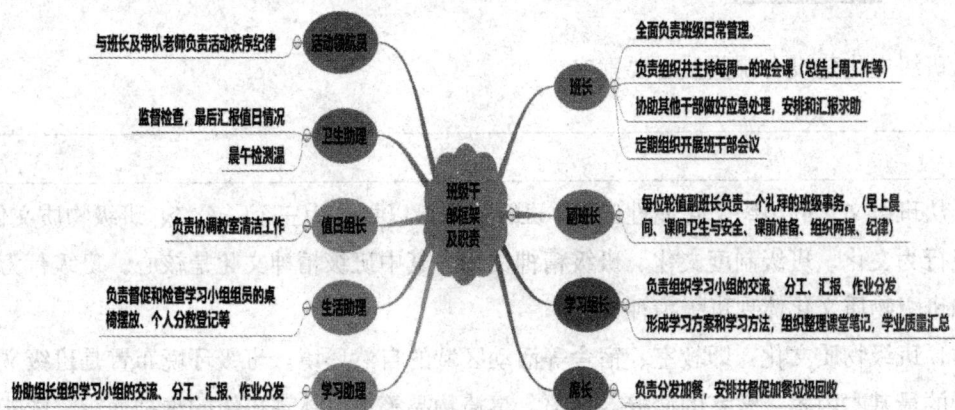

图 5-3　班级干部框架及职责

学生清晰岗位职责后经培训佩戴定制岗位标识上岗。开展的"班级日志"活动，每人负责班中的日志记录，记录好人好事。为落实"人人都是班级管理参与者"的目标，人人有事做，事事有人做。充分发挥个人的主观能动性，学生既是服务者，又是管理者，管理效率大大提高。

（二）小组评比制度，优化核心竞争能力

为达成用个体的发展促进团队的建设，打造有竞争、团结意识的班级，可先以团队提升带动个体进步，实现优势互补。构建班级"微环境"，学生分成小组，实行捆绑式评价，开展"成长奖牌榜"和"每周标兵小组"活动，在行为、卫生、学习、活动等方面实行加减分。定制金银铜牌和红旗，依据《中小学生守则》结合符合班情的评价量表，每日积分，完成阶段性的目标即可获得相应奖牌；小队以礼仪红旗，学习红旗，纪律红旗和卫生红旗进行凝聚力的培养。

四、班级精神文化建设，落实立德树人任务

结合社会主义核心价值观，根据热点话题、生活遇到的问题和德育主题，确定班级活动主题，关注教育契机。《践文礼 孝父母》《仰望一片星空——中国科学家精神》《1950，他们正年轻》等教育活动，培育学生探索世界，热爱祖国、孝敬父母等优秀品质。

为全学科育人和五育并举，发挥各位教师力量。邀请科学老师进班搭模型，练心智，感受中华悠久的建筑文化与科技精神；体育老师参与"阳光一小时"活动，强健体魄，培养体育精神；读书沙龙走进图书馆，师生共读、亲子阅读，使阅读变成习惯，构建书香家庭和书香班级。

每一种文化，都是滋养生命的力量。通过优秀的班级文化的建设，塑造学生的优秀品质，潜移默化地让学生行为发生变化。制度、责任、价值观等内化于学生之心，外化于学生之行，最终形成理想中的班级文化氛围。①

讨论交流

班级文化建设有哪些核心要素？

_____

_____

从班级文化的组织文化属性出发，班级文化可以划分为三个子系统：班级物质文化、班级行为文化、班级制度文化、班级精神文化。其中班级精神文化是核心，班级行为文化和班级物质文化体现班级精神文化。

1. 班级物质文化：即教室、宿舍等活动区域的自然环境。班级环境布置是班级文化建设的最基本内容，教室的墙壁、标语、桌椅物品等可以体现班级的精神面貌，影响学生的心理感受，对学生起到熏陶感染作用。

2. 班级制度文化：班级制度是班级有序运转的关键，科学、民主、健全的管理制度是班级建设有效开展和良好运行的关键，可以最大限度地克服学生行为的随意性。

3. 班级精神文化：集体意识、价值观念、班级风气、共同理想、舆论等是班级精神文化的体现。② 班级精神文化常常通过班名、班训、班徽、班刊等表达呈现。

班级文化建设的目标指向是学生的发展，学生发展包括理想、心理和学业等。班级文化创设要创造机会让每个学生找到人生发展的支点。在班级文化创建时要重点考虑三个问题：第一，班级建设目标，"我们希望班级什么样？"是班级文化建设需要思考的首要问题；第二，学生发展目标，"期待学生成为怎样的人？"是班级文化建设的重要问题；第三，学生在班级生活、家庭生活、社会生活中应该有怎样的表现？③ 行为背后是价值观。班级文化建设的过程就是班级价值观、学生价值观建设的过程。

讨论交流

上述案例中体现出的班级价值观与学生价值观是什么？

_____

_____

---

① 案例提供者为北京市朝阳区芳草地国际学校双花园校区吴冠霏。
② 罗锐. 浅论班级文化建设的三要素 [J]. 科学咨询（教育科研），2013(09).
③ 莫利. 对班级文化建设的思考, 教育导刊 .2013(10).

三、班级文化建设实践

案例分析

以班级为"家"，共建中悦纳，活动中成长

——班级"家"文化育人策略

俗话说："家和万事兴"。我和学生一起做好"家"中人，管好"家"中事，树立良好的"家"风，用爱"家"的理念建设班集体。"家庭成员"能感受自由、安全的集体心理氛围，能从班级情境中获得师生、生生高水平的情感支持，从而在承担集体责任中发现自己的价值，获得人格上的存在感。我把这种能给学生提供高安全感、高依恋感、高存在感，具有"家"的某些特征的班级情境，称之为班级"家"文化。

我们的班级"家"文化，就这样起步了，班级"家"文化要班级文化建设，需要学生主动参与到其中。形成班级"家"文化，从装扮"新家"开始。

一、美化班级环境——扮"家"

通过班级的环境布置，建立温馨的育人氛围。我们一起把绿萝、吊兰等绿色植物摆放在班级的窗台和后柜上。一些同学还把几条小金鱼放在了班级的水族箱中。班级在绿色植物和水族箱的点缀下，显得生机盎然。同学们又将自己闲置书籍带到班级，放置在书架上，组成了图书角。还有一些同学带来了自己的画作和墨宝，布置在班级中，显出了书香气息。大家一起为班级环境的建设"添砖加瓦"，形成了班级"家"的环境文化。

二、建设班级制度——治"家"

国有国法，家有家规。班级的正常运转也需要有适合的规章制度。我们一起商议班级公约，在相关的重点方面进行讨论，把约束的语言替换成发展的表达方式，得出了具有我们班级特点的班级公约。为了保证班级公约的落实，大家制定了细则，以及适合的惩罚措施，并由"家"中的每一名成员轮流担任"值日班长"，值日班长记录当天的情况，书写班级日志。各项班级事务还有专人进行监督，任课老师对课堂表现进行评价反馈。班级成员的分工合作，有效保障了班级的正常运转，班级制度的有效实施，形成了班级"家"的制度文化。

三、优化班级活动——爱"家"

俗话说："家和万事兴"，我们的班级"家"亦是如此。我们一起开展"以话传画儿""风火轮"等丰富多彩的小组活动，促进同学们的和谐发展。我们还开展了一些更有意义的活动，在元旦联欢活动中，同学们为"家"献上自己的才艺表演，我们还进行了"居家"包饺子活动。学生从家里带来和好的面以及调好的馅料，各小组分工明确，组员们和面、擀皮、包饺子，我们还把任课教师们请到了"家"中做客，大家一起包饺子其乐融融，好像一家人。之后，同学把在学校煮好的饺子带回到班级中，大家品尝着自己的劳动果实，一起迎接新年的到来。我将每名孩子的名字编在一个故事里进行诵读。大家在活动中感受到温暖，别具特色的班级"家"也就此形成了。

在班级发展的过程中，"全家人"通过班徽设计、班徽释义、班歌的创作、班旗和班服设计等多种活动，帮助同学们进行有效的互动，建立和谐的人际关系。班级活动将大家凝聚在一起，建立起温暖互助的班级精神，形成了班级"家"的精神文化。

四、"家"和万事兴——兴"家"

在班级丰富多彩的活动中，我用心陪伴着"家人"，收获的是师生之间真挚的感情。这种类似于"家"的情感，正是班级"家"发展的原动力。在学校组织的足球、篮球、游泳等各项比赛中，参赛的同学们奋勇拼搏，为"家"争光，"一家人"团结拼搏，赢得了年级第一名的奖杯。

在班级的扎板上，粘贴着我们的"全家福"，这是我们每个人用自己的小照片组成的一幅心形大图片。这张区别于以往的"合影"，见证了学生在班级"家"的成长。学生在班级活动中逐渐找到了自己在班级中的"重要位置"，因为"家"爱我，所以我更爱"家"。

在这人生宝贵的初中阶段，"家人"对自己的未来充满了憧憬，大家在班级文化建设中付出了汗水，收获的是爱的凝聚，它比任何物质的回报还要珍贵。班级"家"文化根植于孩子们的内心，也必将伴随着孩子们健康成长！①

我们将探讨三个问题：

问题1：班级文化建设的本质与核心？

问题2：班级文化建设的两个模式？

问题3：班级文化建设的实施建议？

（一）班级文化建设的本质与核心

班级文化是一种以价值、心理等为特征，对班级特定的教书育人目标产生匹配作用的柔性战略管理手段。其核心是班级精神目标，班级精神文化主要包括班级价值观、班级精神等。班级精神是学生群体在班级价值观引导下，在追求班级目标的过程中形成的共同的心理特征。②（如表 5-1 所示）

---

① 案例提供者为北京市第八十中学管庄分校尹迪。

② 周勇. 我是怎样建设班级文化的 [M]. 四川：四川教育出版社.2010：170.

表 5-1　班级文化发展阶段

阶段	启动	积淀	发展	变革
要素构建	局部的、表层的、零散的	由点到面、由表及里地推进；良好的班级形象基本确立；良好的班风传统或班级精神已经形成，但尚未定型	班级精神表达形式定格，并开始落实到细节之中。从构造力（自身内涵的完整性及构造紧密程度）角度看已经是一种强势文化	随着班级内外环境的变迁，在保持班级文化基本要素一致性的前提下，学生进行自发地创新，班主任做适当调整
匹配作用	基本未形成匹配作用，需要班级目标支持	开始形成匹配作用，但不明显，也不稳定	模式化地发挥作用，并形成惯性	异性作用比较明显，但可能产生一些负面效应，需要变革
管理方略	寻找突破口，确立班级形象；确立班主任形象；做好面对挫折的准备	完成班级形象塑造并积极巩固；积淀优势、积极传播，培育内核	在巩固班级形象的基础上，重视宏观调控，适时、恰当地提炼或定格内核	打破定式，已与班级目标相匹配为诉求，实事求是地求变求新

（二）班级文化建设的基本操作模式 [①]（如表 5-2 所示）

表 5-2　班级文化建设的基本操作模式

发展阶段	启动阶段	发展阶段	成熟阶段
归纳式：先做后说	突破：首次取得包含了班级文化要素基因的优势，为班级文化的发展确定了方向。	积淀：沿着突破阶段所确定的方向，不断取得相关的优势和特色，逐渐形成良好的传统	提炼：在这种传统模式化地发挥作用后，对其进行提炼表达。
演绎式：先说后做	提出：依据掌握的班级情况，提出班级精神的概念及表达	认同：依据已提出的班级精神的要求，不断取得相关的优势和特色，并完善其表达。	落实：长期"按方针办事"后，形成了良好传统，在模式化运作中成熟。

　　归纳模式中的班级精神是对特定主题的班级优势和特色进行长期积淀后逐渐形成的，并在其定型之后由班主任提炼出来的。其公式可以概括为：突破—积淀—提炼。突破发生在班级文化建设的启动阶段，指的是班主任在深入了解班级特点的基础上，引导学生在学习和活动中取得优势，创造出与之相适应的班级特色，它包含了班级文化核心要素的基因。积淀对应的是班级文化建设的发展阶段，班主任依据此前形成的班级文化

---

① 周勇 . 我是怎样建设班级文化的 [M]. 四川：四川教育出版社 .2010：154.

核心要素基因，引导学生在学习和活动中不断取得优势，不断积累和加强班级特色的过程。提炼是班级精神定型的阶段，提炼、固化班级精神的过程。

演绎模式指的是班主任在深入了解班级特点的基础上，依据班级特定目标，提出其预设的班级精神，然后通过引导获得学生的认同，使学生在学习和活动中践行而发展成熟。其公式可以概括为：提出—认同—落实。在提出阶段，班主任依据对班级目标和班级特点的理解提出自己预设的班级精神，从而设定班级文化建设的基本方向。认同阶段，班主任采取行动让学生认同这种班级精神，使内涵系统化，并确定最终的表达方式。落实阶段，是让班级精神落地生根，以班级精神为参照，引导学生在学习和活动中不断取得成绩，创造相应的优势和特色，从而使班级精神变得充实、饱满、有血有肉。①

（三）班级文化建设的实施建议

1. 班级文化建设要以学校文化为依托，立足于本班实际来设计，既要体现学校的育人文化，也要体现本班的特点。

2. 要把发挥学生主体性与教师指导作用相结合，班主任可以号召学生以及家长共同参与，但班主任要给予学生和家长指导。

3. 精神文化探照灯要引导学生思考"我要成为怎样的人""我们追求怎样的班级风貌"②。

4. 班级文化建设要注意学生"说"与"做"的统一，引导学生在行动中践行精神文化，并在精神文化的引导下改善行为，建设班级发展自己。

四、学生价值引导

案例分析

强化集体意识教育 培塑团结向上的中学生价值观

背景：

案例一：宋同学在班级中担任数学课代表。该生学习能力较强，人缘较好，但对班级的事务却没有责任感。某天，他并没有与组员共同完成值日，并且表示想要独立成组。

案例二：张同学在班级中担任体育委员。平时在学校组织的各项活动中，他都积极主动为班集体增光，但是在日常行为规范方面，该生自觉意识较差，脾气较暴躁。在自

---

① 周勇.我是怎样建设班级文化的 [M].四川：四川教育出版社.2010：155-156.
② 教育部基础教育司.中小学德育工作指南实施手册 [M].北京：教育科学出版社，2017：78.

习课上身为班委的他带头说话。在班长管理时，也不能服从管理。

分析：

以上的两个案例，是我在接新初一这个班中发生的典型案例。从班中的组长、课代表到班委都出现了学生从自我角度出发去考虑问题的现象。这归根于班集体没有形成一致的集体意识。

学风优良的班集体，不仅有利于培养同学的集体意识、良好的人际关系，还可以促进班级成员相互学习和带动。因此，作为班主任应注重学生集体意识的培养尤为重要。下面就谈一谈我是如何对班级学生强化集体意识的。

一、建立班级的共同奋斗目标

班级奋斗目标是班集体建设的发展规划，拥有共同的奋斗目标是传导集体主义价值取向的良好基础。在制定共同目标时，会从以下几个方面去考虑：

1. 班级共同奋斗目标具有方向性

班级目标犹如航标，要帮助学生找准在学习生活中的正确航道。以学校初一年级开展的争创八优班集体为方向，规范学生的日常行为，提出学习要求。

2. 班级共同目标具有激励性

在制定目标中，肯定榜样的力量。鼓舞学生要不断为了目标而奋进，而且让他们体会到只要有付出，就会有收获。勤观察学生，表扬好人好事；树立优秀榜样小组，肯定班干部的付出与认真。

3. 班级的共同奋斗目标具有现实性

在抓班级卫生中，通过开展小组卫生评比活动，学生的集体意识在逐步形成，逐步适应其在本组中充当的角色。从值日到学校组织的文艺活动，学生们在排练、表演过程中，培养着他们的集体意识，在一次次共同奋斗中增强了自信心和凝聚力。

4. 班级的共同目标具有阶段性

在学习方面，班级部分学生暴露出眼高手低的现象。根据实现目标的时间和要求，按照由易到难，由远及近的顺序，把目标分为"近期目标""中期目标"和"远期目标"，前一个目标为后一个目标打基础，后一个目标是前一个目标的延续和发展。当一个目标实现以后，再提出更高的目标。学生们在这不间断目标的鼓舞下，既体验了实现目标的喜悦，又会一直处在对新目标的追求之中，始终保持积极向上的状态和进取精神。

二、营造正确的集体舆论氛围

学生集体意识离不开班级正确舆论氛围的引导，良好的班级舆论氛围是实现共同目标的保证。在日常班级管理中，主动关注学生谈论的话题，第一时间去解决相关问题。在设计班会中，关注学生的思想教育，培养正确的集体舆论，树立正确的是非观。在班中树立正确的舆论导向，可以从以下几个方面进行：

1. 结合学生实际，抓住教育时机，开展学生价值观教育联系班中的案例，结合学生守则、行为规范，帮助学生树立正确的是非观。抓住典型的问题，组织学生开展讨论，让正确舆论在班级中占据上风。

2. 充分利用班中文化阵地，扩大正确舆论的影响力

利用班会、每日德育教育十分钟、板报、壁报，充分宣传时事政策，讨论班中学生关心的问题，利用集体力量提升班级舆论的促进和约束作用。

3. 促进正确舆论在集体成员心中的影响力

正确的舆论会帮助集体形成一种外部压力。当压力形成以后，学生需要内化为自己的行动力，切实落实在日常的学习生活要求。

在集体的组织和建设中，班主任要从通过建立班级共同奋斗目标、树立正确的集体舆论、开展丰富的班级活动等方式来培养学生的集体意识。加强集体意识，培塑团结向上的价值观对于班集体的发展尤为重要。学生都争当集体的小主人，正风、正气也会随之在班中树立。①

讨论交流

如何在班级文化建设过程中对学生进行价值引领？

_____

_____

班级文化是指围绕班级的教育、教学活动所建立起来的一整套价值取向、行为方式、语言习惯、制度体系、班级风气等的集合体。它不是一种刚性的、粗暴的、说教的固定模式，是一种充满柔性的、温和的、人文的精神、制度、关系和环境的综合存在。班级文化是一种隐性的教育力量，表现出一个班级独特的风貌和精神，并且这种班级独特的风貌和精神，自觉或不自觉地通过一定的形式影响着学生的价值观念的形成。②

上述案例体现了班级生活中对学生价值引领的关键育人要素有：第一，发挥了班级文化在班级生活中的育人功能，教室环境布置处处渗透教师的教育理念以及教师期待向学生传递的价值追求；第二，发挥了班级制度在班级生活中的价值引导功能；第三，发挥了学生背景文化在班级生活中的积极价值功能；第四，发挥了教师在班级生活中的价值引领功能。

在班级文化中培育学生价值观的策略：

1. 培育班级主流文化，涵养班级主流价值观。教室是学生学习的场所，班级文化就是学生精神"家园"。班级主流价值观一旦确立，学生发展就有了方向的引领。班级文化是一个班级的精神气质，是一个班级的性格，它可以成为学生道德成长的精神根基，

---

① 案例提供者为北京市陈经纶中学团结湖分校张续婧。

② 赵福江.价值引领：班主任义不容辞的责任.[J]教学与管理，2010(28).

对学生价值观的形成具有引导、规约和协调作用。

2. 以班级主流价值观，引领学生的班级生活。班主任要把班级价值观作为班级建设的主线，贯穿于班级生活过程中，不管是教师自身的言行，还是在班级制度、班级活动、班级管事中都有班级崇尚的价值体系做引导，让学生生活在积极、正向的价值氛围中，体会正向生活带来的积极情绪体验。

📖 总结反思

通过本主题学习，我们了解了班级文化要素包括班级物质文化、班级精神文化、班级活动文化等内容。班级文化的定向、标尺、动力等作用对于加强班集体凝聚力，创设良好育人氛围有积极作用。班级文化的核心是班级群体价值观，因此，在班级文化建设过程中要围绕价值观进行。同时，班级文化不是一蹴而就的事情，需要建设的过程，是全体学生、教师、家长共同努力的结果，因此，班级文化建设要注意发挥学生的主体性与教师的主导性，真正做到班级文化建设过程就是育人过程。

主题三　在家校沟通中实现协同育人

🚩 学习目标

通过本主题的学习，学习者能够：

1. 了解协同育人的概念；

2. 了解家校沟通的原则、策略与方法。

《中共中央国务院关于进一步加强和改进未成年人思想道德建设的若干意见》提出"要建立健全学校、家庭、社会相结合的未成年人思想道德教育体系，使学校教育、家庭教育和社会教育相互配合，相互促进"。新时代家校协同育人即协调家庭教育与学校教育，为共同的育人目标，通过加强沟通交流、密切合作，形成教育合力，实现最佳育人效果的教育活动。

一、协同育人的内涵

赏识与爱并存，家校同撑一片蓝天

一个孩子的成长过程，离不开学校教育，学校教育没有家长支持与合作，也难于成功，因此说学校和家庭是一对不可分离的教育者。学校教育需要家长的支持，家庭教育需要学校给予科学的指导。只有学校教育与家庭教育步调一致、相互补充、形成合力，教育才能成功。如果教师不了解孩子在家的情况，家长也不知道孩子在校的表现，二者相互脱节，就会形成教育的盲区，不利于对孩子的培养。所以，家长和老师之间必须保持良好的沟通、交流和合作。

在我刚刚接任班主任的一年，所带班级上课纪律差，集合纪律差，大课间纪律差等等。总之，学校所有老师都知道这个班是公认纪律最差的班级，而徐斌同学又是班里公认纪律最差，最喜欢欺负同学的人。因为该同学是个个性好强，以自我为中心，自负而自制力较弱的学生，喜欢打架，几乎是每天必打，全班25个同学，除了女生，都让他打遍了，提起他谁都会害怕。而只要老师问一句："今天徐斌打谁了？"不约而同地就会有上十位同学高高的举起手来。所以在班里，他就是同学们眼中的"霸王"，最没有人缘的人，也是让班里同学最为讨厌的人。

他平时喜欢和同学们玩，玩起来又不节制，最后总是以打架收场。我认真了解过他，知道这位他从不认输，一定要胜了对方才肯罢手，所以最后总是以打架收场。有一次，徐斌在与同学打架时，刚好让我碰到，于是我叫住他，要他不能打架。他竟怒目圆睁，捏紧双拳对着我大吼："我就要打！"我没理他，而是让事情冷静下来再跟他讲，他很不好意思地向我认了错。

我把他的父母请到学校，一了解，原来问题出现在父母的教育上。据其父母说，孩子自小胆小怕事，所以在读幼儿园时总是受到其他同学的欺负，于是父母告诉他和别人打就一定要打胜，那么别的人就会怕的了。果不其然，事实和父母说的一样，尝到甜头的他于是便慢慢的越来越胆大。从幼儿园到小学三年级都按父母教的那一套来做，最终成了今天这样好胜的人。

在经过和家长的沟通后，我当着孩子的面，婉转地表达了我对家长错误教育带来今天的恶果的看法，家长也主动承认了自己教育的不当，表示愿意听我的意见和建议，并当着孩子的面给我写下保证书。经老师和家长共同努力，薛斌认识到自己犯错的严重性，并也写下保证书表示愿意改正。也许是我与家长的共同教育唤起了他的决心和自信。渐渐地，我欣喜地发现，自此之后，徐斌同学以崭新的面貌出现在师生面前：和大家相处融洽了，增强了行为上的自控能力，再也没有出现一言不和就挥拳相向的情况了。

总之，教师和家长必需用爱心来教育孩子，学会运用赏识策略来教育孩子。只有教师和家长共同付出，让赏识与爱并存，家校共同撑起一片蓝天，便会有孩子美好的明天。[①]

学生的成长环境除了学校，还包括家庭和社会，学生的成长受父母、教师的复合影响。学校教育的成效离不开家庭的支持和配合，离不开积极健康的社会环境。学校、家庭和社会必须在教育目标上一致，积极互补，以学校教育为主体、以家庭教育为基础、以社会教育为依托的局面[②]。重视家校合作是全面我们教育质量的关键环节之一。我们一方面需要不断加大教育投入，提高教师队伍专业技能水平和师德素质，另一方面还应大力构建新型的家校合作模式与沟通策略，让家庭教育在基础教育中彰显重要的作用。当然，建立良好的家校合作关系。

学校、家庭和社会是学生成长的三个重要场域，三者协调一致从整体上为学生营造积极健康的成长氛围。学校层面协同育人包括家庭教育指导与社会共育机制建立。班主任角度开展协同育人工作主要包括家庭教育指导与家长合作育人等内容。家庭是学生行为习惯以及道德品质发展的重要场所，父母的言行习惯、教育理念及教育方法对孩子成长有深远影响。班主任可以从三方面加强家庭教育指导：第一，建立班级家长委员会；第二，通过家长会、家访、家长开放日等，向家长传达科学的教育理念；第三，通过网络培训、家长课堂等，对家长进行相对系统的培训，提升家长素质，使家长更好地承担其在家庭教育中的职责。班主任与家长合作育人在日常工作中主要通过家校沟通进行。家校沟通主要包括信息传递、意见听取、问题解决等。

案例分析

家校合作共育的实践研究

孟德斯鸠认为："我们接受三种教育：一种来自父母，一种来自教师，另一种来自社会。"一个孩子品德是否高尚、习惯是否良好、人格是否健全、身体是否健康，成绩是否良好，都与家庭教育有密不可分的关系。

学校教师在教育学生的同时，引领家长自然融入学校教育，为之搭建平台、提供支持、给予指导，是非常必要的。身为班主任，想要把学生教育好，就要与家长形成教育合力。

---

① 王淼 . 北京市芳草地国际学校甘露园分校

② 教育部基础教育司 . 中小学德育工作指南实施手册 [M]. 北京：教育科学出版社，2017：201-202.

一、以沟通为契机，获得家长支持

班主任在工作中如果能够获得家长们的大力支持，将达到事半功倍的效果，而想要获得家长的支持，就一定要让家长真正地理解老师、理解学校的工作，那么与家长的每一次沟通就显得尤为重要。

现在大多数学生不愿意跟成年人吐露心声，于是我便跟学生开始用周记进行交流，在交流的过程中我对学生越来越了解，他们对我也是越发信任了。随着孩子对我的信任，我发现与家长之间的关系也在潜移默化之下发生着改变。渐渐地，我与家长的沟通越来越频繁了，

随着与家长和谐沟通的逐渐深入，我发现家长们越来越支持我的工作了，只要班级需要家长帮忙的，总会有家长主动伸出援手。

二、结合学校活动，促家校形成合力

家校教育合力的形成，还要依托学校的各项活动。在学校开展活动时邀请家长来参加，不仅能使家长了解学校的教育方式，更能够使家长理解学校、理解老师的良苦用心，进而使得家校之间更和谐，也更有利于家校之间形成合力。

例如，家长开放日活动，邀请家长到校，观摩班级成果展，观摩班级课堂教学，观摩学校大课间，目的是让家长更加了解学校的教育工作，为做好家校共育奠定基础。再如，学校在开展运动会时，邀请家长一同来参与亲子活动，家长们不仅跟孩子共同享受了运动的快乐，并且对学校的工作更加的了解。

以这样一次次的活动为契机，家长不再是学校教育的观看者，而成为真正的参与者，家长也在参与中更了解学校的教育理念了，对教师的工作也更理解了，家校之间渐渐形成了合力。

三、借助班级活动，获得家长助力

班级的活动，也需要让家长成为参与者。为了使家长了解班级的教育教学活动，也为了家长对老师的教育教学工作有更加深入地了解，更是为了获得家长的大力支持，在班级开展活动时，我经常会邀请或者恳请家长的参与。例如：班级开展了经典诵读活动时，鼓励学生以多种形式进行经典诗词、古文的诵读，为了使学生的节目更有水平，仅仅依靠学校的时间是远远不够的，我会邀请愿意参加的家长们参与指导，效果特别好。

不仅如此，班里其他的活动家长也都积极地参与，像班级文化的布置、学生桌椅的调整、班级跳蚤市场活动的筹备等，这些活动因为有了家长的参与更有活力，也更有意义了。

四、借助多种方式，引导与帮助家长

在我们的班级里面总会有一个或者几个"问题"学生，我们经常说"每个问题学生的背后都有个问题家庭"，这句话也不无道理。记得我曾经教过的一个学生，从一年级开始就总是无缘无故的对同学大打出手，真可谓是"打遍天下无敌手"啊，接班后，通

过与他的交谈、与其父亲的沟通，我发现孩子的爸爸在他犯错误时也总是用暴力解决问题。有看到孩子犯错之后，身上留下的父亲抽打的伤痕时，当孩子再犯错时我都不忍心再告诉他的家长。在与这个家长经过一次促膝长谈之后，我发现孩子的父亲对孩子抱有很高的期望，加上教育知识以及方法的匮乏，不会用恰当的方式去教育孩子，对于这个问题他也很苦恼。

为了帮助这位苦恼的家长，我多次把他约到学校来，用我的专业知识，并结合一些相关教育案例给他提出了一些建议。经过几次这样的交流，我发现孩子在与同学有矛盾的时候，不那么激动了，能渐渐地控制住自己的情绪了，打人的现象比原来少了很多。

当面对在教育中有困惑的家长时，身为教师一定要对家长予以恰当的指导和帮助，当我们在解决了家长困惑的同时对孩子的教育也就迎刃而解了。

实践证明，良好的学校教育建立在家长支持的基础上，而家长有时候也需要学校的指导与帮助，只有家校形成合力，对于学生教育效果才可能是加法。[1]

学习思考：上述案例中，班主任在家校共育中的作用有哪些？

二、家校沟通的途径

案例分析

家校合作路径的实践与探索

家庭是学生成长的温馨港湾，学生的健康成长离不开家庭教育。家庭是孩子接受教育的第一课堂，父母是孩子人生中的第一任老师。家庭教育是学校教育的基础，是与学校教育互为补充的重要途径。教育学家苏霍姆林斯基曾说过："教育的效果取决于学校家庭的一致性，如果没有这种一致性，学校的教学、教育就会像纸做的房子一样地塌下来。"因此，只有拧成一条绳、齐心协力，采取有效的一致行动，向孩子提出同样的要求，运用"抱团取暖"的模式，才能实现最终的教育目标。因此只有做好家长工作，使家校形成合力，才能最终促进孩子的健康发展。

一、以家长会为桥梁，促进家校合作

家长会是学校与家长之间进行特定联系的会议，也是一种传统的家校合作渠道。在家长会中，班主任可以向家长反映学生在校表现情况，家长也可以向学校提出自己的意

[1]　于君君.第二外国院学院附属中学

见，从而与教师进行合作，共同管理学生。在开展家校合作活动中，应当积极利用家长会的优势，与家长进行面对面的交流，促进双方针对学生的问题进行讨论，强化合作。例如，在家长会上，我会将学校的管理制度、措施等内容传达给家长，并进行解说，让家长能够更好地理解学校管理内容。同时，在会上聆听家长的想法，对于家长提出的有关学校管理方面的意见，及时汇总。在家长会上，还会针对学生的个别情况与家长进行沟通，了解学生的真实状况，从而与家长进行协商，共同讨论出对学生进行个性化管理的策略。

二、成立家长委员会，让家长参与学校管理

家长委员会，顾名思义就是由家长代表成立的组织，代表全体家长参与学校民主管理，支持和监督学校做好教育工作的群众性自治组织，是班级联系广大学生家长的桥梁和纽带。家委会成员主要有家长自主报名，一般每个班都有五个代表。我会让他们了解学校学生的学习和生活，以及老师的班级管理理念和内容，请家长们共同思考怎样把班级办得更好，为班级献计献策。

三、建立家校交流圈，搭建便利的沟通平台

高效、顺畅的家校沟通形式，是促进家校合作共建的基础和前提，而随着近些年互联网技术与电子通信技术的发展，越来越多的即时通信工具被创造出来，成为教师与家长之间进行交流的形式。在当前开展班级管理工作的过程中，我积极应用现代通信技术，促进家校合作共建，从而逐步提高管理的效能。如：在课下，我利用微信当中的聊天功能，将学生在学校当中的生活和学习情况，转述给家长，家长也会向我反馈学生在家庭生活中的表现，促进双方之间有针对性的交流。现代通信工具的应用，促进高效、快捷、实时的交流互动，从而加强我与家长之间进行沟通了解的效率，实现教育管理的科学化。

四、开展课堂开放日活动，促进家长和教师之间的相互理解

班里每个家长的想法都是不一样的，有些家长片会片面地认为，教师是一份比较清闲自在的工作，所以经常会把教育孩子的责任都推给老师和学校，沟通起来十分困难，这十分不利于家校合作。为此，学校为我们搭建了家长进校园的活动，在活动中我们通过邀请家长进课堂，让家长来体验老师的角色，这样换位的过程中，家长有了新的体会，新的认知，也使得家长和老师相互理解和信任，实现双赢。

五、进行有效的家访，促进家校沟通

家访，是一种联系家长获取孩子在家学习情况的桥梁，也是实现家长与学校互动的重要途径。老师上门家访，会让学生感受到老师的关注和重视。这对学生是一种激励，对家长也是一个触动。教师、家长、学生三者共处一室，促膝谈心，拉近了彼此心理距离，从而取得家长的支持与配合，更有效地帮助学生成长，完善教育教学工作。

总之，学校教育离家长的合作与支持，家校合作基础在于提高认识，重点在于积极

参与，建设成长共同体，离不开家校合作，它是一项系统复杂的工程，必须建立合力育人机制，我们还需要不断探索现代家校合作育人新途径，以促进家长、学生、教师共成长。[1]

家庭教育与学校教育对于促进学生的健康成长缺一不可。教师要通过家校共育的方式，加强与学生家庭之间的合作，积极发挥主导作用，创新家校共育模式，促进学生健康成长。具体途径有：

1.发挥主动，搭建家校联系平台。

（1）建立班级家长委员会。采用"一带六"的活动方式，即秘书长带委员、委员带5～6名家长，采用组长负责制。

（2）搭建家校沟通平台。利用网络平台开展活动，建立班级博客、微信群、QQ群、钉钉群等，研究制定班级线上交流家长和教师必须遵守的《线上交流公约》，明确班级群内发布信息遵守的制度。通过家长委员会创设良好的家校共育氛围，为家长参与班级工作提供机会。

2.深入家庭，做好家访工作。家访是教师到学生家庭，围绕学生与成长进行实地调研观察，了解学生家庭的实际情况，增加情感，表达对学生关系的一种有效的家校共育方式。随着时代的发展，家访可采用线上家访与线下家访相结合的方式进行。家访要有计划、有目的、有过程、有记录、有侧重。

3.创新形式，丰富家长会内容。家长会是争取家长配合的有效途径，在家长会上，班主任了解学生情况，汇报学生表现，介绍班级工作，与家长沟通意见等。班主任可以邀请学科教育一起参与，介绍班级育人理念、本学期工作要点以及每个学生的成长变化，学科教师则可以介绍每个学科的教学方法、家长需要配合的地方。

4.借助活动，创设家长参与机会。在学生成长的关键节点，如入队入团、新生入学、毕业典礼、各种节庆日等，可以邀请家长参加，让家长在参与活动感受学生的成长变化，增进亲子感情，提高家长学校和班级的信任感。

5.培训家长，形成教育共识。教师要利用自身的专业优势，对家长进行科学的指导，帮助家长掌握科学育人方法，引导家长重视学生良好行为习惯的培训，鼓励家长用欣赏的态度、积极的语言与孩子交流，同时，为家长之间交流育儿经验提供机会。

家校共育不仅能最大限度地促进学生的健康成长，提升育人水平，而且有助于构建学校、家庭、社会三位一体的大教育格局。在家校联系的过程中，教师可以对学生在学校的行为表现、思想动态等与家长及时交流沟通，让家长对学校教育有了解，并对教师的工作予以理解与配合。同时，教师通过家校联系能及时掌握家长对学校教育工作中的要求与建议，全面听取社会各方面的意见，积极弥补工作中的不足之处，自觉改进教学方法，提高教学水平。有计划、有目的地搞好家校联系工作，是全面提高育人工作质量

[1] 案例提供者为北京市垂杨柳中心小学景园分校廖然。

的有效途径。

三、家校沟通的策略

▤ **案例分析**

有效沟通促进家校合作

有效沟通是家校合作的基础，在沟通形式不断增多的当下，针对不同情况适当选择沟通方法，更能够促进家校合作，增强对学生的教育效果。

第一，关于学生成绩问题的沟通合作。

成绩是家长普遍关心的内容，我运用家校联系单与家长沟通，辅以电话交流，促进家长对学生成绩的客观认识，获得家长对学生学业的重视和支持。

家校联系单在期中和期末考试结束后下发，除学生成绩外，还设置了学生自评、教师评价、目标制定和家长寄语四部分内容。学生自评是试卷讲评结束后学生自己完成的，分析优势和不足，积累经验和教训，让家长了解学生分数背后的学习情况；教师评价，是从班主任的角度对学生在校情况进行总结，使家长了解学生在校表现；目标制定，请家长和学生一起制定出适合学生的阶段目标，并做好切实有效的学习计划，让家长参与到学生的学习中来；家长寄语，是留给家长对孩子说心里话的空间，增进亲子交流。

家校联系单利用传统的纸笔交流，让家长客观、全面地了解学生的学习情况，是家长非常喜欢的一种沟通形式。对于成绩不理想的学生的家长，以及不能够科学看待学生成绩的家长，还要辅以电话沟通。

班里的学生小王，其家长对他的成绩从不满意。这对小王造成了很大的压力。对此，我会提前和家长进行电话沟通，告诉家长要客观地看待家校联系单上的成绩，不能只看分数，要横向纵向多方比较。同时也和家长交流孩子的在校表现，给家长一些帮助和指导孩子的建议。这样，家长在和孩子一起面对家校联系单时，能够心平气和地进行分析，家长寄语一栏也给孩子写了很多鼓励的话语。经过几次这样的沟通，小王同学虽然还是很紧张自己的考试成绩，但是已经能够从容面对家长，成绩和学习积极性也有了提高。

第二，关于学生家庭矛盾的沟通合作。

在学生与家长闹矛盾需要班主任帮助协调时，我采取个别了解加三方会谈的形式，缓和亲子关系，帮助学生建立健康的居家生活学习习惯。

班上的小彬同学，在校一直遵守纪律从不迟到。有一次，小彬竟然迟到了，询问原因，小彬说每天都是妈妈送自己，今天突然不送了，还大吵了一架。于是我又单独和家长沟通，家长反馈说是因为孩子不接受家长管理，边微信聊天边写作业，作为惩罚才不送的。

了解了情况，我又和小彬单独沟通，使孩子认识到自己学习习惯上以及和家长沟通方面的问题，得出给妈妈道歉和写作业时把手机放在家中公共区域的解决方法。之后，我又单独和小彬妈妈沟通，告知孩子提出的解决方案，征求其意见，并邀请妈妈正常来接孩子，顺便进行三方会谈。在缓和他们亲子关系的同时进一步坚定学生养成良好学习习惯的决心。后来，我又追踪了孩子的执行情况，反映良好，孩子写作业的效率也提高了。

第三，关于个别学生的沟通合作。

对于成绩不理想，习惯不太好的个别学生，其家长经常被动参与家校合作，甚至不愿参与。这种情况，我采取正面鼓励为主的沟通形式。

个别学生在校有良好表现时，及时给家长发私信，通过图片、语音，让家长看到孩子的进步，同时还在班级微信群里点名表扬，增强家长和学生的荣誉感。学校公众号发布的学生活动的相关文章，我也会单独转发给这些学生的家长，增强家长和学生的成就感。有时，我看到一些教育类文章，特别适合某个学生，我还会转发家长。经过这样的沟通，我与家长间积累了积极的情感体验，使得一些不愿进行家校沟通合作的家长也慢慢积极起来，学生的习惯、成绩也有所进步。①

家校沟通是家校之间信息和情感的互动过程，家长和教师通过语言、文字等载体将信息传递给对方，以增进情感，增加了解，改进学校教育和家庭教育②。家校沟通对于教师和学校教育非常重要，只有通过有效沟通才能实现来自家庭的教育支持，获取学生成长的更多有效信息和促进教育工作。对于家长而言，只有通过与学校的有效沟通，才能全面了解学生的在校情况，获取更多的教育知识和信息，及时改进家庭教育。有效的沟通能够增进彼此情感，凝聚人心，增强家校合力的动力。家校沟通的主要策略有：

1. 教师要以听者为出发点，力求家长明白。学校和教师必须站在家长可以接受的立场，对孩子的行为举止的描述、归因分析以及教育对策都能够以家长可以理解的方式呈现，要尊重家长，学会分析家长已有的经验，不要简单否定，更不能用一些时髦的理论"忽悠"家长。

2. 了解真相，讲明事实，排除偏见。教师与家长说的话要有根据，不能凭空想象，更不能捏造事实，教师必须了解教育的现场，掌握一手材料。家校沟通中既要排除对学生的偏见，还要排除对家长的偏见，防止带有刻板印象，杜绝身份歧视。

3. 真诚交往。诚最能打动人，以诚相待是人际交往的基本原则，沟通的真诚性表明教师要真心从家长的立场出发，理解家长的感受，并将这种同情心传递给家长，获得家长的理解、支持，真心为解决问题而展开对话。教师要耐心地听、全面地听、深入地听。要直面问题，帮助家长解决育人问题。

---

① 案例提供者为北京教育学院朝阳分院附属学校李蔷。
② 洪明．交往视角下的家校沟通 [J]．少年儿童研究．2020．(12)．

4.选择正确的沟通方式。沟通方式很多，有公开的沟通，有私下的沟通；有借助电话、网络的沟通，有面对面的沟通；有一对一的沟通，有一对多的沟通；有正式沟通，有非正式沟通；有直接沟通，有借助第三方（代理人）的沟通。一般来说，与家长沟通还是应以即时性直接对话沟通为主，其他方式方法为辅。方法的正确与否关键看适用性，要能够解决问题。日常问题通过电话、微信等即时性沟通即可，这也是家校双方都喜欢的方式，因为省时便捷。但重要的问题还需要见面沟通，必要时甚至需要通过专门家访或访校进行沟通。在沟通时教师要学会处理好自己的情绪，既要缓解家长的情绪，更要避免自己的情绪化，对于不易对付的家长更要有策略，先解决情绪再解决问题，态度温和立场坚定，不与家长斗气。①

四、家校沟通的艺术

家校沟通不畅通既有学校和教师的因素，也有来自家庭和家长的因素。双方教育立场上的差异是导致沟通障碍的主要原因，家长站在自己与孩子的立场考虑问题，教师从公正和集体的角度考虑问题。实践中，一方面，部分班主任把沟通简单化，出现向家长告状，把教育责任推给家长或者和家长沟通只谈学习成绩不谈品德教育等情况；另一方面，部分家长对孩子疏于管理，对家庭教育的责任认识不足，认为教育孩子是学校和班主任的工作，而忽略了学校教育和家庭教育的合力作用，给班主任与家长的沟通增加了难度。因此，教师在与家长沟通中要讲究沟通艺术，用充满艺术的沟通来争取家校合力发生的最大化。具体方法有：

1.以爱为桥梁，爱学生是与家长成功开展沟通的基础。"教育技巧的全部奥妙在于如何爱护学生。只有对学生充满爱的教师，才可能教育好学生"，关心每一个学生，爱护每一个学生，帮助每一个学生是教师工作首先要做到的、要坚守的原则。班主任与家长沟通的过程中，表达对学生的关心与爱，就能够接近与家长的距离，提升家长对班主任的信任，让沟通成为可能，基于爱，家长会愿意倾听班主任的话，愿意表达自己的想法。

2.关于抓住契机，培养"沟通"习惯，取得家长和学生的信任。"经常（随时）看见学生的好"是班主任打开与家长沟通的钥匙。班主任每天与学生接触、交流，班主任在日常与学生交流的过程中要细心观察学生的变化、状态、感受，及时把这些信息与家长进行交流，尤其是学生遇到困难而不局限于学生表现不好时，把学生好的变化与家长分享，把学生的需要转达给家长，这会增进家长与学生对班主任的信任。平日有沟通的习惯，在遇到特殊情况时，班主任与家长的沟通方能顺畅。

3.用专业能力赢得家长的信任。班主任要借助家长会、微信平台、开放日等活动中用自己的专业能力赢得家长的信任。班主任可以表达自己的教育理念、专业特长、取得

---

① 洪明.交往视角下的家校沟通[J].少年儿童研究.2020.(12).

的成绩等，让家长放心地把孩子交到自己手上。

4. 坚守"平等"原则，真诚交流，把握分寸。班主任接待家长要热情周到，用商量与建议的口气与家长沟通，态度真诚，语气真诚，表达简洁，不用有色眼镜看待家长，尊重每位家长。

5. 经常给予学生和家长赞扬和鼓励。班主任与家长交流的过程中，不仅要注意表扬学生，还要及时肯定鼓励家长良好的教育方式，对待孩子的良苦用心。面对学生的问题，也尽可能先谈学生的进步与变化，再谈及需要改进的进步，家长会更愿意探讨解决方法。

案例分析

正确实施与不同类型家长的沟通方法

赢得了家长，教育就成功了一半。班主任与家长应该是两只握紧的手，相互配合，默契合作，从而实现"湖光秋月两相和"的境界。

一、双方提高对家校沟通重要性的认识

（一）更新家教观念，增强沟通主动性

老师与家长沟通的内容无外乎是"头疼医头、脚疼医脚"。这样虽可以第一时间解决问题。但对于班主任与家长沟通的内容应拓展到更新家长的家庭教育观念上，这是"治标又治本"的方法，也会为学生后续的学习打下良好的家庭教育基础。

（二）双方均需尊重孩子独立人格

孩子是发展中的人，是具有无限潜能的。不能把孩子仅仅当作自己的私人财产，由着大人的想法去安排孩子的生活和学习。而要把每一个孩子看作是独一无二的世界，要尊重孩子的意愿，根据他的个性，引导他成长，使他成为最好的自己。

（三）新时代呼唤新的家庭教育理念

由于现代科学技术的迅猛发展，家长们可以轻松地通过微信、电视、书籍、报刊等获得家教知识。但如果缺乏系统的分析和内在的联系，就会导致家长在教育上存在着盲目性。这就需要老师对家长进行有针对性的家庭教育指导。

二、拓宽各种沟通方式，提高沟通灵活性

（一）融合多种沟通方式

班级中，总会有些在行为习惯等方面问题较为突出的孩子，与这部分孩子父母沟通时就不能用单次沟通或一种沟通方式，需要融合多种沟通方式，引导父母从孩子的角度看待问题，与其一起通过长期的、多次沟通才能将问题迎刃而解。

（二）丰富家长会沟通内容

家长会可以不拘泥于固定的形式，只要给家长们一个能够畅所欲言，为孩子们的素质教育建言献策，与班主任共商教育大计的交流平台即可。班主任要珍惜召开家长会的难得机会，让家长认同并全力支持学校和班主任的教育理念，使家庭教育真正与学校教育形成合力。

（三）利用网络增加沟通频次

目前，微信或电子邮件等网络沟通方式的应用越来越广泛。班主任老师应充分利用网络沟通方式，通过建立"微信群"，更广泛地倾听家长的心声，征求家长的建议，让它成为班级管理的"军师团"，实现实时互通互联。

三、正确实施与不同类型家长的沟通方法

（一）"滴灌"严阵以待型家长

这一类型的家长是最容易沟通的，他们为了孩子的成长，已做好充足的准备。只是这"准备"里有些不恰当的成分。如果我们老师能够真诚地帮助家长指出在教育孩子时的不当之处，并提出合理化建议，这一类型的家长会积极配合并及时转变教育观念，改变教育方法。

（二）"旁敲侧击"孩子隔辈人

1.可以采取"借力"的方式，让孩子的家长充当问题的调解员。

2.面对情绪激动、自觉有理的隔辈人，要耐心地倾听老人的讲话。

3.要善于观察，对于需要帮助的老年人一定要伸出援助之手。

（三）主动联系不善言谈的家长

有些"怕"老师的家长，与老师接触会心慌、胆怯、不好意思。越是碰到这样的家长，老师就越要热情，主动，创造宽松、自然的聊天氛围，让家长慢慢习惯与老师的沟通。当真正遇到问题时，这类家长才会主动与老师联系沟通。

三、正确实施与不同类型家长的沟通方法

（一）"滴灌"严阵以待型家长

这一类型的家长是最容易沟通的家长，他们为了孩子的成长，已做好充足的准备。只是这"准备"里有些不恰当的成分。如果我们老师能够真诚地帮助家长指出在教育孩子时的不当之处，并提出合理化建议，这一类型的家长会积极配合并及时转变教育观念，改变教育方式方法。

"严阵以待"型家长，可以通过对孩子在校表现的陈述，让他看到老师对待孩子的耐心，以及"慢教育"的精髓。家长也通过对孩子的观察，积极改变自己心态，转变教育观念。从孩子的角度出发，遇事先与他商量，倾听他的看法。这样不仅锻炼孩子的独立自主精神，也使孩子与家长的关系更加融洽。

（二）"旁敲侧击"孩子隔辈人

由于年龄差距较大，与孩子隔辈人的沟通让老师们感到有些棘手。他们往往比较主观，对孩子存在溺爱心理，所以遇事不能客观地分析与处理。班主任老师在与老年人的沟通时就要格外地讲究方法。

1. 我们可以采取"借力"的方式，让孩子的家长充当问题的调解员。这种方式，老年人容易接受，也更容易认识到自己的不当之处。

2. 面对情绪激动、自觉有理的隔辈人，要耐心地倾听老人的讲话。即使老人有什么地方做得不对，也要以一宽容之心来对待。倾听是最好的沟通方式，它可以缓解当事人的情绪。

3. 我们的老师要善于观察，对于需要帮助的老年人一定要伸出援助之手，让父母不在身边的孩子感受到更多的关爱。

（三）主动联系不善言谈的家长

往往有一些这样的家长，他们有些"怕"老师，与老师接触会心慌、胆怯、不好意思。越是碰到这样的家长，老师就越要热情，主动，创造宽松、自然的聊天氛围，让家长慢慢习惯与老师的沟通，当真正遇到问题时这类家长才会主动与老师联系沟通。①

讨论交流

概括本案例中谈到的家长沟通的原则与方法。

_____

_____

_____

总结反思

通过本主题学习，我们了解了家校协同育人的重要意义，明确了家校协同的关键在于家校沟通。家校沟通的前提在于理解差异，尊重不同。在家校沟通中，教师需要明确沟通是双向进行的，既要真诚地表达自己，也要耐心的聆听家长诉求，在平等对话基础上达成教育共识。本主题案例也从班主任视角全面介绍了对于家校沟通的原则与家校沟通的基本方法，在实践中教师可以尝试运用加深理解。

---

① 案例提供者为北京市和平街第一中学薛晓玲。

主题四　在人际交往中实现和谐共处

⚑ 学习目标

通过本主题的学习，学习者能够：

1. 了解和谐师生关系构建的意义；
2. 明确和谐师生关系建设的基本原则；
3. 掌握师生沟通的基本方法。

苏联著名教育家克鲁普斯卡娅说过："教育的本质就在于建立个人与集体和社会这种实际联系的关系和体系，以保证个人的社会化。"学校教育形成的人际关系中，师生关系是教育活动中最基本、最重要、也是最活跃的人际关系系统。教育的基本职能就是要构建一种新型的师生关系，以利于学生在和谐、愉快的氛围中健康成长。

一、和谐师生关系构建的理念

班级建设是一项专业性的教育活动，其教育目标更直接地指向"育人"，其主要的教育方式是现实中最直接的人际交往，其教育思路是让个体精神生命在群体交往中得以发育和成长。作为班主任，需要高度意识到人际交往互动的重要性和功能，互相理解尊重、有效交流沟通、和谐健康的班级能促进小学生自我意识形成，社会能力养成和多元高效学习。同时更应当在学生自己真实的交往经历和成长体中，通过一些有效沟通、展示对话、角色扮演、换位思考等各种方法策略，培养学生的人际交往技能、启发学生的人际交往智慧，为学生未来能够更好地发展自我和适应社会打好基础。

▤ 案例分析

有效沟通 架起师生和谐交往桥梁

班主任这项工作取得成功的最主要的一个环节就是和学生建立协调、融洽、相互信任、相互理解、相互配合的良好的师生关系。作为班主任能及时与学生沟通，得到学生的支持和配合，对学生综合素质的提高尤为重要。

一、身正为范 赢得威信

一般来说，学生对于班主任相比其他老师要更多的敬重，班级大小事务都会看到班主任的身影。但是我们不能忘记这份敬重开始是建立在你是班主任身份的基础上，如果抛开这个身份，你是否能够凭借自身魅力赢得学生的信任和爱戴呢？

举个简单的例子，在我刚刚接手班级的时候，鉴于吃零食的现状，我明令禁止学生携带零食到学校，并制定了详细的惩处规则。学生在我各方面的宣传之下，都不再带零食到校。然而没有几天，吃零食的习惯去而复返，令我迷惑不解。后来追问才知道：因为同学们看到我在办公室吃零食，觉得老师能吃，自己为什么不能吃呢……反思自己把自己当成班里的局外人。在第二天班会课上，我主动检讨了自己的错误，按照班级公约上的处罚条款，为班级倒垃圾一周以示惩戒。

二、选择良机 事半功倍

教育的机会是稍纵即逝的，只有敏锐地把握住它才能将教育的效果最大化。特别是与困难学生的交流，不能只数落学生的缺点，更不能讽刺挖苦，而是要选择切入点。

我班上有个小H，生性机灵，但是自制力太差，常影响别人。有一次我气急，想找他家长的时候，他瞬间流露出惊慌的神色。后来我才知道他父亲早亡，母亲在外上班，他平时与爷爷居住，家人怜他，都让他三分。了解了这个情况，我决定对他进行家访。在倾听了家人的苦衷后，我记录下了他的情况并帮助他们一起寻找问题的症结。在对他们的困难表示充分理解的基础上诚恳地指出了家庭教育的优点和缺憾。这次家访我们达成了协议，在家里对小H严格要求。我在学校则请了一个文静女生负责他学习。双管齐下之下，小H浮躁的性子逐渐收敛，上课能够认真听讲不再违反课堂纪律了。

三、公平竞争 给予信任

班干部的培养对于班主任是一项首要工作。现在的学生在家多被溺爱护短，学生受挫力减退。为了提高班干部的受压力，开学初由我任命临时干部，一个月后通过匿名投票进行民主选举。一个月的考察期，他们在这段时通过自己的表现实现自己的价值，尽管是摸着石头过河，却锻炼了能力。有一次上班会课，我故意迟到十分钟，考验班干部的突发事故处理能力……过关者给予表扬，没过者给予指正。给予了信任，班干部的能力日益提高，才能真正减轻班主任的压力。

四、轻重有别 因人而异

在处理班级行为规范方面，班主任面对的学生形形色色，要因人而异。对于性格强硬的学生，不能与他逞一时之勇，只能以柔克刚，摆事实讲道理，先礼后兵。同样一件事情不同的人要根据情况有不同的处理方法，只要能达到同样的教育目的，不必过于拘泥。我们要以科学的教育观教育影响学生，只有用自己的教育艺术和人格魅力来影响学业生，工作效率才会事半功倍。

五、多方沟通 网络互动

现在的学生，很多都有手机。我建立一个学生微信群。在微信群中，我允许学生用匿名畅所欲言，不用怕得罪老师，真实地表达自己的想法。刚开始学生忌惮我是班主任还不敢有大动作，到后来看我也和他们讨论问题后，开始畅所欲言，面对问题和争议发言辩论，很多问题通过这个媒介辨清了。师生之间沟通的内容越来越深入，越来越全面，对于促进班级管理引导班级舆论起到了积极的作用。

班主任工作的出发点与归宿是学生。班主任要切准学生的思想脉搏，做好学生的思想工作，处处做"有心人"和"知心人"，达到师生心理相容，思想相通。[①]

讨论交流

师生交往的理念是什么？师生沟通过程中在注意什么？

___

师生关系是学校空间中最基本、最重要、最活跃的一种人际关系。师生关系状况的好坏直接影响着教育活动的背景和情景，影响教学活动正常开展和教育教学目标的实现。

1. 民主与平等的理念。心理学家勒温等人曾研究过专制型、民主型、放任型三种类型的师生关系。教育实践表明：民主型的师生关系是师生和谐、融洽的基础，师生关系的民主平等体现了师生相互尊重、平等对话、相互接纳、一视同仁进行交往的关系。这种关系要求教师在实践中有平等待人的态度、平易近人的作风、和蔼可亲的姿态。如在师生相遇时，传统观点认为学生先打招呼才是对教师的尊重，其实教师主动向学生打招呼，更能体现出教师对学生尊重平等的态度，使学生感受到教师的和蔼可亲和平易近人。可以说，民主理念和生本理念既是和谐师生关系建构的基石，也是新课程改革的基本要求。

2. 以人为本的和谐理念。以人为本就是把人作为教育活动的出发点和归宿。当前，我国普遍存在着教师中心主义和管理主义倾向的情况，要强化对人性的尊重，提倡以人为本的和谐理念。首先，以人为本要求教师热爱学生，尊重学生人格，关注学生丰富的内心世界和个性化的情感表达方式。在教学过程中，要关心那些被遗忘的、不爱学习的"后进生"，并对这些学生采取不讽刺、不歧视、不冷落的态度，给予或提供利于他们提高成绩的机会。其次，要鼓励学生敞开心扉，自觉与教师平等对话，大胆发表自己的看法。如在教育过程中，要关注那些安排在"非重点"区域的学生，帮助他们克服自卑心理，帮助他们主动融入班集体。新时期，以人为本的和谐理念，新型和谐师生关系

___

[①] 案例提供者为北京市芳草地国际学校世纪小学李萌。

的建立，既是新课程改革的前提和条件，也是新课程改革的内容和任务。①

二、和谐师生关系构建的策略

案例分析

尽所能，给予爱

——班主任如何与学生沟通

我们正处在一个高速发展的社会，在经济、科技、物质的快速变革之下，社会关系也发生着悄然的改变，出现了很多独特的社会问题，对教育影响最显著的是学生家庭关系的改变。比如离异家庭、重组家庭、两代独生家庭，这些家庭问题给孩子造成了很多的创伤。一些家长本身自己还不够成熟，缺乏责任感，疏于对孩子的管教，甚至有些独生子女家庭直接推给祖辈去抚养教育孩子，孩子长期处在非合理的家庭教育环境里，导致心理、价值观出现了偏差，这为教师的教育带来了崭新的挑战。

然而无论什么时期，对孩子的正向引导、正向教育、正向感情输出都是十分重要的，在小学阶段，由于学生的心智发展尚未成熟，心灵较为脆弱敏感，因此更需要通过及时沟通来疏解内心的迷茫以及不安。班主任与学生的情感沟通，既是语言艺术，又是一种教学态度，但归根到底是育人观。如果抱着一种为社会培养合格人才，为学生服务的信念，关爱每一个学生的态度，那么一个班主任一定会以平等的身份与学生沟通，沟通一定会取得良好的效果。

一、用爱正向引导自己

我们经常会见到这样的学生：他们敏感易怒，不愿服从、脾气暴躁，出言不逊，反抗强烈。相信这些学生会让每一位老师头疼，但是我们应该清楚地看到，这不是因为时代变了，学生不尊重老师了，不是这届学生不好带了，这背后，有深刻的社会原因。八零九零后的父母普遍学历不高，孩子又生活在高速发展的上世纪末，自然对教育和知识相当尊重。反观八零九零成为父母之后，因为普遍学历较高，思维开放，因此不愿意被束缚，这种影响自然会传递到他们孩子上，如果我们还按照过去的教育方法，是一定行不通的，因此我们必须从实际出发，从当下出发，改变我们的教育思想，改善我们的教育方法。

二、用爱发现天使的心

我有一名叫小西的学生，从小经历了父母分居，家庭祖辈的溺爱以及父母离异。一

---

① 陈琼珍.场域理论视角下和谐师生关系的建构研究[J].中小学班主任.2021.(10).

系列的家庭变故，造成孩子行为偏执，性格暴躁。对待同学动辄拳打脚踢，同时性格消极散漫，不仅影响了自己的学习，也影响了班里其他的同学。小西的行为逐渐被周围的老师和学生反感，普遍认为他不是一个好孩子，越来越疏离他，这种恶性循环下，小西的性格更加暴躁。

一次，小西因为同学分零食没有给他，又开始大发雷霆，为了避免事态扩大，我把他叫到办公室，塞给他一大把糖果，让人意外的是，小西那双已经气红的眼睑，瞬间变得温柔，并且开始微笑，那一刻我意识到，小西并不是一个"无药可救"的孩子，他也希望被承认，被老师和同学喜欢，但是因为家庭教育的因素，他缺乏与他人沟通的方法，他缺乏被关爱。

常言道：人之初，性本善。每个孩子都是天使，只是他没有得到他应得的那份爱，我们不应该让一个幼小的孩子去承担家庭所带来的负担以及父母教育偏差的恶果。孩子扭曲的心性，恰恰是他没有安全感的表现。而我们作为老师，所做的就应该是尽量弥补孩子在家庭中的感情缺失，用爱润滑孩子的心性。给每一个孩子希望，给每一个孩子回归社会的机会。

三、用爱去破冰沟通

在此之后，我就仔细观察小西这个孩子，我发现虽然他很叛逆，但是却爱看书，在他看书的时候就像换了一个人似的，为此，我专门看完了他爱看的《淘气包马小跳之贪玩爸爸》，并抽空就和他交流读书心得，不知沟通了多少次，忽然有一天，小西让我出乎意料地主动问我："老师，您知道我为什么喜欢马小跳的爸爸吗？"我们眼神相对说道："因为他的爸爸有童心。"小西马上心有灵犀地深深点点头。他非常高兴地和我分享书中的情节，谈到兴奋之处，兴高采烈，那个样子，完全看不出是一个喜欢捣蛋的孩子。之后我也会介绍他看一些书，长此以往，我们在读书的问题上，交流越来越顺畅，感情也变得更加浓厚，我们成了无话不谈的朋友。

每个孩子都是天使，只是有时候我们没有发现他天使的一面，每个孩子都渴望被爱，因此我们在与这些孩子接触时，要懂得如何与他们沟通与交流，放下自己老师的架子与他们平等相处，这样，才能看到孩子真实的一面。

新的社会，为孩子的成长带来了很多新的问题，而作为一个教育者，我们需要与时俱进，分析社会、家庭的变革为孩子所带来的问题，这不仅是职业要求，更是教师智慧。然而不管时代如何变化，孩子，永远是世上最基本、最单纯的个体，他们非常需要关爱，非常需要被关注，非常需要被关心，在这个需要培养他们完整心智的重要时期，让我们付出更多的智慧去爱，去陪伴，去走进孩子的心灵吧！[①]

---

① 案例提供者为北京市陈经纶中学保利小学陈明杰。

讨论交流

案例中良好师生关系构建的策略与方法有哪些?

1. 树立正确的新型师生观。树立正确的师生观是构建良好师生关系的前提。由于时代在发展,师生关系构建与维系并不完全由文化资本的占有和知识的传授所决定。以往教师通过绝对的文化知识权威所建立的师生关系在现代技术面前将变得脆弱,所以教师在教学过程中要与时俱进,树立以生为本、以人为本的新型师生观。在具体教学实践中,要多用发展的眼光看待学生、用爱的行为对待学生、用多维的视角评价学生,并经常给学生一些鼓励、掌声和喝彩。教师只有认识到这一点,才能加强师生间心灵的沟通和情感交流,并由此焕发出建立良好师生关系的动力和行为。

2. 养成尊重和接纳学生的习惯。习惯是场域主体感知、行动、思考和行为的"性情倾向系统"。学生群体存在广泛的、不同种类的惯习,表现在学生个体兴趣爱好、叛逆思想与幼稚举止行为等方面。这些惯习有的是积极正向的,但有时又是缺乏理性和规训的。但无论如何这些惯习是他们天性使然的表现,符合年龄特征和成长发展的逻辑,应该得到理解与认真对待。如一些学生经常有嬉戏打闹、课堂好动的天性,一些学生存在对现代网络过度依赖或追剧的不良惯习。怎么办?教师应养成尊重和接纳学生一切惯习的意识,同时要培养对学生不良惯习行为进行积极引导与行为重塑的惯习。只有这样才能实现一个互相尊重和包容为基础的场域主体间的新型关系。

3. 归还学生主体的话语权力学生的话语权始终是学生天赋的、自然的权利。提倡把学生的话语权还给学生,体现了学生在学校场域中的主体地位。要归还学生话语权,教师就不能再任意使用话语霸权,尤其在语言表达上要克服命令、专断、不容置疑和没有商量的话语霸权现象。所以在教学实践中,教师不能再一言堂式地占用课堂时间,不得采用填鸭式、满堂灌的教学模式。教师教学中要经常提出问题,尽量允许并满足所有举手学生回答问题的愿望。教师要鼓励大多数学生参与问题讨论,营造一个属于师生双方的共同语境和师生良性互动的场景。只有学生愿意发言并参与讨论,只有当沉默的大多数变为言说的大多数,自由、民主和充满生命气息与创造力的课堂活动。才会真正呈现。

4. 关注并倾听每一位学生的诉求。在传统教学活动中,教师们习惯于群体焦点的行动原则,采用千篇一律教学行为完成教学进程,以提高教育活动的效率。但带来的问题是教师很难认真倾听每一位学生的声音,很难因材施教并照顾每一个学生的感受。所以教师在运用群体焦点原则的背后,还应有对学生差异的理解和尊重,并关注倾听每一位学生的诉求。例如,课堂上教师教学时要有意识地等待、停留,以观察不同学生的反应，给不同层次学生留出更多思考时间；采用一种非介入中立型倾听方式，用微笑维持与学生交流，用微笑表明对学生诉求的关注。事实上，倾听是教师工作最基本的要求，教师有责任去倾听、理解和呼应学生从内心深处发出的声音，有责任抓住师生活动中那些不可重复的瞬间，因为师生关系的改善机会往往就蕴藏在无数个瞬间倾听与无意识的关注中。

5. 增强师生交往的空间与意识。教室、办公室都是师生间交往的场域，应尽可能地改善这二者的空间环境以增强师生主动交往的机会。如教室中，桌椅的排列既要有利于学生的人际交流，又能方便教师快速接近所有学生，以拉近师生间距离，增加师生近距离接触的机会。同时，教师还要善于利用空间场景转化，增强师生交往的效果。如表扬小学生时，可以在讲台上口头表扬或让学生上台领取一朵小红花。而表扬高年级学生，则更多的是在课后给他们一些学业和情绪上的关心和支持，让学生感受到被重视。同时，教师还要有在走廊、办公室与学生交流的意识，因为一些貌似随意、非正式的课间交流可以快速拉近师生间的心理距离，让学生在非课堂空间里也能感受到教师的真诚和温暖，助力和谐师生关系的形成。①

简言之，沟通是一门艺术，教师要对其不断进行钻研掌握方法，师生沟通要充分展现民主，要充分发挥语言魅力、要充分倾注爱心，在良好沟通相互成就，实现共赢，促进学生全面发展。

三、师生有效沟通的技巧

📋 案例分析

巧化个别学生挑衅 共建和谐师生关系

"挑衅"在《现代汉语词典》意思是："借端生事，企图引起战争和冲突"，学生挑衅表现为起哄或顶撞教师，教师面对学生此类"挑衅"时，处理不当可能会激化师生矛盾，因此教师必须冷静的思考、因势利导，有效沟通巧妙化解个别学生挑衅，建立和谐师生关系。

一、巧言化戏侃

学生挑衅表现之一是调侃起哄。面对此类挑衅，教师不必大动干戈，只需要巧言化解尴尬即可，因为此类挑衅侧面反映出教师平日的"纵容"。我作为班主任兼数学教师，总是不经意的被相处六年的学生"挑衅"调侃。例如我的名字带有聪聪，数学例题也有

---

① 陈琼珍. 场域理论视角下和谐师生关系的建构研究 [J]. 中小学班主任 .2021.(10).

一位总是犯错误的"聪聪"小朋友，这时一个学生调侃说："聪聪也太笨了吧？怎么老是算错。"引来一阵起哄，其实我很清楚他们在"挑衅"我，我则轻描淡写地说一句："可不是，因为最聪明的聪聪站这里教你们呢。"同学们哄然一笑，此后再无人起哄。有时在课堂中轻描淡写的一句幽默话语，不仅轻松化解我的尴尬还活跃了课堂气氛。

二、换位思考解冲突

学生挑衅另一种表现是顶撞教师。此类挑衅说明师生矛盾激化严重，亟需解决。曾经我班一名学生在科学课中从一开始的插话、不听讲到矛盾升级捣乱、撕卷子，发现后我及时和他沟通，他的叙述是科学老师只会呵斥他们，对他太凶，他不喜欢。首先我站在他的角度上理解他，表明多方了解科学老师确实过于严厉，先替科学老师和他说一声抱歉，随后问他遇到他看不惯或不喜欢的人，不交流直接捣乱解决行不行？他沉默了，"小不忍则乱大谋"，同时也和他沟通交流了科学老师的想法，跟他约定如果每次科学课都能有进步，与科学老师一起给予他特有的奖励，慢慢的从5分钟到10分钟到40分钟他可以不扰乱课堂，认真完成科学任务，能心平气和地与老师沟通解决。当学生出现顶撞挑衅，教师要换位思考，了解学生的内心，反思自己的同时，也给孩子一些疏导自己情绪的方法。

面对以上这种个别学生挑衅的情况教师应做到以下几点：

1. 稳定情绪，冷静留白

面对挑衅，首先需要稳定情绪，因为任何的不良的情绪都会影响当时的判断。冷静"留白"，既给挑衅的学生留下情绪缓冲和认知反省时间，也为自己留下寻找应对策略的时间。

2. 换位思考，用爱感化

成年人的我们也在少年阶段有过各种不成熟的错误经历，学生挑衅教师最终可能还是会有"后悔"和"歉疚"，因此遇到学生挑衅，先换位思考，站在学生的角度看问题，慎重选择应对问题的态度及做法。用爱感化，给予学生必要的指点和疏导。

3. 严宽相济，恩威并施立习惯

作为班主任，不能总是让班级的学生挑衅自己，学生有有一学十的习惯，会有更多的学生慢慢的开始蠢蠢欲动，此时不仅仅是个人的浮躁而是涉及到了整个班级的氛围。此时教师就需要严宽相济，恩威并施，在班级中树立威信，让学生懂得尊师重道，同时注意与学生处于平等地位，培养学生良好的行为习惯，营造舒适的班级氛围，让学生明确享有自由和担负的责任及义务，这样互相尊重的氛围利于调整学生的心态，引导学生有礼有节便从源头上遏制挑衅。

4. 教师完善自己，经历变经验

作为新教师，在刚刚带班的过程中经常会手忙脚乱，而出现突发状况的时候容易手足无措，经验需要长期的积累，而为了提升自己减少这个积攒经验的时间，就需要教师更多的提升自己，多读一读书，也可以多向老教师请教，把他们积攒的好的经验付诸于自己的故事中，解决问题并且从中找到属于自己的丰富的经验。

总之，教师应先沉着冷静、控制自己的情绪，试着站在学生的角度看问题。对于学生的挑衅，没有哪个学生是无缘无故的，教师需要先自我反思，并且掌握问题根源。对于每一个学生个体，教师要了解其独特性和差异性，对症下药，化解个别学生挑衅，建立和谐师生关系。①

讨论交流

案例中涉及的师生沟通的原则与方法是什么？

———————————————————————————

———————————————————————————

师生之间的有效沟通在学校中以教师与学生为参与主体、以环境为载体、以情感为纽带、以内容为基石、以技巧为手段所进行的信息与情感交流过程，其目标是因材施教，促进学生的全面发展。教师要有能力与学生建立良好的人际关系，在与学生进行沟通的时候，要注意沟通的方式与方法。

1. 全面了解学生，以情感为纽带，夯实师生沟通的基石。班主任要全面了解学生的情况，缩短彼此的感情距离，达到心理上的共鸣。师生关系应该是平等的、彼此尊重的。班主任首先应真诚地爱学生，多鼓励、多关注，帮助学生排忧解难，设身处地为学生解决实际问题。教师关心爱护学生，也会得到学生的关心和爱护，师生情感会更加坚固。

2. 学会专注倾听，以技巧为手段，提高师生沟通的有效性。心理学研究发现，每个人的心里最深处，都存在渴望别人尊重的愿望。作为班主任，要对学生进行有效的教育，就必须尊重学生，倾听学生的心声，了解学生的想法，在沟通中实现信息的交互与情感的联系。在沟通中教师是倾听者与引导者，要把握好表情、动作等体态语。要根据学生的身心发展规律与个性特征，选择不同的沟通方式，年纪小的学生，要多采用简明易懂的语言，而青春期的学生，则要选择成熟、风趣的语言与之沟通。

3. 欣赏赞美学生，丰富沟通内容，有效沟通促进学生发展。每个学生都希望得到教师的关注和重视，因此，当我们欣赏赞美学生时，他会油然而生一种被赏识、被重视的感觉，甚至会自豪地将这种感觉传递给他人，以最大的热情投入到学习中，学习成绩自然也会有所提高。当然，教师的赞美一定要发自内心，而且要说到点子上，让学生感到自己真的是受之无愧并倍受鼓舞。赞美需要有针对性，具体而明确，并且有创意。教师与学生沟通的内容要从学生实际出发、贴合学生实际情况，关注学生的个人体验，在与学生分享的过程中进行交流与指导。

———————————————————————————

① 案例提供者为朝阳区实验小学博约分校马聪聪。

4.选择恰当时机，以促进学生全面和谐发展为目标。教师与学生的沟通，要善于抓时机，师生之间不仅要实现信息的交互，还要实现情感的交流；不仅要开阔学生的视野，还要促进学生身心的健康发展；不仅要使学生理解并掌握一定的基础知识，还要激发学生的求知欲、创造欲等，促进学生各方面的和谐发展。比如：在与同伴相处发生矛盾时、在取得优秀成绩容易产生自满情绪时、在遇到困难难以克服时……教师要特别敏感，抓住每个关键的沟通时机。①

四、和谐关系促发展

爱与责任，让生命翩翩起舞

我是一位母亲，也是一名班主任。"母亲"与"班主任"，虽然是不同的角色，但面对孩子却有着同样的爱与责任。

一、案例背景

上操回来的语文课上，班里的一个女孩手拄着头，背靠着墙，呆呆的出神。我叫她的名字也是没有反应，在同学提醒下才恍然回过神来。她一言不发，只是低着头，我心里疑惑起来，这孩子怎么了？下课后看她作业本上寥寥数笔，所答非所问。我愈加笃定，这个孩子不对劲，怕是有什么心事，喜欢上了谁？被谁拒绝了？还是受到了排挤？高年级女孩子遇到的问题在我脑海里打转。

二、沟通了解

等到科学课时间，教室里只留下我和她，我问她：孩子你怎么了……她不语，就这样我们默然静坐了很久。我扶着她的后背，试图用掌心微微的热温暖她，让她觉得安全。就在一刹那，她的肩膀抽动，压抑许久的情绪突然释放，大哭不止，"我……我的世界天塌了……我爸爸病了，要做手术……今天……心脏手术，我不知道……我不敢想……"

她大哭过后，稍稍平复了心绪。告诉我：妈妈这几天都在医院，家里只有她和弟弟，已经好几天了。一个10岁的女孩白天上学，等待着被命运宣判未来。晚上照顾着7岁的弟弟吃饭和学习，她在夜里是怎样入眠，在我们看不到的地方，那个小小的身影，又不知嘤嘤哭泣了多少回。

等她去上课后，我就电话联系了她的妈妈确认，她正在赶往医院的路上，她说：她们家的世界天塌了……此时任何的语言好像都显得乏力，我告诉她要相信现在的医疗科技，更要相信孩子的父亲会一如既往的坚强！

正好过两天就是女孩11岁的生日！于是我准备了元气巧克力，鼓励她恢复元气。全班同学为她过生日，你一言我一语，我们都在她的身边。就这样，日子一天天过去，

① 宗梅.师生有效沟通的技巧 [J].广东教育综合版 .2018.(06).

她的父亲渐渐度过了危险期，女孩的学习和生活也渐渐恢复如常。

一个月后第六单元父母之爱的口语交际课上孩子们分享着爸爸妈妈为自己的用心良苦。她举起了手。我很意外，分享这段经历，是需要极大的勇气的。她哽咽着说："从来我都以为爸爸妈妈是会一直照顾我们长大，直到爸爸手术那一刹那，我太害怕了，我从来没有想过他有可能会永远离开我。"

面对着眼前这个孩子，我瞬间觉得自己很渺小，作为老师好像此时无法安慰她，因为她经历的一切我都没有经历过，那么痛的领悟远比我要深刻。我努力回想着自己生活里最孤独无援的日子，紧紧拥抱着她。那时那刻，班里孩子们纷纷泪如雨下，瞬间大家仿佛都长大了。就连我也是一样，作为老师虽然很渺小，我能做的只是用爱再多看到一个孩子，用责任再多觉察到一个微小变化，并尽一份绵薄之力帮助他罢了。

三、爱与责任的守护

抓住指导学生项目研究的契机进行语音家访，与每一位家长进行沟通，了解其需求和学生在家生活学习各方面的状态，了解学生的兴趣、特长。随着项目研究的推进，我发现了平时上课很少举手发言的小米酷爱手工，她录制了给布娃娃设计和制作衣服的小视频，发起个人微项目研究《变废为宝》，教大家怎样旧物改造、如何设计制作防病毒口罩、如何制作小人偶讲《三打白骨精》的故事……这个孩子的状态变得更加开朗，眼神里闪烁着自信的光，家长也找到了帮助孩子的方式。后来小米参加了朝阳区的创新性学习成果的申报，获得了银奖。而在我们班这样的变化还悄悄地持续地在更多的孩子身上发生着。小薛同学从很小的时候就听大人们说故宫里有很多神兽，长大以后逛故宫就更喜欢遍布故宫各个角落却很少有人注意的角兽和脊兽们。后来在《故宫里的大怪兽》系列丛书的项目阅读中进一步认识和了解这故宫，于是通过直播带大家走进故宫怪兽的前世今生，他携挚爱的大怪兽们一起获得了朝阳区社会大课堂学生学习成果评选的银奖和朝阳区创新性学习成果的金奖。

在学校，与学生接触最频繁的是班主任，爱与责任的细节里，都能给学生以积极的心理暗示，成为学生仿效的榜样，进而产生"无声胜有声"的独到效果，让每一个生命在"云端"翩翩起舞，绽放独特的美！①

学校的根本任务是立德树人，建立和谐师生关系最终目的是使学生得到全面的发展。

和谐师生关系有助于营造一个良好的学习氛围。班主任在进行班级管理的过程中，通过有效的沟通和交流，给学生营造一个良好的学习氛围，促使学生受到氛围的潜移默化，主动参到学习中。在和谐师生关系下，通过师生之间的沟通和交流，多给学生鼓励和尊重促使学生明确自身上存在的问题，激发学生积极主动参与到课堂学习中。他们就会获得向上的动力源泉，学会自信、自立、自强。创造机会，让学生当家作主，积极参与，展示自己、提高能力、全面发展。

---

① 案例提供者为北京市呼家楼中心小学许洁。

和谐的师生关系有助于促进学生的全面发展。在班主任的日常管理中，了解每个学生的社会家庭背景、个性差异、兴趣爱好、心理变化等特点，通过和谐师生关系的营造，学生感受到来自班主任的关心和尊重，有助于唤醒学生的自信心、积极乐观的品质等，进而促使学生身心健康全面发展。爱是教育的灵魂，只有热爱学生、关心学生，才能正确对待宽容学生所犯的错误。

和谐的师生关系有助于引领学生树立正确的人生价值观。通过和谐师生关系的营造，使得学生在日常生活和学习中，更加关注和尊重班主任的行为习惯、品德等，促使学生在潜移默化中形成良好的思想道德观念，并树立正确的人生价值观。

和谐师生关系的构建也需要与日俱增。新型师生关系需要师生彼此间情感的体验、精神的交流和心灵的沟通。新型师生关系强调"生命共在"中的"温情的陪伴"，守护、守候、守望、陪护，陪伴学生"形成自我同一性"，塑造"完整的人格"。新型师生关系中，教师是成熟的对话者，对话是师生彼此理解的过程，是彼此精神世界的敞开和彼此接纳。教师是纯净的摆渡者，把每个学生摆向"成功的彼岸"，使每个学生成为能够创造幸福的人。

赞科夫曾说过："学生对教师给予他们的好感，反应是很灵敏的，他们是会用爱来报答教师的爱的。"所以，是否具有融洽的师生关系取决于学生是怎样看待自己的教师的。如果班主任从"我和他"转变到"我和你"，以"温情的陪伴者""成熟的对话者""纯净的摆渡者"等角色呈现在学生面前，师生将心理相容，师生间实现的也将是"我"和"你"精神上的相遇，形成真正平等的"我和你"的关系。①

总结反思

通过本主题学习，我们加深了对于"好的关系就是好的教育"的理解。认识到良好师生关系、家校关系、生生关系是一切教育影响力发生的前提。和谐师生关系的构建需要爱、理解、尊重、关怀。同时，本主题案例也进一步总结和梳理了通过良好沟通处理师生关系的方法。在实践中，我们将面对各种各样的情境与各种类型的学生，因此，和谐关系的构建没有一定之规，需要我们在明确沟通目标，坚守沟通原则，掌握科学方法的基础上不断摸索总结经验，不断提高"好关系"的建构能力。

---

① 胥明豪．新型师生关系的构建 [J]．江苏教育．2016.(10).

附　录

附录1

新任教师教学技能训练指导标准

一、教学设计技能

技能定义：教师根据教育教学原理，通过对课程标准、教学内容、学生情况的分析，为制定教学目标，选择教学策略，设计教学活动而采取的一类教学行为。

教学设计技能——1～3年新任教师教学技能训练指导标准

技能要素	训练指导标准		
	合格	良好	优秀
课程标准	说明本节课和课标之间的关系	指出课标在本节课中的具体落实	明确课标对本节课的指导作用
教材内容	正确分析教材的关键内容、教学重点，分析教材中的教学建议和隐含的教学设想	说明该内容在单元教材中的前后联系，在整个学科或整册教材中的地位	关注学科核心素养，能够将知识置于某一个知识或能力框架内进行解读
学生情况	有对学生认知结构及已具备知识技能的分析	有对学生年龄及认知特点的分析，指出了实现教学目标的困难点	学情分析准确、具体、全面，且有一定证据支持
教学目标	目标表述规范，指出教学重点、难点	目标定位准确（在学生最近发展区），有对教学重点、难点的说明	教学目标简明扼要具体，有可操作性和可检测性
教学策略	教学方式方法具体	有针对把握教学重点、突破教学难点的设想和方法	教学方式方法恰当、合理，符合学生认知规律
教学活动	教学活动能够实现教学目标，形式多样，能激发学生参与	教学活动目的与意图明确，与教学目标一致，教学活动之间逻辑结构清晰	每个教学目标都有相应教学活动的支撑，有检测教学目标达成程度的教学活动，注重学科核心素养，有较强的育人价值

注：后一层级的训练指导标准包括前一层级的内容。以下相同，不再赘述。

二、讲解技能

技能定义：教师根据教学内容特点和学生的认知规律，利用口头语言及手势、板书和各种媒体等，阐述事实、揭示事物本质，引导学生思维发展，指导学生学习的一类教学行为。

讲解技能——1～3年新任教师教学技能训练指导标准

技能要素	训练指导标准		
	合格	良好	优秀
讲解目标	正确选择讲解内容；讲解基本围绕教学目标，无科学性错误	讲解紧紧围绕教学目标，逻辑性强	讲解聚焦教学的重点、难点，且有助于学科素养的实现
讲解结构	围绕核心问题展开讲解；能够举例进行分析	论证过程合理；典型事例支持观点	讲解思路清晰，基于实证，论证过程严谨
思维引领	联系学生已有知识和生活经验；关注关键问题的理解情况	分析关键问题的讲解效果，并做调整	关注关键问题之间的联系，有整体的解决策略
得出结论	明确阐述结论	结论归纳合理、自然	适当强化和迁移运用结论

三、提问技能

技能定义：教师通过提出问题，并观察学生回答问题时的反应，了解学生的学习状态，启发学生思维，使学生理解和掌握知识，发展能力的一类教学行为。

提问技能——1～3年新任教师教学技能训练指导标准

技能要素	训练指导标准		
	合格	良好	优秀
问题设计	围绕教学目标设计主问题；围绕主问题的解决过程有辅助问题的设计	根据主问题设置适当情境；辅助问题之间有关系	设计不同思维层次的问题；问题之间具有合理的逻辑关系
提问和追问	根据设计提出问题；提问后根据问题难易适当停顿；针对学生回答情况进行追问	提问的时机恰当；问题表述清晰、连贯；追问具有针对性	对学生的回答情况给予建设性的评价；追问有利于拓展学生思维

四、观察指导技能

技能定义：教师在课堂上感知学生学习行为、情绪和了解自身教学效果，并进行指导的一类行为方式。

观察指导技能——1 ~ 3 年新任教师教学技能训练指导标准

技能要素	训练指导标准		
	合格	良好	优秀
倾听	倾听学生观点，随时观察活动状况	询问学生是否理解活动规则和活动内容	能提取学生发言中的核心观点
介入	及时纠正学生对活动内容、方式的理解偏差	提供操作示范学生	为学生的联想、推理、分析、归纳等思维活动提供帮助
推介	发现活动中的难点问题	提取学生活动中操作和思考的典型案例	通过恰当方式向全班推介典型范例
点评	对学生活动中好的观点和思路及时点评	对活动方式和操作及时点评	对活动中积极认真的态度进行点评

五、媒体应用技能

技能定义：教师进行实际表演和示范性操作时，运用实物、样品、标本、模型、图画、图表和多媒体设备提供感性资料，以及指导学生进行观察的行为方式。

媒体应用技能——1 ~ 3 年新任教师教学技能训练指导标准

技能要素	训练指导标准		
	合格	良好	优秀
选择媒体和资源	媒体选择和内容相匹配；媒体资源的开发和利用吸引学生注意力	媒体选择符合学生认知水平；媒体资源的开发和利用激发学生的参与	媒体资源的开发和利用能促进学生的思考
演示媒体	摆放位置利于学生进行观察；与教学内容紧密结合	操作正确，示范性强	多种媒体有机整合

六、课堂教学组织技能

技能定义：在课堂教学中，教师引发学生注意，掌控课堂进程，组织课堂讨论，保持良好课堂教学秩序，建立和谐课堂环境，以实现教学目标的教学行为方式。

课堂教学组织技能——1～3年新任教师教学技能训练指导标准

技能要素	训练指导标准		
	合格	良好	优秀
学习动机	开发学习情境内容，激发学生参与兴趣	设计符合学生年龄特点的学习方式	积极观察学生的状况，维持学习动机
课堂进程	围绕教学内容设计 3-5 个教学环节；教学环节之间变换学习方式	每一个教学环节之间逻辑关系清晰	掌握并不断调整课堂进程节奏
学习时间	重点内容用时较多	一节课起承转合时间合理	新的学习结束，给学生留有总结和强化学习的时间
教室空间	关注到教室两侧和后面的学生	关注到教室各个座位的学生	通过自身位置移动调整学生学习状态
课堂秩序	关注学生投入学习的注意力；发现并处理干扰因素	吸引学生的注意力投入学习中；有培养良好习惯的教育	恰当处理干扰因素；有效进行良好习惯的养成教育

七、板书技能

技能定义：教师在课堂教学中，通过在黑板上书写文字、图表、图形、符号等与学生进行信息交流的教学行为方式。

板书技能——1～3年新任教师教学技能训练指导标准

技能要素	训练指导标准		
	合格	良好	优秀
书写绘画	文字的笔顺正确；符号规范，图形标准；书写时不长时间挡学生视线	文字、绘画美观；有一定的书写速度	边讲边写，动作流畅
结构布局	内容布局合理；要点之间有合理的联系	重点内容突出鲜明	内容自然生成；图形与文字结合
概括要点	板演、板图分析到位	要点清晰，文字简洁，概括思维脉络	板书、语言和其他媒体有机融合，强化思维过程

八、语言技能

技能定义：教师用正确的语音、语义，合乎语法逻辑的口头语言，对教材内容、问题等进行叙述、说明的行为方式。

语言技能——1～3年新任教师教学技能训练指导标准

技能要素	训练指导标准		
	合格	良好	优秀
语音	吐字发音正确，符合普通话要求	吐字发音清晰	音量适当；坐在后面的学生也能清晰听到
语调	有不同的声调	抑扬顿挫能与内容情境相适应	根据不同的声调表达疑问、感叹、惊喜、沉思
语速	语速适中，符合学生年龄特点	停顿合理	节奏张、弛、疾、缓结合
术语	用词规范、准确	正确使用专业术语	用词生动

九、教态变化技能

技能定义：教师通过教态变化不同的刺激，引起学生的注意、交流情感，改进学生学习的教学行为方式。

教态变化技能——1～3年新任教师教学技能训练指导标准

技能要素	训练指导标准		
	合格	良好	优秀
表情	表情符合教学要求；眼神能关注大部分学生	表情有变化；眼神能关注全体，观察探寻	表情和蔼、亲切、自然
手势	有手势	手势辅助教学	手势自然、恰当
身体	衣着、姿态符合教师身份；有必要走动	衣着、姿态不会分散学生注意；注意走动	走动适当

附录2

"扬帆杯"教学设计模板

教学设计

学段		学科		编号			
教学课题						年级	
学校			姓名		手机		
教学背景 分析	说明：包括课标、教材、学情、教学重难点分析						
学习目标							
学习评价 设计	说明：关注学生的实际获得，学习目标达成的评价方案						
问题框架	说明：核心问题及问题链						
教学方法 与策略	说明：针对学习内容特点和学情，突破教学重难点的方法策略						
教学活动 设计	活动内容				活动意图		时间分配
板书设计	说明：体育、舞蹈无板书，填写多媒体教学设计、教具、器材等						
教学特色 与反思							
指导教师 姓名			单位		手机		
指导教师 推荐意见							

附录3

"扬帆杯"教学设计评价体系

评价指标	要素描述
教学背景分析（20分）	1. 深度分析教材，准确把握学习内容的实质内涵及蕴含的核心素养 2. 学情分析具体、明确，有依据 3. 分析课程标准等相关文件的理念、要求 4. 结合对课程标准、教材、学情的分析，有自己的思考
学习目标确定（10分）	1. 目标定位准确，有层次 2. 目标描述具体，可操作、可检测
评价方案（5分）	1. 评价方案关注学生实际获得，能有效评估、检测学习目标的达成情况
问题框架（10分）	1. 问题框架体现教学思路及学习层次 2. "核心问题"和"问题链"逻辑结构清晰、符合学生认知规律
教学方法与策略（10分）	1. 突破教学重点、难点的策略和方法明确、有效 2. 引导学生学习的策略和方法符合学生的认知规律和特点
教学活动设计（30分）	1. 教学活动目的与意图明确，与学习目标一致 2. 教学活动之间逻辑结构清晰 3. 教学活动设计引导学生主动学习 4. 导入活动能激发学生学习动机 5. 注重核心素养，有较强的育人价值
板书设计（5分）	1. 板书设计突出教学的重点、难点，体现生成性 2. 板书设计美观大方、结构清晰
实践与反思（10分）	1. 概要描述教学的特点、特色 2. 基于目标达成情况，准确发现教学中出现的问题；能对产生问题的原因进行有效分析 3. 针对产生的问题能设计解决问题的策略方法

附录 4

新任教师教学技能展示评价体系

新任教师教学技能展示评价体系（中小学非体育与艺术类学科）

维度	指标	要素描述
教学设计（提交文本）25分	教学背景分析（6分）	1. 深度分析教材，准确把握学习内容的内涵、核心 2. 学情分析具体、明确，有依据 3. 分析课程标准等相关文件的理念、要求 4. 结合对课程标准、教材、学情的分析，有自己的思考
	学习目标确定（3分）	1. 目标定位准确，有层次 2. 目标描述具体，可操作、可检测
	评价方案（2分）	1. 评价方案关注学生实际获得，能有效评估、检测学习目标的达成情况
	问题框架（2分）	1. 问题框架体现教学思路及学习层次 2. "核心问题"和"问题链"逻辑结构清晰、符合学生认知规律
	教学方法策略（2分）	1. 突破教学重点、难点的策略和方法明确、有效。 2. 引导学生学习的策略和方法符合学生的认知规律和特点。
	教学活动设计（8分）	1. 教学活动目的与意图明确，与学习目标一致 2. 教学活动之间逻辑结构清晰 3. 教学活动设计引导学生主动学习 4. 导入活动能激发学生学习动机 5. 注重核心素养，有较强的育人价值
	板书设计（2分）	1. 板书设计突出教学的重点、难点，体现生成性 2. 板书设计美观大方、结构清晰
说课（5分钟）15分	语言表达（6分）	1. 说课语言清晰、准确、流利 2. 专业术语表达准确、恰当 3. 适当得体的肢体语言
	内容明确、重点突出（6分）	1. 教学理念、目标、内容明确 2. 教学活动意图清晰 3. 教学重点、难点精准，教学方法和策略恰当
	实践与反思（3分）	1. 概要描述教学的特点、特色 2. 基于目标达成情况，准确发现教学中出现的问题；能对产生问题的原因进行有效分析 3. 针对产生的问题能设计解决问题的策略方法

续表

维度	指标	要素描述
微格教学技能展示（10分钟）60分	提问技能（15分）	1. 提问内容明确、具体、恰当 2. 提问时机适当，理答方式多样，提问之后有等待 3. 对学生的回答有反馈、引导、提炼
	讲解技能（30分）	1. 讲解目标明确 2. 讲解内容清楚、有明确的结论 3. 讲解方法符合学生认知规律，学生有思考与参与 4. 讲解过程有板书、媒体、肢体语言等的配合
	整体表现（15分）	1. 发音准确、清晰，音量适中，张弛有度 2. 术语准确，语言精简，无科学性错误 3. 教态端庄、大方，有适当的走动，具有亲和力 4. 教学媒体使用恰当 5. 时间把握合适

新任教师教学技能展示评价体系（中小学体育与艺术类学科）

维度	指标	要素描述
教学设计（提交文本）25分	教学背景分析（6分）	1. 深度分析教材，准确把握学习内容的内涵、核心 2. 学情分析具体、明确，有依据 3. 分析课程标准等相关文件的理念、要求 4. 结合对课程标准、教材、学情的分析，有自己的思考
	学习目标确定（3分）	1. 目标定位准确，有层次 2. 目标描述具体，可操作、可检测
	评价方案（2分）	评价方案关注学生实际获得，能有效评估、检测学习目标的达成情况
	问题框架（2分）	1. 问题框架体现教学思路及学习层次 2. "核心问题"和"问题链"逻辑结构清晰、符合学生认知规律
	教学方法策略（2分）	1. 突破教学重点、难点的策略和方法明确、有效。 2. 引导学生学习的策略和方法符合学生的认知规律和特点。
	教学活动设计（8分）	1. 教学活动目的与意图明确，与学习目标一致 2. 教学活动之间逻辑结构清晰 3. 教学活动设计引导学生主动学习 4. 导入活动能激发学生学习动机 5. 注重核心素养，有较强的育人价值
	板书设计（2分）	1. 板书设计突出教学的重点、难点，体现生成性 2. 板书设计美观大方、结构清晰

维度	指标	要素描述
说课（5分钟）15分	语言表达（6分）	1. 说课语言清楚、准确、流利，教学指令清晰 2. 学科专业术语表达准确、恰当 3. 肢体语言要适当得体
	内容明确、重点突出（6分）	1. 学习目标、内容明确 2. 教学活动意图清晰 3. 教学重点、难点精准，教学方法和策略恰当
	实践与反思（3分）	1. 概要描述教学的特点、特色 2. 基于目标达成情况，准确发现教学中出现的问题；能对产生问题的原因进行有效分析 3. 针对产生的问题能设计解决问题的策略方法
微格教学技能展示（10分钟）60分	示范技能（15分）	1. 专业技能示范精准 2. 技能示范与知识点结合紧密、时机恰当
	讲解技能（30分）	1. 目标讲解明确 2. 教学内容讲解清楚，便于理解和领会 3. 教学方法符合学生认知规律，能充分体现学生的主体性和积极参与
	整体表现（15分）	1. 教态端庄、大方，要有学科特点，具有亲和力 2. 讲解准确、清晰，音量适中，张弛有度 3. 术语准确，语言精简，无科学性错误 4. 教学媒体使用恰当 5. 时间把握合适

编后记

加快新任教师专业发展的速度，促进他们的成长发展，既是社会各界对教育的期盼，也是教师队伍自身更新的需要，更是培训教师义不容辞的责任。

新任教师的培训必须依据现阶段新任教师特点。新时代的新任教师具有更高的学历，非师范生比例大幅上升，他们对专业的理解更深，具有更强的学习能力和研究能力，和更大的发展潜力，但是教育学心理学知识和教学技能训练有所不足，学科教学知识亟待提高。

这不但使得原有的培训内容需要调整，也造成原有的以区级培训集中传授知识方法，校本培训"师带徒"为代表的培训方式，难以满足新任教师专业发展的需求。脱产重新学习？这并不现实，需要探索新的培训方法！

课程改革，培训现行！在课程改革进入深水区的今天，在义务教育课程方案和课程标准 2022 版颁布，在落实立德树人根本任务，发展核心素养的背景下，新任教师培训内容需要调整。

北京市朝阳区教师发展学院根据"以学习者为中心"的理念，把新任教师培训从一年扩展为三年，从培训变为培养，"学研训用"为一体，强调助力引导新任教师在教育教学实践的过程中，实现专业发展。在课题研究基础上，开发《朝阳区新任教师教学技能训练指导标准》，规范区级培训；组织"扬帆杯"和追踪指导，通过任务驱动的方式，引领并推动新任教师对照"标准"进行校本培训自我培训。

为党育人，为国育才。专业理解与师德方面的学习，对新任教师持续专业成长具有深远的影响。引导新任教师体悟教师与教育的价值，对教学专业有更多的认同感，对教育工作更加投入、热爱、敬业与高度负责，是教师全人发展的关键。

北京市朝阳区教师发展学院从德育心理中心、教师发展中心、基础素质中心中，选取部分具有丰富新任教师培训经验的培训教师，组成编写团队，以《中小学教师专业标准》为基础，在实践研究的基础上，对原有的新任教师培训教材进行修订。通过专家引领、集中研讨、自主学习，大家在思想上达成了共识。这本书也是对这一艰辛研究过程的真实总结。

本书共分为上下两册，上册聚焦教师基本素养，下册侧重教师教学基本技能。上册教材分别从师德修养、法律法规、教师心理健康、学生学习心理和班级管理工作五个方面展开。

话题一，加强师德修养，做立德树人的好老师。其内容包括：新时代教师职业道德的要求，新教师提升职业道德的途径，新教师塑造专业形象的方法，新教师实现立德树人的举措。其中，主题一和主题二由马静老师撰写，主题三由姜楠老师撰写，主题四由权福苗老师撰写。

话题二，学习教育法规，做依法执教的好老师。其内容包括：新时代教师的法律权利与义务，新教师日常教育教学中的法律注意，新教师师生关系中的法律谨慎，新教师合法权益的法律维护。其中，主题一、主题二和主题四由刘继玲老师撰写，主题三由胡聚彩老师撰写。

话题三，努力修炼自我，做身心健康的好老师。其内容包括：做自我情绪管理的主人，做和谐人际关系的建设者，积极乐观对待工作中的人与事，做好自我职业生涯的规划。其中，主题一由荆承红老师撰写，主题二、主题三、主题四由单洪雪老师撰写。

话题四，研究教育心理，做引路促进的好老师。其内容包括：用积极心理视角看待学生，用学习科学观点看待学生学习，用教育心理理论对待学生差异，从教学实践经验做好引领促进。其中，主题一由荆承红老师撰写，主题二、主题三、主题四由杨红老师撰写。

话题五，关爱学生成长，做教书育人的好老师。其内容包括：在教育教学中实现教书育人，在班级管理中实现文化育人，在家校沟通中实现协同育人，在人际交往中实现和谐共处。其中，主题一由权福苗老师撰写，主题二、主题三、主题四由肖艳丽老师撰写。

下册教材分别从课前备课、课上施教、教学评价、自我提升四个方面展开。

话题一，用心备课，设计教学方案。其内容包括：分析教材内容，分析学生情况，制定学习目标，选择教学策略，设计学习活动。其中，主题一由蒋秀云老师撰写，主题二由刘剑老师撰写，主题三由苗沐霖老师撰写，主题四由何书利老师撰写，主题五由胡秋萍老师撰写。

话题二，认真上课，实施有效教学。其内容包括：做好导入与结束，做好讲解与释疑，做好提问与追问，做好观察与调控，选择媒体与演示。其中，主题一由李琰老师撰写，主题二由张东老师撰写，主题三由田一鹏老师撰写，主题四由曹艳老师撰写，主题五由蔡益老师撰写。

话题三，精心评价，提高教学质量。其内容包括：了解教学评价，开发评价方案，优化作业设计，做好考试分析。其中，主题一由韩国太老师撰写，主题二由陈侠老师撰写，主题三由徐慢老师撰写，主题四由陈沛老师撰写。

话题四，深入思考，研训提升自我。其内容包括：做好观课议课，进行教学反思，实施微格训练，进行说课答辩。其中，主题一由师海红老师撰写，主题二由姚咏梅老师撰写，主题三由方杰老师撰写，主题四由李磊老师撰写。

在本套教材的编写过程中，经过多次研讨。北京师范大学綦春霞教授、北京教育学院李晶教授、《中小学心理健康教育》杂志社何妍编审、北京市中小学中等职业学校教师培训中心方怀胜副教授、特级教师周静等多位专家，分别参加了框架、样章、整本书的论证与审定工作，对教材编写工作的价值和意义给予了充分的肯定，同时也提出了中肯的意见和很好的建议。在此对他们的指导一并表示感谢。

本书引用了朝阳区多位优秀新任教师的教学实践成果。在此，对这些新任教师，以及对他们进行指导的教师一并表示衷心的感谢。

编写本教材存在很大难度，根据《北京市中小学新教师规范化培训指导意见》的要求，既要关注入职通识教育，又要第二年和第三年的培训；既要针对前三年教师的不同需要，又要思考他们的可持续发展；既要考虑新任教师日常教学中的使用，又要强调对他们参加各种活动的助力；既要凸显学科特色，又要兼顾不同学科要求。但是，在编写过程中，我们还是竭尽所能，希望能为广大新任教师的扬帆启航，助力加油！

义务教育阶段课程标准 2022 版颁布不久，我们对课程育人导向、核心素养发展、"教—学—评"一致等要求的研究，还不够深入；对新任教师三年一贯培训培养助力的研究，也还处于起步阶段；很多地方还需要进一步实践研究，本书的编写难免有疏漏与不当之处。如果您在阅读的过程中，有哪些思考和建议，请发送邮件至 xinjiaoshi211@126.com。不胜感谢！

编委会于 2022 年 9 月

参考文献

1. 曹明海等．教学文本资源与教学内容的确定 [J]. 语文建设，2008(10).

2.(法) 弗朗索瓦—玛丽，热拉尔．为了学习的教科书 [M]. 汪凌，译．上海：华东师范大学出版社，2009：233. 转引自石鸥，张文．学生核心素养培养呼唤基于核心素养教科书 [J]. 课程•教材•教法，2016(9)：14-19.

3. 王磊．学科能力构成及其表现研究 [J]. 教育研究，2016(9)：83-92.

4. 高洁等．落实核心素养的物理教材分析观 [J]. 课程•教材•教法，2021(3)：104-109.

5. 倪文锦．语文新课程教学法 (小学)[M]. 北京：高等教育出版社，2010：220-221.

6. 丁恺．课堂教学的 "学情分析" 研究 [D]. 华东师范大学，2009.

7. 蒋敏杰．对 "学情分析" 中若干现象的分析与思考 [J]. 江苏教育小学教学，2009.(01).

8. 刘剑．关于小学英语课堂学情的思考 [J]. 中小学外语教学 (小学篇)，2012(03).

9. 刘剑．小学英语课堂学情分析的建议 [J]. 中小学外语教学 (小学篇)，2014(05).

10. 王宝珊，夏秋荣．朝阳区教师教学基本能力检核标准解读 [M]. 北京：北京出版集团公司，北京出版社，2010：9.

11. 周静．技能架起 "知—行" 桥 [M]. 北京：北京出版集团公司、北京出版社，2009：3.

12. 李亦菲．三维目标整合教学策略 [M]. 北京：北京师范大学出版社，2011：8.

13. 皮连生，刘杰．现代教学设计 [M]. 北京：首都师范大学出版社，2010：2.

14.(美) 洛林W安德森．布鲁姆教育目标分类学修订版 (完整版)[M]. 蒋小平，张琴美，罗晶晶译．北京：外语教学与研究出版社，2009：11.

15. 郭成．课堂教学设计 [M]. 北京：人民教育出版社，2006：12.

16. 王春易．从教走向学：在课堂上落实核心素养 [M]. 北京：中国人民大学出版社，2020：9.

17.(美) 加涅．教学设计原理 (第五版)[M]. 王小明，庞维国，陈保华，汪亚利译．上海：华东师范大学出版社，2007：6.

18. 白雪峰．帮你迈好教师职业生涯第一步 (下册)[M]. 北京：北京理工大学出版社，2014：6.

19. 钟启泉．打造教师的一双慧眼，谈 "三维目标" 教学的研究 [J]. 上海教育科研，2010(02).

20. 余文森．从 "双基" 到三维目标再到核心素养—改革开放 40 年我国课程教学改

革的三个阶段 [J]. 课程.教材.教法，2019：5.

21.(俄) 巴班斯基 . 教学教育过程最优化 [M]. 张定璋，译 . 北京：人民教育出版社，2007：7.

22. 梁宁建 . 当代认知心理学 (修订版)[M]. 上海：上海教育出版社，2015：12.

23.(美) 约翰·D·布兰斯福特 . 认识如何学习的 [M]. 程可拉，译 . 上海：华东师范大学出版社，2016：11.

24. 余文森 . 核心素养导向地课堂教学 [M]. 上海：上海教育出版社，2018：4.

25. 中华人民共和国教育部 . 普通高中课程方案 (2017 年版 2020 年修订)[M]. 北京：人民教育出版社，2020：5.

26. 于露 . 恩格斯托姆的活动理论 [J]. 北方文学，2012(1)：230.

27. 郭华 . 深度学习及其意义 [J]. 课程·教材·教法，2016，36(11)：25-32.

28. 杨开诚 . 以学习活动为中心的教学设计理念 [M]. 北京：电子工业出版社 .2004：35.

29. 邵丽 . 学习活动设计：内涵、意义与策略 [J]. 江苏教育研究，2018(01)：31-34.

30. 刘霞 . 活动理论视角下课堂学习活动研究 [J]. 语文教学通讯·D 刊 (学术刊)，2020(10)：62-64.

31. 刘屹桥 . 有效学习活动的设计与指导 [D]. 南京师范大学，2021.

32. 徐灵姬，杨胜 . 探索自然而有深度的概念教学——以 "2.1 二元一次方程" 为例 [J]. 中小学数学 (初中版)，2022(Z1)：1-4.

33. 岳进，李振海，陈侠 . 在活动体验中构建 "基因突变" 概念 [J]. 生物学通报，2021，56(02)：33-36.

34. 郭友 . 新课程下的教师教学技能与培训 [M]. 北京：首都师范大学出版社，2004.

35. 孟宪凯 . 教学技能有效训练——微格教学 [M]. 北京：北京出版社，2007.

36. 李涛 . 教师常用教学技能训练 [M]. 北京：中国轻工业出版社，2014.

37. 徐世贵 . 新教师教育教学技能指导 [M]. 长春：吉林大学出版社，2007.

38. 李同胜，王统永 . 课堂教学技能训练教程 [M]. 济南：山东人民出版社，2012.

39.(明) 朱熹 . 近思录 [M]. 上海古籍出版社，2010.

40. 张雪霞 . 关于语文课堂讲解时机的几点思考 [J]. 中国校外教育，2012(8)：122.

41. 陆勇 . 初中物理课堂教学的重要方法——讲解法 [J]. 实验教学与仪器 .2019(6)：12-13.

42. 王凤桐，李继英 . 微格教学入门 [M]. 香港：香港教育出版社，2002.12.

43. 北京教育学院朝阳分院 (现北京市朝阳区教师发展学院) 中师训，教师教学基本功——中学新任教师培训讲义，内部培训资料，2005.3.

44. 沈毅，崔允漷 . 课堂观察：走向专业的听评课 [M]. 上海：华东师范大学出版社，

2008.

45. 教育部基础教育课程教材专家工作委员会组织编写，义务教育数学课程标准 (2011 年版) 解读 [M]. 北京：北京师范大学出版社，2012：2.

46. 崔允漷，沈毅 . 课堂观察 20 问 [J]. 当代教育科学，2007(24)：8.

47. 马芯兰，孙佳威 . 开启学生的数学思维 [M]. 北京：北京师范大学出版社，2021.195-197.

48. 李涛，邱磊 . 教师教学技能培养系列教程 [M]. 北京：中国轻工业出版社，2019.

49. 周静 . 媒体运用技能训练 [M]. 天津：天津教育出版社，2010：8.

50. 王晞 . 课堂教学技能 [M]. 福州：福建教育出版社，2008.3(2021.8 重印).

51. 张海珠 . 教学技能 [M]. 北京：北京市师范大学出版社，2013：8.

52. 夏雪梅 . 以学习为中心的课堂观察 [M]. 北京：教育科学出版社，2012：29.

53. 李宝荣 . 中小学英语教师培训课程指南 [M]. 北京：北京师范大学出版社，2014：29.

54. 钱秋萍，胡惠闵 . 新教师入职读本 [M]. 北京：教育科学出版社，2015：190;207-208.

55. 叶澜 . 扎实 充实 丰实 平实 真实——"什么样的课算一堂好课"[J]. 基础教育 .2004(7)：13-16.

56. 赵明仁 . 教师反思与教师专业发展——新课程改革中的案例研究 [M]. 北京：北京师范出版社 .

57.[美]约翰·杜威, 我们怎样思维 . 经验与教育 [M]. 姜文闵, 译. 北京: 人民教育出版, 2006：3 版 .

58. 吕洪波 . 教师的反思方法 [M]. 北京：教育科学出版社 2014 年 7 月：10 版,

59.[美] 帕梅拉·格罗斯曼 . 专业化的教师是怎样炼成的 [M]. 李广平，何晓芳译 . 北京：人民教育出版社 2014 年：2 版 .

60. 穆勒 . 逻辑体系 序言 [M]. 北京：三联出版社，2006.

61. 周钧 . 技术理性与反思性实践 . 美国两种教师教育观之比较 [J]. 教师 (京)2005 年 06 期，71-80.

62. 苏红 . 教师专业发展中的关键事件研究 [M]. 北京：北京师范大学出版社，2014：1 版 .

63. 潘菽 . 教育心理学 [M]，北京：人民教育出版社，1983(138).

64. 王磊 . 科学学习与教学心理学基础 [M]，西安：山师范大学出版社，2002,10(24).

65. 李同胜，王统永 . 课堂教学技能训练教程 [M]. 山东人民出版社，2012,243-257，294.

66. 马达 . 音乐微格教学 [M]. 厦门大学出版社，2007.299-311.

67. 北京市教育学会 . 北京市中小学第二届"京教杯"青年教师教学基本功展示优秀教学设计案例集 中学 下册 [M]. 北京出版集团 北京出版社，2021.

68. 杨九俊 . 新课程说课、听课与评课 [M]. 教育科学出版社，2004：21-221.

69.（美）罗伯特·桑代克 . 教育评价——教育和心理学中的测量与评估 [M]. 方群，吴瑞芬，陈志新译 . 北京：商务印书馆，2018.

70.（日）田中耕治 . 教育评价 [M]. 高峡，田辉，项纯译 . 北京：北京师范大学出版社，2011.

71. 万伟，秦德林，吴永军 . 新课程教学评价方法与设计 [M]. 北京：教育科学出版社，2004.

72. 方臻，夏雪梅 . 作业设计：基于学生心理机制的学习反馈 [M]. 北京：教育科学出版社，2014.

73. 臧铁军 . 考试评价分析及诊断基础与实务 [M]. 北京：首都师范大学出版社，2011.

74. 中共中央、国务院：深化新时代教育评价改革总体方案 .

75. 王月芬 . 重构作业 [M]. 北京：教育科学出版社出版社，2021：6.

76. 王月芬 . 课程视域下的作业设计研究 [D]. 华东师范大学，2015 届教育博士学位论文 .

77. 王耘 . 课程视域下的初中历史作业设计初探 . 未发表 .

78. 杨明杰 . 分层作业，分类评价，绽放学生独特个性 [D]. 课外语文，2016